国家示范性高等职业教育汽车类"十三五"规划教材
高等职业教育汽车类专业"双证课程"培养方案教材

汽车发动机构造与维修

主　审　陈林山
主　编　郭兆松
副主编　谢　剑　陈生枝　郭伟东　李喜文

华中科技大学出版社
http://www.hustp.com
中国·武汉

内容简介

本书是结合高职院校汽车专业教学的要求和特点,以及当前汽车维修行业的发展和要求编写而成的。

全书共分为七个学习项目,对发动机两大机构、三大系统的结构、原理、检修进行了全面描述。内容包括汽车发动机的总体认识、曲柄连杆机构的认识与检修、配气机构的认识与检修、润滑系统的认识与检修、冷却系统的认识与检修、汽油机燃料供给系统的认识与检修、柴油机燃料供给系统的认识与检修。书后还附有学习工作单。

本书内容在立足于成熟的技术和规范的同时,力争把握汽车专业发展前沿,重视新技术、新知识、新规范的介绍和应用,力求做到内容与行业技术在使用上同步更新,并安排了便于学习和操作的课后自测和学习工作单,以提高学生和培训人员在实际生产中的知识应用能力。

为了方便教学,本书还配有教学课件等教学资源包,相关教师和学生可以登录"我们爱读书"网(www.ibook4us.com)免费注册并浏览,或者发邮件至hustpeiit@163.com 免费索取。

本书适合作为高职高专汽车运用与维修技术、汽车营销与服务等相关专业的教材,也可以供汽车维修、汽车检测从业人员阅读参考。

图书在版编目(CIP)数据

汽车发动机构造与维修/郭兆松主编.—武汉:华中科技大学出版社,2018.2
国家示范性高等职业教育汽车类"十三五"规划教材
ISBN 978-7-5680-2337-5

Ⅰ.①汽… Ⅱ.①郭… Ⅲ.①汽车-发动机-构造-高等职业教育-教材 ②汽车-发动机-车辆修理-高等职业教育-教材 Ⅳ.①U472.43

中国版本图书馆 CIP 数据核字(2016)第 265977 号

汽车发动机构造与维修 郭兆松 主编
Qiche Fadongji Gouzao yu Weixiu

策划编辑:	康 序
责任编辑:	刘 静
封面设计:	孢 子
责任监印:	朱 玢

出版发行:华中科技大学出版社(中国·武汉)　电话:(027)81321913
　　　　　武汉市东湖新技术开发区华工科技园　邮编:430223
录　　排:武汉正风天下文化发展有限公司
印　　刷:武汉科源印刷设计有限公司
开　　本:787mm×1092mm　1/16
印　　张:19
字　　数:520千字
版　　次:2018年2月第1版第1次印刷
定　　价:39.00元

本书若有印装质量问题,请向出版社营销中心调换
全国免费服务热线:400-6679-118　竭诚为您服务
版权所有　侵权必究

前言

随着我国汽车工业的不断发展,汽车技术日新月异,特别是大量新技术的应用,促使汽车的结构不断变化、性能不断提高。本书是结合高职院校汽车专业教学的要求和特点,以及当前汽车维修行业的发展和要求编写而成的。

全书共分为七个学习项目,对发动机两大机构、三大系统的结构、原理、检修进行了全面描述。内容包括汽车发动机的总体认识、曲柄连杆机构的认识与检修、配气机构的认识与检修、润滑系统的认识与检修、冷却系统的认识与检修、汽油机燃料供给系统的认识与检修、柴油机燃料供给系统的认识与检修。书后还附有学习工作单。

根据人才培养方案的要求,本书在编写过程中注重理论与实践相结合。针对目前汽车技术日新月异的情况,本书内容在立足于成熟的技术和规范的同时,力争把握汽车专业发展前沿,重视新技术、新知识的介绍和应用,力求做到内容与行业技术在使用上同步更新,并安排了便于学习和操作的课后自测和学习工作单,以提高学生和培训人员在实际生产中的知识应用能力。

本书由南京交通职业技术学院郭兆松担任主编,南京交通职业技术学院谢剑、陈生枝、郭伟东,黑龙江省民政职业技术学校李喜文担任副主编。全书由南京交通职业技术学院陈林山主审。

为了方便教学,本书还配有教学课件等教学资源包,相关教师和学生可以登录"我们爱读书"网(www.ibook4us.com)免费注册并浏览,或者发邮件至 hustpeiit@163.com 免费索取。

本书适合作为高职高专汽车运用与维修技术、汽车营销与服务等相关专业的教材,也可以供汽车维修、汽车检测从业人员阅读参考。

本书在编写过程中参考了大量的国内外技术资料,得到了许多同行的大力支持,同时唐志桥、刘静、刘奕贯、蒋浩丰、沙颂、万彤、赵宝平等老师为本书的编写提供了大量的素材,做了不少有益的工作,在此谨向所有参考资料的作者及关心、支持本书编写的同志们表示感谢。由于编者水平有限,不妥之处在所难免,敬请读者批评指正。

编 者
2017 年 10 月

目录

项目1 汽车发动机的总体认识 ··· 1
  1.1 项目描述 ·· 1
  1.2 知识学习 ·· 1
  1.3 项目实施 ··· 18
  课后自测 ·· 19

项目2 曲柄连杆机构的认识与检修 ································ 20
  2.1 项目描述 ··· 20
  2.2 知识学习 ··· 20
    2.2.1 曲柄连杆机构概述 ··· 20
    2.2.2 机体组的构造与维修 ·· 23
    2.2.3 活塞连杆组的构造与维修 ··· 32
    2.2.4 曲轴飞轮组的构造与维修 ··· 46
    2.2.5 曲柄连杆机构异响诊断 ·· 56
  2.3 项目实施 ··· 58
  课后自测 ·· 78

项目3 配气机构的认识与检修 ·· 79
  3.1 项目描述 ··· 79
  3.2 知识学习 ··· 79
    3.2.1 配气机构概述 ·· 79
    3.2.2 气门组的构造与维修 ·· 83
    3.2.3 气门传动组的构造与维修 ··· 89
    3.2.4 配气机构异响诊断 ··· 98
    3.2.5 可变配气相位及其控制技术 ··· 99
  3.3 项目实施 ··· 107
  课后自测 ·· 112

项目4 润滑系统的认识与检修 ······································ 113
  4.1 项目描述 ··· 113
  4.2 知识学习 ··· 113
    4.2.1 润滑系统概述 ·· 113
    4.2.2 润滑系统主要部件的构造与维修 ··································· 117
    4.2.3 润滑系统常见故障分析 ·· 123
  4.3 项目实施 ··· 125

| 课后自测 | 126 |

项目5 冷却系统的认识与检修 ... 127
5.1 项目描述 ... 127
5.2 知识学习 ... 127
5.2.1 冷却系统概述 ... 127
5.2.2 冷却系统主要部件的构造与维修 ... 131
5.2.3 冷却系统常见故障分析 ... 137
5.2.4 冷却系统电控技术 ... 138
5.2.5 冷却系统的维护 ... 141
5.3 项目实施 ... 143
课后自测 ... 144

项目6 汽油机燃料供给系统的认识与检修 ... 145
6.1 项目描述 ... 145
6.2 知识学习 ... 145
6.2.1 汽油机燃料供给系统概述 ... 145
6.2.2 空气供给系统的构造与检修 ... 157
6.2.3 燃油供给系统的构造与检修 ... 191
6.2.4 排气系统的构造与检修 ... 212
6.2.5 电子控制系统的构造与检修 ... 222
6.2.6 发动机电子控制系统的故障诊断 ... 229
6.3 项目实施 ... 230
课后自测 ... 233

项目7 柴油机燃料供给系统的认识与检修 ... 234
7.1 项目描述 ... 234
7.2 知识学习 ... 234
7.2.1 柴油机燃料供给系统概述 ... 234
7.2.2 柴油机燃料供给系统主要部件的构造与检修 ... 238
7.2.3 电控柴油机燃料供给系统 ... 264
7.3 项目实施 ... 280
课后自测 ... 282

参考文献 ... 283

学习工作单 ... 285
项目1 汽车发动机的总体认识 ... 285
项目2 曲柄连杆机构的认识与检修 ... 285
项目3 配气机构的认识与检修 ... 287
项目4 润滑系统的认识与检修 ... 289
项目5 冷却系统的认识与检修 ... 289
项目6 汽油机燃料供给系统的认识与检修 ... 290
项目7 柴油机燃料供给系统的认识与检修 ... 297

项目 1　汽车发动机的总体认识

1.1　项目描述

通过本项目的学习,认识汽车及发动机的组成,达到以下要求。

1. 知识要求

(1) 掌握汽车的总体构造,熟悉汽车的主要技术参数。
(2) 熟悉汽车的类型,熟悉车辆识别代号的含义。
(3) 掌握汽车发动机的组成,熟悉发动机的分类,了解内燃机的编号规则。
(4) 掌握发动机的基本术语,掌握四冲程汽油机和四冲程柴油机的工作原理。

2. 技能要求

(1) 能辨识汽车四大组成部分。
(2) 能在实车上找到车辆识别代号位置,找到车辆铭牌位置,找到发动机编号位置。
(3) 能简单辨识汽车发动机主要部件。

3. 素质要求

(1) 保持实训场地清洁,及时清扫垃圾,树立团队意识,培养协作精神。
(2) 安全文明生产,保证设备和自身安全。

1.2　知识学习

一、汽车的总体构造、主要技术参数和类型及车辆识别代码(VIN)

德国工程师卡尔·本茨于1885年设计制造了一辆装有单缸汽油机(汽油发动机)的三轮汽车(见图1-1(a)),并在1886年1月29日申请了专利。人们将1886年1月29日这一天作为世界上第一辆汽车的诞生日。几乎与卡尔·本茨同时,德国人戈特利布·戴姆勒设计制造出第一辆装有汽油机的四轮汽车(见图1-1(b))。由此二人被誉为"汽车之父"。

德国工程师鲁道夫·狄塞尔于1892年获得了柴油发动机(柴油机)发明专利,并于1897年制成了实用的四冲程柴油机。后人为纪念这位发明家,把柴油机命名为"狄塞尔发动机"。

1903年美国人亨利·福特创立了福特汽车公司。1808年,福特汽车公司推出了著名的T型车(见图1-1(c)),并于1913年率先在汽车行业采用流水生产线进行大批生产,使T型车产量迅速上升,成本大幅下降,并从此奠定了美国汽车生产大国的地位。从20世纪70年代起,美国的汽车工业一直遥遥领先,汽车产量居世界之首。

1938年,德国波尔舍公司设计了甲壳虫大众轿车(见图1-1(d))。经过近40年的发展,甲壳虫大众轿车总产量达1 900万辆,是世界较为畅销的汽车。

从20世纪70年代至今,世界汽车形成美、日、欧并存的格局。世界汽车业已形成通用汽车

(a) 三轮汽车　　　(b) 四轮汽车　　　(c) 福特T汽车　　　(d) 甲壳虫大众轿车

图 1-1　世界上最早的汽车

公司、丰田汽车公司、福特汽车公司、雷诺汽车公司、日产汽车公司、德国大众汽车股份公司、戴姆勒-克莱斯勒集团公司等7大集团公司和标致-雪铁龙集团、本田株式会社、现代汽车集团、菲亚特汽车公司等4个独立厂商。汽车年产量稳定在 4 000 万～5 000 万辆。日本的汽车工业虽然是在第二次世界大战以后才开始起步的,但是,以飞快的速度发展着。1980 年,日本汽车年产量超过美国汽车年产量,达到 1 104 万辆而位居世界第一位。这一时期的汽车技术主要侧重于提高汽车安全性、降低排放污染方面。

我国汽车工业正式创建于20世纪50年代。1953年7月,我国开始在长春兴建第一汽车制造厂。第一汽车制造厂于1956年10月正式投产,生产出新中国第一辆解放CA10型载货汽车。1958年,第一汽车制造厂又生产出我国第一辆东风牌轿车。1965年,第一汽车制造厂开始小批量生产红旗CA770型高级轿车。

20世纪80年代,随着改革开放的深入,我国汽车工业以各个大型骨干厂为主,联合一批相关的中、小企业组建了企业集团,进入了迅猛发展阶段,实现了老产品的升级换代。通过调整产品结构,我国汽车工业改变了以货车为主的生产格局。在这一时期国家引进大量的资金和世界先进技术,大力发展轿车和客车工业,逐渐形成了比较完整的汽车产品系列和规模化的生产格局。世界汽车的7大集团和3大公司(宝马公司、本田株式会社、标致-雪铁龙集团)纷纷以各种方式进入我国汽车市场,极大地加快了我国汽车技术的进步。

1999年至今,是我国汽车工业高速发展的时期,各主要汽车集团公司纷纷与国外大汽车公司合资(见表1-1),同时国内汽车企业进一步改组兼并,汽车的生产和销售量每年都保持较高的增长率,汽车保有量也大幅度上升。2004年我国汽车产销量超过500万辆,占据世界第四位;2005年我国汽车产量已达到570.7万辆,销售汽车575.82万辆;2006年我国汽车总销量达到700万辆,稳居世界第二位。目前,国内汽车合资企业生产的轿车占国内轿车总产量的95%以上,轿车正在加速进入家庭,中国汽车市场良好的发展势头和前景为世界各国所重视和认可。

表 1-1　国内主要汽车合资企业

企　业	合　资　方	合资时间	合资项目
一汽大众汽车有限公司	中国第一汽车集团公司(简称一汽)、德国大众汽车股份公司、奥迪汽车股份公司、大众汽车(中国)投资有限公司	1991年2月	捷达、奥迪、宝来、高尔夫、速腾、嘉旅、蔚领、CC
一汽海南汽车有限公司	一汽、日本马自达汽车公司	1998年	普力马、福美来、马自达3等
天津一汽丰田汽车有限公司	天津一汽夏利股份有限公司、一汽丰田汽车公司、丰田汽车(中国)投资有限公司	2003年9月	皇冠、花冠、陆地巡洋舰、霸道、夏利、威驰等
神龙汽车有限公司	东风汽车公司、法国SPA集团	1992年5月	富康、毕加索、爱丽舍、赛纳、标致307等
风神汽车有限公司	东风汽车公司、裕隆汽车制造股份有限公司	2002年3月	蓝鸟、阳光、骐达、颐达、骊威等

续表

企　业	合　资　方	合资时间	合资项目
东风悦达起亚汽车有限公司	东风汽车公司、江苏悦达投资股份有限公司、韩国起亚自动车株式会社	2001年11月	千里马、赛拉图等
上海大众汽车有限公司	上海汽车集团股份有限公司、德国大众汽车股份公司	1985年3月	桑塔纳、帕萨特、波罗、高尔夫、途安、斯柯达等
上海通用汽车有限公司	上海汽车集团股份有限公司、通用汽车公司	1997年3月	别克、君威、赛欧、凯越、景程、上海凯迪拉克、君越、林荫大道、乐风、乐驰、乐骋等
上海通用五菱汽车有限公司	上海汽车集团股份有限公司、通用汽车(中国)公司、柳州五菱汽车有限责任公司	2002年6月	五菱之光、五铃都市清风、斯帕克等
广州本田汽车有限公司	广州汽车集团公司(简称广汽)、本田技研工业株式会社和本田技研工业(中国)投资有限公司	1998年	雅阁、奥德赛、飞度、思迪、思域等
广州丰田汽车有限公司	广汽、丰田汽车公司	2007年2月	凯美瑞等
东风本田汽车有限公司	东风汽车集团股份有限公司、本田技研工业株式会社	2003年7月	HRV、CIVIC等
北京吉普汽车有限公司	北京汽车工业控股有限责任公司(简称北汽)、戴姆勒·克莱斯勒集团公司、戴姆勒·克莱斯勒(中国)投资有限公司	2002年10月	切诺基、帕杰罗、欧蓝德、顺途、挑战者、狂潮等
重庆长安铃木汽车有限公司	重庆长安汽车股份有限公司、日本铃木株式会社、铃木(中国)投资有限公司	1993年5月	奥拓、羚羊、雨燕、天语SX4等
长安福特汽车有限公司	重庆长安汽车股份有限公司、福特汽车公司	2001年4月	嘉年华、蒙迪欧、福克斯等
东南(福建)汽车工业有限公司	福建省汽车工业集团有限公司、台湾裕隆集团旗下中华汽车、日本三菱汽车	1995年11月	得利卡、富利卡、菱帅、菱绅等
南京依维柯汽车有限公司	中国南京汽车集团公司(上海汽车全资子公司)、意大利菲亚特集团依维柯公司	1996年3月	派力奥、西耶那、周末风等
江铃汽车股份有限公司	江铃控股有限公司、福特汽车公司	1995年8月	全顺、陆风、陆风新世界等
华晨宝马汽车有限公司	华晨汽车集团控股有限公司、宝马公司	2001年10月	宝马3系、宝马5系等
沈阳金杯通用汽车公司	金杯汽车股份有限公司、通用汽车公司	1991年12月	雪佛兰开拓者等
北京现代汽车有限公司	北汽、韩国现代自动车株式会社	2002年10月	索纳塔、伊兰特、途胜、御翔等
四川丰田汽车有限公司	一汽、丰田汽车公司	2002年8月	普拉多等

尽管如此,我国汽车工业的技术水平与世界先进水平相比还有相当大的差距。在当今国际经济全球化的大趋势下,各国汽车制造商争夺世界汽车市场的竞争将更加激烈,我国汽车市场也将是各国汽车制造商争夺的主要对象之一,我国汽车工业将面对国际和国内汽车市场竞争的双重考验,相信在不久的将来,我国汽车工业将会实现新的历史性的突破。

1. 汽车的总体构造

虽然汽车结构复杂,种类繁多,但它们的基本组成是一致的。汽车都是由发动机、底盘、车身和电气设备四大部分组成的。典型商用车的总体构造和常见轿车的总体构造分别如图1-2和图1-3所示。

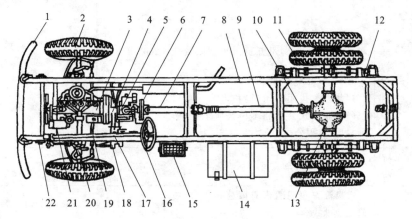

图1-2 典型商用车的总体构造
1—前保险杠;2—转向轮;3—发动机;4—离合器;5—变速器;6—驻车制动器;
7—前传动轴;8—车架;9—传动轴;10—万向节;11—驱动车轮;12—后悬架;
13—后驱动桥;14—油箱;15—蓄电池;16—方向盘;17—制动踏板;
18—离合器踏板;19—启动机;20—前桥;21—发电机;22—前悬架

1)发动机

发动机是汽车的动力装置,其作用是将燃料燃烧所产生的热能转变成机械能并通过底盘驱动汽车行驶。

2)底盘

底盘是汽车装配与行驶的基体,其作用是支承及安装发动机、车身和汽车的其他总成与部件,形成汽车的整体。它接受发动机输出的动力,并保证汽车在驾驶员的操纵下正常行驶。底盘由传动系统、行驶系统、转向系统和制动系统四个部分组成。

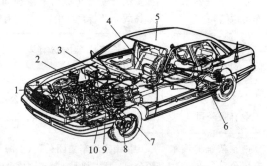

图1-3 常见轿车的总体构造
1—发动机;2—悬架;3—空调装置;4—方向盘;5—车身;
6—后桥;7—前轮;8—制动器;9—半轴;10—前悬下摆臂

3)车身

车身安装在底盘的车架上,提供供驾驶员操作以及容纳乘客和货物的场所。

4)电气设备

电气设备是汽车上的用电设备及供电设备的总称,由电源和用电设备两大部分组成。

电源包括蓄电池和发电机,用电设备有启动系统、点火系统、照明装置、信号装置、仪表装置和辅助电器等。现代汽车上越来越多使用电子设备、微机等各种人工智能装置。ABS防抱死系统、安全气囊系统、巡航装置、GPS定位系统等也属于电气设备范围。

2. 汽车的主要技术参数

为了更好地使用、维护和管理汽车,需要了解汽车的主要特征和技术性能参数。汽车的常用结构参数如图 1-4 所示。

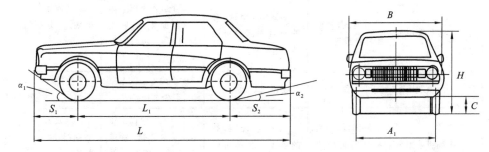

图 1-4　汽车的常用结构参数

L—车长;B—车宽;C——最小离地间隙;H—车高;L_1—轴距;A_1—轮距;
S_1—前悬;S_2—后悬;α_1—接近角;α_2—离去角

(1) 整车装备质量(kg):汽车装备齐全,加足燃油、润滑油和冷却液,带齐随车工具、备胎及备品,符合正常行驶要求时的质量。

(2) 最大总质量(kg):设计允许的汽车满载时的总质量。

(3) 最大装载质量(kg):最大总质量和整车装备质量之差。

(4) 最大轴载质量(kg):汽车满载时各轴所承载的质量。

(5) 最高车速(km/h):汽车在平坦公路上行驶时所能达到的最高车速。

(6) 最大爬坡度(%):车辆满载时的最大爬坡能力。

(7) 平均燃油消耗量(L/100 km):汽车在公路上行驶时每百千米消耗的燃油量。

(8) 车长 L(mm):车体纵向的最大尺寸(车体前后最外端间的距离)。

(9) 车宽 B(mm):车体横向的最大尺寸。

(10) 车高 H(mm):车体最高点到地面间的距离。

(11) 轴距 L_1(mm):相邻两轴中心线间的距离。

(12) 轮距 A_1(mm):在支承平面上,同轴左右车轮两轨迹中心线间的距离(双胎结构则为左右两条轨迹的中心线间的距离)。

(13) 前悬 S_1(mm):汽车前端刚性固定件的最前点到通过两前轮轴线的垂面的距离。

(14) 后悬 S_2(mm):汽车后端刚性固定件的最后点到通过两后轮轴线的垂面的距离。

(15) 最小离地间隙 C(mm):满载时,车辆支承平面与车辆中间区域最低点之间的距离。

(16) 接近角 α_1(°):汽车前端突出点向前轮引的切线与地面的夹角。

(17) 离去角 α_2(°):汽车后端突出点向后轮引的切线与地面的夹角。

3. 汽车的类型

1) 国内汽车的分类

汽车是指由动力驱动,具有四个或四个以上车轮的非轨道承载的车辆。

根据 GB/T 3730.1—2001《汽车和挂车类型的术语和定义》规定,汽车分为乘用车和商用车辆两大类。乘用车主要用于载运乘客及其随身行李和/或临时物品,包括驾驶员在内最多不超过九个座位。它也可以牵引一辆挂车。商用车辆用于运送人员和货物,并且可以牵引挂车。汽车的分类情况如表 1-2 所示。

表 1-2　汽车的分类（按用途）

分类			说明				
			车身	车顶	座位	车门	车窗
乘用车	轿车	普通乘用车	封闭式,侧窗中柱有或无	固定式,硬顶,有的顶盖一部分可以开启	4个或4个以上座位,至少2排;后座椅可折叠或移动,以形成装载空间	2个或4个侧门,可有1个后开启门	—
		活顶乘用车	可开启	硬顶或软顶	4个或4个以上座位,至少2排	2个或4个侧门	4个或4个以上侧窗
		高级乘用车	封闭式,前后座之间可以设隔板	固定式,硬顶,有的顶盖一部分可以开启	4个或4个以上座位,至少2排,后排座椅前可安装折叠式座椅	4个或6个侧门,也可有1个后开启门	6个或6个以上侧窗
		小型乘用车	封闭式,通常后部空间较小	固定式,硬顶,有的顶盖一部分可以开启	2个或2个以上座位,至少1排	2个侧门	2个或2个以上侧窗
		敞篷车	可开启式	硬顶或软顶,至少有2个位置;第1个位置遮覆车身;第2个位置车顶卷收或可拆除	2个或2个以上座位,至少1排	2个或4个侧门	2个或2个以上侧窗
		仓背乘用车	封闭式,侧窗中柱可有可无	固定式,硬顶,有的顶盖一部分可以开启	4个或4个以上座位,至少2排	2或4个侧门,车身后部有1个仓门	—
	旅行车		封闭式	固定式,硬顶,有的顶盖一部分可以开启	4个或4个以上座位,至少2排;座椅的1排或多排可拆除,或装有向前推倒的座椅靠背,以提供装载平台	2个或4个侧门,并有1个后开启门	4个或4个以上侧窗
	多用途乘用车		除驾驶员以外的座位数不超过6个,多用途				
	短头乘用车		短头				
	越野乘用车		可在非道路上行驶				
	专用乘用车		专门用途(救护车、旅居车、防弹车、殡仪车)				
商用车辆	客车	小型客车	载客,包括驾驶员座位在内,座位数超过9个				
		城市客车	城市用公共汽车				
		长途客车	为城间运输而设计和装备的客车				
		旅游客车	为旅游而设计和装备的客车				
		铰接客车	由两节刚性车厢铰接组成的客车				
		无轨电车	经架线由电力驱动的客车				
		越野客车	可在非道路上行驶的客车				
		专用客车	专门用途的客车				
	半挂牵引车		装备有特殊装置用于牵引半挂车的商用车辆				
	货车		为载运货物而设计和装备的车辆(普通货车、多用途货车、全牵引车、越野货车、专用作业车、专用货车)				

GB/T 3730.1—2001(《汽车和挂车类型的术语和定义》)是代替 GB/T 3730.1—1988 的新标准,但有时仍习惯用 GB/T 3730.1—1988 对汽车进行分类。GB/T 3730.1—1988 中对汽车的分类如表 1-3 所示。

表 1-3 汽车的分类

分类方式		汽车类型				
轿车	类型	微型	普通型	中级	中高级	高级
	发动机排量/L	<1	1.0～1.6	1.6～2.5	2.5～4.0	>4.0
客车	类型	微型	轻型	中型	大型	特大型
	长度/m	<3.5	3.5～7	7～10	10～12	>12(铰接式),10～12(双层)
载货车	类型	微型	轻型	中型	重型	
	总质量/t	<1.8	1.8～6	6～14	>14	

另外,汽车营销行业引入国外汽车概念,把娱乐、休闲的两厢汽车称为 RV(recreational vehicle)汽车。其分类如表 1-4 所示。

表 1-4 RV 的分类

车辆类型	说明	实例车
多功能乘用车 MPV (multi-purpose passenger vehicle)	介于轿车与小型客车之间的一类车型。既适用于商务活动,也具有休闲娱乐功能;既可公用,又可家用	上海通用别克 GL8、广州本田奥德赛等
运动型多用途汽车 SUV (sport utility vehicle)	具有 MPV 的多功能性,还有越野性能和 RV 的休闲功能	长峰猎豹、三菱帕杰罗和丰田普拉多等
两厢的微型车	具有精致、趣味、实用和燃油经济性好等特点	奔驰 A 级车、大宇马蒂兹、南京派力奥、上海通用赛欧等

2) 外国车辆的分类

世界各国轿车的分类标准不尽相同,如美国福特汽车公司和德国大众汽车股份公司按发动机排量、轴距、整车装备质量和总长将轿车分为 6 类,如表 1-5 所示。

表 1-5 美国福特汽车公司、德国大众汽车股份公司对轿车的分类

类型	德国大众汽车股份公司	A00	A0	A	B	C	D
	美国福特汽车公司	A	B	C	D	E	F
分类标准	发动机排量/L	<1.0	1.0～1.3	1.3～1.6	1.6～2.0	2.0～2.5	>2.5
	轴距/m	2.0～2.2	2.2～2.3	2.3～2.45	2.45～2.6	2.6～2.8	2.8～3.0
	装备质量/kg	<680	680～800	800～970	970～1 150	1 150～1 380	1 380～1 620
	总长/m	3.3～3.7	3.7～4.0	4.0～4.2	4.2～4.45	4.45～4.8	4.8～5.2
	代表车型	夏利	马球	高尔夫	桑塔纳	奥迪100	奥迪200

奔驰汽车大致分为 A 级——单厢车、S 级——高级轿车、E 级——中级轿车、C 级——紧凑型轿车、CLK 级——双门跑车、SLK 级和 SL 级——敞篷跑车、M 级——多功能运动型车(SUV)、G 级——越野车、V 级——轻型客车,共十个级别。奔驰汽车的型号都以级别名(英文

字母)开头,后缀发动机排量标示,如:S600表示此车是高级轿车(S级),发动机排量为6.0 L;E280则表示此车是中级轿车,发动机排量为2.8 L;M320表明此车是多功能运动型车(M级),发动机排量为3.2 L;G500表明此车是越野车,发动机排量为5.0 L。

4. 车辆识别代号(VIN)

现在各国汽车公司生产的汽车都使用车辆识别代号(vehicle identification number,VIN),它由3个部分共17位字母和阿拉伯数字组成,简称"17位码"。1辆汽车只有1个车辆识别代号,故车辆识别代号称为"汽车身份证"。车辆识别代号用标准的形式固定在汽车上易于看到且能防止磨损或替换的部位。根据GB/T 16736—2004的规定,我国车辆识别代号与国际车辆识别代号(VIN)接轨,也由3个部分17位字码组成。

对于完整车辆和/或非完整车辆年产量大于或等于500辆的车辆制造厂,车辆识别代号的第一部分为世界制造厂识别代号(WMI),第二部分为车辆说明部分(VDS),第三部分为车辆指示部分,如图1-5(a)所示。

对于完整车辆和/或非完整车辆年产量小于500辆的车辆制造厂,车辆识别代号的第一部分为世界制造厂识别代号(WMI),第二部分为车辆说明部分(VDS),第三部分的第三、四、五位与第一部分的三位字码一起构成世界制造厂识别代号(WMI),其余五位为车辆指示部分(VIS),如图1-5(b)所示。

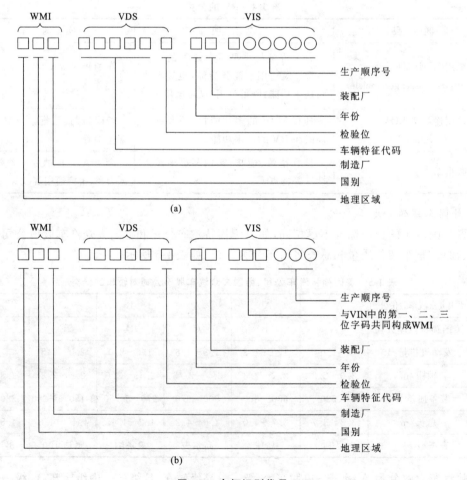

图1-5 车辆识别代号

【例1.1】 日本丰田雷克萨斯(LEXUS)LS400轿车识别代号VIN为JT8UF11E6R0126347,

试说明各字母和数字的含义。

解：第 1~3 位：J 为国别代号，指日本；T 为生产企业，指丰田汽车公司；8 为车辆类型，表示乘用车。

第 4~6 位：U 为发动机形式，为 1UZ—FE4.0LV8；F 为汽车系列，指 LS400；1 为汽车型号，表示 LS400UCF10 型或 ES300VCV10 型。

第 7 位：1 为系列分级，表示 LS400/SC300。

第 8 位：E 为车身形式，表示 4 门轿车。

第 9 位：6 为工厂检验代号。

第 10 位：R 为车型年款代号，表示为 1994 年款。

第 11 位：0 为装配厂代号，表示为日本装配厂。

第 12~17 位：126347 为汽车生产顺序号。

【例 1.2】 一款一汽大众轿车车辆识别代号 VIN 为 LFVBA14B223082993，试说明各字母和数字的含义。

解：第 1~3 位：世界制造厂识别代号，LFV 代表一汽大众汽车有限公司。

第 4 位：安全保护装置代号，B 是代表安全带和安全气囊。

第 5 位：车身类型代号，A 代表四门折背式。

第 6 位：发动机和变速器代号，1 代表汽油发动机、手动变速器。

第 7~8 位：车型代号，4B 代表奥迪 A6。

第 9 位：工厂校验代号为 2。

第 10 位：年份代号，2 代表 2002 年。

第 11 位：装配厂代号，3 代表长春一汽大众汽车有限公司。

第 12~17 位：车辆生产顺序号。

二、发动机的总体构造

1. 发动机的组成

发动机的作用是，把输入气缸内的燃料燃烧产生的热能转化为机械能，输出机械动力。它是由多种机构和系统组成的复杂机器。现代汽车的发动机的结构形式很多，发动机的具体构造也多种多样，但由于其基本工作原理一致，所以从总体功能来看，不同发动机的基本结构大同小异，可以说，发动机都是由两大机构和五大系统组成的，即曲柄连杆机构、配气机构、燃料供给系统、冷却系统、润滑系统、启动系统和点火系统（柴油发动机没有）。我们以桑塔纳 2000GSi 型轿车装备的 AJR 型发动机为例来分析发动机的总体构造。

桑塔纳 2000GSi 型轿车 AJR 型发动机外形图如图 1-6 所示，其剖视图如图 1-7 所示。

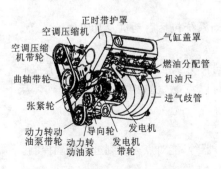

图 1-6 桑塔纳 2000GSi 型轿车 AJR 型发动机外形图

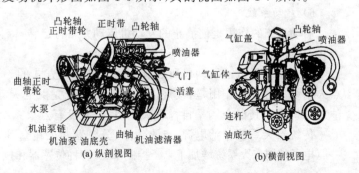

图 1-7 桑塔纳 2000GSi 型轿车 AJR 型发动机剖视图

1）曲柄连杆机构

曲柄连杆机构由机体组、活塞连杆组和曲轴飞轮组三个部分组成。其作用是，将燃料燃烧产生的热能转变为活塞往复运动的机械能，再通过连杆将活塞的往复运动转变为曲轴的旋转运动而对外输出动力。

在曲柄连杆机构中，机体组包括气缸体、曲轴箱、气缸盖、气缸垫和油底壳等。其中，气缸体还是发动机各机构、各系统的装配基体，其本身的许多部分分别是曲柄连杆机构、配气机构、燃料供给系统、冷却系统和润滑系统的组成部分。活塞连杆组包括活塞、活塞环、活塞销和连杆等。曲轴飞轮组包括曲轴、飞轮和扭转减振器等。

2）配气机构

配气机构由气门组及气门传动组组成。其作用是，使可燃混合气及时充入气缸并及时将废气从气缸中排出。

在配气机构中，气门组包括进气门、排气门、气门导管、气门弹簧、气门弹簧座和锁片等。气门传动组包括凸轮轴、挺柱、推杆、摇臂和正时齿轮等，其零件的多少取决于配气机构的形式。

3）燃料供给系统

汽油机燃料供给系统和柴油机燃料供给系统由于使用的燃料和燃烧过程不同，在结构上有很大差别。汽油机燃料供给系统根据混合气的形成方式的不同又可分为传统化油器式和电控直喷式两种。燃料供给系统的作用是，将一定浓度和数量的可燃混合气（或空气）供入气缸以供燃烧，并将燃烧生成的废气排出。

传统化油器式汽油机燃料供给系统包括汽油箱、汽油泵、汽油滤清器、化油器、空气滤清器、进气管、排气管和排气消声器等。

电控直喷式汽油机燃料供给系统在传统化油器式汽油机燃料供给系统的基础上取消了化油器，取而代之的是电子控制单元、各种传感器和执行器。它能精确控制空燃比，使发动机性能得到提高。

柴油机燃料供给系统包括柴油箱、输油泵、柴油滤清器、喷油泵、喷油器、进气管、排气管和排气消声器等。

4）冷却系统

冷却系统有水冷却系统和风冷却系统两种，现代汽车一般都采用水冷却系统。冷却系统的作用是，将受热机件的热量散到大气中去，从而保证发动机正常工作。水冷却系统包括水泵、散热器、风扇、节温器和水套等。

5）润滑系统

润滑系统的作用是，将润滑油送至各个摩擦表面，以减轻机件的磨损，并清洗、冷却摩擦表面，延长发动机的使用寿命。润滑系统包括机油泵、机油滤清器、润滑油道、限压阀和油底壳等。

6）启动系统

启动系统的作用是使静止的发动机启动并自行运转。启动系统包括启动机及其附属装置等。

7）点火系统

点火系统是汽油发动机所独有的。它按控制方式的不同可分为传统点火系统和电子控制点火系统两种。其作用是，按规定时刻向气缸内提供电火花，以点燃气缸中的可燃混合气。柴油发动机由于其混合气是自行着火燃烧的，故没有点火系统。

传统点火系统包括电源、点火线圈、分电器和火花塞等。

电子控制点火系统增加了电子控制单元、各种传感器和执行器等，能对点火时刻进行精确控制。

2. 发动机的分类

从广义角度来说，发动机可以按图1-8进行分类。

往复式发动机是一种利用一个或多个活塞将压力能转换成旋转动能的发动机,其活塞在气缸内作往复直线运动,通过曲轴把活塞的直线运动转化为曲轴的旋转。

转子发动机是通过活塞在气缸内的旋转来带动发动机主轴(近似于普通发动机的曲轴,因为不是弯曲的,故不再叫曲轴)旋转的。

汽车发动机普遍采用内燃发动机、间歇燃烧发动机和往复式发动机。根据发动机的结构特点和工作情况,发动机还可以细分如下(见图1-9)。

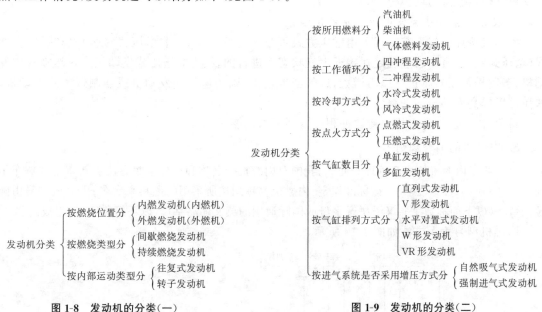

图1-8 发动机的分类(一)　　图1-9 发动机的分类(二)

1) 按所用燃料分类

根据所用燃料的不同,发动机主要分为汽油机、柴油机和气体燃料发动机。汽油机以汽油为燃料,柴油机以柴油为燃料,而使用天然气、液化石油气和其他气体燃料的发动机称为气体燃料发动机。汽油机转速高、质量小、噪声小、启动容易;而柴油机压缩比大、热效率高,经济性和排放性都比汽油机好。

2) 按工作循环分类

在发动机气缸内进行的每一次将燃料燃烧的热能转变为机械能的一系列连续过程(进气、压缩、做功、排气),称为发动机的一个工作循环。凡活塞往复四个单程完成一个工作循环的发动机称为四冲程发动机,活塞往复两个单程完成一个工作循环的发动机则称为二冲程发动机。汽车发动机多为四冲程发动机。

3) 按冷却方式分类

根据冷却方式的不同,发动机可分为水冷式和风冷式。水冷式发动机以冷却液为冷却介质,而风冷式发动机以空气为冷却介质。汽车发动机多为水冷式。

4) 按点火方式分类

根据点火方式的不同,发动机可分为点燃式和压燃式。点燃式发动机利用电火花使可燃混合气着火,如汽油机。压燃式发动机则通过喷油泵和喷油器,将燃料直接喷入气缸,使其与在气缸内经压缩后升温的空气混合,使之在高温下自燃,如柴油机。

5) 按气缸数目分类

只有1个气缸的发动机称为单缸发动机,有2个及2个以上气缸的发动机称为多缸发动机。多缸发动机还可根据气缸的具体数目及排列进一步分类。

6）按气缸排列方式分类

根据气缸排列方式的不同,发动机可分为直列式、V形、水平对置式、W形、VR形。直列式发动机各气缸排成一列;V形发动机将气缸排成两列,其气缸中心线夹角小于180°;水平对置式发动机是V形发动机的变形,即两列气缸中心线的夹角等于180°;W形发动机则是将V形发动机的每侧气缸再进行小角度的错开;VR形发动机气缸夹角非常小,两列气缸接近平行,使得发动机结构更紧凑,是大众汽车专属产品。

7）按进气系统是否采用增压方式分类

发动机按照进气系统是否采用增压方式可分为自然吸气式(非增压式)发动机和强制进气式(增压式)发动机。若进气是在接近大气状态下进行的,则为非增压式发动机或自然吸气式发动机;若利用增压器将进气压力增大,进气密度增大,则为增压式发动机或强制进气式发动机。增压可以提高发动机的功率。

目前,汽车上广泛采用水冷四冲程往复活塞式内燃机。

3. 内燃机的编号规则

为了便于内燃机的生产管理和使用,我国对内燃机的名称和型号编制方法重新审定并颁布了国家标准GB/T 725—2008。该标准规定:内燃机名称均按所采用的燃料来命名;内燃机型号由阿拉伯数字(以下简称数字)、汉语拼音字母或国际通用的英文缩略字母(以下简称字母)组成。

内燃机型号表示方法如图1-10所示。

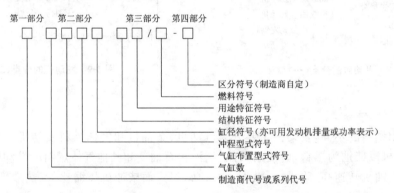

图1-10 内燃机型号表示方法

第一部分:由制造商代号或系列符号组成。本部分代号由制造商根据需要选择相应的1~3位字母表示。

第二部分:由气缸数、气缸布置型式符号、冲程型式符号、缸径符号组成。其中:气缸数用1~2位数字表示;气缸布置型式按表1-6规定;冲程型式为四冲程时符号省略,二冲程用E表示;缸径符号一般用缸径或缸径/行程数字表示,亦可用发动机排量或功率数表示,其单位由制造商自定。

表1-6 气缸布置型式符号

符 号	含 义
无符号	多缸直列及单缸
V	V形
P	卧式
H	H形
X	X形

注:其他布置型式符号见GB/T 1883.1。

第三部分:由结构特征符号、用途特征符号和燃料符号组成。结构特征符号、用途特征符号分别按表1-7、表1-8的规定。

表1-7 结构特征符号

符 号	结 构 特 征
无符号	冷却液冷却
F	风冷
N	凝气冷却
S	十字头式
Z	增压
ZL	增压中冷
DZ	可倒转

表1-8 用途特征符号

符 号	用 途
无符号	通用型及固定动力(或制造商自定)
T	拖拉机
M	摩托车
G	工程机械
Q	汽车
J	铁路机车
D	发电机组
C	船用主机、右机基本型
CZ	船用主机、左机基本型
Y	农用三轮车(或其他农用车)
L	林业机械

注:内燃机左机和右机的定义按GB/T 726的规定。

第四部分:区分符号。同系列产品需要区分时,允许制造商选用适当符号表示。

第三部分与第四部分可用"-"分隔。

内燃机型号编制示例如下。

(1)汽油机。

EQ6100-1——由东风汽车公司生产,六缸,四冲程,直列,缸径100 mm,水冷,通用型,第一种类型产品。

1E65F——单缸,二冲程,缸径65 mm,风冷,通用型。

(2)柴油机。

CA6110——由中国第一汽车集团公司生产,六缸,四冲程,直列,缸径110 mm,水冷,通用型。

12V135ZG——12缸,V形,四冲程,缸径135 mm,水冷,增压,工程机械用。

三、发动机的工作原理

发动机是实现能量转换的装置,是汽车最主要的总成之一,是汽车动力的来源。其作用是,将燃料与空气进行混合并在机体内燃烧,推动活塞作往复运动,再带动曲轴旋转,从而将化学能转变为热能,再把热能转变为机械能,向汽车提供动力。

(一)发动机的基本术语

发动机基本术语示意图如图1-11所示。

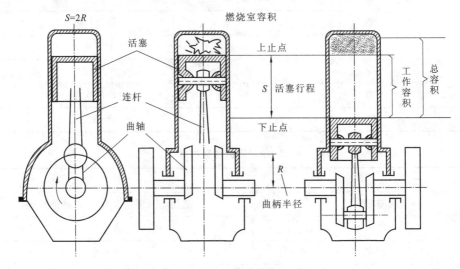

图1-11 发动机基本术语示意图

1)上止点 TDC

上止点是指活塞顶位于其运动的顶部时的位置,即活塞的最高位置。

2)下止点 BDC

下止点是指活塞顶位于其运动的底部时的位置,即活塞的最低位置。

3)活塞行程 S

活塞行程是指上、下止点间的距离,用 S 表示,单位为毫米(mm)。活塞由一个止点运动到另一个止点一次的过程,称为一个行程。

4)曲柄半径

曲柄半径是指与连杆大头相连接的曲柄销的中心线到曲轴回转中心线的距离,用 R 表示,单位为毫米(mm)。显然,曲轴每转一周,活塞移动两个行程,即

$$S = 2R$$

5)气缸工作容积 V_h

气缸工作容积 V_h 是指活塞从一个止点移动到另一个止点所扫过的容积,用 V_h 表示,单位为升(L)。显然有

$$V_h = \frac{\pi D^2}{4 \times 10^6} S$$

式中:D——气缸直径,mm;

  S——活塞行程,mm。

6)燃烧室容积 V_c

燃烧室容积是指活塞位于上止点时,活塞顶上方的气缸空间容积,用 V_c 表示,单位为升(L)。

7）气缸总容积 V_a

气缸总容积是指活塞位于下止点时,活塞顶上方的气缸空间容积,用 V_a 表示,单位为升(L)。显然有

$$V_a = V_c + V_h$$

8）发动机排量 V_L

发动机排量是指发动机所有气缸工作容积之和,用 V_L 表示,单位为升(L)。对于多缸发动机,显然有

$$V_L = V_h i$$

式中：i——发动机气缸数。

发动机排量是一个非常重要的特征参数,轿车就是以发动机排量大小来进行分级的。微型,$V_L \leq 1.0$ L；普通级,1.0 L $< V_L \leq 1.6$ L；中级,1.6 L $< V_L \leq 2.5$ L；中高级,2.5 L $< V_L \leq 4.0$ L；高级,$V_L > 4.0$ L。

9）压缩比 ε

压缩比是指气缸总容积与燃烧室容积之比,用 ε 表示。

$$\varepsilon = \frac{V_a}{V_c} = \frac{V_h + V_c}{V_c} = 1 + \frac{V_h}{V_c}$$

压缩比用来衡量空气或混合气被压缩的程度,影响发动机的热效率。一般汽油发动机的压缩比为 6～10；柴油发动机的压缩比较高,为 16～22。

10）工作循环

发动机完成进气、压缩、做功和排气四个行程,称为完成一个工作循环。

（二）四冲程发动机工作原理

四冲程发动机是指曲轴转两圈(720°),活塞往复运动四次完成一个工作循环的发动机。由于汽油机和柴油机在使用的燃料等方面有所不同,工作过程存在差异,接下来分别介绍这两种发动机的工作原理。

1. 四冲程汽油机的工作原理

四冲程汽油机的工作循环由进气、压缩、做功和排气四个行程组成。单缸四冲程汽油机工作循环示意图如图 1-12 所示。

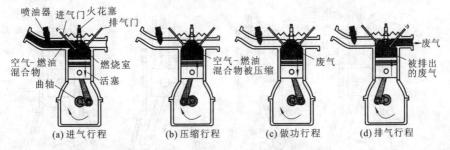

图 1-12 单缸四冲程汽油机工作循环示意图

1）进气行程

活塞由曲轴带动从上止点向下止点运动,此时,进气门开启,排气门关闭。在活塞向下移动的过程中,气缸内容积逐渐增大,形成一定的真空度,于是由空气和燃油组成的可燃混合气(即图 1-12 中的空气-燃油混合物)通过进气门被吸入气缸,直至活塞到达下止点,进气门关闭,停止进气。

由于进气系统存在进气阻力,进气终了时气缸内气体的压力低于大气压力,为 0.075～

0.09 MPa。由于气缸壁、活塞等高温件及上一循环留下的高温残余废气的加热,气体的温度升高到370～400 K(K为热力学温度单位,摄氏温度 t 与热力学温度 K 之间的关系为 $t=K-273.15\ ℃$)。

2) 压缩行程

为使可燃混合气迅速燃烧,达到改善发动机动力性和经济性的目的,必须在燃烧前对可燃混合气进行压缩,以提高可燃混合气的温度和压力。因此,进气行程结束后立即进入压缩行程,活塞在曲轴的带动下,从下止点向上止点运动,由于进、排气门均关闭,气缸内容积逐渐减小,可燃混合气压力、温度逐渐升高。

压缩终了时,气缸内气体的压力为 0.6～1.2 MPa,温度为 600～700 K。

3) 做功行程

在压缩行程末,火花塞产生电火花点燃可燃混合气,可燃混合气迅速燃烧,气体的温度、压力迅速升高,气体膨胀,从而推动活塞从上止点向下止点运动,通过连杆使曲轴旋转做功,至活塞到达下止点时做功结束。

在做功行程中,在开始阶段气缸内气体压力、温度急剧上升,瞬间压力可达 3～5 MPa,瞬时温度可达 2 200～2 800 K。随着活塞下行,气缸容积增大,气缸内压力、温度逐渐下降,做功终了时,气缸内气体压力为 0.3～0.5 MPa,温度为 1 300～1 600 K。

4) 排气行程

为使循环能够连续进行,须将燃烧产生的废气排出。做功行程终了时,排气门打开,进气门关闭,曲轴通过连杆推动活塞从下止点向上止点运动,废气在自身剩余压力的作用下和活塞的推动下被排出气缸,至活塞到达上止点时,排气门关闭,排气结束。

排气行程终了时,由于燃烧室容积的存在,气缸内还存有少量废气,气体的压力也因排气系统存在排气阻力而略高于大气压力。此时,气缸内气体的压力为 0.105～0.115 MPa,温度为 900～1 200 K。

2. 四冲程柴油机的工作原理

四冲程柴油机和四冲程汽油机一样,每个工作循环也是由进气、压缩、做功和排气四个行程组成的。由于所使用燃料的性质不同,柴油机在可燃混合气的形成和着火方式上与汽油机有很大区别。单缸四冲程柴油机工作循环示意图如图1-13所示。

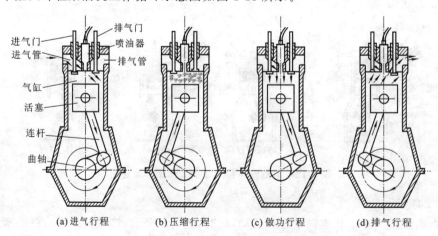

图 1-13 单缸四冲程柴油机工作循环示意图

1) 进气行程

在进气行程,不同于汽油机的是,进入气缸的不是可燃混合气,而是纯空气。由于进气阻力比汽油机的小,上一行程残留的废气温度也比汽油机的低,进气行程终了时气缸内气体的压力为 0.075~0.095 MPa,温度为 320~350 K。

2) 压缩行程

在压缩行程,不同于汽油机的是,柴油机压缩的是纯空气,由于柴油的压缩比大,压缩终了时气缸内气体的温度和压力都比汽油机的高,压力可达 3~5 MPa,温度可达 800~1 000 K。

3) 做功行程

此行程与汽油机的有很大差异,压缩行程末,喷油泵将高压柴油经喷油器呈雾状喷入气缸内的高温高压空气中,高压柴油迅速被汽化并与空气形成可燃混合气,由于此时气缸内的温度远高于柴油的自燃温度(500 K 左右),可燃混合气便立即自行着火燃烧,且此后一段时间内边喷油边燃烧,气缸内压力和温度急剧升高,推动活塞下行做功。

做功行程中,气缸内气体的瞬时压力可达 5~10 MPa,瞬时温度可达 1 800~2 200 K,做功行程终了时气缸内气体的压力为 0.2~0.4 MPa,温度为 1 200~1 500 K。

4) 排气行程

此行程与汽油机的基本相同。排气行程终了时,气缸内气体的压力为 0.105~0.125 MPa,温度为 800~1 000 K。

3. 四冲程汽油机与四冲程柴油机工作原理的比较

由上述四冲程汽油机和四冲程柴油机的工作循环可知,这两种发动机的工作循环既有共同点,又有差别,归纳如下。

(1) 这两种发动机,每完成一个工作循环,曲轴均转两周(720°),每完成一个行程,曲轴转半周(180°),进气行程均是进气门开启,排气行程均是排气门开启,其余两个行程进、排气门均关闭。

(2) 无论是四冲程汽油机还是四冲程柴油机,在四个行程中,都只有做功行程产生动力,其余三个行程都是为做功行程做准备的辅助行程,都要消耗一部分能量。

(3) 这两种发动机的第一个工作循环,都必须靠外力使曲轴旋转完成进气行程和压缩行程,做功行程开始后,做功能量储存在飞轮内,以维持循环继续进行。

(4) 四冲程汽油机的可燃混合气是在气缸外部形成的,进气行程中吸入气缸的是可燃混合气;四冲程柴油机的可燃混合气是在气缸内部形成的,进气行程中吸入气缸的是纯空气。

(5) 四冲程汽油机在压缩终了时,可燃混合气靠火花塞强制点火燃烧,而四冲程柴油机的可燃混合气靠自燃着火燃烧。

(三) 二冲程发动机简介

二冲程发动机是指曲轴转一圈(360°),活塞往复运动二次完成一个工作循环的发动机,其工作循环也包括进气、压缩、做功和排气四个行程,这里以二冲程汽油机为例介绍其工作原理和特点。

1. 二冲程汽油机的工作原理

二冲程汽油机在结构上与四冲程汽油机的不同之处在于,它没有进、排气门,取而代之的是进气孔、排气孔和换气孔。图 1-14 所示为单缸二冲程汽油机的工作循环示意图,其工作原理如下。

1) 第一行程

活塞由曲轴带动从下止点向上止点移动,当活塞上行至关闭换气孔和排气孔时,已进入气缸的新鲜混合气被压缩,直至上止点时,压缩结束;与此同时,随着活塞上行,其下方曲轴箱内形成一定的真空度,当活塞上行到进气孔开启时,新鲜混合气被吸入曲轴箱。

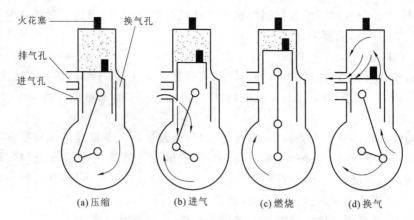

(a) 压缩　　　(b) 进气　　　(c) 燃烧　　　(d) 换气

图 1-14　单缸二冲程汽油机的工作循环示意图

2) 第二行程

活塞接近上止点时,火花塞产生电火花,点燃被压缩的可燃混合气,燃烧形成的高温、高压气体推动活塞下行做功,在活塞下行到关闭进气孔后,曲轴箱内的混合气被预压缩,活塞继续下行至排气孔开启时,燃烧后的废气靠自身压力经排气孔排出;紧接着,换气孔开启,曲轴箱内经预压的混合气进入气缸,并排除气缸内的残余废气,这一过程称为换气过程,它将一直延续到下一行程活塞再上行关闭换气孔和排气孔时为止。

由上述工作原理可知,第一行程时,在活塞上方进行换气、压缩,在活塞下方进行进气;第二行程时,在活塞上方进行做功、换气,在活塞下方预压混合气。换气过程跨越两个行程。

2. 二冲程发动机的特点

(1) 由于进、排气过程几乎是完全重叠进行的,所以二冲程发动机在换气过程中有混合气损失和废气难以排净的缺点,经济性较差。

(2) 二冲程发动机完成 1 个工作循环,曲轴只转 1 圈,当与四冲程发动机转速相等时,做功次数比四冲程发动机多 1 倍。因此,与同排量四冲程发动机相比,在理论上二冲程发动机的输出功率应是四冲程发动机的 2 倍,但由于换气时存在可燃混合气损失,实际上只有 1.5~1.6 倍。

(3) 由于没有气门机构,二冲程发动机结构较为简单。二冲程汽油机在摩托车上应用较多。

1.3　项目实施

一、汽车的认识

1. 实训目标

能指出汽车四大组成部分,找出车辆识别代号的位置,找到车辆铭牌的位置,找到发动机编号的位置。

2. 实训设备

实训用整车。

3. 实训步骤

(1) 打开车门、发动机舱盖、后备厢,观察发动机、底盘、车身、电气设备。

(2) 在前挡风玻璃下方,找出车辆识别代号,指出该车是哪年生产的。
(3) 在发动机舱盖下或车门立柱或后备厢,找到车辆铭牌,获取该车信息。
(4) 在发动机气缸体或气缸盖上,找到发动机相关编号。

二、汽车发动机的认识

1. 实训目标

能找到发动机两大机构、五大系统的主要部件。

2. 实训设备

实训用汽车发动机或发动机台架。

3. 实训步骤

(1) 在发动机实物上,找到发动机的气缸盖、气缸体、油底壳等部件。
(2) 在发动机实物上,找到发动机的进、排气管等部件。
(3) 在发动机实物上,找到发动机冷却水箱、水泵、水管等部件。
(4) 在发动机实物上,找到发动机机油滤清器等部件。
(5) 在发动机实物上,找到汽车油箱、油管、喷油器等部件。
(6) 在发动机实物上,找到发动机的发电机、高压线、火花塞等部件。
(7) 在发动机实物上,找到启动机等部件。

课 后 自 测

一、选择题

1. 某八缸发动机的压缩比为9,单缸总容积为 675 mL,其排量为_____mL。
   A. 4 800   B. 5 200   C. 4 200
2. 目前大多数汽车多采用四冲程发动机,主要原因是_____。
   A. 四冲程发动机的动力性好   B. 四冲程发动机的经济性好
   C. 四冲程发动机运转平稳
3. 某发动机活塞行程为 80 mm,其曲轴的曲柄半径应为_____。
   A. 20 mm   B. 40 mm   C. 80 mm   D. 160 mm

二、简答题

1. 发动机由哪些机构和系统组成?它们各有什么作用?
2. 叙述四冲程发动机的工作原理。
3. 说明发动机各常用术语的含义。
4. 说出四冲程发动机与二冲程发动机的不同点。
5. BJ492Q 型发动机排量为 2.445 L,求该发动机的曲柄半径。
6. 排量为 2 520 mL 的六缸发动机,其燃烧室容积为 60 mL,求其压缩比。
7. 什么是发动机的工作循环?四冲程汽油机与四冲程柴油机的工作循环有什么不同?

项目 2 曲柄连杆机构的认识与检修

2.1 项目描述

通过本项目的学习,拆装和检测发动机曲柄连杆机构,达到以下要求。

1. 知识要求

(1) 掌握曲柄连杆机构的作用和组成。
(2) 掌握机体组、活塞连杆组、曲轴飞轮组主要部件的构造和连接关系。
(3) 熟悉机体组、活塞连杆组、曲轴飞轮组主要部件的检测和维修方法。

2. 技能要求

(1) 能合理使用工具,正确地对发动机曲柄连杆机构进行拆装。
(2) 能识别曲柄连杆机构的主要部件。
(3) 能使用量具对曲柄连杆机构主要部件的变形、磨损进行检测。

3. 素质要求

(1) 保持实训场地清洁,及时清扫垃圾,树立团队意识,培养协作精神。
(2) 安全文明生产,保证设备和自身安全。

2.2 知识学习

2.2.1 曲柄连杆机构概述

一、曲柄连杆机构的作用和组成

曲柄连杆机构是往复活塞式发动机实现能量转换的主要机构。其作用是,将燃气作用在活塞顶上的压力转变为曲轴的转矩,使曲轴产生旋转运动而对外输出动力。

曲柄连杆机构由以下三个部分组成。

(1) 机体组。

机体组主要包括气缸体、曲轴箱、气缸盖、气缸套和气缸盖衬垫(简称气缸垫)等不动件。

(2) 活塞连杆组。

活塞连杆组主要包括活塞、活塞环、活塞销和连杆等运动件。

(3) 曲轴飞轮组。

曲轴飞轮组主要包括曲轴、飞轮等机件。

图 2-1 所示为桑塔纳 2000GSi 型轿车 AJR 型发动机曲柄连杆机构的组成示意图。

在发动机工作过程中,燃料燃烧产生的气体压力直接作用在活塞顶上,推动活塞作往复直

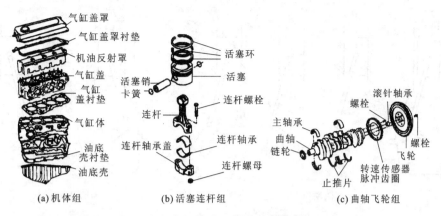

图 2-1 桑塔纳 2000GSi 型轿车 AJR 型发动机曲柄连杆机构的组成示意图

线运动,经活塞销、连杆和曲轴,将活塞的往复直线运动转换为曲轴的旋转运动。发动机产生的动力,大部分经曲轴后端的飞轮输出,还有一部分通过曲轴前端的齿轮和带轮驱动本机其他机构和系统。

二、曲柄连杆机构受力分析

曲柄连杆机构工作条件十分恶劣。气缸内最高温度可达 2 500 K 以上,最高压力可达 5~9 MPa,最高转速可达 6 000 r/min,此外,与可燃混合气和燃烧废气接触的机件(如气缸、气缸盖和活塞组等)还将受到化学腐蚀,因此,曲柄连杆机构是在高温、高压、高速和化学腐蚀的条件下工作的。同时,曲柄连杆机构在工作时作变速运动,受力情况相当复杂,有气体作用力、运动质量惯性力(往复惯性力)、旋转运动的离心力以及相对运动件接触表面的摩擦力等。

1. 气体作用力

在发动机工作循环的每个行程中,气体作用力始终存在且不断变化。做功行程中的气体作用力最大,压缩行程中的次之,进气和排气行程中的较小,对机件影响不大,故这里主要分析做功和压缩行程中的气体作用力。

在做功行程中,气体压力是推动活塞向下运动的力,燃烧气体产生的高压直接作用在活塞顶部,如图 2-2(a)所示。活塞所受总压力为 F_P,它传到活塞销上可分解为 F_{P1} 和 F_{P2}。分力 F_{P1} 通过活塞传给连杆,并沿连杆方向作用在连杆轴颈上。F_{P1} 还可分解为两个分力 R 和 S。沿曲柄方向的分力 R 使曲轴主轴颈与主轴承间产生压紧力;与曲柄垂直的分力 S 除了使主轴颈与主轴承间产生压紧力外,还对曲轴形成转矩 T,推动曲轴旋转。F_{P2} 把活塞压向气缸壁,形成活塞与缸壁间的侧压力,使机体有翻倒的趋势,故机体下部的两侧应支承在车架上。

在压缩行程中,气体压力是阻碍活塞向上运动的阻力。这时作用在活塞顶部的气体压力 F'_P,可分解为两个分力 F'_{P1} 和 F'_{P2},如图 2-2(b)所示。F'_{P1} 又可分解为 R' 和 S' 两个分力。R' 使曲轴主轴颈与主轴承间产生压紧力;S' 对曲轴形成一个旋转阻力矩 T',企图阻止曲轴旋转。F'_{P2} 则将活塞压向气缸的另一侧壁。

在发动机工作循环的任何行程中,气体作用力的大小都是随着活塞的位移而变化的,再加上连杆的左右摇摆,因而作用在活塞销和曲轴轴颈的表面以及二者的支承表面上的压力和作用点不断变化,造成各处磨损不均匀。

2. 往复惯性力

往复运动的物体,当运动速度变化时,将产生往复惯性力。曲柄连杆机构中的活塞组件和连杆小头在气缸中作往复直线运动,其速度很大且数值变化,当活塞从上止点向下止点运动时,

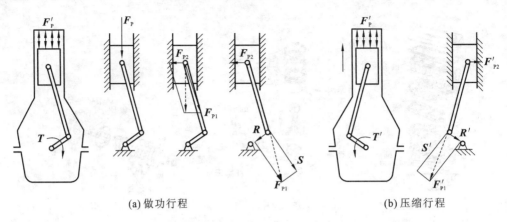

(a) 做功行程　　　　　　　　　　　　(b) 压缩行程

图 2-2　气体压力作用情况示意图

速度的变化规律是：从零开始逐渐增大，临近中间达最大值，然后又逐渐减小至零。也就是说，当活塞从上止点向下止点运动时：前半行程是加速运动，惯性力向上，以 F_j 表示，如图 2-3(a) 所示；后半行程是减速运动，惯性力向下，以 F_j' 表示，如图 2-3(b) 所示。同理，当活塞从下止点向上止点运动时：前半行程是加速运动，惯性力向下；后半行程是减速运动，惯性力向上。

惯性力使曲柄连杆机构的各零件和所有轴颈承受周期性的附加载荷（载荷也称负荷），加快轴承磨损；未被平衡的变化的惯性力传到气缸体后，还会引起发动机振动。

3. 离心力

物体绕某一中心作旋转运动时，就会产生离心力。在曲柄连杆机构中，偏离曲轴轴线的曲柄、连杆轴颈、连杆大头在绕曲轴轴线旋转时，将产生离心力 F_c，其方向沿曲柄向外，如图 2-3 所示。离心力在垂直方向上的分力 F_{cy} 与惯性力 F_j 的方向总是一致的，因而加剧了发动机的上、下振动；水平方向的分力 F_{cx} 则使发动机产生水平方向的振动。此外，离心力使连杆大头的轴承和轴颈受到又一附加载荷的作用，增加了它们的变形和磨损。

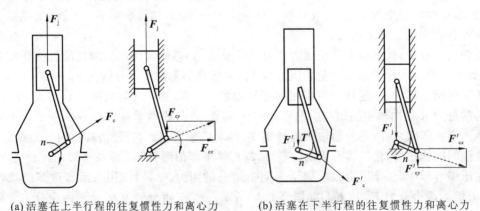

(a) 活塞在上半行程的往复惯性力和离心力　　　(b) 活塞在下半行程的往复惯性力和离心力

图 2-3　往复惯性力和离心力作用情况示意图

4. 摩擦力

任何一对互相压紧并作相对运动的零件表面之间都存在着摩擦力。在曲柄连杆机构中，活塞、活塞环与气缸壁之间，曲轴、连杆轴承与轴颈之间都存在摩擦力。摩擦力是造成零件配合表面磨损的根源。

上述各种力作用在曲柄连杆机构和机体的各有关零件上，使它们受到压缩、拉伸、弯曲和扭转等不同形式的载荷的作用。为保证发动机工作可靠、减少磨损，在结构上应采取相应措施。

2.2.2 机体组的构造与维修

机体是发动机的骨架和外壳,许多零部件和辅助系统的元件都安装在机体上。机体是发动机的固定件,是发动机形状尺寸的主要决定因素。

机体组由气缸体、曲轴箱、气缸盖和气缸垫等零件组成。

一、气缸体与曲轴箱

(一)气缸体与曲轴箱的构造

气缸体是发动机各个机构和系统的装配基体,用以保持发动机各运动件相互之间的准确位置关系。水冷式发动机通常将气缸体与上曲轴箱铸成一体,称为气缸体,也可称为曲轴箱,如图2-4所示。

气缸体的上半部有若干个为活塞在其中运动导向的圆柱形空腔,称为气缸;下半部为支承曲轴的上曲轴箱,其内腔为曲轴运动的空间。在上曲轴箱上制有主轴承座孔。为了这些轴承的润滑,在侧壁上钻有主油道,前后壁和中间隔板上钻有分油道。

气缸体的上、下平面用以安装气缸盖和下曲轴箱,是气缸修理的加工基准。

当发动机工作时,气缸体要承受较大的机械负荷和较复杂的热负荷,气缸体的变形会破坏各运动件之间准确的位置关系,导致发动机技术状况变坏、使用寿命缩短,因而气缸体应具有足够的刚度、强度及良好的耐热、耐腐蚀性。一般气缸体采用灰铸铁、球墨铸铁或合金铸铁制造,有些发动机为了减轻质量、加强散热采用铝合金制造。

下曲轴箱也称为油底壳(见图2-5),主要用于储存机油并密封曲轴箱,同时也可起到机油散热的作用。油底壳一般采用薄钢板冲压而成,其形状取决于发动机总体结构和机油容量。为保证发动机纵向倾斜时机油泵仍能吸到机油,油底壳中部做得较深,并在最深处装有放油螺塞,有的放油螺塞是磁性的,能吸附机油中的金属屑,以减少发动机运动件的磨损。油底壳内还设有稳油挡板(也称挡油板),防止汽车振动时油面波动过大。

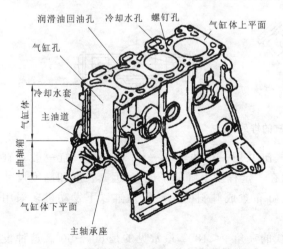

图 2-4 水冷式发动机气缸体与上曲轴箱

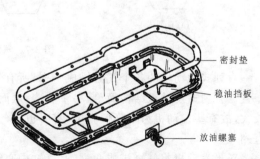

图 2-5 下曲轴箱

为防止漏油,下曲轴箱与气缸体相配合的平面间一般都垫有密封垫,有的也采用密封胶密封。

1. 气缸体的结构形式

气缸体有三种结构形式,即平分式、龙门式和隧道式,如图2-6所示。

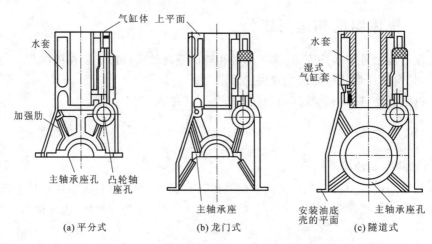

图 2-6 气缸体的结构形式

平分式气缸体发动机的曲轴轴线与气缸体下平面在同一平面上。平分式气缸体的特点是，便于机械加工，但刚度较差，曲轴前后端的密封性较差，多用于中小型发动机。富康 ZX 轿车 TU3.2K 发动机、夏利 TJ7100 型轿车 376Q 发动机的气缸体属于平分式气缸体。

龙门式气缸体发动机的曲轴轴线高于气缸体下平面。龙门式气缸体的特点是，结构刚度和强度较好，密封简单、可靠，维修方便，但工艺性较差，多用于大中型发动机。桑塔纳、捷达和奥迪等车的发动机气缸体属于龙门式气缸体。

隧道式气缸体主轴承座孔不分开，结构刚度是三种气缸体中最大的，质量也是三种气缸体中最大的，主轴承的同轴度易保证，但拆装比较麻烦。黄河 JN1181C13 型汽车 6135Q 型发动机采用的就是隧道式气缸体。

2. 气缸的排列方式

发动机气缸的排列方式基本上有三种，即直列式、V 形和对置式，如图 2-7 所示。

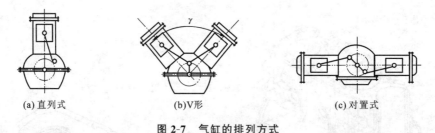

图 2-7 气缸的排列方式

直列式发动机的各个气缸排成一列，所有气缸共用一根曲轴和一个气缸盖，气缸一般垂直布置。直列式发动机结构简单，易于制造，从而在一定程度上降低了成本，但其长度和高度尺寸较大，故有些发动机为了降低高度，有时也把气缸布置成倾斜的。一般六缸以下发动机多采用直列式。

V 形发动机将气缸排成两列，其气缸中心线的夹角 $\gamma < 180°$，最常见的是 $60° \sim 90°$。这种设计采用一根曲轴驱动两列气缸中的活塞运动，曲轴上每个连杆轴颈上连接两个连杆，发动机必须有两个气缸盖。V 形结构缩短了发动机的长度，降低了发动机的高度，改善了车辆外部空气动力学特性，且增加了气缸体的刚度，但发动机宽度增大，形状复杂，加工困难，一般多用于气缸数多的大功率发动机上。

对置式发动机两列气缸之间的夹角为 180°，有一根曲轴、两个气缸盖，曲轴的每个轴颈上连接两个连杆。这种发动机高度最小,制造成本相当高,目前只有保时捷汽车股份有限公司和斯巴鲁两个厂商在使用。对置式发动机用在发动机室垂直空间很小的车辆上。

德国大众汽车股份公司设计了 VR 形发动机,它的气缸夹角非常小,两列气缸接近平行,气缸盖上火花塞的孔几乎并在一条直线上。VR 发动机结构更紧凑。

W 形发动机看上去与 V 形发动机很相像,但与 V 形发动机相比,W 形发动机每一侧的活塞数增加了一倍,气缸排列形式是由两个小 V 形组成一个大 V 形,两组 V 形发动机共用一根曲轴。这种发动机结构非常紧凑,较小的尺寸却有较大的动力。W 形发动机用在载荷较大的车辆上,这些车辆需要十缸或十二缸的动力,并且要求尺寸较小。

3. 气缸与气缸套

气缸体内引导活塞作往复运动的圆柱形空腔称为气缸。气缸工作表面承受燃气的高温、高压作用,且活塞在气缸中作高速运动,因此要求其耐高温、耐高压、耐磨损和耐腐蚀。气缸体一般采用铸铁制造。为了提高耐磨性,有时在铸铁中加入了一些合金元素,如镍、钼、铬和磷等。如果气缸体全部采用优质耐磨材料,则成本太高,因为除与活塞配合的气缸壁表面外,其他部分对耐磨性要求并不高,所以现代汽车发动机广泛采用在气缸体内镶入气缸套,形成气缸工作表面。这样,气缸套可用耐磨性较好的合金铸铁或合金钢制造,而气缸体则用价格较低的普通铸铁或铝合金等材料制造。

气缸套有三种结构,即无气缸套、干式气缸套和湿式气缸套,如图 2-8 所示。

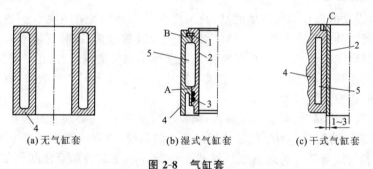

图 2-8 气缸套
1—铜垫圈;2—气缸套;3—橡胶密封圈;4—气缸体;5—水套;
A—下支承密封带;B—上支承定位带;C—定位凸缘

无气缸套是在发动机上直接加工出气缸体水套,气缸的内壁直接对活塞起导向作用,气缸的外壁直接由冷却液冷却。这种气缸套结构的特点是,强度、刚度好,气缸中心距短,结构简单紧凑,但气缸磨损后需用镗缸的方法进行修理。国产轿车桑塔纳、捷达等采用这种气缸套结构。

干式气缸套不直接与冷却液接触,是被压入缸体孔中的。由于气缸套自上而下都支承在缸体上,所以干式气缸套可以加工得很薄,壁厚一般为 1~3 mm。

湿式气缸套与冷却水直接接触,也是被压入缸体的。冷却液接触到气缸套的中部,由于它只在上部和下部有支承,所以必须比干式气缸套厚一点,壁厚为 5~9 mm。为了保证径向定位,气缸套外表面有两个凸出的圆环带,即上支承定位带和下支承密封带,轴向定位利用上端凸缘实现。湿式气缸套的顶部和底部必须采用密封件,以防止水从冷却系统中渗出。湿式气缸套铸造方便,容易拆卸和更换,冷却效果好,但气缸体刚度差,易出现漏气、漏水。

大多数湿式气缸套压入气缸体后,其顶面高出气缸体上平面 0.05~0.15 mm。这样当紧固气缸盖螺栓时,可将气缸盖衬垫压得更紧,保证气缸密封效果好,气缸套定位可靠。

水冷式发动机气缸周围和气缸盖中均有用以充水的空腔,称为水套。气缸体和气缸盖上的水套是相互连通的,利用水套中的冷却水流过高温零件的周围而将热量带走。

(二) 气缸体的维修

发动机运转时,气缸体是在高温、高压、骤冷和交变载荷条件下工作的,在使用中容易损伤。气缸体的损伤形式主要有气缸体变形、气缸体裂纹和气缸磨损。另外,气缸体也可能出现螺纹孔损坏和水道边缘处腐蚀等损伤。这些损伤将破坏零件的正确几何形状,造成漏气、漏水,影响发动机的装配质量和工作能力。

1. 气缸体变形的检修

气缸体在使用过程中发生变形是普遍存在的现象。拆装螺栓时力矩过大或不均、不按顺序拧紧螺栓、在高温下拆卸气缸盖等,都会引起气缸体与气缸盖接合平面翘曲变形。

气缸体变形主要表现为,上平面、端面的翘曲变形和配合表面的相对位置误差增加。

(1) 气缸体变形的检验。气缸体的翘曲变形可用平板做接触检验,也可用刀形样板尺(或直尺)和塞尺检验。用刀形样板尺和塞尺检验气缸体平面翘曲的方法如图2-9所示。将等于或大于被测平面全长的刀形样板尺放到气缸体平面上,在沿气缸体平面的纵向、横向和对角线方向多处,用塞尺进行测量,求得其平面度误差。

(2) 气缸体变形的修理。气缸体变形后,可根据变形程度采取不同的修理方法:平面度误差在整个平面上不大于0.05 mm或仅有局部不平时,可用刮刀刮平;平面度误差较大时,可采用平面磨床进行磨削加工修复,但加工量不能过大,为0.24~0.50 mm,否则会影响压缩比。

2. 气缸体裂纹的检修

气缸体产生裂纹的部位与气缸体的结构、工作条件和使用操作有关。例如:水套因冰冻而产生裂纹;曲轴箱因共振而产生裂纹;气缸套修理尺寸级数过多、镶装气缸套时过盈量过大、压装工艺不当等,导致气缸套产生裂纹;气缸体各处壁厚不均匀造成应力,在一些薄弱部位出现裂纹;发动机长时间在超负荷条件下工作,造成气缸体内应力过大而产生裂纹;拆卸和搬运不慎,使气缸体因振动、碰撞而致裂等。

裂纹会引起发动机漏气、漏水和漏油,影响发动机正常工作,必须及时检修。

(1) 气缸体裂纹的检验。对于气缸体外部明显的裂纹,可直接观察。对于细微裂纹和内部裂纹,一般采用和气缸盖装合后进行水压试验来检验。水压试验示意图如图2-10所示。将气缸盖和气缸垫装在气缸体上,将水压机出水管接头与气缸前端水泵入水口处连接好,并封闭所有水道口,然后将水压入水套,要求在0.3~0.4 MPa的压力下,保持约5 min,应没有任何渗漏现象。如有水珠渗出,则表明该处有裂纹。

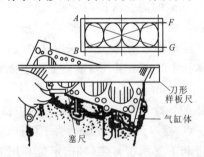

图2-9 用刀形样板尺和塞尺检验气缸体平面翘曲的方法

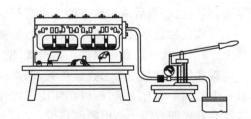

图2-10 水压试验示意图

(2) 气缸体裂纹的修理。对气缸体裂纹进行修理时,凡涉及漏气、漏水和漏油等问题,一般予以更换。对于未影响到燃烧室、水道和油道的裂纹,则根据裂纹的大小、部位和损伤程度等情况选择粘接、焊接等修理方法进行修补。

3. 气缸磨损的检修

气缸体的磨损主要发生在气缸、曲轴主轴承座孔和后端面等部位,其中活塞在气缸中作高速运动,经长时间工作后,当它对气缸产生的磨损达到一定程度时,将导致发动机动力性、经济性明显下降。发动机是否需要大修,主要取决于气缸的磨损程度。因此,了解气缸的磨损规律和原因,对正确、合理地使用发动机,延长发动机的使用寿命具有重要意义。

1) 气缸的磨损规律

气缸正常磨损的特征是不均匀磨损。气缸孔沿高度方向磨损成上大下小的倒锥形,最大磨损部位是活塞处于上止点时第一道活塞环对应的气缸壁位置,而该位置以上几乎无磨损,形成明显的"缸肩"。气缸沿圆周方向的磨损形成不规则的椭圆形,其最大磨损部位一般是前后或左右方向。

造成上述不均匀磨损的原因是:活塞在上止点附近时,各道环的背压最大,其中又以第一道环为最大,以下逐道减小,加之气缸上部温度高,润滑条件差,进气中的灰尘附着量多,废气中的酸性物质引起的腐蚀等,造成了气缸上部磨损较大;对于圆周方向的最大磨损部位,磨损主要是由侧向力、曲轴的轴向窜动等造成的。

2) 气缸磨损程度的衡量指标

车型不同,选用的磨损程度的衡量指标也不同;有的用圆度误差和圆柱度误差来衡量;也有的以标准尺寸和气缸磨损后的最大尺寸之差来衡量,如桑塔纳、捷达等轿车;还有的直接用气缸最大磨损尺寸来衡量,如丰田车系。不同车型的发动机应以各自车型的维修手册为准。

圆度误差衡量同一截面上磨损的不均匀性,用同一横截面上不同方向测得的最大直径与最小直径差值的一半来表示其大小。

圆柱度误差衡量沿气缸轴线的轴向截面上磨损的不均匀性,用被测气缸表面任意方向所测得的最大直径与最小直径差值的一半来表示其大小。

3) 气缸磨损的检验

进行测量时,测量部位的选择很重要。气缸的测量位置如图 2-11 所示,在气缸体上部距气缸上平面 10 mm 处、气缸中部和气缸下部距缸套下口 10 mm 处的三个截面,按 A、B 两个方向分别测量气缸的直径。

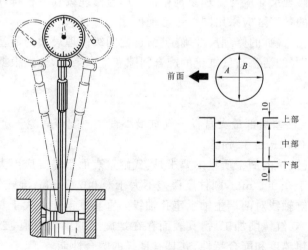

图 2-11 气缸磨损的检验

通常使用内径千分表进行测量,方法如下。

(1) 根据气缸直径的尺寸,选择合适的接杆,将其与内径千分表的下端固定。

(2) 校正内径千分表的尺寸。先将外径千分尺校准到被测气缸的标准尺寸,再将内径千分表校准到外径千分尺的尺寸,并使伸缩杆有 1~2 mm 的压缩量,旋转表盘,使大表针对准零位。

(3) 将内径千分表的测杆伸入气缸的上部,即气缸体上部距气缸上平面 10 mm 处(第一道活塞环在上止点位置时所对应的气缸壁),微微摆动表杆,使测杆与气缸中心线垂直,此时,内径千分表的最小读数即为正确的气缸直径。通常分别测量平行和垂直于曲轴轴线方向的气缸直径。

(4) 将内径千分表下移,用同样方法测量气缸中部和下部的直径。

4) 气缸的修理

当发动机中磨损量最大的气缸的磨损程度衡量指标超过规定标准时,应修理气缸。例如,桑塔纳 2000GSi 型轿车 AJR 型发动机,规定其磨损最大的气缸的直径与标准直径的最大偏差为 0.08 mm,当测得该偏差实际大于 0.08 mm 时,应修理气缸。

气缸的修理通常采用机械加工的方法,即修理尺寸法和镶套修复法。

修理尺寸法是指在零件的结构、强度和强化层允许的条件下,将配合副中主要部件的磨损部位通过机械加工,使其达到规定尺寸,恢复其正确的几何形状和精度,然后更换相应的配合件,通过改变尺寸来达到配合性质不变的目的的一种修理方法。

修复后的尺寸称为修理尺寸。使用修理尺寸法修理后,零件的尺寸不再是原基本尺寸,而是形成了对于孔件是扩大了的、对于轴件是缩小了的新基本尺寸(即修理尺寸)。

镶套修复法是对于经多次修理,直径超过最大修理尺寸,或气缸壁上有特殊损伤时,可对气缸承孔进行加工,用过盈配合的方式镶上新的气缸套,使气缸恢复到原来的尺寸的一种修理方法。

(1) 气缸的镗磨加工。

首先,确定气缸的修理尺寸。气缸的修理尺寸应根据修理级别进行选择。修理级别一般分为 4~6 级,气缸直径每加大 0.25 mm 增大一级,最大不超过 1.00 mm 或 1.50 mm。现代汽车车型繁多,修理级别应符合原厂规定,如桑塔纳 2000GSi 型轿车 AJR 型发动机气缸修理尺寸只有一级,它是在标准尺寸(81.01 mm)的基础上加大 0.50 mm。

气缸的修理尺寸按下式确定。

$$气缸的修理尺寸 = 气缸最大直径 + 镗磨余量$$

镗磨余量一般取 0.10~0.20 mm。

计算出的气缸的修理尺寸应与修理级别相符。如与修理级别不相符,应圆整到下一个修理级别。同一台发动机的各气缸应采用同一级修理尺寸。

其次,确定镗削量。气缸的修理尺寸确定后,选配同级修理尺寸的活塞,并依次测量每个活塞裙部的尺寸,结合必要的活塞与气缸壁的配合间隙和镗磨余量,分别根据各缸的实际尺寸,计算确定各缸的镗削量。

镗削量的计算公式为

$$镗削量 = 活塞裙部最大直径 - 气缸最小直径 + 配合间隙 - 磨缸余量$$

磨缸余量一般取 0.01~0.05 mm。

再次,镗缸。对气缸镗削加工质量的要求是:气缸壁表面粗糙度应不大于 $Ra\ 2.5\ \mu m$;干式气缸套圆度误差不大于 0.005 mm,圆柱度误差不大于 0.007 5 mm;湿式气缸套圆柱度误差不大于 0.012 5 mm;气缸轴线对两端主轴承座孔轴线的垂直度误差不大于 0.05 mm。

最后,珩磨气缸。气缸镗削加工后,其表面存在螺旋形的细微刀痕,必须进行珩磨加工,使气缸具有合理的表面粗糙度和配合特性,并具有良好的磨合性能。

气缸珩磨的技术要求是:气缸壁表面粗糙度应不大于 $Ra\ 0.63\ \mu m$,气缸的圆度、圆柱度及配缸间隙符合规定。例如,桑塔纳 2000GSi 型轿车 AJR 型发动机气缸镗磨后的圆度和圆柱度误差应不大于 0.005 mm,各缸直径之差不得超过 0.05 mm,气缸与活塞的配合间隙应为 0.025~0.030 mm,磨损极限值为 0.11 mm。

(2) 镶装气缸套。

气缸用修理尺寸法修理超过最后一级时,可用镶套修复法使其恢复到原始尺寸。

① 干式气缸套的镶配工艺。

首先,选择气缸套。第一次镶套选用标准尺寸的气缸套;若气缸体上已镶有气缸套,拆除旧气缸套后,应选用修理尺寸大一级的气缸套。

其次,检修气缸体气缸套承孔。根据气缸套的外径尺寸,将气缸体气缸套承孔镗至所需尺寸,按要求留过盈量。

最后,镶配。对气缸套外壁涂以机油,放正气缸套,用压床以 20~50 kN 的压力缓慢地将气缸套压入气缸体气缸套承孔中。为防止气缸体变形,应采用隔缸压入法。压入后的气缸套应与气缸体上平面平齐。在压入气缸套前后,对气缸体进行水压试验。

② 湿式气缸套的镶配工艺。

首先,拆除旧气缸套,并清除气缸体气缸套承孔接合面上的沉积物。

然后,对镗磨好的气缸套,在装水封圈的部位涂以密封胶,装妥水封圈,将其压紧在气缸体气缸套承孔内。

最后,进行水压试验。

二、气缸盖

气缸盖的作用是,封闭气缸上部,并与活塞顶部和气缸壁一起构成燃烧室。

(一) 气缸盖的构造

气缸盖是发动机上最复杂的零件之一。它包括新鲜气体和废气通道(包括气门座)、气门和凸轮轴部件的支承和导向部分、火花塞螺纹孔、冷却液通道和燃烧室等。

图 2-12 所示为桑塔纳 2000GSi 型轿车 AJR 型发动机气缸盖分解图。

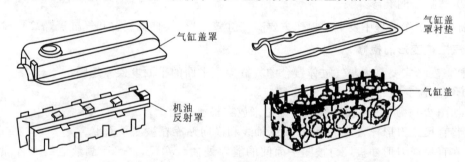

图 2-12 桑塔纳 2000GSi 型轿车 AJR 型发动机气缸盖分解图

气缸盖一般采用优质灰铸铁、合金铸铁或铝合金铸造。

1. 气缸盖的结构形式

汽车发动机气缸盖的结构形式有整体式和分开式两种。

整体式气缸盖是指多缸发动机的多个气缸共用 1 个气缸盖。整体式气缸盖结构紧凑,零件数少,可缩短气缸中心距和发动机总长度,制造成本低。当气缸数不超过 6 个、气缸直径小于 105 mm 时,均采用整体式气缸盖。

分开式气缸盖是指 1 个、2 个或 3 个气缸共用 1 个气缸盖。这种结构刚度较高,变形小,易于实现对高温高压燃气的有效密封,同时易于实现发动机产品的系列化,但气缸盖零件数增多会使气缸中心距增大。分开式气缸盖一般用在气缸直径较大的发动机上。

2. 燃烧室

汽油机的燃烧室是由活塞顶部及缸盖上相应的凹部空间组成的。对汽油机燃烧室的要求是:结构紧凑、面容比小、火焰传播距离短,以减小爆燃倾向,减少热损失;能产生适当的压缩涡流,以提高燃烧速度;充气效率高等。汽油机燃烧室常见的形式有半球形、楔形和盆形三种,如图 2-13 所示。

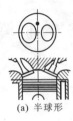  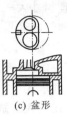

(a) 半球形　　　　(b) 楔形　　　　(c) 盆形

图 2-13　汽油机燃烧室

半球形燃烧室结构最紧凑,允许气门直径较大,充气性好,使发动机动力性最好,激冷面积小,对排气净化有利。它广泛用于轿车发动机中,如桑塔纳、富康轿车发动机。

楔形燃烧室结构紧凑,允许采用直径较大的进气门,充气性、经济性和动力性都较好,如切诺基汽车所用的 BJC I-4 发动机采用的就是楔形燃烧室。

盆形燃烧室工艺性好,制造成本低,结构紧凑,但气门直径受到较大的限制,充气性较楔形燃烧室差,因此高速时动力性稍差,捷达、奥迪轿车发动机采用的是盆形燃烧室。

3. 气缸盖罩

气缸盖罩用以密封配气机构等零部件,防止灰尘污染润滑油或灰尘进入,加快气门、传动机构的磨损。有的气缸盖罩上加有加机油口和曲轴箱通风管接口。

气缸盖罩用铝合金铸造或薄钢板冲压制成,与气缸盖接合时接合面间加橡胶衬垫。

(二) 气缸盖的维修

气缸盖在工作过程中发生的损伤主要有气缸盖变形、气缸盖裂纹和气缸盖螺纹孔损坏等。

1. 气缸盖变形的检修

气缸盖变形主要是指与气缸体接合的气缸盖下平面的平面度误差超限。

(1) 气缸盖变形的检验。

① 如图 2-14 所示,将被测气缸盖翻过来放在检测平台上。

② 将直尺或刀形样板尺沿对角线、纵轴线和横向贴靠在被测平面上。

③ 在直尺或刀形样板尺与被测平面间的缝隙处插入塞尺,塞尺所测数值最大者即为气缸体上平面或气缸盖下平面的平面度误差。

(2) 气缸盖变形的修理。

气缸盖下平面度超出限值,应予以修理或更换。例如,桑塔纳 2000GSi 型轿车 AJR 型发动机气缸盖下平面度不得超过 0.1 mm,若超过应进行修理或予以更换。气缸盖变形的修理方法和气缸体变形的修理方法相同。

燃烧室容积的简易测量方法为:彻底清除燃烧室内的积炭和污垢,将修平的气缸盖放置在工作台上,用水平仪找水平;将火花塞和进、排气门按规定装配好,并保证不泄漏;用量杯将由 80% 的煤油和 20% 的组成机油的混合油加入燃烧室,记下量杯中液面变化的差值,总注入量即为燃烧室容积。如果活塞顶部有凹坑,还应测量凹坑的容积。若燃烧室容积减小,应采用铣削方法,去掉燃烧室内较厚部分的金属。

2. 气缸盖裂纹的检修

气缸盖的裂纹常出现在气门座及火花塞螺孔之间。气缸盖出现裂纹,一般应予以更换。

3. 气缸盖的拆装

为保证高温、高压燃气的密封效果,气缸盖用多个螺栓以一定力矩紧固到缸体上。气缸盖螺栓的拆装一般采用对称法:装配时,由中间向两端逐个对称拧紧;拆卸时,则由两端向中间逐个对称拧松,如图 2-15 所示。几乎所有发动机都明确规定了气缸盖螺栓的拧紧力矩,并要求分几次拧紧至规定值,如桑塔纳 2000GSi 型轿车 AJR 型发动机要求以 40 N·m 的力矩拧紧气缸盖螺栓,然后再用扳手拧紧 180°。

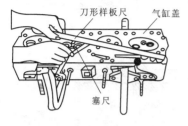
图 2-14 气缸盖变形的检验

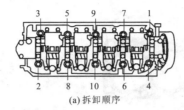
(a) 拆卸顺序

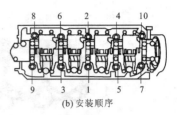
(b) 安装顺序

图 2-15 气缸盖螺栓的拆装顺序

铝合金气缸盖螺栓应在发动机冷态下按规定力矩拧紧,铸铁气缸盖螺栓应在热态下再拧紧一遍。这样气缸盖要承受多个螺栓的紧固力及高温高压燃气产生的机械负荷和热负荷的作用,同时复杂的气缸盖结构使铸造残余应力难以彻底消除。因此气缸盖必须要有足够的刚度、强度,以保证发动机正常工作。

三、气缸垫

气缸垫用来保证气缸体与气缸盖接合面间的密封效果,以确保:在进气行程期间不吸入、渗入空气,在压缩行程和做功行程期间不出现压力损失,无冷却液或机油外流和进入气缸内。

气缸垫接触高温、高压气体和冷却水,在使用中很容易被烧蚀,特别是缸口卷边周围。因此气缸垫应具有足够的强度、耐热;不烧损或变质,耐腐蚀;具有一定的弹性,能弥补接合面的不平度,以保证密封;使用寿命长。

(一) 气缸垫的构造

目前应用较多的气缸垫有以下几种。

1. 金属-石棉气缸垫

石棉中间夹有金属丝或金属屑,且外覆铜皮或钢皮,在缸口、水孔和油道口周围采用卷边加固,以防被高温燃气烧坏。这种气缸垫有很好的弹性和耐热性,能重复使用,但强度较差。

2. 金属骨架-石棉垫

以编织的钢丝网或冲孔钢片为骨架,外覆石棉及橡胶黏结剂压成垫片,表面涂以石墨粉等润滑剂,只在缸口、油道口及水孔处用金属包边。这种气缸垫弹性较好,但易黏结,只能一次性使用。

3. 金属片式气缸垫

这种气缸垫多用在强化发动机上,轿车和赛车上使用较多。它需要在密封的气缸孔、水孔和油道口周围冲压出一定高度的凸纹,利用凸纹的弹性变形实现密封。桑塔纳 2000GSi 型轿车 AJR 型发动机采用的就是金属片式气缸垫,如图 2-16 所示。

国外一些发动机开始使用耐热密封胶取代传统的气缸垫,使用耐热密封胶的发动机对气缸盖和气缸体结合面的平面度要求极高。

(二) 气缸垫的维修

气缸垫常见的损伤是烧蚀。气缸盖烧蚀一般发生在水道孔、油道孔与气缸孔之间,导致油、水、气相互渗透,致使发动机不能正常工作。

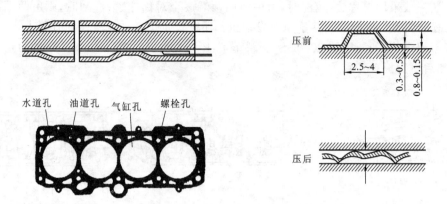

图 2-16　桑塔纳 2000GSi 型轿车 AJR 型发动机金属片式气缸垫

气缸垫损坏后只能更换。

（三）气缸垫的安装

气缸垫安装时，应注意将卷边朝向易修整的接触面或硬平面。当气缸盖和气缸体同为铸铁件时，卷边应朝向气缸盖（易修整）；当气缸盖为铝合金件、气缸体为铸铁件时，卷边应朝向气缸体（硬平面）。

换用新的气缸垫时，有标记"OPEN TOP"（顶部）的一面朝向气缸盖，如图 2-17 所示。

四、发动机的安装与支承

一般来说，发动机有三种安装方式。在绝大多数车上，发动机安装在车辆前部、乘客室前面。相对于车辆来说，前置发动机可以横向布置，也可以纵向布置。

发动机的第二种安装方式是，发动机安装在车辆中部、乘客室和后悬架之间。中置发动机通常是横向布置的。

发动机的第三种安装方式是，发动机安装在车辆后部，在这种情况下一般使用水平对置式发动机。对于这几种安装方式来说，每种安装方式既有优点又有缺点。

发动机通过气缸体和飞轮壳或变速器壳支承在车架上。支承方法一般有三点支承和四点支承两种，如图 2-18 所示。所谓三点支承，即前端两点通过曲轴箱支承在车架上，后端一点通过变速器壳支承在车架上。四点支承则为前端两点通过曲轴箱支承在车架上，后端两点通过飞轮壳支承在车架上。

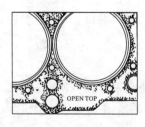

图 2-17　气缸垫的标记

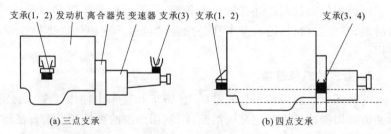

图 2-18　发动机支承

为了消除汽车在行驶中车架的变形对发动机的影响，以及减少传给底盘和乘员的振动和降低噪声，发动机在车架上的支承采用弹性支承。

2.2.3　活塞连杆组的构造与维修

活塞连杆组由活塞、活塞环、活塞销和连杆组等机件组成。桑塔纳 2000GSi 型轿车 AJR 型发动机的活塞连杆组零件如图 2-19 所示。

图 2-19　桑塔纳 2000GSi 型轿车 AJR 型发动机活塞连杆组零件

一、活　塞

活塞的作用有：承受燃烧时产生的气体压力，并通过活塞销传给连杆，推动曲轴旋转；将燃烧热量通过活塞环传到气缸壁上；其顶部与气缸盖、气缸壁共同组成燃烧室；与活塞环一起将燃烧室气体密封，并使其在运动中相对曲轴箱密封。

（一）活塞的构造

活塞在气缸内作高速往复运动，承受周期性变化的气体压力和惯性力，且顶部直接与高温燃气接触，加之润滑不良、散热困难，活塞的工作条件十分恶劣，这就要求活塞必须具有足够的刚度和强度，质量尽可能小，导热性能好，有良好的耐磨性和热稳定性。

目前，汽车发动机的活塞广泛采用铝合金制造，有的柴油机上也采用高级铸铁或耐热钢通过铸造或锻造工艺制成。

1. 活塞的基本结构

活塞由顶部、头部和裙部三部分组成，如图 2-20 所示。活塞顶部是燃烧室的组成部分，其形状与燃烧室形式有关，一般有平顶、凸顶和凹顶三种，如图 2-21 所示。

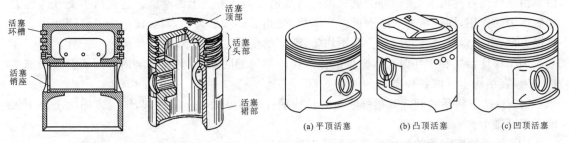

图 2-20　活塞的基本结构　　　　　图 2-21　活塞顶部形状

平顶活塞结构简单，加工方便，受热面积小，在汽油机上广泛采用；凸顶活塞顶部刚度大，可获得较大的压缩比，也能增加挤流强度，但顶部温度较高；凹顶活塞可通过凹坑深度获得不同的压缩比，但顶部受热量大，易形成积炭，加工制造较困难。桑塔纳 2000GSi 型轿车 AJR 型发动机的活塞顶部为凹顶结构。

活塞顶部有一定标记，如图 2-22 所示，安装时应注意朝前记号。

活塞头部是活塞环槽以上的部分，其作用是：承受气体压力，并将力通过活塞销座、活塞销传给连杆；与活塞环一道实现气缸的密封；将活塞顶部吸收的热量通过活塞环传导到气缸壁。

活塞头部切有若干道用以安装活塞环的环槽。发动机活塞一般有 2~3 道气环槽和 1 道油环槽，随着发动机高速化，气环槽数有减少的趋势。气环槽一般具有同样的宽度，油环槽比气环槽的宽度大，且槽底加工有回油孔，油环刮下的润滑油从回油孔回到油底壳。

活塞环槽的宽度和深度分别略大于活塞环的高度和厚度，以保证发动机工作时，活塞环可在环槽内运动,以除去环槽内的积炭和保证密封。这样,活塞环槽的磨损常常是影响发动机使用寿命的一个重要因素,特别是第一道环槽温度高,使材料硬度下降,磨损更为严重。为了保护环槽,有的发动机在环槽部位铸入用耐热材料制成的环槽护圈,以提高活塞的使用寿命,如图2-23所示。

活塞裙部是油环槽下端以下的部分,其作用是为活塞在气缸内作往复运动导向和承受侧压力。

活塞裙部要有一定的长度和足够的面积,以保证可靠的导向和减磨。裙部基本形状为一薄壁圆筒,圆筒完整的称为全裙式;许多高速发动机为了减轻活塞质量,在活塞不受侧向力的两侧,即沿销座孔轴线方向的裙部切去一部分,形成拖板式裙部,这种结构裙部弹性较好,可以减小活塞与气缸的装配间隙,如图2-24所示。

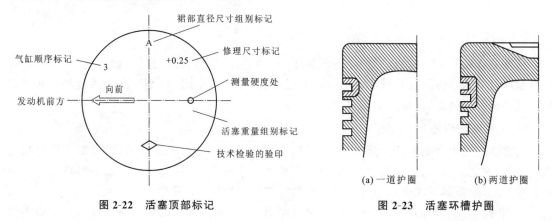

图2-22 活塞顶部标记　　　　　　　　　图2-23 活塞环槽护圈

活塞裙部的销孔用于安装活塞销。销座孔内接近外端面处车有安放弹性锁环的锁环槽,弹性锁环用来防止活塞销在工作中发生轴向窜动。

2. 活塞的变形规律及应对措施

活塞工作时,由于机械负荷和热负荷的影响,活塞会产生变形。在圆周方向,其裙部直径沿活塞销座轴线方向增大,使裙部变成长轴在活塞销座轴线方向上的椭圆。这是由于受气体压力和侧压力的作用,同时活塞销座附近金属堆积,受热后膨胀量大,活塞径向产生了椭圆变形。在高度方向,由于温度分布和质量分布不均匀,活塞的变形量上大下小。

为了保证活塞在工作时与气缸壁间保持比较均匀的间隙,以免在气缸内卡死或引起局部磨损,必须在结构上采取各种措施。

(1) 冷态下将活塞制成其裙部断面为长轴垂直于活塞销方向的椭圆,轴线方向为上小下大的近似圆锥形。

(2) 活塞销座附近的裙部外表面制成凹陷0.5~1 mm。

(3) 在活塞裙部受侧压力小的一侧开"Π"形槽或"T"形槽,如图2-25所示。其中横槽称绝热槽,可减少从活塞头部向裙部的传热,使裙部膨胀量减少;纵槽称膨胀槽,使裙部具有弹性,这样冷态下的间隙可减小,热态下又因切槽的补偿作用,使活塞不致卡死在气缸中。

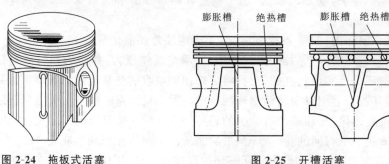

图2-24 拖板式活塞　　　　　　　　图2-25 开槽活塞

(4) 采用双金属活塞。有些铝合金活塞在活塞销座孔处嵌入线膨胀系数小的"恒范钢片"或"筒形钢片",其作用是牵制活塞裙部的膨胀量。桑塔纳 2000GSi 型轿车 AJR 型发动机活塞就嵌入了恒范钢片。

采用上述措施后,活塞裙部与气缸壁之间的冷态装配间隙便可减小,使发动机不产生冷"敲缸"现象。

(二)活塞的维修

活塞的损伤主要是磨损,包括活塞环槽的磨损、活塞裙部的磨损和活塞销座孔的磨损。另外,活塞刮伤、顶部烧蚀和脱顶属于非正常的损伤形式。

1. 活塞的选配

当气缸的磨损超过规定值及活塞发生异常损坏时,必须对气缸进行修复,并且要根据气缸的修理尺寸选配活塞,以恢复正常的配合间隙。

选配活塞时要注意以下几点。

(1) 选用同一修理尺寸和同一分组尺寸的活塞。活塞裙部的尺寸是镗磨气缸的依据,即气缸的修理尺寸是哪一级,也要选用哪一级修理的活塞。由于活塞的分组,只有在选用同一分组活塞后,才能按选定活塞的裙部尺寸进行镗磨气缸。

(2) 同一发动机必须选用同一厂牌的活塞。活塞应成套选配,以保证其材料和性能的一致性。

(3) 在选配的成套活塞中,尺寸差和质量差应符合要求。成套活塞中,其尺寸差一般为 0.02~0.025 mm,质量差一般为 4~8 g,销座孔的涂色标记应相同。

新型汽车的活塞与气缸的配合都采用选配法,在气缸的技术要求确定的前提下,重点是选配相应的活塞。活塞的修理尺寸级别随车型不同而异,应查阅相关的维修手册。桑塔纳 2000GSi 型轿车 AJR 型发动机活塞的修理尺寸如表 2-1 所示。

表 2-1 桑塔纳 2000GSi 型轿车 AJR 型发动机活塞的修理尺寸   单位:mm

AJR 型发动机	活　　塞	气缸直径
标准尺寸	80.965	81.01
修理尺寸	81.465	81.51

有的发动机采用薄型气缸套,活塞不设置修理尺寸,只区分标准系列活塞和维修系列活塞,每一系列活塞中也有若干组供选配。活塞的修理尺寸级别代号常打印在活塞顶部。

2. 活塞的检测

(1) 活塞裙部尺寸的检测。镗缸时,要根据选配活塞的裙部直径确定镗削量,活塞裙部直径的测量方法如图 2-26 所示。在活塞下部离裙部底边约 15 mm、与活塞销垂直方向处,用千分尺测量活塞裙部直径。

(2) 配缸间隙的检测。活塞与气缸壁之间的间隙称为配缸间隙,此间隙应符合标准。桑塔纳 2000GSi 型轿车 AJR 型发动机的配缸间隙为 0.045 mm。检测时,可用量缸表测量气缸的直径,用外径千分尺测量活塞的直径,两者之差即为配缸间隙。也可如图 2-27 所示,将活塞(不装活塞环)放入气缸中,用塞尺测量其间隙值。

二、活塞环

活塞与气缸有两类密封问题,即窜气和窜油。

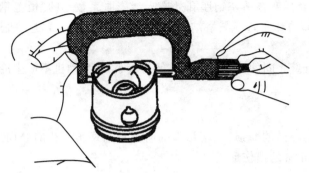

图 2-26 活塞裙部直径的测量方法　　　　图 2-27 配缸间隙的检测

窜气是指燃烧气体通过活塞与气缸的间隙泄漏至曲轴箱。窜气将导致功率损失。窜油是指润滑油上行至燃烧室,造成烧机油,影响发动机性能。因此活塞环必须能:向下将燃烧室与曲轴箱隔离密封,以阻止空气和燃烧气体窜气;将活塞的一部分热量传递到气缸上冷却;刮除多余的机油,并将机油送回油底壳。

（一）活塞环的构造

活塞环有气环和油环两种,其结构如图 2-28 所示。

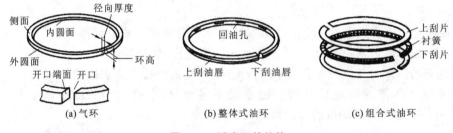

图 2-28 活塞环的结构

气环的作用是,保证活塞与气缸壁间的密封,防止高温、高压的燃气漏入曲轴箱,同时将活塞顶部的热量传导到气缸壁,再由冷却液或空气带走。一般发动机每个活塞上装有 2~3 道气环。

气环为一带有切口的弹性片状圆环。在自由状态下,气环的外径略大于气缸的直径,当环装入气缸后,产生弹力使环压紧在气缸壁上,其切口具有一定的间隙。

油环用来刮除气缸壁上多余的润滑油,并在气缸壁上布上一层均匀的油膜。通常发动机上有 1~2 道油环。

油环有两种结构形式,即整体式和组合式。

整体式油环的外圆面的中间切有一道凹槽,在凹槽底部加工出很多穿通的排油小孔或缝隙。

组合式油环由上刮片、下刮片及产生径向和轴向弹力的衬簧组成。这种油环环片很薄,对气缸壁的比压大,刮油作用强,质量小,回油通道大,在高速发动机上得到广泛应用。

无论活塞上行还是活塞下行,油环都能将气缸壁上多余的机油刮下来经活塞上的回油孔流回油底壳。油环的刮油作用如图 2-29 所示。

由于活塞环也是在高温、高压、高速及润滑困难的条件下工作的,且运动情况复杂,因此要求其材料应有良好的耐热性、导热性、耐磨性、磨合性、韧性及足够的强度和弹性。目前活塞环采用优质铸铁、球墨铸铁或合金铸铁制造,并对第一道环甚至所有环实行工作表面进行镀铬或喷钼处理,以提高耐磨性。组合式油环还采用弹簧钢片制造。

1. 活塞环的间隙

发动机工作时,活塞、活塞环都会发生热膨胀,并且,活塞环随着活塞在气缸内作往复运动时,有径向胀缩变形现象。为防止活塞环卡死在缸内或胀死在环槽中,安装时,活塞环应留有端隙、侧隙和背隙,如图 2-30 所示。

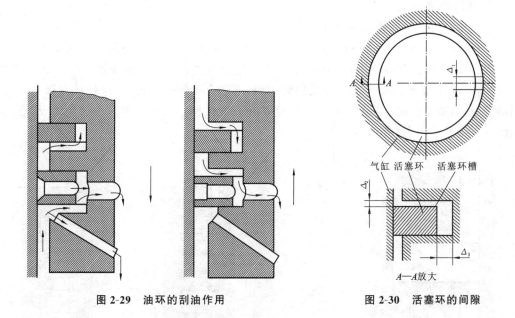

图 2-29 油环的刮油作用　　　　图 2-30 活塞环的间隙

端隙 Δ_1 又称为开口间隙,是活塞环在冷态下装入气缸后,该环在上止点时环的两端头的间隙,为 0.25~0.50 mm。

侧隙 Δ_2 又称边隙,是指活塞环装入活塞后,其侧面与活塞环槽之间的间隙。第一环因工作温度高,间隙较大,为 0.04~0.10 mm,其他环为 0.03~0.07 mm。油环侧隙较气环小。

背隙 Δ_3 是活塞和活塞环装入气缸后,活塞环内圆柱面与活塞环槽底部间的间隙,为 0.50~1.00 mm。油环背隙较气环的大,以增大存油间隙,利于减压泄油。

2. 活塞环的密封原理

活塞环在自由状态下不是呈圆环形的,其外形尺寸比气缸内径大,因此,它随活塞一起装入气缸后,便产生弹力 F_1 而紧贴在气缸壁上,形成第一密封面,使燃气不能通过环与气缸接触面的间隙。活塞环在燃气压力的作用下,压紧在环槽的下端面上,形成第二密封面,于是燃气绕流到环的背面,并发生膨胀,其压力降低。同时,燃气压力对环背的作用力 F_2 使环更紧地贴在气缸壁上,形成对第一密封面的第二次密封,如图 2-31 所示。

燃气从第一道气环的切口漏到第二道气环的上平面时压力已有所降低,又把这道气环压贴在第二环槽的下端面上,于是,燃气又绕流到这个环的背面,再发生膨胀,其压力又进一步降低。如此下去,从最后一道气环漏出来的燃气,其压力和流速已大大减小,因而漏气量也就很少了。

为减少气体泄漏,将活塞环装入气缸时,各道环的开口应相互错开。如有三道环,则各道环开口应沿圆周成 120°夹角;如有四道环,则第一、二道互错 180°,第二、三道互错 90°,第三、四道互错 180°,形成迷宫式的路线,增大漏气阻力,减少漏气量。

3. 活塞环的泵油现象

由于侧隙和背隙的存在,当发动机工作时,活塞环便产生泵油现象,如图 2-32 所示。活塞下行时,活塞环靠在环槽上方,活塞环从缸壁上刮下来的润滑油充入环槽下方;当活塞上行时,活塞环又靠在环槽的下方，同时将机油挤压到环槽上方。如此反复，就将气缸壁上的机油泵入燃烧室中了。

泵油现象会使燃烧室内形成积炭，同时增加机油消耗，并且可能在环槽中形成积炭，导致环卡死，失去密封作用，甚至折断活塞环。

4. 气环的种类

气环按其断面形状分有多种，如图2-33所示。

(1) 矩形环。矩形环结构简单，制造方便，与气缸壁接触面积大，对活塞头部的散热有利，是最基本的气环，可用作各道气环，但泵油作用大，磨合性能和刮油性能较差。

(2) 锥形环。锥形环与气缸壁是线接触，有利于磨合和密封。另外，这种环在活塞下行时有刮油作用，活塞上行时有布油作用。安装这种环只能按图示方向安装。为避免装反，在环端上侧面标有记号（"向上"或"TOP"等）。

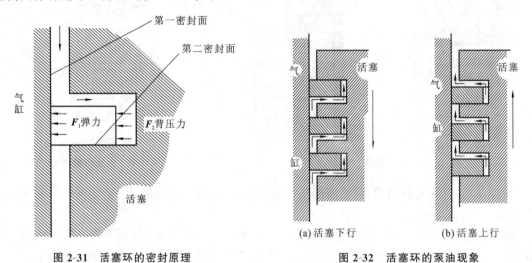

图2-31 活塞环的密封原理　　图2-32 活塞环的泵油现象

(3) 梯形环。当活塞受侧压力的作用而改变位置时，梯形环的侧隙相应地发生变化，使沉积在环槽中的结焦被挤出，避免了环被粘在环槽中而失效，它常用作热负荷较高的柴油机的第一道气环。

(4) 桶面环。活塞环的外圆面为凸圆弧形。当活塞上下运动时，桶面环能改变形状形成楔形间隙，使机油容易进入摩擦面，从而使磨损大为减小。另外，桶面环与气缸是圆弧接触，故对气缸表面的适应性较好，但圆弧表面加工较困难。目前桶面环已普遍地用作强化柴油机的第一道气环。

(5) 扭曲环。在矩形环的内圆上边缘或外圆下边缘切去一部分便制成了扭曲环。将扭曲环随同活塞装入气缸时，由于环的弹性内力不对称而产生断面倾斜，其作用原理如图2-34所示。当活塞环装入气缸时，其外侧拉伸应力的合力F_1与内侧压缩应力的合力F_2之间有一力臂e，于是产生了扭转力偶M，它使环外圆周扭曲成上小下大的锥形，从而使环的边缘与环槽的上、下端面接触，防止了活塞环在环槽内上下窜动而造成的泵油作用，同时还增加了密封性，易于磨合，并具有向下的刮油作用。

扭曲环目前在发动机上得到了广泛应用。安装时，必须注意扭曲环的断面形状和方向，应将其内圆切槽向上，外圆切槽向下。第一道气环多为内圆上边缘切口，不能装反。

桑塔纳2000GSi型轿车AJR型发动机的第一道气环为矩形环，第二道气环为锥形环。几种常见发动机活塞环的间隙值如表2-2所示。

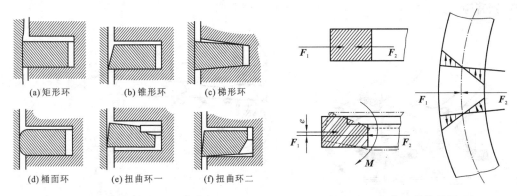

图 2-33 气环按断面形状分类　　　　图 2-34 扭曲环的作用原理

表 2-2　几种常见发动机活塞环的间隙值　　　　　　　　　　　单位:mm

发动机	活塞环开口间隙			活塞环侧隙		
	第一道气环	第二道气环	油环	第一道气环	第二道气环	油环
桑塔纳 AJR 型发动机	0.20～0.40	0.20～0.40	0.25～0.45	0.06～0.09	0.06～0.09	0.03～0.06
奥迪发动机	0.30～0.45	0.25～0.40	0.25～0.50	0.02～0.05	0.02～0.05	0.02～0.05
丰田 5B 型发动机	0.20～0.40	0.15～0.35	0.15～0.35	0.03～0.07	0.03～0.07	0.025～0.07
夏利 TJ376Q 发动机	0.20～0.70	0.20～0.70	0.20～0.70	0.03～0.12	0.03～0.12	0.03～0.12
切诺基 2131-4 发动机	0.15～0.35	0.15～0.35	0.15～0.35	0.043～0.081	0.043～0.081	0.03～0.20

（二）活塞环的维修

活塞环的损伤主要是磨损,随着磨损的加剧,活塞环的弹力逐渐减弱,端隙、侧隙及背隙增大。此外,活塞环还可能折断。

1. 活塞环的选配

除有标准尺寸的活塞环以外,还有与各级修理尺寸气缸、活塞相对应的加大尺寸的活塞环。修理发动机时,应按照气缸的标准尺寸或修理尺寸,选用与气缸、活塞同级别的活塞环。

在大修时,优先使用活塞、活塞销及活塞环成套供应配件。

2. 活塞环的检验

为了保证活塞环与活塞环槽及气缸的良好配合,选配活塞环时,还应对活塞环弹力、环的漏光度、端隙、侧隙和背隙等进行检验,当其中任何一项不符合要求时,均应重新选配活塞环。

(1) 活塞环端隙的检验。将活塞环平正地放入气缸内,用活塞顶部把它推平,然后用塞尺测量开口处的间隙,如图 2-35 所示。

活塞环端隙大于规定值时,应另选活塞环;活塞环端隙小于规定值时,可对环口的一端加以锉修。锉修时,应注意环口平整,锉修后环外口应去掉毛刺,以防锋利的环口刮伤气缸。

(2) 活塞环侧隙的检验。将活塞环放入环槽内,围绕环槽滚动一周,活塞环应能自由滚动,既不松动,又无阻滞现象。用塞尺按图 2-36 所示的方法检验活塞环侧隙,其值应符合要求。

如活塞环侧隙过小,可将活塞环放在有平板的砂布上研磨,不允许加工活塞;如活塞环侧隙过大,则应另选活塞环。

(3) 活塞环背隙的检验。在实际检验中,活塞环背隙通常以槽深和环厚之差来表示。检验活塞环背隙的经验方法是:将活塞环置入环槽内,如活塞环低于环槽岸,能转动自如,且无松旷感觉,则背隙合适。

图 2-35 活塞环端隙的检验

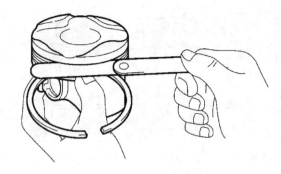

图 2-36 活塞环侧隙的检验

三、活塞销

活塞销的作用是:连接活塞和连杆小头,将活塞承受的气体作用力传给连杆。

活塞销工作时承受很大的周期性冲击载荷,且高温、润滑条件差,因而要求活塞销要有足够的刚度和强度,表面耐磨,质量轻。

活塞销一般采用低碳钢或低碳合金钢,经表面渗碳淬火后再经精磨加工制成。

(一)活塞销的构造

为了减轻质量,活塞销一般做成空心柱状,空心柱也可以是组合形或两段截锥形,如图 2-37 所示。

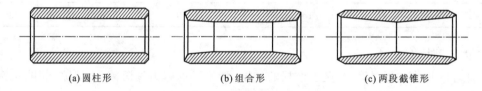

(a)圆柱形　　(b)组合形　　(c)两段截锥形

图 2-37 活塞销内孔形状

活塞销的连接方式有两种,即全浮式和半浮式,如图 2-38 所示。

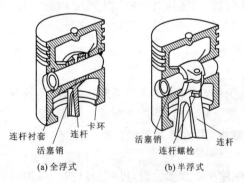

(a)全浮式　　(b)半浮式

图 2-38 活塞销的连接方式

全浮式连接是指在发动机工作温度下,活塞销与销座、活塞销与连杆小头之间都是间隙配合,可以相互转动。这种连接方式增大了实际接触面积,减小了磨损且使磨损均匀,被广泛采用。为防止工作时活塞销从孔中滑出,必须用卡环将其固定在销座孔内。

半浮式连接是指销与座孔或销与连杆小头两处,一处固定,一处浮动。其中大多采用销与连杆小头固定的方式。可以将活塞销压配在连杆小头孔内,也可将活塞销中部与连杆小头用紧固螺栓连接。这种方式不需要卡环,也不需要连杆衬套。

(二)活塞销的维修

1. 活塞销的选配

发动机工作时,由于受到气体压力和惯性力的作用,活塞销与销座孔以及连杆衬套相配合处产生磨损,造成间隙增大,严重时会产生敲击声。以往均以加大活塞销来恢复正常配合,近年均采用成对更换活塞、活塞销来解决上述问题。成对更换活塞、活塞销能保证活塞销与活塞具有较高的装配精度。

发动机大修时,一般应更换活塞销。

活塞销的选配原则是:同一台发动机应选用同一厂牌、同一修理尺寸的成组活塞销;活塞销表面应无任何锈蚀和斑点,表面粗糙度 Ra 不大于 $0.20\ \mu m$,圆柱度误差不大于 $0.0025\ mm$,质量差在 $10\ g$ 范围内。

2. 活塞与活塞销的装配方法

活塞销与活塞销座孔在常温下应有微量过盈,一般为 $0.0025 \sim 0.0075\ mm$。当活塞处于 $80\ ℃$ 左右温度环境下时,活塞销与座孔之间有微量的间隙,此时活塞销能在活塞销座孔内转动。

将活塞放入水中加热至 $80\ ℃$ 左右,迅速取出活塞,并立即把涂有润滑油的活塞销用手指推入活塞销座孔内。

四、连杆组

连杆组的作用是,将活塞与曲轴连接,将活塞上的力传递到曲轴上,在曲轴上产生转矩,将活塞的直线运动转化为曲轴的旋转运动。

连杆组包括连杆、连杆盖、连杆轴承和连杆螺栓等,如图 2-39 所示。连杆和连杆盖统称为连杆。

连杆工作时要承受活塞销传来的气体压力及本身摆动和活塞往复运动时的惯性力。这些周期性变化的力使连杆受到拉伸、压缩和弯曲等交变载荷的作用,因而要求连杆要有足够的刚度和强度,质量尽可能小。

连杆一般采用中碳钢或中碳合金钢经模锻成型,然后进行机加工和热处理而制成。

(一)连杆组的构造

1. 连杆

连杆由小头、杆身和大头三个部分组成。

连杆小头与活塞销连接。采用全浮式连接时,小头孔中有减磨的青铜衬套,小头和衬套上钻有集油槽,集油槽用来收集飞溅到的润滑油并进行润滑。有些发动机连杆小头采用压力润滑,则在连杆杆身内钻有纵向油道。

连杆杆身制成"工"字形断面,以求在强度和刚度足够的前提下减小质量。

连杆大头与曲轴的连杆轴颈连接。为便于安装,连杆大头一般做成剖分式,被分开的部分称作连杆盖,用连杆螺栓紧固在连杆大头上。连杆盖与连杆大头是组合加工的,为防止装配时配对错误,在同一侧刻有配对记号,如图 2-40 所示。

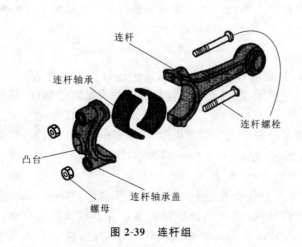

图 2-39 连杆组

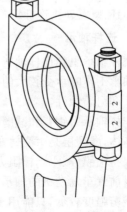

图 2-40 配对记号

连杆大头上还铣有连杆轴承的定位凹坑。有的连杆大头连同轴承还钻有喷油孔，以将润滑油导向缸壁，改善润滑状况。

连杆大头的切口分为平切口和斜切口两种。平切口连杆的剖分面垂直于连杆轴线，一般汽油机连杆大头尺寸小于气缸直径，可以采用平切口。柴油机连杆受力较大，其大头尺寸往往超过气缸直径，为使连杆大头能通过气缸，拆装方便，一般采用斜切口。

连杆大头与连杆盖必须定位。平切口的定位是利用连杆螺栓上精加工的圆柱凸台或光圆柱部分，与经过精加工的螺栓孔来保证的。斜切口连杆的大头剖分面与连杆轴线成30°~60°的夹角，在工作中受到惯性力的拉伸，在切口方向有一个较大的横向分力，必须采用可靠的定位措施。常用的斜切口连杆定位方式如图2-41所示。

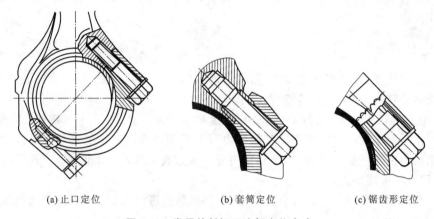

(a) 止口定位　　(b) 套筒定位　　(c) 锯齿形定位

图 2-41　常用的斜切口连杆定位方式

止口定位工艺简单，但定位不大可靠，只能单向定位，对连杆盖止口向外变形或连杆大头止口向内变形均无法防止。

套筒定位是在连杆盖的每一个螺栓孔中压配一个短套筒，它与连杆大头有精度很高的配合间隙，故装拆连杆盖时也很方便。套筒定位的缺点是定位套筒孔的工艺要求高，若孔距不够准确，则可能因为定位而造成大头孔严重失圆，此外，连杆大头的横向尺寸也必然因此而加大。

锯齿形定位结构紧凑，定位可靠，但对齿节距公差要求严格，否则连杆盖装在连杆大头上时，中间会有几个齿脱空，不仅影响连杆组件的刚度，并且连杆大头孔也会立即失圆。

2. 连杆螺栓

连杆螺栓经常承受交变载荷的作用，一般采用韧性较高的优质合金钢或优质碳素钢锻制成型。拆装时，连杆螺栓必须以原厂规定的拧紧力矩，分2~3次均匀地拧紧。桑塔纳2000GSi型轿车AJR型发动机连杆螺栓的拧紧力矩为30 N·m，接着再转动180°。

3. 连杆轴承

连杆轴承也称连杆轴瓦（俗称小瓦），装在连杆大头内，用以保护连杆轴颈和连杆大头孔。连杆轴承工作时承受较大的交变载荷，且润滑困难，因此要求连杆轴承具有足够的强度、良好的减磨性和耐腐蚀性。

连杆轴承由钢背和减磨层组成，为两半分开形式。钢背由厚1~3 mm的低碳钢制成，是轴承的基体，减磨层是由浇铸在钢背内圆上厚为0.3~0.7 mm的薄层减磨合金制成。减磨合金具有保持油膜、减小摩擦阻力作用，且易于磨合，如图2-42所示。

目前汽车发动机的轴承减磨合金主要有巴氏合金、铜铅合金和铝基合金，其中巴氏合金轴承的疲劳强度较低，只能用于载荷不大的汽油机，而铜铅合金和高锡铝合金轴承均具有较高的承载能力和耐疲劳性。锡的质量分数在20%以上的高锡铝合金轴承，在汽油机和柴油机上均

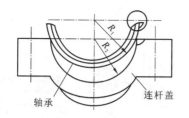 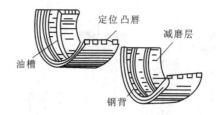

图 2-42 连杆轴承

得到广泛应用。

半个连杆轴承在自由状态下并不是半圆形,即 $R_1 > R_2$。当将连杆轴承装入连杆大头孔内时,因有过盈,故能均匀地紧贴在大头孔壁上及连杆盖上,具有很好的承载能力和导热能力。为了防止连杆轴承在工作中发生转动或轴向移动,在两个连杆轴承的剖分面上,分别冲压出高于钢背面的两个定位凸唇。装配时,这两个凸唇分别嵌入连杆大头和连杆盖上的相应凹槽中。在连杆轴承内表面上还加工有油槽,用以储油,保证可靠润滑。

(二)连杆组的维修

1. 连杆的检修

连杆的损伤有:杆身的弯曲、扭转变形,小头孔和大头侧面的磨损。其中变形最为常见。

1)连杆变形的检验

连杆变形的检验在连杆检验仪(见图 2-43)上进行。连杆检验仪上的菱形支承轴能保证连杆大端承孔轴向与检验平板垂直。测量工具是一个带 V 形槽的三点规,三点规上的三点构成的平面与 V 形槽的对称平面垂直,两下测点的距离为 100 mm,上测点与两下测点连线的距离也是 100 mm。

检验方法如下。

(1) 将连杆大头的轴承盖装好(不装轴承),按规定力矩把螺栓拧紧,检查连杆大头孔的圆度和圆柱度,应符合要求;装上已修配好的活塞销。

(2) 把连杆大头装在连杆检验仪的菱形支承轴上,拧紧调整螺钉使定心块向外扩张,把连杆固定在连杆检验仪上。

(3) 将 V 形检验块两端的 V 形定位面靠在活塞销上,观察 V 形三点规的三个接触点与检验平板的接触情况,便可检查出连杆的变形方向和变形量。

若三点规的三个测点都与平板接触,说明连杆没有变形。

若上测点与平板接触,两下测点不接触且与平板距离一致,或两下测点与平板接触而上测点不接触,说明连杆弯曲。用塞尺测出测点与平板的间隙,即为连杆在 100 mm 长度上的弯曲度,如图 2-44(a)所示。

若只有一个下测点与平板接触,另一个下测点与平板不接触,且间隙为上测点与平板间隙的两倍,这时下测点与平板的间隙即为连杆在 100 mm 长度上的扭曲度,如图 2-44(b)所示。

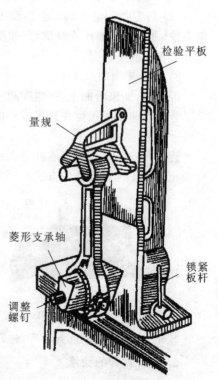

图 2-43 连杆检验仪

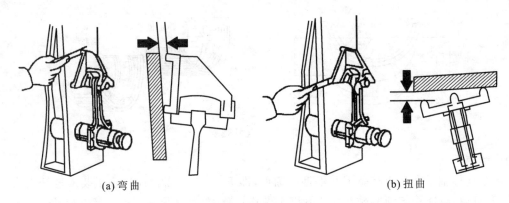

图 2-44　连杆弯扭检验

如果一个下测点与平板接触,但另一个下测点与平板的间隙不等于上测点间隙的两倍,这时连杆弯扭并存。下测点与平板的间隙为连杆的扭曲度,上测点间隙与下测点间隙一半的差值为连杆的弯曲度。

若测出连杆小头端面与平板的距离,然后将连杆翻转180°后再测此距离,若数值不相等,即说明连杆有双重弯曲,两次测量数值之差为连杆双重弯曲度。

连杆变形的检验还可用另一种方法进行,如图 2-45 所示。

(1) 将连杆盖安装到连杆杆身上,按规定力矩拧紧连杆螺栓。
(2) 将连杆大头套装到检验仪的可张心轴上并张紧。
(3) 用支承块支住连杆小头。
(4) 将百分表装于表架上,使其测杆与测量心轴接触,并留有 1 mm 左右的预压量。
(5) 转动百分表表盘,使其大指针对正零位。
(6) 将专用测量心轴装于拆除了衬套的连杆小头孔中,推拉滑块带动表架,使百分表沿测量心轴轴向移动,测出连杆的弯、扭变形量。百分表 1 反映连杆的扭曲变形情况,百分表 2 反映连杆的弯曲变形情况。

2) 连杆变形的校正

经检验,如果弯曲度、扭曲度超过规定值,应记住弯、扭方向和数值,进行校正。

连杆弯曲的校正可在压床或弯曲校正器上进行。用弯曲校正器校正连杆弯曲的方法如图 2-46 所示。

连杆扭曲的校正可将连杆夹在台虎钳上,用扭曲校正器、长柄扳钳或管钳进行校正。用扭曲校正器校正连杆扭曲的方法如图 2-47 所示。

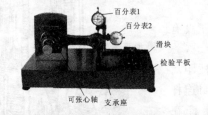

图 2-45　连杆变形的另一种检验方法

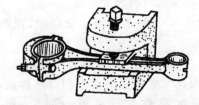

图 2-46　用弯曲校正器校正连杆弯曲的方法

校正时注意:先校扭,再校弯;避免反复过校正。校正后要进行时效处理,消除弹性后效作用。

2. 连杆衬套的检修

(1) 连杆衬套的选配。

对于全浮式安装的活塞销,连杆小头内压装有连杆衬套。发动机大修时,在更换活塞、活塞销的同时,必须更换连杆衬套,以恢复其正常配合。

连杆衬套与连杆小头应有一定量的过盈,如桑塔纳 2000GSi 型轿车 AJR 型发动机的过盈量为 0.06～0.10 mm,以保证衬套在工作时不走外圆。可通过分别测量连杆小头内径(见图 2-48)和新衬套外径(见图 2-49)的方法求得过盈量。

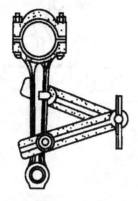
图 2-47 用扭曲校正器校正连杆扭曲的方法

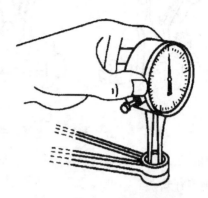
图 2-48 连杆小头内径的测量

新衬套的压入可在台虎钳上进行。压入前,应检查连杆小头有无毛刺,如有应去除,以免擦伤衬套外表面。压入时,衬套倒角应朝向连杆小头倒角一侧,并将其放正,同时对正衬套的油孔和连杆小头油孔,确保润滑油畅通。

(2) 连杆衬套的修配。

活塞销与连杆衬套的配合,在常温下应有 0.005～0.010 mm 的间隙,接触面积应在 75% 以上。配合间隙过小,可将连杆夹到内圆磨床上进行磨削,并留有研磨余量,再将活塞销插入连杆衬套内配对研磨,研磨时可加少量机油,将活塞销夹在台虎钳上,沿活塞销轴线方向扳动连杆,应有无间隙感觉。连杆衬套修配质量检验如图 2-50 所示。加入机油扳动时无"气泡"产生,把连杆置于与水平面成 75°角时能停住,轻拍连杆徐徐下降,此时配合间隙是合适的。

经过加工的衬套,应能用大拇指把活塞销推入连杆衬套内,并有无间隙的感觉,如图 2-51 所示。

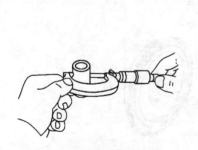
图 2-49 连杆衬套外径的测量

图2-50 连杆衬套修配质量检验

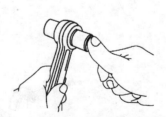
图 2-51 检查活塞销与连杆衬套的配合

(三) V 形发动机连杆的布置型式

由于 V 形发动机左右两缸的连杆装在同一个连杆轴颈上,故 V 形发动机连杆有并列连杆式、主副连杆式和叉形连杆式三种布置型式,如图 2-52 所示。

1. 并列连杆式

两个相同的连杆一前一后并列地安装在同一个连杆轴颈上。并列连杆可以通用,结构与单列式发动机的连杆相同,只是大头宽度一般要稍小一些,但因左右气缸要在轴向错开一段距离,

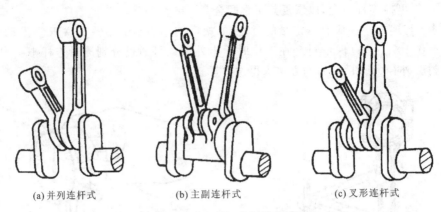

(a) 并列连杆式　　　　(b) 主副连杆式　　　　(c) 叉形连杆式

图 2-52　V 形发动机连杆的布置型式

致使发动机的长度增加,曲轴的长度增加,刚度降低。

2. 主副连杆式

它是在左右两列气缸中,一列气缸采用主连杆,其大头直接安装在连杆轴颈的全长上,另一列气缸采用副连杆,其大头与主连杆上的大头(或连杆盖)上的两个凸耳用销作铰链连接。这种结构的连杆在同一个平面上运动,故气缸中心线位于一平面内,发动机长度不增加。缺点是连杆不能互换。

3. 叉形连杆式

叉形连杆式,即左右两列气缸的对应两个连杆中,一个连杆的大头做成叉形,跨于另一个连杆的厚度较小的片形大头两端。这种布置的优点是,两列气缸中的活塞连杆组的运动规律相同,左右对应的两气缸轴心线不需要在曲轴轴向上错位;缺点是,叉形连杆大头结构和制造较复杂,大头的刚度也不高。

2.2.4　曲轴飞轮组的构造与维修

曲轴飞轮组由曲轴、飞轮、扭转减振器、曲轴主轴承、曲轴带轮和正时链轮(或齿轮)等组成。图 2-53 所示为桑塔纳 2000GSi 型轿车 AJR 型发动机曲轴飞轮组的组成示意图。

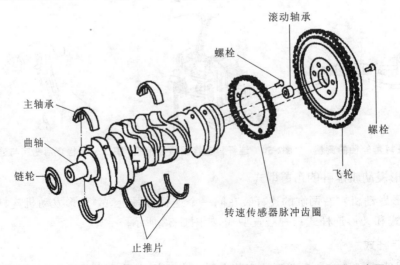

图 2-53　桑塔纳 2000GSi 型轿车 AJR 型发动机曲轴飞轮组的组成示意图

一、曲轴

曲轴的作用是:将活塞的直线运动转化为旋转运动,将连杆产生的扭转力转换为转矩,将转矩传递到离合器或液力变矩器上,驱动配气机构、点火分电器、机油泵、冷却液泵、转向泵、发电机和其他附属总成。

曲轴的作用是,把活塞连杆组传来的气体压力转变为转矩并对外输出,同时,驱动发动机的配气机构和其他辅助装置(如发电机、水泵和转向油泵等)。

曲轴工作时,承受周期性变化的气体压力及活塞连杆等运动件的往复和旋转惯性力作用,这些力及其力矩使曲轴产生弯曲和扭转变形,弯曲和扭转作用还会使曲轴产生振动,因此要求曲轴必须要有足够的刚度、强度及良好的耐磨性和很高的平衡性。

曲轴一般采用优质中碳钢或中碳合金钢模锻,其主轴颈和连杆轴颈表面均高频淬火或氮化,以提高耐磨性。也有发动机采用球墨铸铁铸造曲轴。

(一)曲轴的构造

曲轴的基本构造如图 2-54 所示,它包括:用于将曲轴支承在曲轴箱内的主轴颈,用于安装连杆轴承的连杆轴颈,连接连杆轴颈和主轴颈的曲柄臂,用于安装正时齿轮(或正时带轮、正时链轮)、传动带轮的前端轴,用于安装飞轮的后端凸缘,用来平衡连杆大头、连杆轴颈和曲柄臂等产生的离心力及其力矩的平衡重。

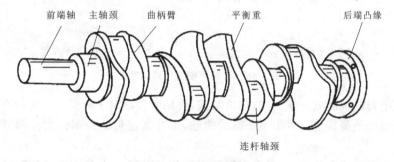

图 2-54 曲轴的基本构造

曲轴的形状取决于气缸数量、气缸布置、曲轴轴承数量、行程和点火顺序。多缸发动机曲轴一般做成整体式。图 2-54 的曲轴所示即为整体式曲轴。某些小型汽油机或采用滚动轴承为曲轴主轴承的发动机,采用组合式曲轴,即将曲轴分段加工后组合成整个曲轴。

前端轴指曲轴第一道主轴颈之前的部分。它用以安装正时齿轮(或正时带轮、正时链轮)、传动带轮等。为防止机油外漏,在曲轴前端设有油封装置;为减小扭转振动,曲轴前端还装有扭转减振器。

1. 曲轴的支承方式

主轴颈是曲轴的支承部分。按曲轴主轴颈的数目,可以把曲轴分为全支承曲轴和非全支承曲轴两种。在每个连杆轴颈两边都有一个主轴颈的,称为全支承曲轴,否则称为非全支承曲轴。显然全支承曲轴的主轴颈数比非全支承曲轴的主轴颈数多一个,全支承使得曲轴刚度好,但曲轴长度较长,如图 2-55 所示。由此可见,直列式发动机全支承曲轴的主轴颈数比气缸数多一个;V 形发动机全支承曲轴的主轴颈数是气缸数的一半加一个。

连杆轴颈是曲轴和连杆相连的部分,连杆大头安装在曲轴的连杆轴颈上。

曲柄是连接曲轴主轴颈和连杆轴颈的部分。在曲轴的主轴颈、曲柄和连杆轴颈上钻有贯通的油道,以使主轴颈内的润滑油经此油道流至连杆轴颈进行润滑。

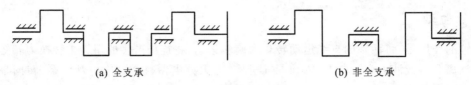

(a) 全支承　　　　　　　　　　(b) 非全支承

图 2-55　曲轴的支承方式

2. 平衡重的作用

平衡重用来平衡连杆大头、连杆轴颈和曲柄等产生的离心力及其力矩，有时还平衡部分往复惯性力，使发动机运转平稳。如图 2-56 所示的四缸发动机曲轴，从整体来说，如无平衡重，其惯性力及力矩是平衡的，但曲轴局部却受弯矩 M_{1-2}、M_{3-4} 作用，如图 2-56(a) 所示，造成曲轴弯曲变形。如果在曲柄的相反方向上设置平衡重，如图 2-56(b) 所示，就能使其产生的力矩与上述惯性力矩 M_{1-2}、M_{3-4} 相平衡。

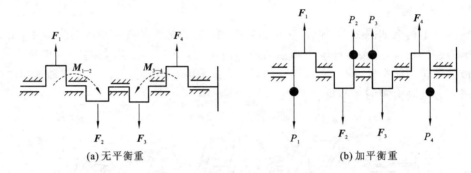

(a) 无平衡重　　　　　　　　　　(b) 加平衡重

图 2-56　曲轴平衡重作用示意图

平衡重有的与曲轴制成一体，有的单独制成，再用螺栓固定于曲柄上。无论有无平衡重，曲轴本身必须经过动平衡校验。对于不平衡的曲轴，常在其偏重的一侧钻去一部分质量，使其达到平衡。

轴后端是主轴颈之后的部分，其上有安装飞轮用的凸缘。为防止机油从轴后端泄漏，轴后端也安装有油封装置。

3. 曲轴的轴向定位

曲轴作为转动件，必须与其固定件之间有一定的轴向间隙。而当发动机工作时，曲轴经常受到离合器施加于飞轮的轴向力以及在上、下坡行驶或突然加、减速出现的轴向力作用而有轴向窜动的趋势。曲轴的轴向窜动将破坏曲柄连杆机构各零件的正确相对位置，因此曲轴必须有轴向定位措施。而当曲轴受热膨胀时，又应允许它能自由伸长，故曲轴上只能有一处设置轴向定位装置，该装置可设在曲轴的前端、中间或后端。

曲轴的轴向定位是通过止推装置来实现的。止推装置有翻边轴瓦、止推环和止推片等多种形式，如图 2-57 所示。

翻边轴瓦放在曲轴的某一道主轴承内，靠翻边轴瓦两外侧表面的减磨合金层减小与轴颈端面相对运动时的摩擦阻力，并可挡住曲轴的左、右窜动。

止推环是带有减磨合金层的止推钢环形式，它能从曲轴端部直接套入主轴颈，故放置在曲轴第一道主轴颈上。为防止止推环转动，止推环上有定位舌。

止推片是外侧有减磨层的半圆环钢片，装在机体或主轴承盖的槽内。为防止止推片的转动，止推片上有凸起，使其能卡在槽内。

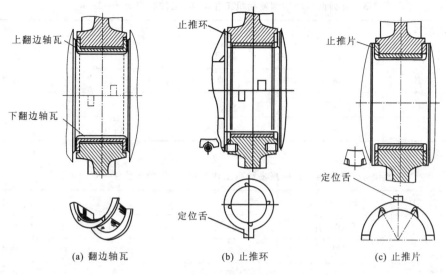

图 2-57 止推装置

4. 曲拐的布置

一个连杆轴颈和它两端的曲柄及相邻两个主轴颈构成一个曲拐,如图 2-58 所示。

曲轴的曲拐数取决于发动机气缸的数目和排列方式。直列式发动机的曲拐数等于气缸数,V 形发动机的曲拐数等于气缸数的一半。

曲拐的布置(即曲拐的相对位置)除了与气缸数、气缸排列方式有关外,还与发动机的工作顺序有关。安排发动机工作顺序时:应注意使连续做功的两缸相距尽可能远些,以减小主轴承的载荷,同时避免进气干涉而影响充气量;做功间隔应力求均匀,在发动机完成一个工作循环的曲轴转角内,每个气缸应做功一次,以保证发动机运转平稳;曲拐布置应尽可能对称、均匀。

如多缸发动机气缸数为 i,则发动机做功间隔角为 $720°/i$。常见的几种多缸发动机曲拐的布置和工作顺序如下。

1) 直列四缸四冲程发动机曲拐布置

直列四缸四冲程发动机曲拐对称布置在同一平面内,如图 2-59 所示。此时,直列四缸四冲程发动机做功间隔角为 $720°/4=180°$,各缸工作顺序有 1—3—4—2 和 1—2—4—3 两种,工作循环如表 2-3 和表 2-4 所示。

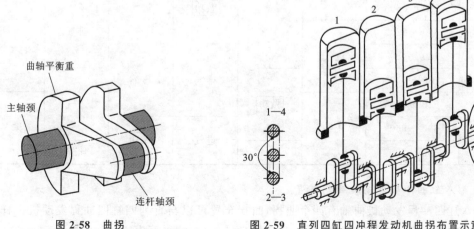

图 2-58 曲拐

图 2-59 直列四缸四冲程发动机曲拐布置示意图

表 2-3 直列四缸四冲程发动机工作循环（工作顺序为 1—2—4—3）

曲轴转角	第一缸	第二缸	第三缸	第四缸
0°~180°	做功	压缩	排气	进气
180°~360°	排气	做功	进气	压缩
360°~540°	进气	排气	压缩	做功
540°~720°	压缩	进气	做功	排气

表 2-4 直列四缸四冲程发动机工作循环（工作顺序为 1—3—4—2）

曲轴转角	第一缸	第二缸	第三缸	第四缸
0°~180°	做功	排气	压缩	进气
180°~360°	排气	进气	做功	压缩
360°~540°	进气	压缩	排气	做功
540°~720°	压缩	做功	进气	排气

2）直列六缸四冲程发动机曲拐布置

直列六缸四冲程发动机曲拐均匀布置在互成120°的三个平面内，如图 2-60 所示。此时，直列六缸四冲程发动机做功间隔角为 720°/6＝120°，各缸工作顺序有 1—5—3—6—2—4 和 1—4—2—6—3—5，以第一种应用较为普遍。直列六缸四冲程发动机工作顺序为 1—5—3—6—2—4 的工作循环如表 2-5 所示。

表 2-5 直列六缸四冲程发动机工作循环（工作顺序为 1—5—3—6—2—4）

曲轴转角		第一缸	第二缸	第三缸	第四缸	第五缸	第六缸
0°~180°	0°~60°	做功	排气	进气	做功	压缩	进气
	60°~120°	做功	排气	压缩	排气	压缩	进气
	120°~180°	做功	进气	压缩	排气	做功	进气
180°~360°	180°~240°	排气	进气	压缩	排气	做功	压缩
	240°~300°	排气	进气	做功	进气	做功	压缩
	300°~360°	排气	压缩	做功	进气	排气	压缩
360°~540°	360°~420°	进气	压缩	做功	进气	排气	做功
	420°~480°	进气	压缩	排气	压缩	排气	做功
	480°~540°	进气	做功	排气	压缩	进气	做功
540°~720°	540°~600°	压缩	做功	排气	压缩	进气	排气
	600°~660°	压缩	做功	进气	做功	进气	排气
	660°~720°	压缩	排气	进气	做功	压缩	排气

3）V 形八缸四冲程发动机曲拐布置

V 形八缸四冲程发动机曲轴有四个曲拐，曲拐布置可以与直列四缸四冲程发动机一样，四个曲拐布置在同一平面内，也可以布置在两个相互错开 90°的平面内，如图 2-61 所示。

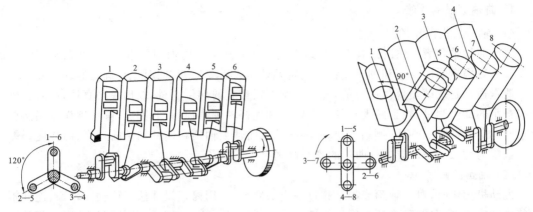

图 2-60　直列六缸四冲程发动机曲拐布置示意图　　图 2-61　V 形八缸四冲程发动机曲拐布置示意图

V 形八缸四冲程发动机做功间隔角为 720°/8＝90°，V 形八缸四冲程发动机工作顺序随气缸序号的排列方法而定。图 2-61 所示的 V 形八缸四冲程发动机的工作顺序为 1—8—4—3—6—5—7—2，工作循环如表 2-6 所示。

表 2-6　V 形八缸四冲程发动机工作循环表（工作顺序：1—8—4—3—6—5—7—2）

曲轴转角		第一缸	第二缸	第三缸	第四缸	第五缸	第六缸	第七缸	第八缸
0°～180°	0°～90°	做功	做功	进气	压缩	排气	进气	排气	压缩
	90°～180°		排气	压缩		进气			做功
180°～360°	180°～270°	排气	进气	做功	做功		压缩	进气	排气
	270°～360°					压缩			
360°～540°	360°～450°	进气	压缩	排气	排气	做功	做功	压缩	排气
	450°～540°								进气
540°～720°	540°～630°	压缩	排气	进气	进气	排气	排气	做功	压缩
	630°～720°		做功						

除上述常见曲轴外，还有许多种类的曲轴，如直列五缸四冲程发动机的曲轴，曲拐布置在五个纵向平面内，做功间隔角为 720°/5＝144°。

（二）曲轴的维修

曲轴的损伤形式主要有磨损、变形、裂纹和断裂。

磨损主要发生在曲轴主轴颈和连杆轴颈的部位，且磨损是不均匀的，是有一定的规律的。主轴颈和连杆轴颈径向最大磨损部位相互对应，即各主轴颈的最大磨损靠近连杆轴颈一侧；而连杆轴颈的最大磨损部位在主轴颈一侧。另外，曲轴轴颈沿轴向还有锥形磨损，与连杆轴颈油道的油流相背的一侧磨损严重。各轴颈不同方向的磨损，导致主轴颈同轴度破坏，容易造成曲轴断裂。

曲轴变形的方式主要是弯曲和扭曲。曲轴弯曲变形是由于使用和修理不当造成的。例如，发动机在爆燃和超负荷等条件下工作，个别气缸不工作或工作不均衡，各道主轴承松紧度不一致等，都会造成曲轴承载后的弯曲变形。曲轴扭曲变形主要是烧瓦和个别活塞卡缸造成的。

裂纹多发生在曲柄与轴颈之间的过渡圆角处以及油孔处，多由应力集中引起。曲柄与轴颈之间的过渡圆角处的裂纹是横向裂纹，危害极大，严重时造成曲轴断裂；油孔处的裂纹为轴向裂纹，沿斜置油孔的锐边轴向发展，必要时也应更换曲轴。

1. 曲轴磨损的检修

(1) 轴颈磨损的检验。

对于曲轴轴颈磨损情况的检验,主要是用外径千分尺测量轴颈的直径、圆度误差和圆柱度误差。一般根据圆度误差和圆柱度误差确定轴颈是否需要修磨,同时也可确定修理尺寸。

测量通常是按磨损规律进行的,先在轴颈磨损最大的部位测量,找出最小直径,然后在轴颈磨损最小的部位测量,找到最大直径。主轴颈和连杆轴颈磨损后,其圆度、圆柱度误差超出标准要求时(如桑塔纳2000GSi型轿车AJR型发动机曲轴主轴颈和连杆轴颈的圆度、圆柱度误差的磨损极限为0.02 mm),应进行曲轴的光磨修理。

(2) 轴颈的修磨。

发动机大修时,对于轴颈磨损已超过规定的曲轴,可用修理尺寸法对曲轴主轴颈、连杆轴颈进行光磨修理,同名轴颈必须为同级修理尺寸,以便选择统一的轴承,其修理尺寸查阅相关车型的维修手册。桑塔纳2000GSi型轿车AJR型发动机曲轴轴颈的修理尺寸如表2-7所示。

表2-7 桑塔纳2000GSi型轿车AJR型发动机曲轴轴颈的修理尺寸 单位:mm

尺　寸	主轴承轴颈	连杆轴颈
标准尺寸	$54.00_{-0.042}^{-0.022}$	$47.80_{-0.042}^{-0.022}$
第一级修理尺寸	$53.75_{-0.042}^{-0.022}$	$47.55_{-0.042}^{-0.022}$
第二级修理尺寸	$53.50_{-0.042}^{-0.022}$	$47.30_{-0.042}^{-0.022}$
第三级修理尺寸	$53.25_{-0.042}^{-0.022}$	$47.05_{-0.042}^{-0.022}$

修磨后的曲轴,各轴颈的圆度、圆柱度误差不得大于0.005 mm,表面粗糙度Ra不得大于0.32 μm。

2. 曲轴弯曲变形的检修

(1) 弯曲变形的检验。

检验弯曲变形应以两端主轴颈的公共轴线为基准,检查中间主轴颈的径向圆跳动误差,如图2-62所示。检验时,将曲轴两端主轴颈分别放置在检验平板的V形架上,将百分表触头垂直地抵在中间主轴颈上,慢慢转动曲轴一圈,百分表指针所指示的最大读数与最小读数之差,即为中间主轴颈的径向圆跳动误差值。

(2) 弯曲变形的校正。

曲轴的径向圆跳动误差不得大于0.15 mm,否则应进行校正。

曲轴弯曲变形的校正,一般采用冷压校正法或敲击校正法。当变形量不大时,可采用敲击校正法,即用锤子敲击曲柄边缘的非工作表面,使被敲击表面产生塑性残余变形,达到校正弯曲的目的。冷压校正法,即将曲轴用V形铁架住两端主轴颈,用油压机沿曲轴弯曲相反方向加压,如图2-63所示。由于钢质曲轴的弹性作用,压弯量应为曲轴弯曲量的10~15倍,并加压保持2~4 min。为减小弹性后效作用,最好采用人工时效法消除弹性后效。

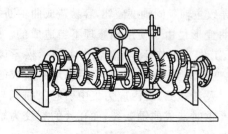

图2-62 曲轴弯曲变形的检验

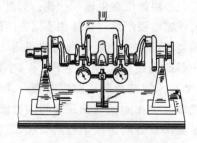

图2-63 曲轴弯曲冷压校正

当曲轴弯曲变形量较大时,校正必须分步、反复多次进行,直到符合要求为止。校正后的曲轴径向圆跳动误差不得大于 0.05 mm。

3. 曲轴扭曲变形的检修

(1) 扭曲变形的检验。

曲轴扭曲变形检验的支承方法和弯曲变形检验一样,将曲轴两端主轴颈分别放置在检验平板的 V 形架上,保持曲轴水平,使两端同一曲柄平面内的两个连杆轴颈位于水平位置,用百分表测量两轴颈最高点至检验平板的高度差 ΔA,据此求得曲轴主轴线的扭曲角 θ。

$$\theta = \frac{360 \Delta A}{2\pi R} = \frac{57 \Delta A}{R}$$

式中:R——曲柄半径,mm。

(2) 扭曲变形的校正。

曲轴扭曲变形量一般很小,可直接在曲轴磨床上结合对连杆轴颈进行磨削予以修正。

4. 曲轴裂纹的检修

曲轴裂纹的检验方法有磁力探伤法和浸油敲击法。

磁力探伤法的原理是:当磁力线通过被检零件时,零件被磁化;如果零件表面有裂纹,在裂纹部位的磁力线就会因裂纹不导磁而被中断,使磁力线偏散而形成磁极,此时在零件表面撒上磁性铁粉,铁粉便被磁化而吸附在裂纹处,从而显现出裂纹的部位和大小。

浸油敲击法是将曲轴置于煤油中浸一会,取出后擦净表面煤油并撒上白粉,然后分段用小锤轻轻敲击,如有明显的油迹出现,表明该处有裂纹。

曲轴出现裂纹时,一般应更换曲轴。

5. 曲轴轴向间隙和径向间隙的检查与调整

(1) 轴向间隙的检查与调整。

为了适应发动机机件正常工作的需要,曲轴必须留有合适的轴向间隙:间隙过小,会使机件因受热膨胀而卡死;轴向间隙过大,曲轴工作时将产生轴向窜动,加速气缸的磨损,活塞连杆组也会不正常磨损,还会影响配气相位和离合器的正常工作。因此,曲轴装到气缸体上之后,应检查其轴向间隙。

曲轴轴向间隙的检查可采用百分表或塞尺进行。检查时,将曲轴装入气缸体轴承座,将百分表触头顶在曲轴平衡轴上,用撬棒前后撬动曲轴,观察指针摆动数值,指针的最大摆差即为曲轴轴向间隙,如图 2-64 所示。或者用撬棒将曲轴撬向一端,再用塞尺检查止推轴承和曲轴止推面之间的间隙,此间隙即为曲轴轴向间隙,如图 2-65 所示。

此间隙应符合规定,桑塔纳 2000GSi 型轿车 AJR 型发动机曲轴的轴向间隙为 0.07~0.21 mm,轴向间隙过小或过大时,应更换不同厚度的止推片进行调整。

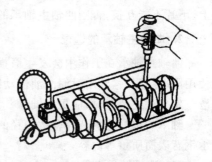

图 2-64 用百分表检查曲轴轴向间隙

(2) 径向间隙的检查与调整。

曲轴的径向也必须留有适当间隙,因为轴承的润滑和冷却效果取决于曲轴径向间隙的大小。曲轴径向间隙过小,会使阻力增大,加重磨损,使轴瓦划伤。曲轴径向间隙太大,曲轴会上下敲击,并使润滑油压力降低,曲轴表面过热并与轴瓦烧熔到一起。曲轴的径向间隙可用塑料间隙塞尺检查,如图 2-66 所示。

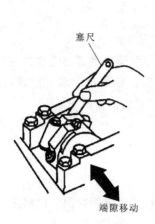
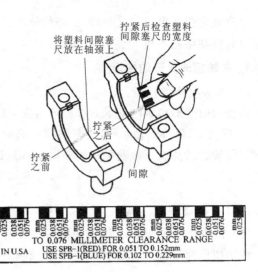

图 2-65　用塞尺检查曲轴轴向间隙　　　　图 2-66　曲轴径向间隙的检查

首先,清洁曲轴主轴颈、连杆轴颈、轴瓦和轴承盖,将塑料间隙塞尺(或软金属丝)放置在曲轴轴颈上(不要将油孔盖住),盖上轴承盖并按规定力矩拧紧螺栓(注意:不要转动曲轴);然后,取下轴承盖和塑料间隙塞尺,用被压扁的塑料间隙塞尺和间隙条宽度相对照,查得间隙条宽度(或测量软金属丝厚度)对应的间隙值即为曲轴的径向间隙。

桑塔纳 2000GSi 型轿车 AJR 型发动机曲轴的径向间隙应为 0.01～0.04 mm,如果曲轴径向间隙不符合规定,应重新选配轴承。

二、曲轴主轴承

1. 曲轴主轴承的构造

曲轴主轴承(俗称大瓦),装于主轴承座孔中,用以将曲轴支承在发动机的机体上。曲轴主轴承的结构与连杆轴承的相同,如图 2-67 所示。为了向连杆轴承输送润滑油,在曲轴主轴承上都开有槽,有些发动机只在上轴瓦开油槽和通油孔,而负荷较重的下轴瓦不开油槽。在相应的主轴颈上开径向通孔,曲轴主轴承便能不间断地向连杆轴承供给润滑油。注意:后一种主轴瓦上、下片不能互换,否则曲轴主轴承的来油通道将被堵塞。

2. 曲轴主轴承的选配

曲轴主轴承在工作中会发生磨损、合金层疲劳剥落和黏着咬死等情况;轴承的径向间隙的使用限度超限后,轴承对润滑油流动阻尼能力减弱,导致主油道压力降低而破坏轴承的正常润滑。发生上述情况时,应更换轴承。发动机总成修理时,也应更换全部轴承。

轴承的选配包括选择合适内径的轴承,以及检验轴承的高出量、自由弹开量、定位凸点和轴承钢背表面质量等内容。

(1) 选择轴承内径。

根据曲轴轴承的直径和规定的径向间隙选择合适内径的轴承。现代发动机曲轴轴承制造时,根据选配的需要,其内径直径已制成一个尺寸系列。

(2) 检验轴承钢背表面质量。

要求定位凸点完整,轴承钢背表面光整无损。

(3) 检验轴承自由弹开量。

要求轴承在自由状态下的曲率半径大于轴承座孔的曲率半径,保证轴承压入轴承座孔后,可借轴承自身的弹力作用与轴承座紧密贴合。

轴承自由弹开量的检验如图 2-68(a)所示。

4．检验轴承的高出量

轴承装入座孔内，上、下两片的每端均应高出轴承座平面 0.03～0.05 mm，称为高出量。轴承高出座孔，以保证轴承与座孔紧密贴合，提高散热效果。

轴承高出量的检验如图 2-68(b)所示。

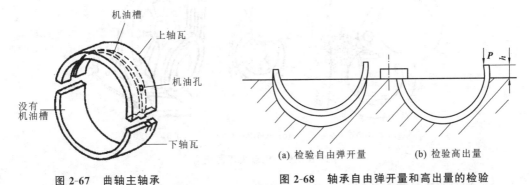

图 2-67　曲轴主轴承

图 2-68　轴承自由弹开量和高出量的检验

三、扭转减振器

发动机运转时，由于飞轮的惯性很大，可以将飞轮的转动看作是等速转动。而各缸气体压力和往复运动件的惯性力周期性地作用在曲轴连杆轴颈上，给曲轴一个周期性变化的扭转外力，使曲轴发生忽快忽慢的转动，从而形成曲轴对于飞轮的扭转摆动，即曲轴的扭转振动。当激励频率与曲轴的自振频率成整数倍关系时，曲轴扭转振动便因共振而加剧，从而引起功率损失、正时齿轮或链条磨损增加，严重时甚至会将曲轴扭断。为了消减曲轴的扭转振动，有的发动机在曲轴前端装有扭转减振器。

常用的扭转减振器有橡胶式、摩擦式和黏液(硅油)式等。

橡胶式扭转减振器如图 2-69 所示。它将减振圆盘用螺栓与曲轴带轮和轮毂紧固在一起，橡胶层与减振圆盘和惯性盘硫化在一起，当曲轴发生扭转振动时，力图保持等速转动的惯性盘便使橡胶层发生内摩擦，从而消除了扭转振动的能量，避免了扭振。

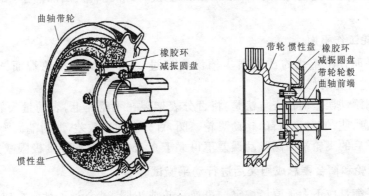

图 2-69　橡胶式扭转减振器

四、飞轮

飞轮的作用是，通过储存和释放能量来提高发动机运转的均匀性和改善发动机克服短时的超载能力，与此同时，又将发动机的动力传递给离合器。

(一)飞轮的构造

飞轮是一个转动惯量很大的圆盘,多用灰铸铁制造,外缘上压有一个齿圈,可与启动机的驱动齿轮啮合,供启动发动机用。有些飞轮上通常刻有第一缸点火正时记号,以便校准点时间,如图 2-70 所示。例如,CA6102 型发动机的正时记号是"$\frac{上止点}{1-6}$"。

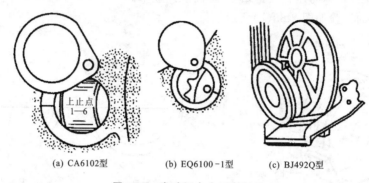

(a) CA6102型　　(b) EQ6100-1型　　(c) BJ492Q型

图 2-70　发动机点火正时记号

当这个记号与飞轮壳上的刻线对正时,即表示 1—6 缸活塞处于上止点位置。EQ6100-1 型发动机的飞轮上的这一记号为一个镶嵌的钢球,当钢球与飞轮壳上的刻线对准时,为 1—6 缸活塞处于上止点位置。也有发动机点火正时记号在曲轴前端的带轮上的,如 BJ492Q 型发动机带轮边缘的缺口与正时齿轮罩上的记号对准时,为 1—4 缸活塞处于上止点位置。

飞轮与曲轴装配后应进行动平衡试验。为了拆装时不破坏它们的平衡状态,飞轮与曲轴之间应有严格的相对位置,用定位销或不对称布置的螺栓予以保证。

(二)飞轮的维修

飞轮常见的损伤形式主要是:齿圈磨损、打坏、松动及端面打毛,飞轮与离合器摩擦片接触的工作面磨损、起槽和刮痕等。

1. 更换齿圈

飞轮齿圈有断齿或齿端冲击耗损,与启动机齿轮啮合状况发生变化时,应更换齿圈或飞轮组件。齿圈与飞轮配合过盈为 0.30~0.60 mm,更换时,应先将齿圈加热至 623~673 K,再进行热压配合。

2. 修整飞轮工作平面

飞轮工作平面有严重烧灼或磨损沟槽深度超过 0.50 mm 或飞轮端面圆跳动误差超过 0.50 mm时,应进行光磨修整。

飞轮端面圆跳动误差的检查方法是:将百分表架装在飞轮壳上,表的量头靠在飞轮的光滑端面上,旋转表盘,使"0"对正指针,转动飞轮一圈,百分表的读数差,即为端面圆跳动误差。

与曲轴装配后的飞轮端面圆跳动误差不得大于 0.15 mm,飞轮厚度极限减薄量为 1 mm。

3. 曲轴、飞轮和离合器总成组装后进行动平衡试验

组件动不平衡量应不大于原厂规定。更换飞轮或齿圈、离合器压盘或总成之后,都应重新进行组件的动平衡试验。

2.2.5　曲柄连杆机构异响诊断

曲柄连杆机构的故障属于机械类故障,此类故障大多数是以异响的形式出现的。曲柄连杆机

构的异响,往往反映着不同性质和不同程度的故障。异响诊断是根据异响的产生部位、声响特征、出现时机、变化规律,以及尾气排放的烟色、烟量等情况,并借助诊断仪来判断故障部位及原因的。

一、曲轴主轴承异响

1. 现象

发动机稳定运转时声响不明显,急加速时发出低沉、有力、有节奏的"哐哐哐"金属敲击声,严重时发动机机体发生振抖;响声随发动机转速的提高而增大,随负荷的增大而增大,产生响声的部位在气缸的下部;单缸"断火"时,响声无明显变化,相邻两缸"断火"时,响声会明显减弱;观察机油压力表,机油压力明显降低。

2. 原因

原因包括:主轴颈磨损失圆,造成主轴承配合间隙过大或配合不良;主轴承盖螺栓松动,轴承润滑不良,使轴承合金层烧蚀脱落;主轴承与主轴承座孔配合松动;曲轴弯曲。

3. 故障诊断与排除

(1) 在气缸体下部用听诊仪听诊或在机油加油口处听察,并反复改变发动机转速。转速增大,响声增大,中速向高速过渡时响声明显,当突然加速时有明显的沉重响声,则是主轴承响。

(2) 如在急速或低速时响声明显,高速时杂乱,可能是曲轴弯曲变形。

(3) 如在高速时有较大振动,油压显著降低,一般是主轴承松旷严重、烧损或减磨合金脱落。

(4) 若主轴承盖螺栓松动,可按规定的拧紧力矩拧紧;若主轴承磨损,致使与轴颈的配合间隙过大或主轴承表面合金层烧蚀脱落,可更换同一修理尺寸的主轴承;当主轴颈磨损时,应修磨主轴颈并配以相应修理级别的主轴承。

二、连杆轴承异响

1. 现象

发动机在急速运转时无异响或响声较小,急加速时有明显的较重且短促的连续"铛铛铛"敲击声;响声在急速时较小,中速时较为明显,发动机温度升高后,响声无变化;单缸"断火"后,响声明显减弱或消失。

2. 原因

原因有:连杆轴承盖螺栓松动或折断;连杆轴承与轴颈磨损过甚,致使配合间隙过大;轴承润滑不良,造成轴承合金层烧毁、脱落;连杆轴承与座孔配合松动等。

3. 诊断与排除

(1) 在机油加油口处听诊,发动机由低速加速时,发出明显连续的敲击声。当发动机温度升高时,其响声增大。

(2) 单缸"断火"时响声减弱或消失,复火时响声恢复,这是连杆轴承间隙过大或轴承合金层脱落所致。

(3) 观察机油压力是否过低。如果压力明显降低,则是连杆轴承响。

(4) 若连杆轴承盖螺栓松动,可按规定的拧紧力矩拧紧;如果连杆轴承磨损而使得与轴颈的配合间隙过大或连杆轴承表面合金层烧蚀脱落,可更换同一修理尺寸的连杆轴承;当连杆轴颈磨损或圆度误差过大时,应修磨连杆轴颈并配以相应修理级别的连杆轴承。

三、活塞敲缸异响

1. 现象

发动机急速或低速运转时,在气缸的上部发出清晰而明显的、有节奏的、连续不断的"嗒嗒嗒"金属敲击声;冷车时响声明显,热车时响声减弱或消失;该缸"断火"后,响声减弱或消失,严重时为"铛铛铛"的沉重声响。

2. 原因

原因有:活塞与气缸壁的间隙过大,活塞在气缸内摆动,导致撞击气缸壁而发出响声;活塞销与连杆衬套装配过紧;活塞顶碰到气缸衬垫;连杆变形。

3. 故障诊断与排除

(1) 用听诊器在气缸体上部听诊,响声明显。

(2) 响声在冷车时明显,热车时减弱或消失。

(3) 该缸"断火"后,响声减弱或消失。

(4) 为进一步证明某缸敲缸,可向怀疑发响的气缸内注入少量机油,使机油附于气缸壁和活塞之间,再启动发动机听察,若敲击声减轻或消失,但运转短时间后又出现,则判断是该缸活塞敲缸响,这是由活塞与气缸壁间隙过大所致。

(5) 如果是连杆变形或连杆衬套与活塞销装配过紧而产生的响声,应重新校正连杆或修刮连杆衬套;当活塞与气缸壁的配合间隙过大时,若因活塞磨损过大而产生异响,可更换同一修理尺寸级别的新活塞;若因气缸磨损过大,则应镗磨气缸并配以相应修理尺寸级别的活塞。

四、活塞销异响

1. 现象

怠速和中速时有比较明显的、尖脆的、有节奏的"嗒嗒嗒"响声;发动机转速变化时,响声的周期随之变化;发动机温度升高后,响声不减弱;该缸"断火"后,响声减弱或消失,恢复该缸工作时的瞬间,会出现明显的响声或连续两个响声。

2. 原因

原因有:活塞销与连杆小头衬套配合松旷;活塞销与活塞销座孔配合松旷;卡环松旷、脱落;活塞销断裂;润滑不良。

3. 故障诊断与排除

(1) 当发动机转速变化时,将听诊器触及气缸盖上部或发动机上侧,变换转速,在上部听诊比在下部听诊响声明显,可听出清脆、连续的响声。

(2) 温度升高,响声没有减弱,甚至更明显;有时冷车时响声小,热车时响声大。

(3) 该缸"断火"后,响声减弱或消失;在复火瞬间,响声会敏感地突然恢复并出现双响。据此推断为活塞销与销座孔及小端衬套磨损严重、配合松旷而发出响声。

(4) 若为活塞销与连杆小头衬套配合松旷,应更换活塞销和连杆衬套;若活塞销与活塞销座孔配合松旷,应更换活塞销和活塞。

2.3 项目实施

一、发动机的拆装

1. 实训目标

能合理使用工具,正确拆装发动机。

2. 实训设备

实训用 1ZR 发动机台架 4 台、维修手册 4 本、常用和专用工具 4 套。

3. 实训步骤

1) 拆卸发动机

(1) 拆卸气缸盖罩分总成,如图 2-71 所示。

(2) 将 1 号气缸设置到压缩 TDC。

转动曲轴皮带轮,直到其凹槽与正时链条盖上的正时标记"0"对准,如图 2-72 所示。

如图 2-73 所示,检查并确认凸轮轴正时齿轮和链轮上的各正时标记和位于 1 号(进气凸轮轴)、2 号(排气凸轮轴)轴承盖上的各正时标记对准。如果没有对准,则转动曲轴 1 圈(360°),按上述步骤对准正时标记。

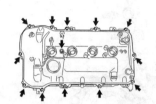
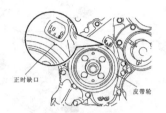
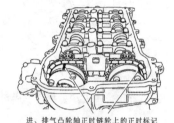

图 2-71 拆卸气缸盖罩分总成　　图 2-72 使曲轴皮带轮上的凹槽对准正时链条盖上的正时标记"0"　　图 2-73 使凸轮轴正时链轮上的标记对准链条上的标记

(3) 拆卸曲轴皮带轮。

如图 2-74(a)、(b)所示,使用 SST(专用工具)拆卸皮带轮。

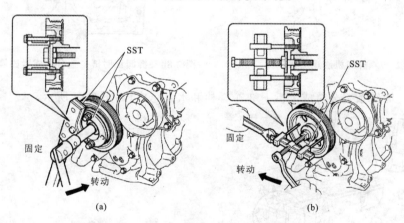

图 2-74 使用专用工具拆卸皮带轮

(4) 拆卸 1 号链条张紧器总成,如图 2-75 所示。

(5) 拆卸机油滤清器分总成,如图 2-76 所示。

(6) 拆卸进水口,如图 2-77 所示。

(7) 拆卸节温器,如图 2-78 所示。

(8) 拆卸机油滤清器支架,如图 2-79 所示。

(9) 拆卸正时链条盖分总成。

拆下 19 个紧固螺栓,如图 2-80 所示。如图 2-81 所示,用缠绕有保护带的螺丝刀,在正时链条盖分总成以及气缸盖或气缸体之间撬动,以拆下正时链条盖分总成(小心不要损坏正时链条盖分总成、气缸体和气缸盖的接触表面)。

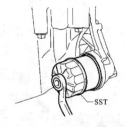
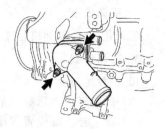

图 2-75　拆卸 1 号链条张紧器总成　　图 2-76　拆卸机油滤清器分总成　　图 2-77　拆卸进水口

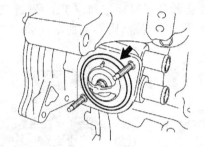

图 2-78　拆卸节温器

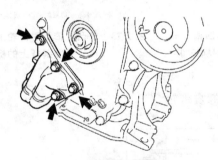
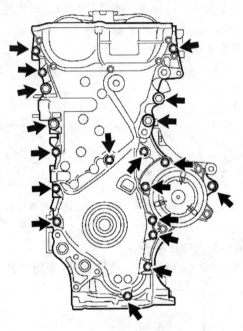

图 2-79　拆卸机油滤清器支架　　图 2-80　拆卸正时链条盖分总成紧固螺栓

（10）从正时链条盖分总成上拆下 3 个螺栓和水泵总成，如图 2-82 所示。

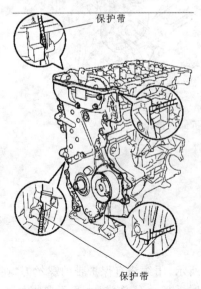
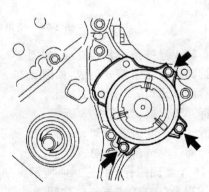

图 2-81　在正时链条盖分总成以及　　图 2-82　从正时链条盖分总成上拆下
　　　　　气缸盖或气缸体之间撬动　　　　　　　3 个螺栓和水泵总成

(11) 拆卸 2 号链条减振器，如图 2-83 所示。
(11) 拆卸链条张紧器滑块，如图 2-84 所示。

图 2-83 拆卸 2 号链条减振器

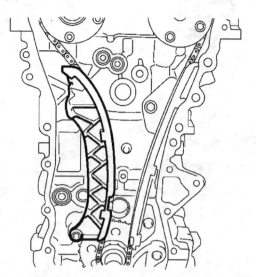

图 2-84 拆卸链条张紧器滑块

(13) 拆卸 1 号链条减振器，如图 2-85 所示。
(14) 拆卸链条分总成。
如图 2-86 所示，使用活动扳手转动进气凸轮轴，将链条从正时链轮上松开。

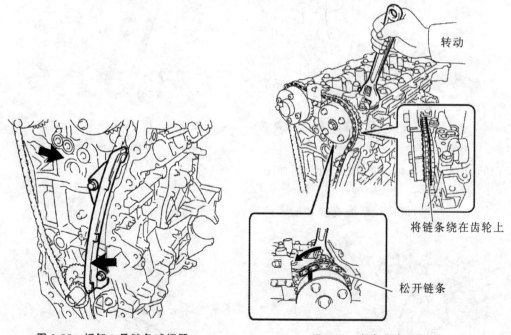

图 2-85 拆卸 1 号链条减振器　　　　图 2-86 拆卸链条分总成

(15) 拆卸曲轴正时链轮，如图 2-87 所示。
(16) 拆卸 2 号链条分总成。
顺时针转动曲轴 90°，将机油泵驱动轴齿轮的调节孔与机油泵的槽对准，如图 2-88（a）所示。将一根直径为 4 mm 的钢条插入机油泵驱动轴齿轮的调节孔内，将齿轮锁止入位，然后拆下螺母，如图 2-88（b）所示。

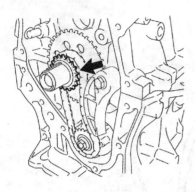
图 2-87 拆卸曲轴正时链轮

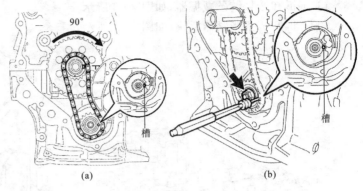
图 2-88 拆卸 2 号链条分总成

(17) 拆下 2 号链条分总成的螺栓、链条张紧器板和缓冲弹簧,如图 2-89 所示。
(18) 拆下机油泵驱动轴齿轮、机油泵主动齿轮和链条,如图 2-90 所示。

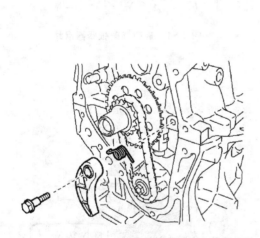
图 2-89 拆下 2 号链条分总成的链条张紧器组件

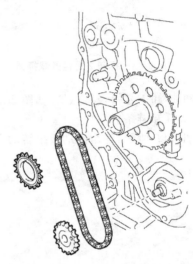
图 2-90 拆下机油泵驱动轴齿轮、机油泵主动齿轮和链条

(19) 拆卸 1 号曲轴位置传感器齿板,如图 2-91 所示。
(20) 拆卸曲轴正时齿轮键。
如图 2-92 所示,使用端部缠有胶带的螺丝刀拆下 2 个曲轴正时齿轮键。

图 2-91 拆卸 1 号曲轴位置传感器齿板

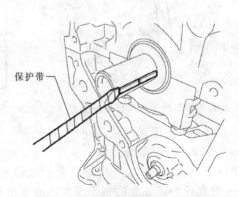
图 2-92 拆卸曲轴正时齿轮键

（21）拆卸凸轮轴轴承盖。

按图 2-93(a)所示的顺序,均匀松开并拆下 10 个轴承盖螺栓,再按图 2-93(b)所示的顺序,均匀松开并拆下 15 个轴承盖螺栓。

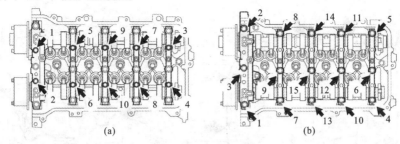

图 2-93　拆卸凸轮轴轴承盖

（22）拆卸凸轮轴。

（23）拆卸气门摇臂分总成,如图 2-94 所示。

（24）拆卸气门间隙调节器总成,如图 2-95 所示。

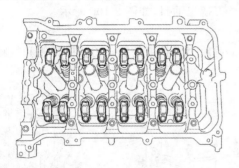 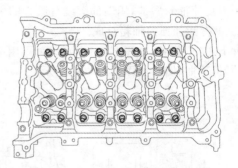

图 2-94　拆卸气门摇臂分总成　　　　图 2-95　拆卸气门间隙调节器总成

（25）拆卸凸轮轴外壳分总成。

拆下固定凸轮轴外壳分总成的 2 个螺栓。

如图 2-96 所示,用胶带缠绕螺丝刀端部,用螺丝刀在气缸盖和凸轮轴外壳间撬动,拆下凸轮轴外壳(小心不要损坏气缸盖和凸轮轴外壳的接触表面)。

（26）拆卸气缸盖分总成。

按图 2-97 所示的顺序,分步骤用 10 mm 双六角扳手均匀松开并拆下 10 个气缸盖螺栓,拆下平垫圈。

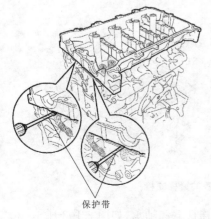 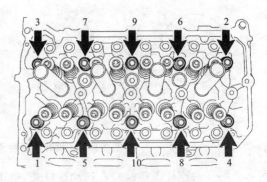

图 2-96　拆卸凸轮轴外壳分总成　　　　图 2-97　拆卸气缸盖螺栓的顺序

抬走气缸盖,取出气缸垫。

(27) 拆卸 2 号油底壳分总成,如图 2-98 所示。

(28) 拆卸机油泵总成,如图 2-99 所示。

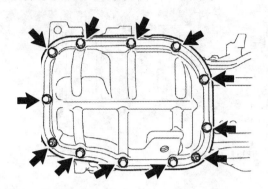

图 2-98　拆卸 2 号油底壳分总成　　　图 2-99　拆卸机油泵总成

(29) 拆卸发动机后油封。

用刀切掉油封唇部,用端部缠绕有胶带的螺丝刀撬出油封,如图 2-100 所示。

(30) 拆卸加强曲轴箱总成。

拆下 11 个螺栓,如图 2-101(a)所示,再用端部缠绕有保护带的螺丝刀在曲轴箱和气缸体之间撬动,拆下曲轴箱,如图 2-101(b)所示。

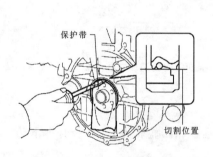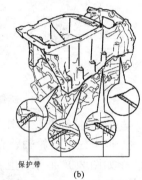

图 2-100　拆卸发动机后油封　　　　图 2-101　拆卸加强曲轴箱总成

(31) 拆卸带连杆的活塞分总成。

检查并确认连杆和连杆盖上的定位记号对准,以确保重新装配正确,如图 2-102(a)所示;用 SST 均匀松开 2 个螺栓,如图 2-102(b)所示。

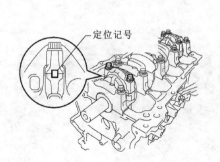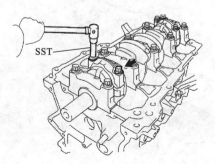

图 2-102　松开连杆轴承盖的紧固螺栓

用 2 个松开的连杆盖螺栓左右摇动连杆盖,拆下连杆盖和轴承,如图 2-103 所示。

将活塞、连杆总成和上轴承推出气缸体顶部，并将轴承、连杆和连杆盖放在一起，按正确的顺序安放活塞和连杆总成。

（32）拆卸活塞环组件。

如图 2-104 所示，用活塞环扩张器拆下 2 个气环（压缩环），用手拆下油环刮片和油环扩张器。

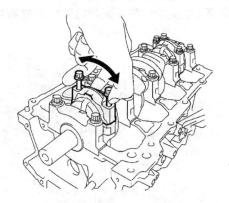

图 2-103　拆下连杆盖和轴承

图 2-104　用活塞环扩张器拆下 2 个气环

（33）拆卸活塞销孔卡环，如图 2-105 所示。

（34）拆卸带销的活塞分总成。

如图 2-106(a) 所示，将每个活塞逐渐加热到 80～90 ℃，用塑料锤和铜棒轻轻敲出活塞销，并拆下连杆，如图 2-106(b) 所示。由于活塞与活塞销是配套的，应按正确的顺序安放活塞、活塞销、活塞环、连杆和轴承。

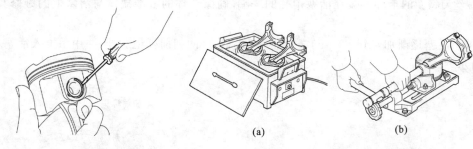

图 2-105　拆卸活塞销孔卡环　　　　图 2-106　拆卸带销的活塞分总成

（35）拆卸曲轴。

按图 2-107 所示的顺序，均匀松开并拆下 10 个主轴承盖螺栓，用 2 个松开的主轴承盖螺栓来拆下 5 个主轴承盖和 5 个下轴承。

将螺栓依次插入主轴承盖中。如图 2-108 所示，轻轻地拉起气缸体并向其前侧和后侧施力，从而拆下主轴承盖。小心不要损坏主轴承盖和气缸体的接触面。

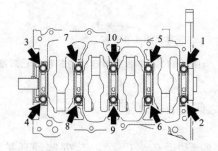

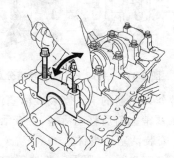

图 2-107　拆卸曲轴主轴承盖螺栓的顺序　　　　图 2-108　拆卸主轴承盖

将拆下的主轴承与主轴承盖安装在一起,按正确顺序安放主轴承盖。

把曲轴从发动机气缸体中抬出。

(36)拆卸曲轴止推垫圈,如图 2-109 所示。

(37)拆卸曲轴轴承。

如图 2-110 所示,从气缸体上拆下 5 个曲轴轴承(主轴承),并按正确的顺序安放轴承。

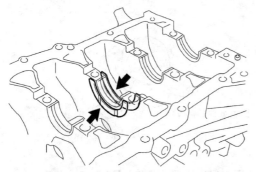

图 2-109　拆卸曲轴止推垫圈　　　　图 2-110　拆卸曲轴轴承

(38)拆卸 1 号机油喷嘴分总成,如图 2-111 所示。

2)装配发动机

(1)安装 1 号机油喷嘴分总成,如图 2-111 所示,用螺栓安装机油喷嘴,拧紧力矩为 10 N·m。

(2)安装带销的活塞分总成。

用螺丝刀将新的卡环安装在活塞销孔的一端,确保卡环的末端缺口与活塞上的维修孔没有对准。

将每个活塞逐渐加热到 80～90 ℃,将活塞和连杆的朝前标记对准,并用手推入活塞,如图 2-112 所示。

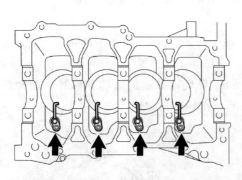

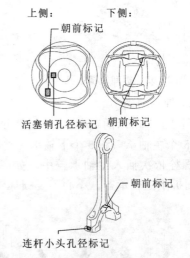

图 2-111　拆卸 1 号机油喷嘴分总成　　图 2-112　将活塞和连杆的朝前标记对准

用螺丝刀将新的卡环安装在活塞销孔的另一端。

在活塞销上前后移动活塞,检查活塞和活塞销之间的装配情况。

(3)安装活塞环组件。

如图 2-113 所示,用手安装油环扩张器(油环胀圈)和油环刮片。注意,安装油环扩张器和油环刮片时,应使其环端处于相反侧,将油环扩张器牢固地安装到油环的内槽上。

用活塞环扩张器安装 2 个压缩环,以使油漆标记位于图 2-114 所示的位置。安装新气环时,使油漆代码标志朝上;安装旧气环时,注意切开朝向。

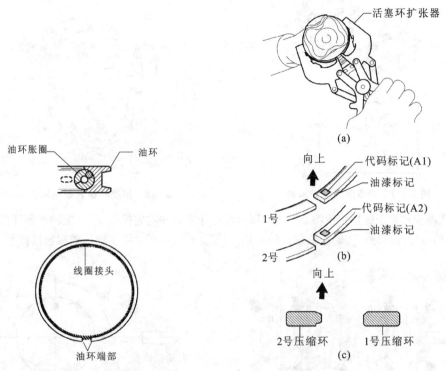

图 2-113 用手安装油环扩张器和油环刮片　　图 2-114 用活塞环扩张器安装 2 个压缩环

调整活塞环的开口,并将环端按图 2-115 所示放置。

(4) 按图 2-110 安装曲轴轴承。

(5) 安装曲轴止推垫圈时,将 2 个止推垫圈安装在气缸体 3 号轴颈下面,如图 2-109 所示,将机油槽朝外,并在曲轴止推垫圈上涂抹发动机机油。

(6) 安装曲轴。

在轴承内表面上涂抹发动机机油,然后将曲轴安装到气缸体上。

检查朝前标记,并在气缸体上安装轴承盖,如图 2-116 所示。

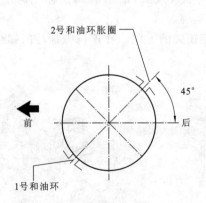
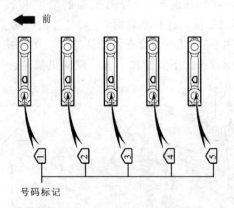

图 2-115 调整活塞环开口的朝向　　图 2-116 在气缸体上安装轴承盖

在螺纹上和轴承盖螺栓下面涂抹一薄层发动机机油,暂时安装 10 个主轴承盖螺栓。
如图 2-117 所示,用手插入主轴承盖,直到主轴承盖和气缸体间的间隙小于 5 mm。

如图2-118所示，用塑料锤轻敲轴承盖，以确保装配正确。

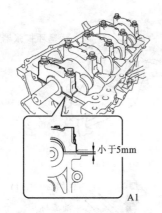

图2-117 初步装入主轴承盖

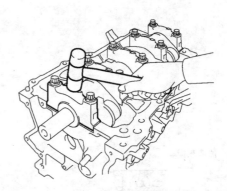

图2-118 用塑料锤轻敲轴承盖

安装曲轴轴承盖螺栓。按图2-119(a)所示的顺序安装并均匀拧紧10个主轴承盖螺栓，拧紧力矩为40 N·m；用油漆标记主轴承盖螺栓的前侧，按图2-119(b)所示将主轴承盖螺栓再拧紧90°。

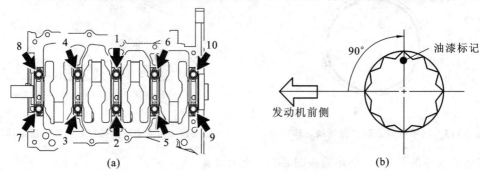

图2-119 紧固曲轴主轴承盖螺栓

检查并确认油漆标记与发动机前端成90°角，检查并确认曲轴转动平稳。

（7）安装连杆轴承，不要在轴承外表面或其接触表面上涂抹发动机机油。

（8）安装带连杆的活塞分总成。

在气缸壁、活塞和连杆轴承内表面上涂抹发动机机油。

用活塞环压缩器，将号码正确的活塞和连杆总成推入气缸，活塞的朝前标记向前，如图2-120所示。插入连杆活塞时，不要让连杆接触到机油喷嘴。

如图2-121所示，检查并确认连杆盖的突出部分朝正确的方向。在连杆盖螺栓的螺纹上和连杆盖螺栓头部下方涂抹一薄层发动机机油。

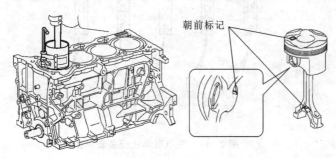

图2-120 安装带连杆的活塞分总成

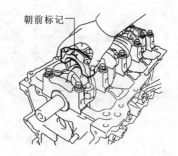

图2-121 检查并确认连杆盖的突出部分朝正确的方向

安装连杆盖螺栓。如图 2-122(a)所示,用 SST 分步骤安装并交替拧紧连杆盖螺栓。拧紧力矩为 20 N·m。用油漆标记连杆盖螺栓的前端。如图 2-122(b)所示,将连杆盖螺栓再拧紧 90°。

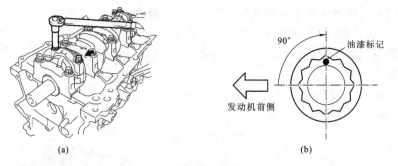

图 2-122　安装连杆盖螺栓

检查并确认曲轴转动平稳。

(9) 安装加强曲轴箱总成。

如图 2-123 所示,用 11 个螺栓安装加强曲轴箱。螺栓 A 长度为 138 mm,螺栓 B 长度为 35 mm,螺栓 C 长度为 70 mm,拧紧力矩为 21 N·m。

(10) 安装发动机后油封。

如图 2-124 所示,用 SST 和锤子均匀敲打油封,直至其表面与后油封挡圈边缘齐平。在新油封唇部涂抹 MP 润滑脂,并擦除曲轴上多余的润滑脂。

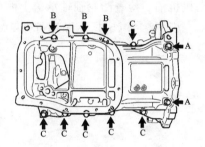

图 2-123　安装加强曲轴箱总成

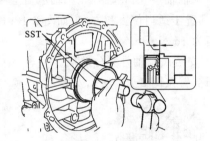

图 2-124　安装发动机后油封

(11) 安装机油泵总成。

如图 2-99 所示,用 3 个螺栓安装机油泵总成,拧紧力矩为 21 N·m。

(12) 安装 2 号油底壳分总成。

如图 2-98 所示,用 10 个螺栓和 2 个螺母安装 2 号油底壳分总成,拧紧力矩为 10 N·m。

(13) 安装气缸盖垫片。

如图 2-125 所示,将新的气缸盖垫片安装到气缸体上,使其批号戳记朝上。

(14) 安装气缸盖分总成。

在气缸盖螺栓的螺纹上涂抹一薄层发动机机油,按图 2-126 所示的顺序,分两步连续拧紧气缸盖螺栓,拧紧力矩为 49 N·m。

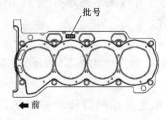

图 2-125　安装新的气缸盖垫片

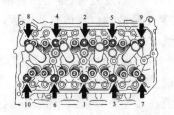

图 2-126　紧固气缸盖螺栓的顺序

用油漆标记气缸盖螺栓的前侧,如图 2-127 所示,将气缸盖螺栓再拧紧 90°,然后再拧紧 45°。
检查并确认油漆标记现在与前方成 135°角。

(15) 放置凸轮轴外壳分总成到气缸上部,如图 2-96 所示。

(16) 安装气门间隙调节器总成,如图 2-95 所示。

(17) 安装气门摇臂分总成,如图 2-94 所示。

(18) 安装凸轮轴。

清洁凸轮轴轴颈,在凸轮轴轴颈、凸轮轴外壳和轴承盖上涂抹一薄层发动机机油,将凸轮轴安装到凸轮轴外壳上,如图 2-128 所示。

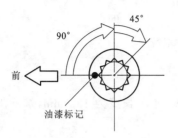

图 2-127 气缸盖螺栓拧紧角度

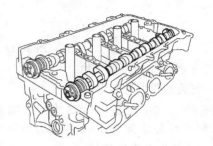

图 2-128 安装凸轮轴

(19) 安装凸轮轴轴承盖。

在凸轮轴轴颈、凸轮轴外壳和轴承盖上涂抹发动机机油。检查凸轮轴轴承盖上的标记和号码,并将其置于适当位置和方向,如图 2-129(a)所示。按图 2-129(b)所示顺序拧紧 10 个螺栓,拧紧力矩为 16 N·m。

(20) 安装凸轮轴外壳分总成。

气门摇臂按图 2-130 所示安装。

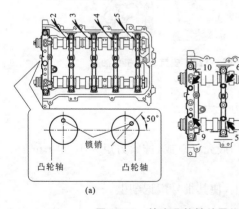

图 2-129 检查凸轮轴放置位置

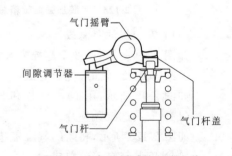

图 2-130 气门摇臂的正确安装

如图 2-131 所示,在连续涂抹线内涂抹密封材料。

如图 2-132 所示,安装进、排气凸轮轴,安装凸轮轴外壳并按图示顺序拧紧 17 个螺栓。

(21) 安装 1 号曲轴位置传感器齿板,使"F"标记朝前。

(22) 安装 2 号链条分总成。

按图 2-133(a)设置曲轴键。转动驱动轴,使缺口朝右。如图 2-133(b)所示,将黄色标记连杆与各齿轮的正时标记对准。

链条安装在齿轮上时,将齿轮安装到曲轴和机油泵轴上。用螺母暂时拧紧机油泵驱动轴齿轮。

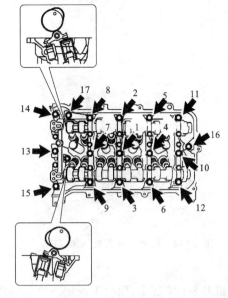

图 2-131　在凸轮轴外壳分总成接合面上涂抹密封材料　　图 2-132　安装凸轮轴外壳

如图 2-89 所示,将缓冲弹簧插入调节孔内,然后用螺栓安装链条张紧器板,拧紧力矩为 10 N·m。

如图 2-88 所示,将机油泵驱动轴齿轮的调节孔与机油泵的槽对准,将一根直径为 4 mm 的钢条插入机油泵驱动轴齿轮的调节孔内,将齿轮锁止,然后拧紧螺母,拧紧力矩为 28 N·m。

(23) 安装曲轴正时齿轮或链轮,曲轴正时链轮的安装如图 2-87 所示。

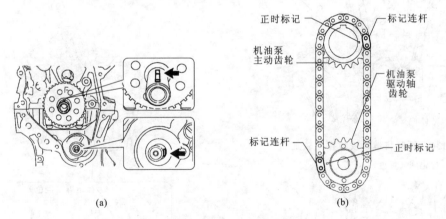

图 2-133　安装 2 号链条分总成

(24) 安装 1 号链条减振器。

如图 2-85 所示,用 2 个螺栓安装 1 号链条减振器,拧紧力矩为 21 N·m。

(25) 安装链条分总成。

检查 1 号气缸压缩 TDC,如图 2-134 所示。暂时拧紧曲轴皮带轮螺栓,逆时针转动曲轴,直到正时齿轮键向上,拆下曲轴皮带轮螺栓。

如图 2-135 所示,将链条上的两处标记牌(橙色)分别和进、排气凸轮轴正时链轮上的正时标记对准,并安装链条(确保标记牌面向发动机前侧)。

不要将链条绕在凸轮轴正时齿轮总成的链轮上,只需将其放置在链轮上,使链条穿过 1 号减振器。如图 2-136 所示,不要将链条绕在曲轴上,放在曲轴上即可。

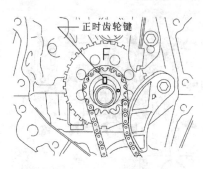

图 2-134 检查 1 号气缸压缩 TDC

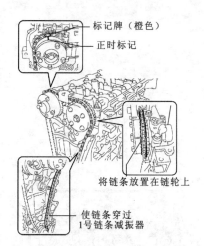

图 2-135 将链条上的两处标记牌与进、排气凸轮轴正时链轮上的正时标记对准

如图 2-137 所示,用扳手固定凸轮轴的六角部分,并逆时针转动凸轮轴正时齿轮总成,以将标记牌(橙色)与正时标记对准。

用扳手固定凸轮轴的六角部分,并顺时针转动凸轮轴正时齿轮总成。拉伸链条时,朝顺时针方向缓慢转动凸轮轴正时齿轮总成,以防止链条对不准。

如图 2-138 所示,将链条上的标记牌(黄色)与曲轴正时链轮上的正时标记对准,并将链条安装到曲轴正时齿轮上。

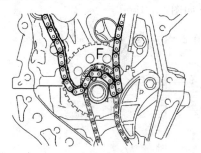

图 2-136 暂时将链条安放在曲轴上

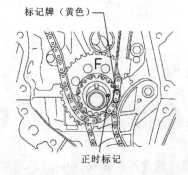

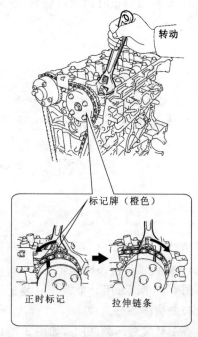

图 2-138 将链条上的标记片与曲轴正时链轮上的正时标记对准

图 2-137 转动凸轮轴,将链条上的标记牌与正时链轮上的正时记号对准

如图 2-139 所示,重新检查并确保对准压缩 TDC 时的各正时标记。

(26)安装链条张紧器滑块,如图 2-84 所示。

(27)安装 2 号链条减振器。

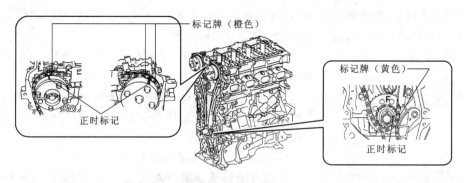

图 2-139 重新检查并确保对准压缩 TDC 时的各正时标记

如图 2-83 所示,用 2 个螺栓安装 2 号链条减振器,拧紧力矩为 10 N·m。

(28) 安装正时链盖分总成。

按维修手册要求涂抹密封材料并更换新的密封圈。

用 26 个螺栓安装正时链盖。

按图 2-140 所示放置各螺栓,螺栓 A、C 和 F 的长度为 35 mm,螺栓 B 的长度为 55 mm,螺栓 D 的长度为 80 mm,螺栓 E 的长度为 40 mm。

按图 2-140 所示的顺序拧紧螺栓,螺栓 A、C 和 F 的拧紧力矩为 26 N·m,螺栓 B 和 D 的拧紧力矩为 51 N·m,螺栓 E 的拧紧力矩为 10 N·m。

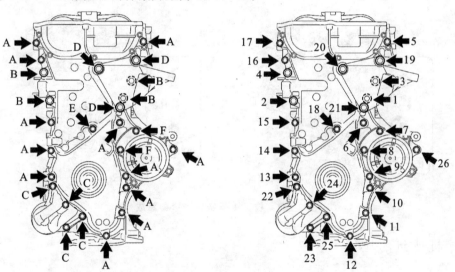

图 2-140 用 26 个螺栓安装正时链盖

(29) 安装水泵。

如图 2-82 所示,用 3 个螺栓安装水泵,拧紧力矩为 24 N·m。

(30) 安装节温器,如图 2-78 所示。

(31) 安装进水口。

如图 2-77 所示,用 2 个螺母安装进水口,拧紧力矩为 10 N·m。

(32) 安装曲轴皮带轮。

如图 2-74 所示,将曲轴皮带轮的销孔对准销的位置,然后安装曲轴皮带轮,暂时安装 2 个螺栓;用 SST 固定曲轴皮带轮,并拧紧螺栓,扭紧力矩为 190 N·m。

(33) 安装 1 号链条张紧器总成。

如图 2-141 所示,松开棘轮爪,然后将柱塞完全推入并使卡钩钩住销,以使柱塞保持在如图所示位置,确保凸轮与柱塞的第一齿啮合,以便卡钩穿过销。

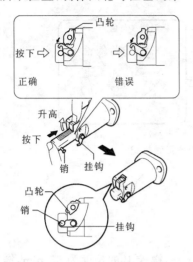

图 2-141 预装 1 号链条张紧器总成

如图 2-75 所示,用 2 个螺母安装新的垫片、支架和 1 号链条张紧器,力矩为 10 N·m。

如图 2-142(a)所示,按逆时针方向转动曲轴,然后从卡钩上断开柱塞定位销。如图 2-142(b)所示,按顺时针方向转动曲轴,然后检查并确认柱塞伸出。

(34) 安装机油滤清器分总成。

检查并清洁机油滤清器安装表面,在新的机油滤清器垫片上涂抹干净的发动机机油。

如图 2-76 所示,轻轻转动机油滤清器到指定位置并拧紧,直到垫片接触到底座。用扭矩扳手时,用 SST 拧紧机油滤清器的力矩为 25 N·m;不用扭矩扳手时,用 SST 再拧紧 3/4 圈。

(35) 安装气缸盖罩分总成。

将垫片安装到气缸盖罩上,将 3 个新的垫片安装到 1 号凸轮轴轴承盖上。在气缸盖罩分总成接合面上涂抹密封材料。

如图 2-71 所示,用 13 个螺栓安装气缸盖罩分总成,拧紧力矩为 10 N·m。

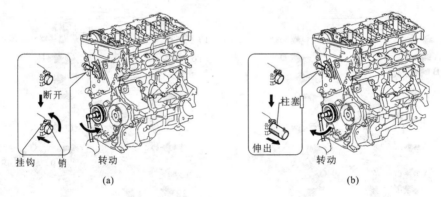

图 2-142 校正 1 号链条张紧器总成

二、机体组的检修

1. 实训目标

能合理使用量具,对发动机机体组进行正确检测。

2. 实训设备

解体后的 1ZR 发动机台架 4 台、维修手册 4 本、常用量具 4 套。

3. 实训步骤

1) 检测气缸盖是否翘曲

气缸盖是否翘曲的检测如图 2-143 所示。用精密直尺和测隙规检测与气缸体和歧管接触的表面是否翘曲。

气缸体侧最大翘曲为 0.05 mm,进气歧管侧最大翘曲为 0.10 mm,排气歧管侧最大翘曲为 0.10 mm。如果翘曲大于最大值,则更换气缸盖。

2）检测气缸体是否翘曲

如图 2-144 所示,用精密直尺和测隙规检测气缸盖垫片的接触表面是否翘曲。

气缸体最大翘曲为 0.05 mm,如果翘曲大于最大值,则更换气缸体。

3）测量气缸磨损

如图 2-145 所示,用量缸表在止推方向和轴向的 A、B 位置测量气缸内径。

气缸标准内径为 80.500～80.513 mm,最大内径为 80.633 mm。

如果测得 4 个位置的平均直径大于最大值,则更换气缸体。

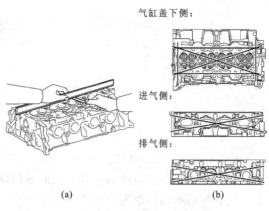

图 2-143 气缸盖是否翘曲的检测

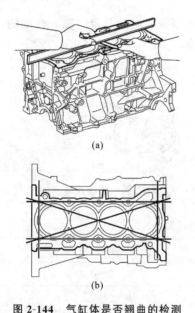

图 2-144 气缸体是否翘曲的检测

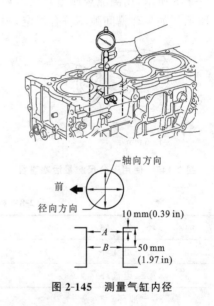

图 2-145 测量气缸内径

三、活塞连杆组的检修

1. 实训目标

能合理使用量具,对发动机活塞连杆组进行正确检测。

2. 实训设备

解体后的 1ZR 发动机台架 4 台、维修手册 4 本、常用量具 4 套。

3. 实训步骤

1）检测活塞与气缸配合间隙

(1) 用垫片刮板除去活塞顶部的积炭,如图 2-146(a)所示;用环槽清洁工具或断环清洁活塞环槽,如图 2-146(b)所示;用刷子和溶剂彻底清洁活塞,如图 2-146(c)所示。

(2) 用测微计(千分尺)在与活塞销孔成直角的方向上,距活塞顶 12.6 mm 处测量活塞直径,如图 2-147 所示。

标准活塞直径为 80.461～80.471 mm,如果直径不符合规定,则更换活塞。

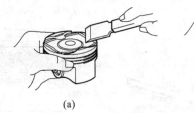 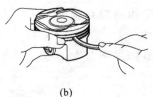 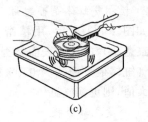

图 2-146　清洁活塞

(3) 计算出气缸与活塞的配合间隙。

用缸孔直径测量值减去活塞直径测量值即得到气缸与活塞的配合间隙。

气缸与活塞的标准配合间隙为 0.029～0.052 mm，最大配合间隙为 0.09 mm。

如果气缸与活塞的配合间隙大于最大值，则更换所有活塞，必要时更换气缸体。

2) 检查环槽间隙

如图 2-148 所示，用测隙规测量新活塞环与活塞环槽壁之间的测量间隙。标准的环槽间隙如表 2-8 所示。如果环槽间隙不符合规定，则更换活塞。

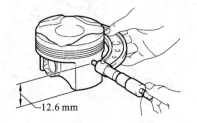 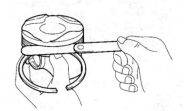

图 2-147　使用千分尺测量活塞直径　　　　图 2-148　检查环槽间隙

表 2-8　标准的环槽间隙

环　名　称	标准间隙
第一道气环	0.02～0.07 mm
第二道气环	0.02～0.06 mm
油环	0.02～0.065 mm

3) 检查活塞环端隙

如图 2-149 所示，用活塞将活塞环推入，使其超过活塞环行程底部一点，距气缸体顶面 50 mm，用测隙规测量端隙。活塞环标准端隙和最大端隙如表 2-9 所示。

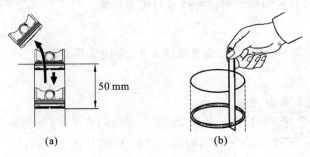

图 2-149　检查活塞环端隙

表 2-9　活塞环标准端隙和最大端隙

环 名 称	标 准 端 隙	最 大 端 隙
第一道气环	0.2～0.3 mm	0.5 mm
第二道气环	0.35～0.5 mm	0.7 mm
油环	0.1～0.4 mm	0.7 mm

四、曲轴飞轮组的检修

1. 实训目标

能合理使用量具，对发动机进行正确拆装。

2. 实训设备

解体后的 1ZR 发动机台架 4 台、维修手册 4 本、常用量具 4 套。

3. 实训步骤

1）检查曲轴的圆跳动

如图 2-150 所示，用百分表和 V 形块测量圆跳动。曲轴最大圆跳动为 0.03 mm。如果圆跳动大于最大值，则更换曲轴。

2）测量主轴颈和连杆轴颈的直径

（1）测量主轴颈的直径。

测量主轴颈直径，如图 2-151(a)所示。主轴颈标准直径为 47.988～48.000 mm，如果主轴颈直径不符合规定，则检查曲轴油隙。

计算每个主轴颈圆度和圆柱度。主轴颈最大圆度和圆柱度为 0.004 mm。

如果主轴颈圆度和圆柱度大于最大值，则更换曲轴。

（2）测量连杆轴颈的直径。

测量连杆轴颈直径，如图 2-151(b)所示。连杆轴颈标准直径为 43.992～44.000 mm，如果连杆轴颈直径不符合规定，则检查连杆油隙。

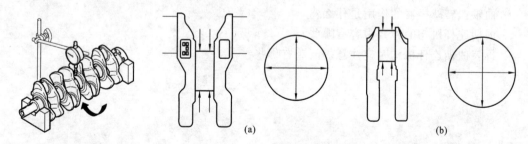

图 2-150　检查曲轴的圆跳动　　图 2-151　用测微计测量主轴颈和连杆轴颈的直径

计算每个曲柄销的圆度和圆柱度。曲柄销的最大圆度和圆柱度均为 0.004 mm。如果曲柄销的圆度和圆柱度大于最大值，则更换曲轴。

3）检查曲轴轴向间隙

按照前述要求，结合维修手册，安装曲轴、主轴承和止推垫圈、主轴承盖。

如图 2-152 所示，用螺丝刀前后撬动曲轴的同时，用百分表测量轴向间隙。

曲轴标准轴向间隙为 0.04～0.14 mm，最大轴向间隙为 0.18 mm。

如果曲轴轴向间隙大于最大值，则成套更换止推垫圈（止推垫圈厚度为 2.43～2.48 mm）。

4）检查曲轴径向间隙

安装曲轴轴承，将曲轴放置在气缸体上，将一条塑料间隙规横跨放置在每个轴颈上，如图 2-153(a) 所示，检查朝前标记和号码，并将轴承盖安装到气缸体上。

按照规定力矩要求安装主轴承盖，不要转动曲轴。

拆下主轴承盖，如图 2-153(b) 所示，用塑料间隙塞尺测量油隙的最大宽点。

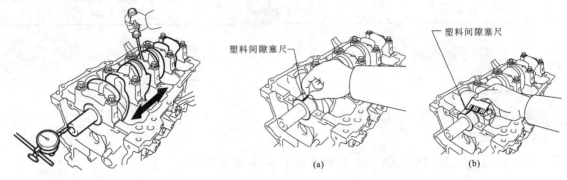

图 2-152　检查曲轴轴向间隙

图 2-153　检查曲轴径向间隙

曲轴标准油隙为 0.016～0.039 mm，最大油隙为 0.050 mm。

如果曲轴油隙大于最大值，则更换曲轴轴承，必要时更换曲轴。

课 后 自 测

1. 曲柄连杆机构的作用是什么？它由哪些零件组成？
2. 比较干式气缸套和湿式气缸套的优缺点。
3. 如何检验气缸的磨损并确定其修理尺寸？
4. 比较各种类型活塞环的特点，说明扭曲环为什么能减轻泵油作用。
5. 叙述气环的密封原理。
6. 什么是发动机做功间隔角？常用直列四缸、六缸和八缸四冲程发动机的做功间隔角分别是多少？
7. 曲轴扭转减振器的作用是什么？
8. 曲柄连杆机构的检修内容有哪些？
9. 拆装曲柄连杆机构时应注意的问题有哪些？

项目 3　配气机构的认识与检修

◀ 3.1　项目描述 ▶

通过本项目的学习,拆装和检测发动机配气机构,达到以下要求。

1. 知识要求

(1) 掌握配气机构的作用和组成。
(2) 掌握气门组、气门传动组主要部件的构造和连接关系。
(3) 熟悉气门组、气门传动组主要部件的检测和维修方法。

2. 技能要求

(1) 能合理使用工具,正确地对发动机曲柄连杆机构进行拆装。
(2) 能识别配气机构的主要部件。
(3) 能使用量具对配气机构主要部件的变形、磨损进行检测。

3. 素质要求

(1) 保持实训场地清洁,及时清扫垃圾,树立团队意识,培养协作精神。
(2) 安全文明生产,保证设备和自身安全。

◀ 3.2　知识学习 ▶

3.2.1　配气机构概述

配气机构是发动机的重要组成部分,它的工作正常与否,直接影响发动机的动力性和经济性。配气机构的结构复杂,形式多样。

一、配气机构的作用和组成

1. 配气机构的作用

在发动机工作过程中,配气机构按照发动机每一气缸内所进行的工作循环和点火次序的要求,开启和关闭各气缸的进、排气门,使新鲜混合气及时地进入气缸,使废气得以及时地排出气缸。

2. 配气机构的组成

发动机配气机构基本可分成两个部分,即气门组和气门传动组。

气门组用来封闭进、排气道,主要零件包括气门、气门座、气门弹簧和气门导管等。气门组的组成与配气机构的形式基本无关,不同形式的配气机构,其气门组的结构大致相同。

气门传动组包括从正时齿轮开始至推动气门动作的所有零件,其作用是使气门定时开启和关闭,它的组成视配气机构的形式不同而异,主要零件包括正时齿轮(正时链轮和链条或正时带轮和正时带)、凸轮轴、挺柱、推杆、摇臂轴和摇臂等。

发动机工作时,曲轴通过正时齿轮驱动凸轮轴旋转,使凸轮轴上凸轮的凸起部分通过挺柱和推杆推动摇臂绕摇臂轴摆转,摇臂的另一端便向下推开气门,并使气门弹簧进一步压缩。

当凸轮的顶点转过挺柱后,在气门弹簧的弹力作用下,气门的开度开始逐渐减小,直至气门关闭。

二、配气机构的分类和工作原理

(一)配气机构的分类

发动机配气机构的形式多种多样,其主要区别是气门的布置形式及凸轮轴的布置形式和驱动方式。

1. 按气门的布置形式分类

按布置形式分类,气门可分为侧置气门和顶置气门。其中顶置气门应用广泛,侧置气门已被淘汰。以下配气机构如果不特别说明,则都为顶置气门式。一般发动机都采用每缸两气门结构,即每缸一个进气门和一个排气门。为了进一步提高气缸的换气性能,许多中、高级新型轿车的发动机上普遍采用每缸多气门结构,如三气门、四气门和五气门等,其中以四气门较为多见。图 3-1 所示为捷达王发动机每缸五气门(三个进气门、两个排气门)结构。

气门数目的增加,使发动机的进、排气通道的断面面积大大增加,提高了充气效率,改善了发动机的动力性能。

2. 按凸轮轴的布置形式和驱动方式分类

(1)凸轮轴下置式。大多数载货汽车和大中型客车的发动机都采用这种结构形式,如图 3-2 所示。凸轮轴下置式配气机构的气门组由气门、气门导管、气门弹簧、气门弹簧座和锁片等组成,气门传动组由凸轮轴、凸轮轴正时齿轮、挺柱、推杆、摇臂和摇臂轴等组成。其结构特点是:凸轮轴平行布置在曲轴一侧,位于气门组下方;通过曲轴和凸轮轴之间的一对正时齿轮将曲轴的动力传给凸轮轴来工作。

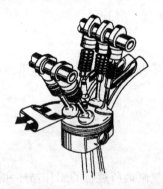
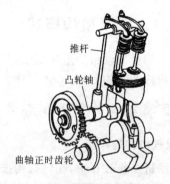

图 3-1　捷达王发动机五气门示意图　　图 3-2　凸轮轴下置式配气机构

(2)凸轮轴上置式。现代轿车使用的高速发动机大多采用这种结构形式,如图 3-3 所示。凸轮轴仍与曲轴平行布置,但位于气门组上方,凸轮轴直接通过摇臂来驱动气门开启和关闭,省去了推杆,使往复运动质量大大减小。但此种布置使凸轮轴距离曲轴较远,因此,不方便使用齿轮传动,现多采用正时同步带传动,这种结构形式的气门传动组主要由凸轮轴、正时同步带、挺柱、摇臂和摇臂轴等组成。

(3) 凸轮轴中置式。一些速度较高的柴油机将凸轮轴位置抬高到气缸体上部,如图3-4所示。

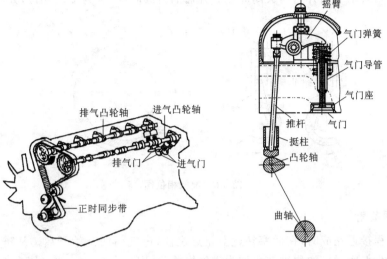

图 3-3　凸轮轴上置式配气机构　　图3-4　凸轮轴中置式配气机构

（二）配气机构的工作原理

配气机构的工作原理如图 3-5 所示。发动机工作时,曲轴带动凸轮轴旋转,当发动机处于换气行程时,凸轮凸起部分通过挺柱、推杆以及高速螺钉推动摇臂摆转,使得摇臂的另一端向下推开气门,并压缩气门弹簧。凸轮凸起部分的顶点转过挺柱后,凸轮对挺柱的推力减小,气门在弹簧张力的作用下逐渐关闭,凸轮凸起部分离开挺柱时,气门完全关闭,换气行程结束,压缩和做功行程开始,气门在弹簧张力的作用下严密关闭,使气缸密闭。

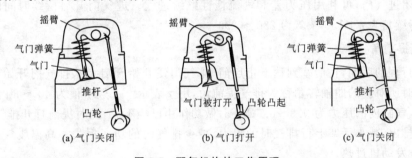

图 3-5　配气机构的工作原理

由上述工作过程可知:气门传动组的运转使气门开启,气门弹簧释放张力使气门关闭;凸轮的轮廓曲线决定了气门的开闭时刻与规律;每次打开气门时,摇臂压缩气门弹簧,为关闭气门积蓄能量。

四冲程发动机每完成一个工作循环,曲轴转两周,各气缸完成进、排气一次,即凸轮轴只需转一周,所以曲轴与凸轮轴的传动比为 2∶1。

三、配气相位

发动机在换气行程中,若能够做到排气彻底、进气充分,则可以提高充气系数,增大发动机输出的功率。四冲程发动机的每一个工作行程曲轴要旋转 180°。由于现代发动机转速很高,一个行程经历的时间是很短的。例如,上海桑塔纳的四冲程发动机,功率最大时转速达到 5 600 r/min,一个行程的时间只有 0.005 4 s。在如此短的进气和排气行程中,很难达到进气充分、排气彻底。为改善换气行程、提高发动机性能,实际发动机的气门开启和关闭并不在上、下止点,而是适当提前或滞后,即气门开启过程都大于180°曲轴转角。

用曲轴转角表示气门开启与关闭时刻和开启的持续时间,称为配气相位,如图3-6所示。

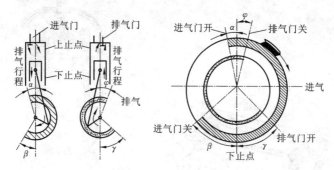

图3-6 配气相位图

1. 进气提前角

在排气行程接近完成时,在活塞到达上止点之前,进气门便开始开启。从进气门开始开启到活塞到达上止点所对应的曲轴转角称为进气提前角,用 α 表示。一般 α 值为 10°~30°。进气门早开,使得活塞到达上止点开始向下移动时,进气门已有一定开度,所以可较快地获得较大的进气通道截面,减小进气阻力。

2. 进气迟闭角

在进气行程,当活塞到达下止点时,进气门并未关闭,而是在活塞上行一段距离后才关闭。从活塞位于下止点至进气门完全关闭时对应的曲轴转角称为进气迟闭角,用 β 表示。一般 β 值为 40°~80°。当活塞到达下止点时,气缸内的压力仍低于大气压力,且气流还有相当大的惯性,适当延迟关闭进气门,可利用压力差和气流惯性继续进气。进气门开启持续时间内的曲轴转角,即进气持续角为 $\alpha+180°+\beta$,为 230°~290°。

3. 排气提前角

在做功行程的后期,在活塞到达下止点前,排气门便开始开启。从排气门开始开启到活塞到达下止点时所对应的曲轴转角称为排气提前角,用 γ 表示。一般 γ 值为 40°~80°。做功行程接近结束时,气缸内的压力为 0.3~0.5 MPa,做功作用已经不大,此时提前打开排气门,可使高温废气迅速排出,减小活塞上行排气时的阻力,减少排气时的功率损失。高温废气提早迅速排出,还可防止发动机过热。

4. 排气迟闭角

排气门是在活塞到达上止点后,又下行一段距离后才关闭的。从活塞位于上止点到排气门完全关闭时所对应的曲轴转角称为排气迟闭角,用 φ 表示。一般 φ 值为 10°~30°。

活塞到达上止点时,气缸内的压力仍高于大气压力,由于气流有一定的惯性,排气门适当延迟关闭可使废气排得更干净。排气门开启持续时间内的曲轴转角,即排气持续角为 $\gamma+180°+\varphi$,为 230°~290°。

5. 气门叠开与气门叠开角

由于进气门早开和排气门晚关,在活塞位于排气上止点附近,出现一段进、排气门同时开启的现象,称为气门叠开。同时开启的角度,即进气提前角 α 与排气迟闭角 φ 之和称为气门叠开角。气门叠开时,气门的开度很小,且新鲜气流和废气流有各自的惯性,在短时间内不会改变流向。气门叠开角大小适当,不仅可以避免出现废气倒流进气道和新鲜气体随废气排出的现象,而且进入气缸内部的新鲜气体可增加气缸内的气体压力,有利于废气的排出。

3.2.2 气门组的构造与维修

气门组在配气机构中相当于一个阀门,其作用是准时接通和切断进、排气系统与气缸之间的通道。气门组一般由气门、气门导管、气门弹簧、气门弹簧座和锁片等组成,如图 3-7 所示。

气门组应保证气门能够实现气缸的密封,因此要求:气门头部与气门座贴合严密;气门导管与气门杆的上下运动有良好的导向;气门弹簧的两端面与气门杆的中心线相垂直,以保证气门头在气门座上不偏斜;气门弹簧的弹力足以克服气门及其传动件的运动惯性力,使气门能迅速开闭,并保证气门紧压在气门座上。

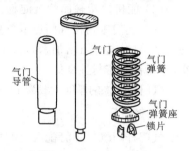

图 3-7 气门组的结构

一、气门

气门的作用是封闭进、排气通道。气门的工作条件十分恶劣:气门头部的工作温度很高,进气可达 570~670 K;排气门更高,可达 1 050~1 200 K;气门头部要承受气体压力、气门弹簧力及传动组零件惯性力的作用;气门的冷却和润滑条件差;气门要接触气缸内燃烧生成物中的腐蚀介质。因此,要求气门必须具有足够的强度、刚度,耐热、耐腐蚀,并具有良好的耐磨能力。由于进、排气门的工作条件有所不同,因此它们使用的材料也有所区别。进气门一般采用合金钢(如铬钢或镍铬钢等)制造;排气门由于热负荷大,一般采用耐热合金钢(硅铬钢、硅铬钼钢等)制造。为了降低成本,有的排气门头部采用耐热钢,而杆部用铬钢,然后将二者焊在一起。

(一) 气门的结构

气门由头部和杆部(即气门杆)两个部分组成,如图 3-8 所示。气门头部与气门座配合实现密封气缸的进、排气通道的作用,气门杆部则主要为气门的运动导向。

1. 气门头部

气门头部由顶部和密封锥面组成。图 3-9 所示为气门头部的形状。

1) 气门顶部

平顶气门具有结构简单、制造容易、吸热面积较小、质量小等优点,多数发动机的进、排气门均采用此结构。

喇叭顶气门的喇叭顶与气门杆部的过渡部分具有一定的流线型,所以气流流通较顺利,可减小进气阻力,但是顶部受热面积较大,故此结构多用于进气门,而不宜用于排气门。

球面顶气门强度高,排气阻力小,废气清除效果好,适于做排气门。

2) 气门密封锥面

气门头部与气门座圈接触的工作面,是与气门杆部同一中心线的锥面,一般将这一锥面与气门顶部平面的夹角称为气门锥角。气门锥角通常做成 30°或 45°,如图 3-10 所示。

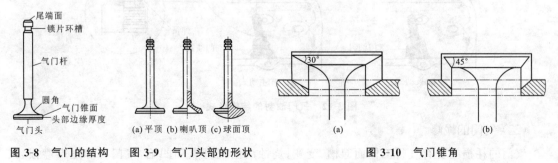

图 3-8 气门的结构　　图 3-9 气门头部的形状　　图 3-10 气门锥角

锥形工作面的作用如下。
(1) 提高密封性和导热性。
(2) 使气门落座时,有自定位作用。
(3) 避免气流拐弯过大而降低流速。
(4) 能挤掉接触面的沉淀物,起自洁作用。

一般气门锥角比气门座或气门座圈锥角稍小一些,使得气门与气门座或气门座圈不以锥面的全宽接触,这样可增加密封锥面的接触压力,加速磨合,并能切断和挤出二者之间的积垢或积炭,保持锥面密封性良好。

气门顶边缘的厚度一般为 1~3 mm,以防止在工作中与气门座冲击而损坏或被高温气体烧坏。

2. 气门杆

气门杆与气门导管配合,为气门开启与关闭过程中的上下运动导向。气门杆为圆柱形,发动机工作时,气门杆在气门导管中不断上下往复运动,而且润滑条件极为恶劣。因此,要求气门杆与气门导管有一定的配合精度和良好的耐磨性,气门杆表面都经过热处理和磨光,气门杆与头部之间的过渡应尽量圆滑,以减小应力集中,减小气流阻力。

3. 气门弹簧座的固定

气门杆的尾部用以固定气门弹簧座,其结构随气门弹簧座固定方式的不同而异。常见的气门杆尾部结构有锥形锁片式和锁销式。

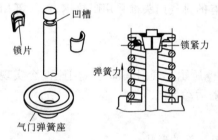

图 3-11 气门弹簧座的固定

锥形锁片式固定采用剖分结构,如图 3-11 所示。两片锁片合装在一起,形成一个完整的外圆锥结构,内孔有一环状凸起。安装时,用专用工具将气门弹簧座连同气门弹簧压下,将两片锁片套于气门杆尾部并合并在一起,环状凸起正好卡在气门杆尾端的环形槽内。放松气门弹簧座,由于弹簧的弹力作用,锁片的圆锥面与气门弹簧座锥孔紧紧地贴合在一起,锁片不会脱落。

锁销式固定将气门弹簧座连同气门弹簧一起压下后,把锁销插入气门杆尾部的径向孔内,放松气门弹簧座后,锁销正好位于气门弹簧座的外侧面的凹穴内,防止气门弹簧座脱出。

4. 气门油封

发动机工作时有少量机油进入气门导管与气门之间的间隙,起润滑作用。但如果机油过多,将会在气缸内造成积炭和在气门上产生沉积物。因此,发动机在气门杆上装有气门油封,其结构形式如图 3-12 所示。

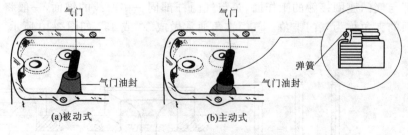

图 3-12 气门油封的结构形式

(二)气门的检修

气门的耗损主要有气门工作面起槽、变宽,烧蚀后出现斑点和凹陷,气门杆和尾端磨损,以及气门杆的弯曲变形等。

1. 气门的检测

检测到气门损耗具有下列情形之一时,应予以修校或换新。

(1) 轿车气门杆磨损量大于 0.05 mm,载货汽车气门杆磨损量大于 0.10 mm,或有明显的台阶形磨损。

(2) 气门头圆柱面的厚度大于 1.0 mm。

(3) 气门尾端的磨损量大于 0.5 mm。

(4) 气门杆直线度误差大于 0.05 mm 时,应更换或校直气门,校直后气门杆的直线度误差不得大于 0.02 mm。图 3-13 所示为气门杆直线度误差的检测。将气门架在检测台上,转动气门杆一圈,百分表的摆差即为气门杆直线度误差。

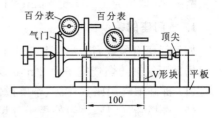

图 3-13 气门杆直线度误差的检测

2. 气门的修理

气门工作锥面起槽、变宽,甚至烧蚀后出现斑点和凹陷时,应在气门光磨机上进行光磨修理。气门的光磨工艺如下。

(1) 光磨前先检校气门杆,使其符合要求。

(2) 将气门杆紧固在光磨机夹架上,气门头部伸出长度约 40 mm,按气门工作锥面的角度调整夹架。

(3) 查看砂轮工作面是否平整。

(4) 启动光磨机,检查确认气门夹持无偏斜时即可试磨。试磨时,先使砂轮轻轻接触气门,若磨削痕迹与工作锥面在全长接触或略偏向气门杆,则光磨机夹架的角度符合要求。

(5) 光磨进刀时,冷却液要充足,并控制好横向进给速度和纵向进刀量,直到磨损痕迹磨光为止。

光磨后气门的要求如下:大端圆柱面的厚度大于 1 mm,工作锥面的径向圆跳动误差小于 0.01 mm,表面粗糙度 Ra 值小于 0.25 μm,与气门杆部的同轴度误差小于 0.05 mm。

二、气门座

进、排气道口与气门密封锥面直接贴合的部位称为气门座。其功用是,与气门头部一起对气缸起密封作用,同时接受气门头部传来的热量,起到对气门散热的作用。

(一) 气门座的结构

气门座可直接在气缸盖上镗出,或单独制成气门座圈镶嵌在气缸盖上,如图 3-14 所示。直接在气缸盖上镗出的气门座散热效果好,使用中不会发生气门座圈脱落事故,但磨损后不便于修换。

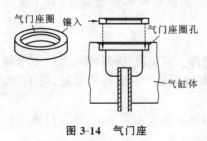

图 3-14 气门座

气门座圈用耐热合金钢或耐热合金铸铁制成,镶嵌在气缸盖上。其具有耐高温、耐磨损、耐冲击、使用寿命长和损坏后易于更换的特点。因气门座圈热负荷大,温差变化大,又受气门落座时的冲击,为了保证散热和防止脱落,气门座圈与气门座圈孔之间应有较高的加工精度、较低的表面粗糙度和较大的配合过盈量,装配时应采用温差法将气门座圈压入气门座圈孔。

(二) 气门座的检修

气门座的耗损主要是磨料磨损和由冲击载荷造成的硬化层脱落,以及受高温气体的腐蚀,使得密封带变宽,气门与气门座关闭不严,气缸密封性降低。如果出现这些现象,一般应检修气门座。

气门座检修的技术要求是:气门座表面不得有任何损伤,气门座固定可靠;工作锥面正确,表面粗糙度 Ra 取值为 $1.25\sim6.3~\mu m$;气门座圈工作面宽度为 $1.2\sim2.5~mm$;气门下陷量符合要求。

1. 气门座的镶换

如气门座有裂纹、松动、烧蚀或磨损严重,或经多次加工修理,新的气门装入后,气门头部顶平面仍低于气缸盖燃烧室平面 2 mm 以上,应镶换新的气门座,其工艺要点如下。

(1) 拆卸旧气门座。注意,不要损伤气门座承孔。

(2) 选择新气门座。用外径千分尺测量气门座外径,用内径量表测量气门座承孔内径,并根据气门座和缸盖承孔的材质选择合适过盈量(一般为 0.07～0.17 mm)。

(3) 气门座的镶换。将检查合格的新气门座进行冷却,时间不少于 10 min,同时加热气门座承孔,然后在气门座外侧涂上一层密封胶,将气门座压入气门座承孔中。

2. 气门座的铰削

应对镶入的新气门座圈进行铰削加工(或虽未更换座圈,当气门座烧蚀严重,或密封环带过宽时,也应对气门座圈进行铰削加工)。气门座的铰削通常是手工进行的,如图 3-15 所示,其铰削工艺如下。

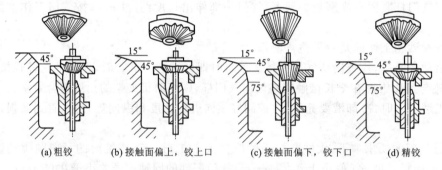

(a) 粗铰　　(b) 接触面偏上,铰上口　　(c) 接触面偏下,铰下口　　(d) 精铰

图 3-15　气门座的铰削

(1) 根据气门头直径和工作锥面选择一组合适的铰刀,再根据气门直径选择刀杆。每组铰刀有 45°(或 30°)、15°和 75°三种不同角度。其中 45°(或 30°)铰刀又分为粗铰刀和精铰刀两种。

(2) 检查气门导管,若未更换气门导管,应检查气门导管的磨损程度,检查方法可参见本节"更换气门导管"。

(3) 砂磨硬化层。若未更换气门座,铰削前先将砂布垫在铰刀下,磨除气门座口硬化层,以防止铰刀打滑和延长铰刀的使用寿命。

(4) 粗铰工作面。用 45°粗铰刀铰削气门座工作面,直至消除磨损和烧蚀痕迹(对于新座圈,则要求铰削出宽度适当的工作锥面)。

(5) 用深度游标卡尺检查气门下陷量。

(6) 调整环带位置和宽度。密封环带应处于工作锥面中部。若偏向气门杆部,选用 15°(斜面与刀杆中心线夹角)铰刀修整;若偏向气门头部,则选用 75°铰刀修整。若环带过宽,用 15°和 75°两种铰刀分别铰削。

(7) 用精铰刀铰削气门座工作面,降低表面粗糙度,或用细砂布包在刀刃上,将气门座工作面磨光。

3. 气门与气门座的研磨

若气门和气门座圈仅有轻微磨损和烧蚀,可通过研磨气门与气门座来恢复其密封性。气门与气门座经铰削加工后,也应研磨。研磨方法有机器研磨和手工研磨两种。手工研磨时,利用气门捻子对气门头的吸力,对气门进行相对于气门座的上下运动拍击,同时旋转,如图 3-16 所示。研磨要点如下。

(1) 将气缸盖倒置,用柴油洗净气门、气门座和气门导管,清除积炭,并在气门头端标示出顺序记号。

(2) 在气门工作锥面上均匀涂抹一层粗研磨膏,气门杆上涂少许机油,将气门杆插入气门导管内,用气门捻子吸住气门。

(3) 研磨时,一边用手指搓动气门捻子的木柄,使气门单向旋转一定角度,一边将气门捻起一定高度后落下并进行拍击。注意,始终保持气门单向旋转,不断改变气门与气门座在圆周方向的相对位置。

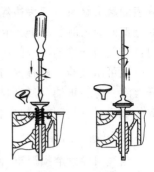

图 3-16　研磨气门

(4) 当气门磨出整齐、无斑痕和麻点的接触环带时,将粗研磨膏洗去,换用细研磨膏继续研磨,直到气门工作面出现一条整齐的灰色无光的外带,洗去细研磨膏,涂上机油再研磨几分钟。

(5) 洗净气门、气门座和气门导管。研磨气门时应注意:研磨时,研磨膏不宜过多,以免进入气门导管,造成气门杆与气门导管的早期磨损;在保证密封的前提下,研磨时间不宜过长,拍击力不宜过猛,以防环带过宽,出现凹陷。

4. 气门密封性检验

气门和气门座经过修理后,都要进行密封性检验,其方法如图 3-17 所示。检验时,先将空气容筒紧密贴在气门头部周围,再压缩橡胶球,使空气容筒内具有一定压力(68.6 Pa 左右),如果在半分钟内,气压表的读数不下降,则表示气门与气门座的密封性良好。

三、气门导管

气门导管的作用是,给气门的运动导向,保证气门和气门座锥面的精确配合,并为气门杆散热。气门导管的工作条件较差:当气门杆在导管中运动时,温度可高达约 500 K;仅靠配气机构飞溅出来的机油进行润滑。因此气门导管易磨损。为了改善气门导管的润滑性能,气门导管一般用含石墨较多的铸铁或粉末冶金制成,以提高自润滑性能。

(一)气门导管的构造

气门导管的外形及安装位置如图 3-18 所示。它为圆柱形管,外表面有较高的加工精度、较低的表面粗糙度,与气缸盖(体)的配合有一定的过盈量,以保证良好的传热效果和防止松脱。有的发动机对气门导管用卡环定位,使气门弹簧下座将卡环压住,因此导管轴向定位可靠。

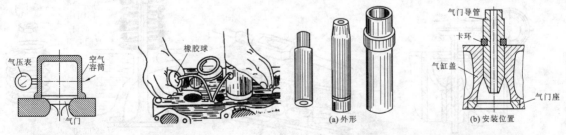

图 3-17　气门密封性检验　　图 3-18　气门导管的外形及安装位置

气门导管的内孔是在气门导管被压入气缸盖(气缸体)后再精铰的,以保证气门与气门导管的精确配合间隙。

(二)气门导管的检修

1. 检查气门杆与气门导管之间的配合间隙

将气缸盖倒置在工作台上,将气门顶升至高出座口 10 mm 左右,安装磁性百分表座,使百分表的触头触及气门头边缘,侧向推动气门头,同时观察百分表指针的摆动,其摆动量即为实测的近似间隙,如图3-19所示。如换上新气门,其间隙值仍超过允许值,则应更换气门导管。气门杆与气门导管的配合间隙超过限度,应予以更换。

也可用经验法检查气门杆与气门导管的间隙,方法如下:将气门杆和气门导管擦净,在气门杆上涂一薄层机油,将气门杆放入气门导管中,上下拉动数次后,气门杆在重力的作用下能徐徐下落,表示气门杆与气门导管的配合间隙适当。

2. 更换气门导管

当气门导管磨损严重,使气门杆与气门导管的配合间隙超过限度时,应予以更换。其工艺要点如下:

(1) 用外径略小于气门导管内孔的阶梯轴冲出气门导管。

(2) 选择外径尺寸符合要求的新气门导管。

(3) 安装气门导管:用细砂布打磨气门导管承孔口,在承孔内壁与导管外表面上涂少许机油,并放正气门导管,安好铜质的阶梯轴,用压力机或锤子将气门导管装入承孔内。

(4) 气门导管内孔的铰削:如图3-20所示,采用成形专用气门导管铰刀铰削,进给量不宜过大,铰刀保持垂直,边铰边试,直至间隙合适。

四、气门弹簧

气门弹簧的作用是,克服气门关闭过程中气门和传动件因惯性力而产生的间隙,保证气门及时落座并紧密贴合,同时防止气门在发动机振动时因跳动而破坏密封。

1. 气门弹簧的构造

气门弹簧为圆柱形螺旋弹簧,其结构如图3-21所示。弹簧两端磨平,安装时,气门弹簧的一端支承在气缸盖上,而另一端则压靠在气门杆尾端的弹簧座上,一般弹簧座用锁片固定在气门杆的末端。为了防止气门弹簧工作时产生共振,采用了多种设计,包括使用强化弹簧、不等螺距弹簧和双弹簧等。安装时,对于不等螺距弹簧,应使螺距较小的一端朝向气缸盖。大多数发动机采用一个气门装配有同心内、外两根气门弹簧的方法,这样不但可以防止弹簧共振,而且当一根弹簧折断时,另一根仍可继续工作。两根气门弹簧的旋向相反,以防止工作时一个弹簧卡入另一个弹簧中。捷达、高尔夫和上海桑塔纳轿车的发动机均采用双气门弹簧。

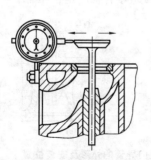

图3-19 气门杆与气门导管之间配合间隙的测量

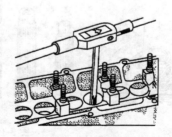

图3-20 铰削气门导管内孔

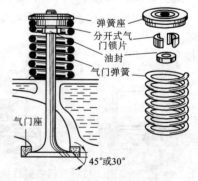

图3-21 气门弹簧的结构

2. 气门弹簧的检修

气门弹簧出现断裂、歪斜和弹力减弱现象时,应予以更换。气门弹簧的弹力在弹簧检验仪上进行测量。弹力小于原厂规定的10%时,应予以更换。无弹簧检验仪时,可用对比新旧弹簧的自由长度判断,自由长度差超过 2 mm 时,应予以更换。对气门弹簧进行垂直度测量,如有歪斜,应予以更换。气门弹簧的测量如图 3-22 所示。

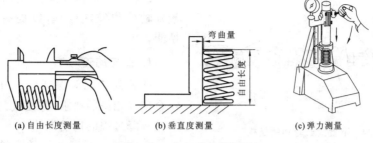

(a) 自由长度测量　　(b) 垂直度测量　　(c) 弹力测量

图 3-22　气门弹簧的测量

3. 气门间隙

由于在发动机工作过程中,配气机构零件会受热膨胀,从而导致气门关闭不严,因此在摇臂与气门尾端之间(凸轮与气门尾端之间或凸轮与摇臂之间)留有一定的间隙,这个间隙称为气门间隙。图 3-23 所示为三种配气机构的气门间隙。

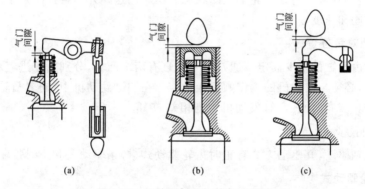

(a)　　　　　(b)　　　　　(c)

图 3-23　三种配气机构的气门间隙

发动机工作时,气门间隙的大小会发生变化。气门间隙过小或没有,就会导致发动机工作时气门关闭不严或漏气,气门间隙过大,会使配气机构产生异响,影响发动机的进、排气过程。因此,配气机构装配时,必须留出一定的气门间隙。气门间隙的调整见本项目实训内容。

在装有液力挺柱的配气机构中,由于液力挺柱能自动伸长或缩短,以补偿气门的热胀冷缩,所以不需要留气门间隙。

3.2.3　气门传动组的构造与维修

气门传动组的作用是,按规定的配气相位定时地驱动气门开闭,并保证气门有足够的开度和适当的气门间隙。气门传动组由凸轮轴、挺柱、推杆和摇臂等组成。在结构上,气门传动组应使进、排气门按规定的配气相位及时启闭,保证气门有足够的开度和适当的气门间隙。

一、凸轮轴

凸轮轴的作用是,驱动和控制发动机各缸气门的开启和关闭,使其符合发动机的工作顺序、配气相位和气门开度的变化规律等要求。此外,有些汽油发动机还用它来驱动汽油泵、机油泵和分电器等。它是气门驱动组件中最主要的零件。

(一) 凸轮轴的构造

凸轮轴主要由凸轮和凸轮轴轴颈组成。凸轮分为进气凸轮和排气凸轮两种,用来驱动气门的开启与关闭。凸轮轴轴颈对凸轮轴起支承作用。图 3-24 所示为下置式凸轮轴的结构,其上有进气凸轮、排气凸轮、凸轮轴轴颈、驱动机油泵和分电器的齿轮及推动汽油泵摇臂的偏心轮。

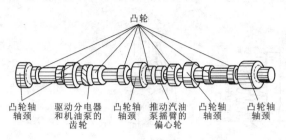

图 3-24 下置式凸轮轴的结构

凸轮轴用锻钢或特种铸铁制成。凸轮和凸轮轴轴颈须经热处理,以提高其硬度和耐磨性能。

1. 凸轮的轮廓

凸轮的轮廓应保证气门开闭的持续时间符合配气相位的要求,并使气门有合适的升程及其升降过程的运动规律。

不同型号的发动机的凸轮具有不同的轮廓形状。如图 3-25 所示的凸轮轮廓,整个轮廓由凸顶、凸根、打开凸面和关闭凸面组成。凸轮轴升程是指从基圆直径往上凸轮能达到的高度,它决定了气门的升程大小。凸轮的顶部称作凸顶,它的长度决定了气门将在完全打开的位置保持多长时间。凸顶可能有多种不同的轮廓形状,这取决于气门需在完全打开的位置保持多久。凸根是指凸轮轴外形的底部部分,当挺柱或气门在凸根部分移动时,气门处于完全关闭状态。凸轮的这些外形特征决定了气门开闭过程的具体特性——时间和速度。

2. 凸轮的相对角位置

凸轮的数目由气缸的多少而定。通常每一气缸有两个凸轮,分别用于进气和排气。各个凸轮相互间的位置,必须与发动机的工作顺序相适应。在四缸发动机中,同名凸轮(进气或排气凸轮)间的位置相差 90°角,而在六缸发动机中则相差 60°角。

(二) 凸轮轴的驱动

凸轮轴由曲轴驱动,其驱动方式有正时齿轮驱动式、链条驱动式和正时带驱动式。

1. 正时齿轮驱动式

这种驱动方式多用于下置式和中置式凸轮轴的驱动。汽油机一般只用一对正时齿轮,即曲轴正时齿轮和凸轮轴正时齿轮,如图 3-26 所示;柴油机需要同时驱动喷油泵,所以增加一个中间齿轮。曲轴正时齿轮用中碳钢制造,凸轮轴正时齿轮则多用夹布胶木制造。为保证配气和点火正时,齿轮上都有正时标记,装配时必须要将标记对齐。

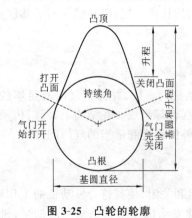

图 3-25 凸轮的轮廓　　图 3-26 正时齿轮驱动式

2. 链条驱动式

这种驱动方式多用于上置式凸轮轴的驱动,如图 3-27 所示。链条一般为滚子链,工作时,应保持一定的张紧度,不易产生振动和噪声,为此,在链传动机构中装有导链板并在链条松边装有张紧器。

3. 正时带驱动式

这种驱动方式多用于上置式凸轮轴的驱动，如图 3-28 所示。与正时齿轮驱动式和链条驱动式相比，正时带驱动式具有噪声低、质量轻、成本低、工作可靠和不需要润滑等优点。另外，正时带驱动式齿形伸缩小，适合精度高的传动。因此，现代轿车高速发动机大多采用正时带驱动式。

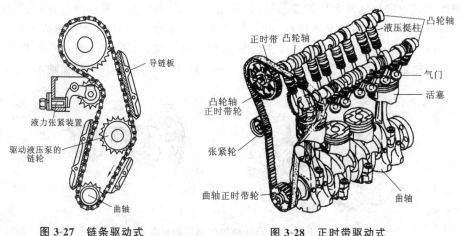

图 3-27　链条驱动式　　　　图 3-28　正时带驱动式

为了确保传动可靠，正时带保持一定的张紧力，为此，在正时带传动机构中也设置张紧器。

（三）凸轮轴的检修

凸轮轴常见的损伤是凸轮轴的弯曲变形、凸轮轮廓的磨损、支承轴颈表面的磨损以及正时齿轮驱动件的耗损等。这些耗损会使气门的最大开度和发动机的充气系数降低，配气相位失准，并改变气门上下运动的速度特性，从而影响发动机的动力性、经济性等。

1. 凸轮表面的检修

现代发动机的配气凸轮均为组合线型，需在专用磨床上用靠模加工，凸轮修磨十分困难。当凸轮表面仅有轻微烧蚀或凹槽时，可用砂条修磨；当凸轮表面磨损严重或最大升程小于规定值时，应予以更换。

2. 凸轮轴弯曲变形的检修

凸轮轴的弯曲变形以凸轮轴中间轴颈对两端轴颈的径向圆跳动误差来衡量，检测方法如图 3-29 所示。将凸轮轴放置在 V 形架上，V 形架和百分表放置在平板上，使百分表测头与凸轮轴中间轴颈垂直接触。转动凸轮轴，百分表表针的摆差即为凸轮轴的弯曲度。

检查完毕后，将检查结果与标准值比较，以确定是修理还是更换。

3. 凸轮轴轴颈的检修

用千分尺检测凸轮轴轴颈的圆度误差和圆柱度误差，如图 3-30 所示。凸轮轴轴颈的圆度误差不得大于 0.015 mm，各轴颈的同轴度误差不得超过 0.05 mm，否则应采用修理尺寸法进行修磨。

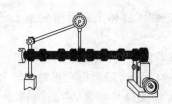　　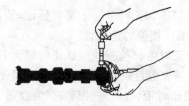

图 3-29　凸轮轴弯曲变形的检测　　图 3-30　凸轮轴轴颈圆度误差和圆柱度误差的检测

4. 凸轮轴轴向间隙的检查与调整

采用止推凸缘进行轴向定位的发动机在检查轴向间隙时,用塞尺插入凸轮轴第一道轴颈前端面与止推凸缘之间或正时齿轮轮毂端面与止推凸缘之间,塞尺的厚度值即为凸轮轴轴向间隙。凸轮轴轴向间隙一般为 0.10 mm,使用极限为 0.25 mm,如间隙不符合要求,可通过增减止推凸缘的厚度来调整。

采用轴承翻边进行轴向定位的发动机(如桑塔纳 2000 型轿车的发动机)的凸轮轴轴向间隙检查,要在不装液压挺柱的情况下进行(可只装第 1、5 道轴承盖),用百分表触头顶在凸轮轴前端,轴向推拉凸轮轴,百分表的摆动量即为凸轮轴的轴向间隙,如图 3-31 所示。桑塔纳 2000 型轿车发动机凸轮轴轴向间隙超出使用极限 0.15 mm 时,应更换凸肩的凸轮轴轴承。

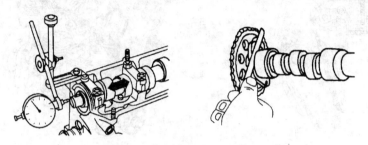

图 3-31 凸轮轴轴向间隙的检查

(四)正时链轮和链条的检查

正时链轮和链条应保持一定的张紧度,链条、链轮磨损后应做以下检修。

(1) 正时链条长度的检查。正时链条长度的检查如图 3-32 所示,对链条施以一定的拉力拉紧后测量其长度,超过允许值时,应予以更换。

(2) 正时链轮最小直径的检查。正时链轮最小直径的检查如图 3-33 所示,将链条分别包住凸轮轴正时链轮和曲轴正时齿轮,用游标卡尺测量其直径,小于允许值时应更换链条和链轮。

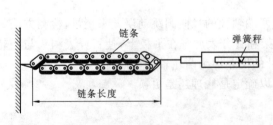

图 3-32 正时链条长度的检查

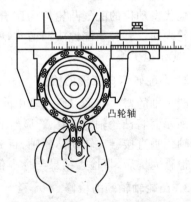

图 3-33 正时链轮最小直径的检查

(五)正时带的检查安装

(1) 曲轴带轮和正时带轮上都有标记,装配时都要将标记和气缸体上正时带轮室上的标记对齐,以保证配气相位的正确性。

(2) 装上正时带。检查并确认正时带无开裂,齿数、齿形不残缺,否则更换正时带。

(3) 正时带张紧度的检查。正时带张紧度的检查如图 3-34 所示,用手指在正时齿轮和中间齿轮之间捏住正时带,以刚好能转 90° 为合适,调整张紧轮固定螺母并拧紧,将曲轴转 2~3 圈后,复查确认。

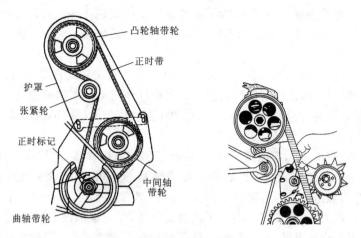

图 3-34 正时带张紧度的检查

二、挺柱

挺柱的作用是将凸轮的推力传给推杆或气门。它安装在气缸体或气缸盖上相应处镗出的导向孔中,常用镍铬合金铸铁或冷激合金铸铁制造。

(一) 挺柱的构造

常用的挺柱有普通挺柱和液压挺柱。

1. 普通挺柱

普通挺柱有两种形式,一种为筒式(可以减轻质量),另一种为滚轮式(可以减轻磨损),如图 3-35 所示。以上两种挺柱的发动机都必须有调整气门间隙的措施。气门间隙解决了材料热膨胀对气门工作的影响,但会在发动机工作时导致配气机构发生撞击而产生噪声。为了解决这一矛盾,有些发动机采用了液压挺柱。

2. 液压挺柱

液压挺柱的外形及结构如图 3-36 所示。它由挺柱体、油缸、柱塞、球形阀和压力弹簧等组成。

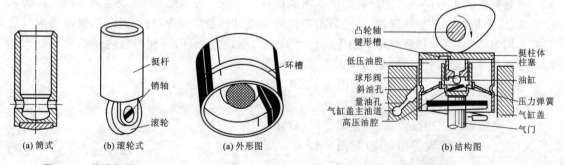

图 3-35 普通挺柱　　图 3-36 液压挺柱的外形及结构

挺柱体外圆柱面上有一环形油槽(环槽),油槽内有一进油孔与低压油腔相通,背面上有一键形槽将低压油腔与柱塞上部相通。油缸外圆与挺柱体内导向孔配合,内孔则与柱塞配合,两者都有相对运动。油缸底部的压力弹簧把球形阀压靠在柱塞底部的阀座上,当球形阀关闭柱塞的中间孔时,可将挺柱分成上部的低压油腔和下部的高压油腔,球形阀开启后,则低压油腔和高压油腔成为一个通腔。

液压挺柱与凸轮的接触面为平面,为了使其在工作中旋转,以减小磨损,液压挺柱中心线与凸轮的对称中心线错位 1.5 mm,同时凸轮在轴向倾斜 0.002~0.02 mm,使挺柱在工作过程中能绕其轴线微微转动。

当凸轮基圆与挺柱接触时,压力弹簧使挺柱顶面和凸轮轮廓线保持紧密接触,油缸下端面与气门杆尾部紧密接触,因此没有气门间隙。而且挺柱体上的环形油槽与气缸盖上的斜油孔对齐,来自气缸盖油道的润滑油经量油孔、斜油孔和环形油槽流入挺柱体内的低压油腔,并经挺柱背面上的键形槽进入柱塞上方的低压油腔。

当凸轮按图 3-36(b)所示方向转过基圆,使凸起部分与挺柱接触时,挺柱和柱塞向下移动,高压油腔中的润滑油被压缩,油压升高,加上压力弹簧的作用,球形阀紧压在柱塞下端的阀座上,这时高压油腔与低压油腔被分隔开。由于液体的不可压缩性,整个挺柱如同一个刚体一样下移而打开气门。此时,环形油槽已离开了进油的位置,停止进油。

当挺柱到达下止点后开始上行时,由于仍受到气门弹簧和凸轮两方面的顶压,高压油腔继续封闭,球形阀也不会打开,液压挺柱仍可认为是一个刚体,直至气门完全关闭。此时凸轮重新转到基圆与挺柱接触位置,气缸盖油道中的压力油又重新进入挺柱的低压油腔。同时,挺柱无凸轮的压力,高压油腔内的压力油和压力弹簧一起推动柱塞上行,高压油腔油压下降。从低压油腔来的压力油推开球形阀进入高压油腔,使两腔连通而充满润滑油。这时挺柱顶面仍和凸轮紧贴,气门间隙得到补偿。

当气门受热膨胀时,柱塞和油缸作轴向相对运动,高压油腔中的油液可经过油缸与柱塞间的缝隙挤入低压油腔,使挺柱自动"缩短",保证气门关闭紧密。当气门冷却收缩时,压力弹簧将液压缸向下推动而使柱塞与挺柱体向上移动,高压油腔内压力下降,球形阀打开,低压油腔油液进入高压油腔,挺柱自动"伸长",保证配气机构无间隙。因此使用液压挺柱时,可以不预留气门间隙,也不需要调整气门间隙。

采用液压挺柱,消除了配气机构中的气门间隙,减小了各零件的冲击载荷和噪声,同时凸轮轮廓可设计得比较陡一些,使气门开启和关闭速度更快,以减小进气、排气阻力,改善发动机的换气特性,提高发动机的性能。

(二)挺柱的检修

1. 普通挺柱的检修

普通挺柱多为由冷激铸铁材料制成的筒式挺柱。其缺点是,底面的冷激层极易产生疲劳磨损。此外,挺柱运动具有特殊性,加之润滑条件较差或其他原因使挺柱运动阻滞,极易造成其底部的不均匀磨损,导致挺柱底部对凸轮的反磨效应加剧,在不长的行驶里程内使凸轮早期磨耗而报废。检修普通挺柱时,如果出现以下情况,应更换挺柱。

(1) 挺柱底部出现环形光环(见图 3-37(a))。
(2) 挺柱底部出现裂纹(见图 3-37(b))。
(3) 挺柱底部出现疲劳剥落(见图 3-37(c))。
(4) 挺柱底部出现擦伤划痕(见图 3-37(d))。

(a) 环形光环　　(b) 裂纹　　(c) 疲劳剥落　　(d) 擦伤划痕

图 3-37　挺柱底部损伤

挺柱的圆柱面部分与导孔的配合间隙一般为 0.03~0.10 mm。超过 0.12 mm 时,应视情况更换挺柱或导孔支架。装有衬套的结构可更换衬套。

2. 液压挺柱的检修

检修液压挺柱时,应注意以下事项。

(1) 液压挺柱与承孔的配合间隙一般为 0.01~0.04 mm,使用极限为 0.10 mm。若超过使用极限,应更换液压挺柱。

(2) 发动机总成修理时,如气门出现开启高度不足情况,一般应更换挺柱。更换挺柱后应检查挺柱与承孔的配合状况,检查的方法是:用食指和拇指捏住挺柱,转动挺柱时应灵活自如无阻滞,摆动挺柱应无旷量。

三、推杆

推杆(见图 3-38)的作用是把挺杆所受的推力传至摇臂。推杆用钢管或钢杆制成,质量轻,刚度大。推杆的一端为球形(或配以下端头),与挺杆凹螺栓碗支承相接触;另一端为凹球碗形(或配以上端头),与摇臂一端的调整螺钉的球形头相接触。采用球状连接的目的是减小侧向力的影响。

推杆弯曲变形时应校直(直线度公差为 0.03 mm/100 mm),上、下端凹、凸球面磨损时,应更换推杆。

四、摇臂和摇臂轴

1. 摇臂和摇臂轴的构造

摇臂和摇臂轴的构造如图 3-39 所示。摇臂起杠杆作用,它改变推杆的作用力方向而将其传给气门杆来推动气门,一般用铸铁或铸钢制成。气门摇臂制成不等长的,靠近气门一边的摇臂比靠近推杆一边的摇臂长 30%~50%,这样可获得较大的气门升程,减小推杆与挺杆的移动量,从而减小它们因往复运动而产生的惯性力。气门摇臂的一端为扁圆的工作面,与气门杆端相接触;另一端为带球头的调整螺钉,与推杆相接触,以调整热间隙;中部为摇臂轴承,装有青铜衬套,与摇臂轴相结合。

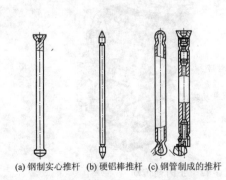

(a) 钢制实心推杆 (b) 硬铝棒推杆 (c) 钢管制成的推杆

图 3-38 推杆

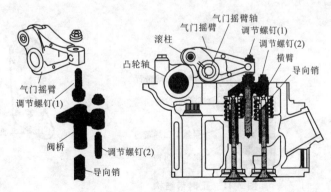

图 3-39 摇臂和摇臂轴的构造

摇臂轴的作用是支承摇臂。它是一根中空的圆轴,用几个支座架安装在气缸盖上。摇臂与支座架之间装有防止轴向移动的弹簧,轴的内孔用油管与主油道相通,以便于供给润滑油。摇臂轴用碳钢制成,为了耐磨,它的工作面一般都经过表面淬火处理。

2. 摇臂和摇臂轴的检修

(1) 摇臂头部应光洁平整,摇臂头部磨损量大于 0.50 mm 时,可用堆焊修磨。

(2) 摇臂衬套与摇臂轴的配合间隙超过规定时应更换衬套。与摇臂轴配铰、恢复配合间隙镶装衬套时,衬套油孔与摇臂油孔对准,如图 3-40 所示。

(3) 气门调节螺钉的螺纹孔损坏时,一般应予以更换。

(4) 摇臂轴弯曲时应校直,校直后其直线度误差应小于 0.03 mm/100 mm。

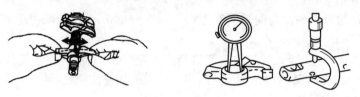

图 3-40 摇臂轴和摇臂的检修

五、正时传动装置

为了实现正确的配气正时,发动机的凸轮轴和曲轴之间需要使用传动部件连接起来。常见的正时传动部件有齿轮、金属链条和橡胶正时带,其中以橡胶正时带传动较为常见。

(一) 正时带传动装置

正时带是由多种材料复合而成的,如图 3-41 所示。正时带的带背和带齿由非常耐用的氯丁基橡胶制成,具有很长的使用寿命。由玻璃纤维制成的帘线以螺旋曲线形状沿整个带宽布置,使正时带具有很高的长度稳定性和抗拉强度。

1. 正时带传动的特点

正时带传动(见图 3-42)的声音比链传动的小。采用正时带传动装置,不必对正时带传动装置进行润滑,因此可以将其布置在发动机机体外。正时带侧面必须有导向装置,如正时带轮侧面的导向板、张紧轮或导向轮,以防止其跑偏。因为正时带以较小的预紧力安装,所以需要一个张紧装置。正时带需要的安装空间小,具有较好的环境适应能力。在很多发动机上,特别是在 V 形发动机上,正时带不只是在凸轮轴和曲轴之间实现正时传动,而且还驱动水泵、发电机、空调压缩机和转向助力泵等部件,因此正时带已经实现了多功能化。

图 3-41 正时带结构

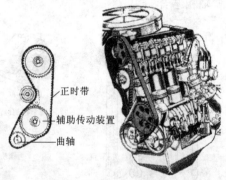

图 3-42 正时带传动

相对于链条传动,正时带能够承受的载荷较小,因此一般只用于轿车发动机。而且由于橡胶材质和受力的原因,长期使用的正时带会被拉长、变形和老化,有时会出现跳齿现象,导致配气正时错误。当正时带跳齿过多、带齿断裂或正时带疲劳断裂时,还可能发生气门与活塞碰撞的事故,从而导致严重的后果。

2. 正时带的检查

因为正时带断裂时会造成严重的后果,所以多数汽车生产厂家都规定了正时带的更换周期,一般为 $6\times10^4\sim8\times10^4$ km。在日常维护中也应该经常对正时带进行检查,一旦发现正时带出现裂纹或其他异常,即使使用时间还没有达到规定的里程也必须更换。与发动机的某些附属装置的驱动带不同,正时带的外部往往安装有塑料或金属防护罩,检查时无法直接看到或触及正时带。但是,大多数正时带的防护罩比较容易拆下,至少防护罩的上半部比较容易拆下,便于检查正时带。

1) 外观检查

(1) 检查正时带的表面是否粘有油污和冷却液。正时带紧贴发动机布置,很多正时带还驱动冷却水泵,因此有时会因为发动机机油渗漏或水泵漏水造成正时带脏污。

正时带脏污后容易出现打滑现象,而且机油和冷却液会腐蚀橡胶,极大地缩短正时带的使用寿命。

(2) 检查正时带表面是否有裂纹或纤维断裂。如果正时带表面出现很多裂纹,或带齿磨损严重,应尽快更换正时带。

2) 正时带松紧度检查

目前大多数轿车发动机都装有具有自动调节功能的正时带张紧器。当齿带长度发生变化时,正时带张紧器会自动进行补偿。虽然是这样,仍然需要从外观检查正时带的松紧度,以免正时带张紧器等部件出现故障造成齿带长度的异常变化。

3) 正时带张紧器检查

据统计,几乎一半的正时带故障是由正时带张紧器造成的,其中正时带张紧器的滚轮轴承卡死、导向轮轴承卡死以及液压张紧器漏油导致的故障比较常见。有故障的正时带张紧器会增大正时带传动的负荷,或使正时带的松紧度不适当,甚至会导致正时带的断裂。

有些正时带张紧器从发动机表面不容易被看到,因此在更换正时带时必须检查正时带张紧器的状况。在日常维护中,可以通过正时带张紧器是否有异响或漏油的痕迹来判断其好坏。

(二) 链条传动装置

链条传动装置适用于曲轴与凸轮之间的距离较大以及同时驱动两个凸轮轴的场合。图3-43所示为正时链传动装置。与传统的正时带传动相比,链条传动可靠、耐久性好,整个系统由齿轮、链条和张紧装置等部件组成,其中张紧装置可自动调节张紧力,使链条张力始终如一,并且终身免维护,这就使其与发动机同寿命,不但使发动机的安全性、可靠性得到了一定提升,还将发动机的使用、维护成本降低了不少,可谓一举两得。但链条传动噪声大、传动阻力大、传动惯性也大,链条不适用于很高的转速,且长时间运行后链条长度会发生变化,这将导致配气相位改变。

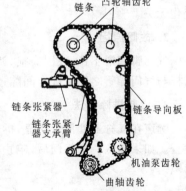

图 3-43 正时链传动装置

(三) 发动机正时标记

发动机正时包括两点。

1. 配气正时

按照发动机工作循环的要求,在规定的时刻开闭进、排气门,使可燃混合气或空气进入气缸,并将燃烧后的废气排出。

2. 点火或喷油正时

按照发动机工作循环的要求,在规定的时刻在燃烧室产生 15 000~20 000 V 的高压火花点燃混合气;对于柴油机,在压缩行程终了时,产生高压喷油压燃空气使发动机正常工作。这个流程是规定好的,所以要有一个正时记号来做标记,方便调整对正。

为保证发动机正时准确,在发动机曲轴和凸轮轴上都有正时标记。某发动机正时标记如图3-44所示。安装正时带或正时链时,必须将标记对准,以确保发动机正常工作。

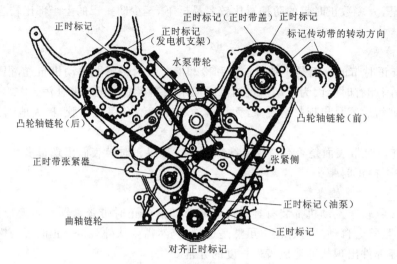

图 3-44 某发动机正时标记

3.2.4 配气机构异响诊断

一、气门脚响

气门脚响是因为气门间隙过大而发出的一种连续且有节奏的金属敲击声。

1. 故障现象

急速时,气门室处发出连续不断的、清脆有节奏的"哒哒"响声,响声随转速而变化,与温度变化无关。

2. 故障原因

气门脚润滑不良,或因磨损、调整不当而造成气门间隙过大;气门间隙处两接触面不平;气门杆与气门导管之间的配合间隙过大;摇臂轴配合松旷。

3. 诊断排除方法

响声在气缸盖处比较明显,拆下气门室盖,发动机怠速运转,用厚薄规依次插入气门间隙处检查。如果插入一个气门后,响声减弱或消失,即为因气门间隙过大而发响,需重新调整气门间隙。

二、气门漏气

气门漏气是指因气门与气门座工作面密封不良,而造成的气体泄漏、气缸压力下降等现象。

1. 故障现象

发动机启动困难、进气管回火、排气管放炮、冒烟、燃油消耗增加以及出现异响等。

2. 故障原因

气门与气门座工作面磨损、烧蚀、有积炭,气门关闭不严而漏气;气门与气门导管间隙过大,气门杆晃动,导致气门关闭不严而漏气;气门杆在气门导管内发涩或卡住,气门不能上下移动;

气门弹簧失去弹性,或弹簧折断。

3. 诊断排除方法

在排除点火系统、燃料供给系统故障原因后,尚不能确定故障时,测量气缸压力或测量进气歧管的真空度,可以比较准确地确定该故障。测量气缸压力时,气门漏气的气缸压力较其他气缸偏低。拆卸气缸盖,对气门组零件进行修理,修磨或更换损坏的气门等零件。

三、液力挺杆响

1. 故障现象

发动机怠速运转时,凸轮轴附近发出类似普通机械气门脚响的声音,中速以上响声减弱或消失。

2. 故障原因

发动机机油油面过高或过低,导致有气泡的机油进到液压挺柱中,形成弹性体;机油压力过低;液压挺柱与导孔的配合面磨损严重或液压挺柱偶件磨损失效;使用质量低劣的机油。

3. 诊断排除方法

改变发动机转速并用听诊器查听响声的变化。怠速时发动机顶部有明显的"嗒嗒"声,中速以上响声减弱或消失,可视为液压挺柱正常。当发动机转速达到 2 000~2 500 r/min 时继续运转 2 min,若液压挺柱仍有响声,应先检查机油压力。若机油压力正常,则为液压挺柱故障。拆下液压挺柱后,用手捏住上下端用力按压,如有弹性,说明液压挺柱失效,应更换。

3.2.5 可变配气相位及其控制技术

对于传统发动机,一般根据发动机的最常用转速来确定最佳配气相位,最佳配气相位经确定则固定不变,气门升程也由凸轮形状决定而固定不变。这样的设计只能满足在某一转速下时,发动机能获得最佳充气并因此输出最大动力。因为不同转速对配气相位的要求不一样,即对进、排气门早开、迟闭角要求不同,这样在其他转速下时,发动机就会充气不足和排气不净,引起动力性、经济性下降,排放变差等问题,为解决这个问题,一些发动机上采用了可变进气系统、可变配气正时等结构。

一、概述

在传统发动机的配气相位中,通过合理设置进、排气门的排气提前角、排气迟闭角和气门叠开角来改善气缸充气情况。图 3-45 所示为固定配气相位的发动机气门开闭规律。如果高转速时通过进气门延迟关闭来改善气缸充气情况并因此提高发动机功率,则在低转速时会因扫气损失较大使发动机功率变小(因为活塞将部分充气排出气缸),同时还导致有害物质排放量增加。

可变配气相位能在一定范围内调整凸轮轴的转角和升程,优化控制配气正时,提高发动机的动力性和经济性;改善发动机高速和低速时的性能;降低发动机的排放。

通过调节凸轮轴可以使气门重叠适应不同转速,并在整个转速范围内改善气缸充气情况。图 3-46 所示为装有进气凸轮轴调节装置的发动机的气门开闭规律。凸轮轴调节装置根据转速改变气门开启和关闭时间。

(1) 低转速(<2 000 r/min)时,进气凸轮轴调节装置将进气凸轮轴向"延迟"方向调节。延迟调节使进气门延迟开启,气门叠开角变小或接近零,进入进气管的燃烧废气回流量下降,进气混合气中剩余气体含量变小,因此有助于改善燃烧过程并使怠速转速更平稳,改善了怠速转矩。

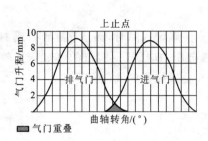
图 3-45 固定配气相位的发动机气门开闭规律

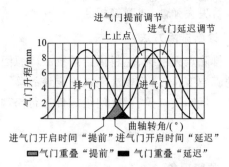
图 3-46 装有进气凸轮轴调节装置的发动机的气门开闭规律

(2) 高转速(>5 000 r/min)时,进气凸轮轴调节装置将进气凸轮轴向"延迟"方向调节。进气门延迟到下止点后很远之处才关闭。由于新鲜气体流速很高,能进行后续充气,并借此改善气缸充气情况和提高转矩。

(3) 中等转速时,由于新鲜气体流速较低,不存在后续充气效应。凸轮轴调节装置向"提前"方向调节进气凸轮轴。提前调节使气门叠开角变大,进气门在下止点后很快关闭,活塞无法将新鲜气体推入进气管中,未排出的废气通过进气门进入进气管内。此后这些废气又被吸入并提高气缸充气中的剩余气体含量,发动机转矩得到改善。内部废气再循环可降低燃烧时的温度,并减小废气中氮氧化物的含量。

(4) 如果使用排气凸轮轴调节装置,则可以进一步改善换气过程,如图 3-47 所示。

改变配气相位,可以通过改变凸轮线形来实现,也可以通过使凸轮轴相对于曲轴发生转动来实现,由此出现了多种凸轮轴调节系统,各家汽车公司也推出了多种可变配气相位机构方案,目前实际应用的有本田的可变气门控制机构(VTEC),丰田智能可变气门正时控制系统(VVT-i),以及奥迪、保时捷和宝马的可变气门正时系统等。

二、本田可变气门控制机构

"VTEC"为英文"variable valve timing and lift electronic control system"的缩写,中文意思为"可变气门正时及升程电子控制系统"。它是同时控制气门开闭时间及升程等两种不同情况的气门控制系统。与普通发动机相比,VTEC 发动机同样有 4 气门(2 进 2 排)、凸轮轴和摇臂等,二者不同之处在于凸轮与摇臂的数目及控制方法。

(一) VTEC 的构造

本田雅阁的发动机装有 VTEC,其结构如图 3-48 所示。

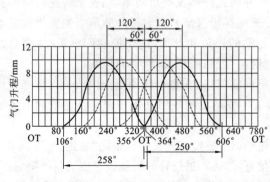
图 3-47 进气和排气凸轮轴调节

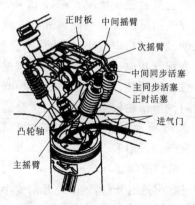
图 3-48 本田雅阁 VETC 的结构

VTEC主要由气门(每缸2进2排)、凸轮、摇臂、同步活塞和正时活塞等组成。

VTEC中有3个凸轮,它们的线形不同。高速凸轮位于中央,叫作中间主凸轮,它的升程最大;另2个为低速凸轮,其中速度较高的一个叫作主凸轮,较低的一个叫作次凸轮。与这3个凸轮相对应的摇臂分别为中间摇臂、主摇臂和次摇臂。在3个摇臂内有一孔道,内装有正时活塞、主同步活塞、中间同步活塞和次同步活塞。

(二) VTEC的工作原理

VTEC是采用在一根凸轮轴上设计2种(高速型和低速型)不同配气定时和气门升程的凸轮,利用液压进行切换的装置。切换原理是,根据传感器提供的发动机转速信号、发动机负荷信号、冷却液温度信号和车速信号,经ECU分析计算处理,向VTEC电磁阀输出信号,进而控制油路开闭进行切换。VTEC控制原理图如图3-49所示。

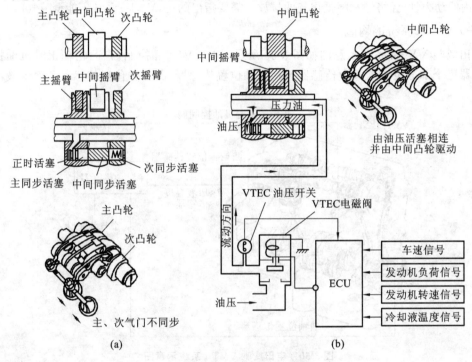

图3-49 VTEC控制原理图

VTEC不工作时,正时活塞和主同步活塞位于主摇臂工作缸内,与中间摇臂等宽的中间同步活塞位于中间摇臂工作缸内,次同步活塞和弹簧则位于次摇臂工作缸内。正时活塞的一端和液压油道相通,油道的开闭由ECU通过VTEC电磁阀来控制。

1. 低速状态

发动机处于低速工况时(见图3-49(a)),ECU无指令,油道内无油压,活塞位于各自的油缸内,各个摇臂均独自作上下运动。主摇臂紧随主凸轮开闭主进气门,供给发动机在低速工况时所需的混合气;次凸轮迫使次摇臂微微起伏,次进气门微微开闭;虽然中间摇臂随着中间凸轮大幅度运动,但它对任何气门均不起作用。此时发动机处于单进、双排气门工作状态,吸入的混合气不到高速时的一半,因所有气缸参与工作,发动机的运转十分平顺均衡。

2. 高速状态

当发动机高速运行时(见图3-49(b)),即发动机转速为2 300~3 200 r/min、车速大于10 km/h、冷却液温度高于10 ℃、发动机负荷到达一定程度时,ECU向VTEC电磁阀供电以升启工作油道,压力油由工作油道进入工作缸,推动活塞,压缩弹簧;主摇臂、中间摇臂和次摇臂被主同步活塞、中间同步活塞和次同步活塞串联为一体,成为1个同步活动的组合摇臂;因中间凸轮的升程大于另2个凸轮的升程,配气定时提前,故组合摇臂随中间摇臂一起受中间凸轮驱动,主、次气门都大幅度地同步开闭,配气相位处于最佳状态,吸入的混合气量增多,满足发动机高速、大负荷的进气要求。

三、丰田智能可变气门正时系统

VVT是"variable valve timing"(可变气门正时)的英文缩写,是丰田公司的可变气门正时技术。丰田的VVT-i(智能可变气门正时)系统可连续调节气门正时,控制进气凸轮轴在50°范围内调整凸轮轴转角,使配气正时满足有优化控制发动机工作状态的要求,从而提高发动机在所有转速范围内的动力性、经济性和降低尾气的排放。需要指出的是,VVT-i系统不能调节气门升程。

(一) VVT-i系统的构造

丰田威驰VVT-i系统示意图如图3-50所示,它由VVT-i控制器、凸轮轴正时机油控制阀和传感器三个部分组成。其中传感器包括曲轴位置传感器、凸轮轴位置传感器和冷却液温度传感器等。

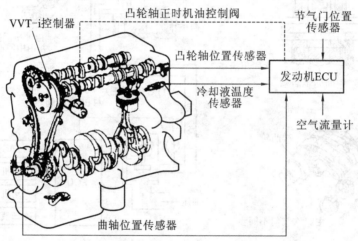

图3-50 丰田威驰VVT-i系统示意图

1. 凸轮轴正时机油控制阀

凸轮轴正时机油控制阀是用来转换机油通道的滑阀,由用来移动滑阀的线圈、柱塞和回位弹簧组成,其结构如图3-51所示。工作时,发动机ECU接收各传感器传来的信号,经分析、计算发出控制指令给凸轮轴正时机油控制阀,凸轮轴正时机油控制阀以此控制滑阀的位置,从而控制机油油压,使VVT-i控制器处于提前、延迟或保持位置。

2. VVT-i控制器

VVT-i控制器结构如图3-52所示。它由固定在进气凸轮上的叶片、与从动正时链轮一体的壳体和锁销组成。VVT-i控制器有气门正时提前室和气门正时延迟室这两个液压室,通过凸轮轴正时机油控制阀的控制,可在进气凸轮轴上的提前和延迟油路中传送机油压力,使控制器叶片沿圆周方向旋转,以持续改变气门正时,并获得最佳配气相位。

当发动机停机时,进气凸轮轴将处于最大延迟状态,以确保启动性能。当发动机启动后,液压未立即施加到VVT-i控制器上时,锁销会将VVT-i控制器锁止,以防止产生撞击噪声。

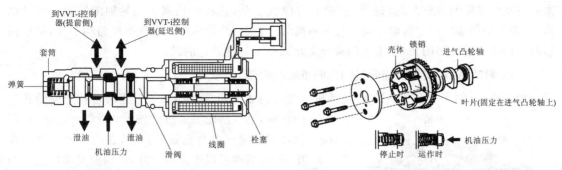

图 3-51 凸轮轴正时机油控制阀的结构

图 3-52 VVT-i 控制器结构

（二）VVT-i 系统的工作原理

发动机 ECU 根据发动机转速、进气量、节气门位置和冷却液温度等计算出一个最佳气门正时，向凸轮轴正时机油控制阀发出控制指令。凸轮轴正时机油控制阀根据发动机 ECU 的控制指令选择至 VVT-i 控制器的不同油路，使之处于提前、延迟或保持状态。此外，发动机 ECU 根据来自凸轮轴位置传感器和曲轴位置传感器的信号检测实际的气门正时，从而尽可能地进行反馈控制，以获得预定的气门正时。VVT-i 系统控制原理框图如图 3-53 所示，工作情况如图 3-54 所示。

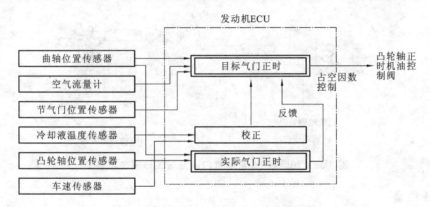

图 3-53 VVT-i 系统控制原理框图

1. 提前

凸轮轴正时机油控制阀根据来自发动机 ECU 的提前信号工作，产生的机油压力施加到正时提前侧叶片室，使凸轮轴沿正时提前方向旋转。

2. 延迟

凸轮轴正时机油控制阀根据来自发动机 ECU 的延迟信号工作，产生的机油压力施加到正时延迟侧叶片室，使凸轮轴沿正时延迟方向旋转。

3. 保持

达到目标正时后，VVT-i 系统通过使凸轮轴正时机油控制阀保持在中间位置以保持气门正时，直至发动机工作状态改变。

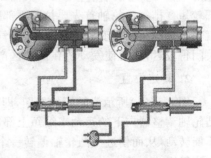

图 3-54 VVT-i 系统工作情况

四、帕萨特 B5 发动机可变气门正时系统

帕萨特 B5 发动机所应用的可变气门正时系统，通过微机控制可变气门调节器上升和下降

来获得正时带轮与进气凸轮(进气门)的相对位置变化,这种结构属于凸轮轴配气相位可变结构,一般可调整20°~30°曲轴转角。这种机构的凸轮轴、凸轮线形及进气持续角均不变,虽然高速时可以加大进气迟闭角,但是气门叠开角却减小了。这是它的缺点。

(一) 帕萨特 B5 发动机可变气门正时系统的构造

帕萨特 B5 轿车装备了 ANQ5 发动机可变气门正时机构。曲轴通过正时带首先驱动排气凸轮轴,排气凸轮轴通过链条驱动进气凸轮轴,在两轴之间设置一个凸轮轴调整器,在内部液压缸的作用下,调整器可以上升或下降,以调整发动机进气凸轮轴的位置。液压缸的油路与气缸盖上的油路连通,工作压力由凸轮轴调整阀控制,而凸轮轴调整阀由发动机 ECU 控制。

排气凸轮轴位置是不可调的。可变气门调整器的结构如图 3-55 所示。

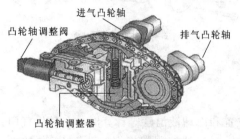

图 3-55 可变气门调整器的结构

(二) 帕萨特 B5 发动机可变气门正时系统的工作原理

图 3-56 所示为帕萨特 B5 发动机可变气门调整器工作原理示意图。

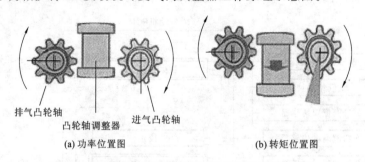

图 3-56 帕萨特 B5 可变气门调整器工作原理示意图

1. 功率位置

图 3-56(a)所示为功率位置(不进行调整时的位置)图,即高速状态图。为了充分利用进气流的惯性,进气迟闭角应增大。机油压力将凸轮轴调整器压到基本位置,链条的上部较长,而下部较短。排气凸轮轴首先要拉紧下部链条使其成为紧边,进气凸轮轴才能被排气凸轮轴带动。就在下部链条由松变紧的过程中,排气凸轮轴转过一个角度后,进气凸轮轴才开始动作,进气门关闭得较迟,从而使发动机在高速区产生高功率。

2. 转矩位置

图 3-56(b)所示为转矩位置图,即中、低速状态图。机油压力将凸轮轴调整器向下压,通过凸轮轴调整器向下的运动来缩短上部链条而加长下部链条。由于排气凸轮轴受到正时带制约不能转动,从而使进气凸轮轴偏转一个角度,较早关闭进气门,使发动机在中、低速范围内能产生高转矩。

五、保时捷可变气门正时系统

Variocam 是保时捷 911 跑车发动机采用的可变气门正时技术。Variocam 系统组成如图 3-57 所示。

(一) Variocam 系统的结构

Variocam 系统由 1 个利用机油压力工作的凸轮轴叶片调节器和可切换气门挺杆等组成。

其中心部件是可切换桶状气门挺杆,内、外挺杆由锁销联锁。每1个气门都在凸轮轴上有1组驱动气门开启的凸轮组合,该凸轮组合由有1个3 mm气门升程的内侧小凸轮和2个10 mm气门升程的外侧大凸轮组合而成。小凸轮作用在内挺杆上。这样,每个进气门分别有2种最大行程,绿色位置显然是高速时气门能够达到的最大行程。控制气门行程变化的,由2组凸轮控制:1组是高速凸轮,即红色部分的大凸轮;另1组是低速凸轮,即高速凸轮之间的小凸轮。

(二) Variocam 系统的工作原理

Variocam系统工作原理如图3-58所示。

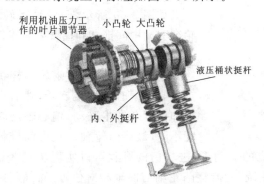

图3-57 Variocam系统组成　　　图3-58 Variocam系统工作原理

1. 高速工况

发动机处于高速工况下时,外挺杆通过一个承受弹簧负载的锁销在液压的驱动下与内挺杆联锁在一起,整个挺杆在大凸轮的驱动下向下打开气门,获得较大的气门升程。

2. 低速工况

发动机处于低速工况下时,内、外挺杆解除联锁,内侧小凸轮作用在内挺杆上,向下驱动气门打开较小的开度;外侧大凸轮只能驱动外挺杆向下运动而不能带动气门动作;气门由小凸轮驱动向下打开,这样可获得较小的气门升程。

保时捷911 Turbo有四个切换位置:进气门升程3 mm,凸轮轴延迟调节;进气门升程3 mm,凸轮轴提前调节;进气门升程10 mm,凸轮轴延迟调节;进气门升程10 mm,凸轮轴提前调节。

六、宝马可变气门正时系统

保时捷Variocam、本田VTEC等技术能够改变气门升程,但是只能实现"两段式"可调,在气门行程进行变化的一刻会使人感觉到顿挫感。由此,宝马对气门行程的调节煞费苦心,开发了一套可以连续可变的气门正时技术。

1. Valvetronic 系统的结构

宝马的Valvetronic系统在传统的配气相位机构上增加了一根偏心轴、一个步进电动机和中间推杆等部件。该系统借由步进电动机的旋转,再在一系列机械传动后很巧妙地改变进气门升程的大小。

Valvetronic系统结构如图3-59所示。与众不同的是,宝马采用的是电动机驱动的方式,电动机的旋转运动通过蜗杆蜗轮传动,转变为摇臂的控制角度变化,然后在凸轮轴的驱动下由摇臂带动气门运动。通过改变摇臂的角度即可改变气门的行程。

伺服电动机布置在凸轮轴上方,用于调节偏心轴。偏心轴扭转可以使固定架上的中间推杆朝进气凸轮轴方向移动。但由于中间推杆也靠在进气凸轮轴上,因此滚子式气门摇臂相对中间

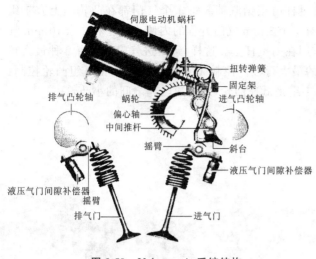

推杆的位置会发生变化。中间推杆的斜台朝排气凸轮轴方向移动。凸轮轴旋转和凸轮向中间推杆移动使中间推杆上的斜台发挥作用。斜台推动滚子式气门摇臂，从而使进气门继续向下移动，进气门因此继续开启。

2. Valvetronic 系统的工作原理

如图 3-60 所示，凸轮轴运转时，凸轮会驱动中间推杆和摇臂来完成气门的开启和关闭。

当电动机工作时，蜗轮蜗杆机构会首先驱动偏心轴发生旋转，然后中间推杆和摇臂会产生联动，偏心轴旋转的角度不同，最终凸轮轴通过中间推杆和摇

图 3-59 Valvetronic 系统结构

臂顶动气门产生的升程也会不同。在电动机的驱动下，进气门的升程可以实现从 0.3 mm 到 9.7 mm 的无级变化。此外，还通过 Vanos 系统（能调整凸轮轴与曲轴相对位置）对气门配气相位进行调节，使进气和排气凸轮相对凸轮轴位置的转动角度分别达到 60°。

七、奥迪可变气门升程系统

AVS 是 Audi valve lift system 的英文缩写，即奥迪可变气门升程系统。该系统对汽油发动机进气门正时和升程加以控制，在设计理念上与本田的 i-VTEC 有着异曲同工之妙，二者只是在实施手段上略有不同。这套系统为每个进气门设计了两组不同角度的凸轮，同时在凸轮轴上安装有螺旋沟槽套筒。螺旋沟槽套筒由电磁驱动器加以控制，用以切换两组不同的凸轮，从而改变进气门的升程。

1. AVS 的结构

AVS 的结构如图 3-61 所示。在负责控制进气门的凸轮轴上具备两组不同角度的凸轮和负责改变升程的螺旋沟槽套筒。螺旋沟槽套筒由电磁驱动器加以控制，以切换使用两组不同角度的凸轮，改变进气门的开启升程。

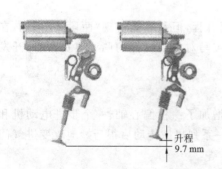

图 3-60 Valvetronic 系统工作原理

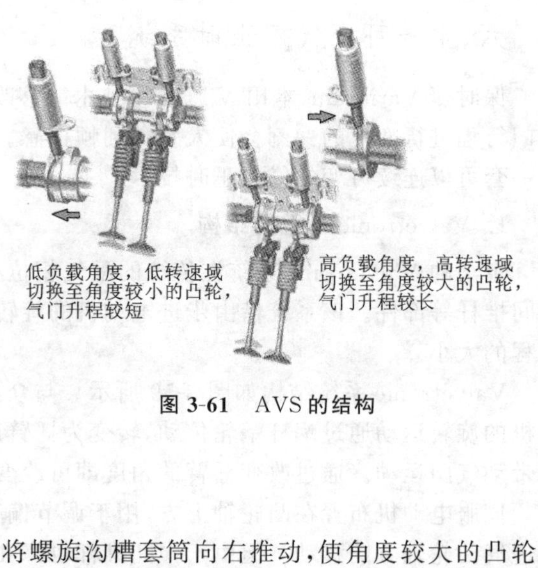

图 3-61 AVS 的结构

2. AVS 的工作原理

（1）高负载工作。

当发动机在高负载的情况下工作时，AVS 将螺旋沟槽套筒向右推动，使角度较大的凸轮得

以推动气门。在此情况下,气门升程可达到 11 mm,以提供燃烧室最佳的进气流量和进气流速,实现更加强劲的动力输出。

(2) 低负载工作。

当发动机在低负载的情况下工作时,为了追求发动机的节油性能,此时 AVS 将凸轮推向左侧,以角度较小的凸轮推动气门顶杆,此时气门升程可在 2 mm 至 5.7 mm 范围内进行调整。由于采用不对称的进气升程设计,因此空气以螺旋方式进入燃烧室,再搭配特殊形状的燃烧室和活塞顶设计,可让气缸内的油气混合状态进一步优化。

◀ 3.3 项目实施 ▶

一、配气机构的拆装

1. 实训目标

能合理使用工具,对发动机配气机构进行正确拆装。

2. 实训设备

实训用 1ZR 发动机台架 4 台、维修手册 4 本、常用和专用工具 4 套。

3. 实训步骤

在项目二中"发动机的拆装"实训中,已包含了配气机构的气门传动组拆装,故这里主要讲述气门组拆装,对气门传动组拆装不再赘述。

1) 气门组的拆装

(1) 拆卸气门杆盖。

如图 3-62 所示,从气缸盖上拆下 16 个气门杆盖。

(2) 拆卸进气门。

用 SST 和木块压缩并拆下 2 个气门座圈锁止件,如图 3-63 所示,然后拆下气门座圈、气门弹簧和气门。

按正确的顺序安放拆下的零件。

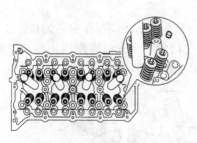

图 3-62 拆卸气门杆盖

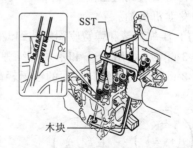

图 3-63 拆卸进气门的气门座圈锁止件

(3) 拆卸排气门。

用 SST 和木块压缩并拆下排气门的 2 个气门座圈锁止件,如图 3-64 所示,然后拆下气门座圈、气门弹簧和气门。

按正确的顺序安放拆下的零件。

(4) 拆卸气门杆油封。

如图 3-65 所示,用尖嘴钳拆下气门杆油封。

(5) 拆卸气门弹簧座。

如图 3-66 所示,用压缩空气和磁棒,将空气吹到气门弹簧座上,拆下气门弹簧座。

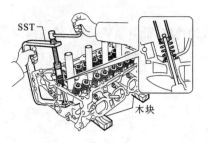 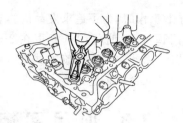 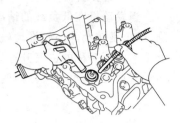

图 3-64　拆卸排气门的 2 个气门座圈锁止件　　图 3-65　拆卸气门杆油封　　图 3-66　拆卸气门弹簧座

2) 气门组的装配

(1) 将气门弹簧座安装到气缸盖上,如图 3-66 所示。

(2) 安装气门杆油封。

在新油封上涂抹一薄层发动机机油(见图 3-67(a)),用 SST 压入油封(见图 3-67(b))。

在安装进气和排气油封时要格外小心。进气气门油封为灰色,排气气门油封为黑色。

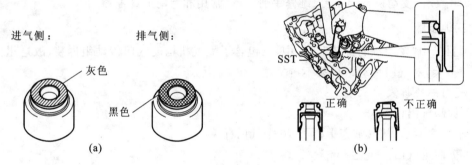

图 3-67　安装气门杆油封

(3) 安装进气门。

将进气门安装到气缸盖上时,检查气门头部的标记,如图 3-68 所示,在进气门顶部区域涂抹足量的发动机机油。

将气门、压缩弹簧和弹簧座圈安装到气缸盖上(将同一组合内的相同部件安装到初始位置)。

如图 3-63 所示,用 SST 和木块压缩弹簧,并安装进气门的 2 个气门座圈锁止件。

如图 3-69 所示,用塑料贴面的锤子轻敲气门杆头,以确保装配合适。

 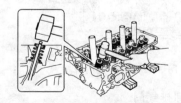

图 3-68　检查气门头部的标记　　图 3-69　用塑料贴面的锤子轻敲气门杆头

(4) 安装排气门。

排气门安装步骤和方法同上述进气门安装。

(5) 安装气门杆盖。

在气门杆盖上涂抹一薄层发动机机油,将 16 个气门杆盖安装到气缸盖上,如图 3-62 所示。

二、气门组的检修

1. 实训目标

能合理使用工具,对发动机气门组进行正确拆装。

2. 实训设备

解体后的 1ZR 发动机台架 4 台、维修手册 4 本、常用和专用工具 4 套。

3. 实训步骤

1) 检查气门座

(1) 在气门面上涂抹一薄层普鲁士蓝。

(2) 将气门面轻轻压向气门座。

(3) 按照如下步骤检查气门面和气门座。

① 如果普鲁士蓝出现在整个气门面的周围,则气门是同心的。如果不是,则更换气门。

② 如果普鲁士蓝出现在整个气门座周围,则导管衬套和气门面是同心的。如果不是,则研磨气门座。

③ 如图 3-70 所示,检查并确认气门座以 1.0~1.4 mm 的气门座宽度与气门面中心接触。

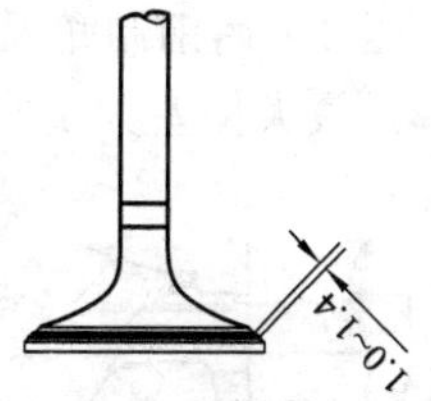

图 3-70 检查气门座

2) 修理气门座

在检查气门座位置的同时,修理气门座,保证油封唇部没有异物。

(1) 如图 3-71(a)所示,用 45°切刀重新研磨气门座表面,使气门座宽度大于规定值。

(2) 如图 3-71(b)所示,用 30°和 75°切刀校正气门座,使气门接触到气门座的整周。触点应在气门座的中心,并且整周气门座的宽度都应保持在规定范围内。

3) 检查进气气门

(1) 用垫片刮板刮掉气门顶的积炭,如图 3-72 所示。

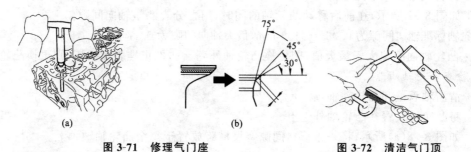

图 3-71 修理气门座   图 3-72 清洁气门顶

(2) 用游标卡尺测量气门的全长(见图 3-73)。

进气门标准全长为 109.34 mm,最小全长为 108.84 mm;排气门标准全长为 108.25 mm,最小全长为 107.75 mm。

如果全长小于最小值,则更换气门。

(3) 用测微计测量气门杆直径(见图 3-74)。

进气门杆直径为 5.470~5.485 mm,排气门杆直径为 5.465~5.480 mm。

如果气门杆直径不符合规定,则检查油隙。

(4) 用游标卡尺测量气门边缘厚度(见图 3-75)。

进气门标准边缘厚度为 1.0 mm,最小边缘厚度为 0.5 mm;排气门标准边缘厚度为

1.01 mm,最小边缘厚度为 0.5 mm。

如果边缘厚度小于最小值,则更换气门。

 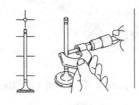 

图 3-73　检测气门全长　　　图 3-74　检测气门杆直径　　　图 3-75　检测气门边缘厚度

4) 检查气门弹簧

(1) 用游标卡尺测量气门弹簧的自由长度(见图 3-76(a))。

测得自由长度为 53.36 mm。如果自由长度不符合规定,则更换气门弹簧。

(2) 用钢制角尺测量气门弹簧的偏差(见图 3-76(b))。

最大偏差为 1.0 mm。如果偏差大于最大值,则更换气门弹簧。

 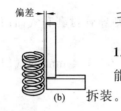

三、气门传动组的检修

1. 实训目标

能合理使用工具,对发动机气门传动组进行正确拆装。

图 3-76　检查气门弹簧

2. 实训设备

解体后的 1ZR 发动机台架 4 台、维修手册 4 本、常用和专用工具 4 套。

3. 实训步骤

1) 检查凸轮轴轴向间隙

(1) 安装凸轮轴。参见项目二中"发动机的拆装"。

(2) 如图 3-77 所示,在前后移动凸轮轴的同时,用百分表测量轴向间隙。

凸轮轴标准轴向间隙为 0.06~0.155 mm,最大轴向间隙为 0.17 mm。

如果凸轮轴向间隙大于最大值,则更换凸轮轴外壳。如果止推表面损坏,则更换凸轮轴。

2) 检查凸轮轴油隙

(1) 清洁轴承盖和凸轮轴轴颈。

(2) 将凸轮轴放置在凸轮轴外壳上。

(3) 如图 3-78(a)所示,将一条塑料间隙塞尺横跨放置于每个凸轮轴轴颈上。

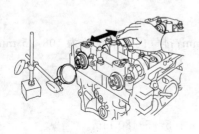 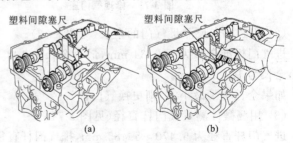

图 3-77　检查凸轮轴轴向间隙　　　　　　图 3-78　检查凸轮轴油隙

(4) 安装轴承盖。参见项目二中"发动机的拆装",但不要转动凸轮轴。

(5) 拆下轴承盖。

(6) 如图 3-76(b) 所示，用塑料间隙塞尺测量油隙的最大宽点。凸轮轴标准油隙和最大油隙如表 3-1 所示。

表 3-1 凸轮轴标准油隙和最大油隙

轴 颈 名 称	标 准 油 隙	最 大 油 隙
凸轮轴 1 号轴颈	0.030～0.063 mm	0.085 mm
凸轮轴其他轴颈	0.035～0.072 mm	0.09 mm

检查完毕后，完全拆下塑料间隙塞尺。

如果油隙大于最大值，则更换凸轮轴。必要时，更换气缸盖。

3) 检查链条分总成

(1) 用 147 N 的力拉链条。

(2) 如图 3-79 所示，用游标卡尺测量 15 个链节的长度。

随机选择 3 个位置进行测量。以测得的平均值作为链节的长度值。如果平均值大于最大值，则更换链条。

链条最大长度为 115.2 mm。

4) 检查凸轮轴正时链轮总成

(1) 将链条绕在链轮上。

(2) 如图 3-80 所示，用游标卡尺测量链轮（带链条）的直径。测量时，游标卡尺必须接触到链条。如果直径小于最小值，则更换链条和链轮。

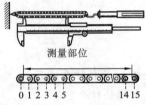

图 3-79 用游标卡尺测量 15 个链节的长度

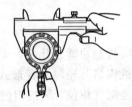

图 3-80 用游标卡尺测量链轮（带链条）的直径

链轮（带链条）最小直径为 96.8 mm。

5) 检查凸轮轴

图 3-81 所示为凸轮轴检查示意图。

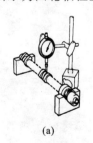 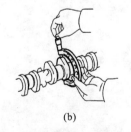 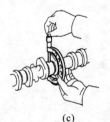

(a)　　　　　　　　(b)　　　　　　　　(c)

图 3-81 凸轮轴检查示意图

(1) 检查凸轮轴的跳动。

① 将凸轮轴放在 V 形块上。

② 如图 3-81(a) 所示，用百分表测量中间轴颈处的圆跳动。

中间轴颈处的最大圆跳动为 0.04 mm。如果圆跳动大于最大值，则更换凸轮轴。

(2) 检查凸轮顶部。

如图 3-81(b)所示,用测微计测量凸轮顶部高度。进、排气凸轮轴标准凸轮顶部高度和最小凸轮顶部高度如表 3-2 所示。

表 3-2 进、排气凸轮轴标准凸轮顶部高度和最小凸轮顶部高度

凸轮轴名称	标准凸轮顶部高度	最小凸轮顶部高度
1号(进气)凸轮轴	42.816～42.916 mm	42.666 mm
2号(排气)凸轮轴	44.336～44.436 mm	44.186 mm

如果凸轮顶部高度小于最小值,则更换凸轮轴。

(3) 检查凸轮轴轴颈。

如图 3-81(c)所示,用测微计测量轴颈直径。

凸轮轴轴颈标准直径如表 3-3 所示。

表 3-3 凸轮轴轴颈标准直径

轴 颈 名 称	标准轴颈直径
第一道轴颈	34.449～34.465 mm
其他轴颈	22.949～22.965 mm

如果凸轮轴轴颈直径不符合规定,则检查油隙。

课 后 自 测

1. 配气机构的功能是什么？它由什么组成？
2. 配气机构按凸轮轴布置形式和驱动方式可分为哪几种？各有什么特点？
3. 什么是配气相位？配气相位中对发动机性能影响最大的是什么？
4. 气门间隙有何作用？
5. 可变配气相位系统有哪些类型？各有哪些特点？

项目 4　润滑系统的认识与检修

◀ 4.1　项目描述 ▶

通过本项目的学习,拆装和检测发动机润滑系统,达到以下要求。

1. 知识要求

(1) 掌握发动机润滑系统的作用和组成。
(2) 掌握机油泵、润滑油道的构造和连接关系。
(3) 熟悉机油泵等主要部件的检测和维修方法。

2. 技能要求

(1) 能合理使用工具,正确地对发动机润滑系统进行拆装。
(2) 能识别发动机润滑系统的主要部件。
(3) 能使用量具,对发动机润滑系统主要部件的变形、磨损进行检测。

3. 素质要求

(1) 保持实训场地清洁,及时清扫垃圾,树立团队意识,培养协作精神。
(2) 安全文明生产,保证设备和自身安全。

◀ 4.2　知识学习 ▶

4.2.1　润滑系统概述

发动机工作时,传力零件的相对运动表面(如曲轴与主轴承、活塞与气缸壁、正时齿轮副等)之间必然产生摩擦。金属表面之间的摩擦不仅会增大发动机内部的功率消耗,使零件工作表面迅速磨损,而且由于摩擦而产生的大量热可能导致零件工作表面烧损,致使发动机无法运转。因此,为保证发动机正常工作,必须对相对运动表面加以润滑,也就是在摩擦表面上覆盖一层润滑油(发动机机油)使摩擦表面间形成一层薄的油膜,以减小摩擦阻力,降低功率损耗,减轻机件磨损,延长发动机的使用寿命。

润滑系统的主要作用如下。

(1) 润滑作用:润滑运动零件表面,减小摩擦阻力,减少磨损,降低发动机的功率消耗。
(2) 清洗作用:机油(润滑油)在润滑系统内不断循环,清洗摩擦表面,带走磨屑和其他异物。
(3) 冷却作用:机油在润滑系统内循环还可带走摩擦产生的热量,起冷却作用。
(4) 密封作用:机油在运动零件之间形成油膜,提高它们的密封性,有利于防止漏气和漏油。

(5) 防锈蚀作用:机油在零件表面形成油膜,对零件表面起保护作用,防止腐蚀生锈。

(6) 液压作用:机油还可用作液压油,起液压作用。

(7) 减振缓冲作用:机油在运动零件表面形成油膜,吸收冲击并减小振动,起减振缓冲作用。

一、润滑系统的润滑方式和滤清方式

1. 润滑方式

发动机常见的润滑方式如下。

(1) 压力润滑:利用机油泵,将具有一定压力的润滑油源源不断地送往摩擦表面;适用于工作载荷大、相对速度高的运动表面,如曲轴主轴承、连杆轴承和凸轮轴轴承等。

(2) 飞溅润滑:利用发动机工作时运动零件飞溅起来的油滴或油雾来润滑摩擦表面;适用于载荷较轻、相对速度较低的运动件表面,如活塞、气缸壁、凸轮、正时齿轮、摇臂和气门等。

(3) 润滑脂润滑:发动机辅助系统中有些零件只需定期加注润滑脂进行润滑,如水泵和发电机轴承等。近年来,有采用含有耐磨润滑材料(如尼龙、二硫化钼等)的轴承来代替加注润滑脂的轴承的趋势。

桑塔纳轿车无论采用何种型号的发动机,其润滑系统都是压力润滑与飞溅润滑相结合的复合润滑系统。

2. 滤清方式

发动机润滑系统中,有两种机油过滤方式,即全流式和分流式,如图 4-1 所示。

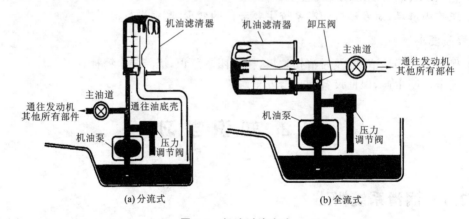

图 4-1 机油过滤方式

在分流式机油过滤方式中,机油滤清器与主油道并联,只有一部分机油通过机油滤清器被滤清,大部分机油被直接泵入发动机主油道。这种方式在多年以前的发动机上采用。

在全流式机油过滤方式中,机油滤清器与主油道串联,所有机油在进入发动机主油道前都必须通过机油滤清器。如果机油滤清器堵塞,则机油顶开机油滤清器上的旁通阀,直接进入主油道。目前发动机一般都采用过滤效率高的全流式机油过滤方式。

二、润滑系统的组成

不同发动机的润滑系统组成大体相同。发动机润滑系统一般由以下几个部分组成。

(1) 油底壳、机油泵、油管、油道和限压阀等:用于储存机油,建立足够的油压,使机油在发动机内循环流动,并限制油路中的最高压力。

(2) 滤清装置:如集滤器、机油滤清器等,用来清除机油中的杂质,保证机油清洁和润滑可靠。

(3) 散热装置:如机油散热器、机油冷却器等,用来冷却机油,保持油温正常,保证润滑可靠。有些发动机没有专门的机油散热装置,靠空气流过油底壳冷却机油。

（4）仪表装置：如机油温度表、机油压力表等,用来检测润滑系统的工作情况。

三、润滑系统的油路

现代汽车发动机润滑油路的布置方案大致相同,只是由于润滑系统的工作条件和具体结构不同而稍有差别。

1. 桑塔纳轿车 AFE 型发动机润滑系统的结构与油路

桑塔纳轿车 AFE 型发动机润滑系统的结构与油路如图 4-2 所示。

油底壳内的机油经集滤器过滤掉大的机械杂质后,被机油泵压入机油滤清器后分三路送出。第一路经主油道后分为两支:一支送入曲轴主轴承分油道,润滑主轴承,经曲轴内油道润滑连杆大端轴承,再经连杆内油道润滑连杆小端轴承后回到油底壳;另一支则进入中间轴的轴承后流回油底壳。第二路从主油道进入凸轮轴的轴承后再润滑气门机构,然后流回油底壳。第三路,在主油道油压太高或流量太大的情况下,机油冲开安全阀,分流回油底壳。

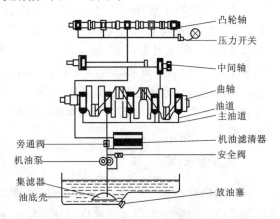

图 4-2 桑塔纳轿车 AFE 型发动机润滑系统的结构和油路

桑塔纳轿车发动机润滑系统有两个油压开关。一是在滤清器盖上设有一个油压开关,是高压不足报警开关。机油滤清器上设有旁通阀,启动压力为 0.18 MPa。当机油滤清器堵塞时,压力开关短路,机油通过旁通阀直接进入主油道,防止发动机运动副因缺少机油而烧坏,同时报警灯闪亮,提醒驾驶员更换机油滤芯。二是在气缸盖主油道末端设有一个油压开关,是最低压力报警开关。打开发动机点火开关,由油压开关控制的油压指示灯亮,当发动机启动后油压超过 0.031 MPa 时,该灯熄灭。如果发动机油压下降至 0.031 MPa 以下,机油压力开关触点闭合,油压指示灯亮。

2. 桑塔纳 2000GSi 型轿车 AJR 型发动机润滑系统的结构与油路

桑塔纳 2000GSi 型轿车 AJR 型发动机无中间轴,机油泵直接由曲轴前端的链轮通过链条驱动,如图 4-3 所示。

桑塔纳 2000GSi 型轿车 AJR 型发动机润滑系统的结构与油路如图 4-4 所示。

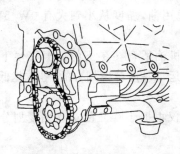

图 4-3 桑塔纳 2000GSi 型轿车 AJR 型发动机机油泵的驱动形式

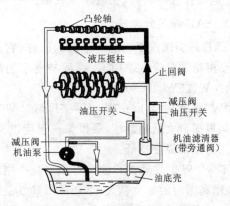

图 4-4 桑塔纳 2000GSi 型轿车 AJR 型发动机润滑系统的结构和油路

桑塔纳2000GSi型轿车AJR型发动机机油泵安装在机体的前端底面,气缸体内通往机油滤清器支架的油道设计得较长,滤清后的机油在机油滤清器支架内分为三路。第一路进入气缸体主油道,经主油道将机油分配到各曲轴主轴承,再由曲轴上的斜油孔通往各连杆轴承,由连杆体上的油孔通往连杆小头衬套。第二路通过安装在机油滤清器的一个止回阀进入气缸体上的一条通向气缸体上平面的油道,经气缸盖上的第四个气缸盖螺栓孔进入气缸盖主油道,由此将机油分配到各凸轮轴轴颈和液压挺柱。止回阀的作用是,当发动机停机时,保持气缸盖油道内的存油,防止发动机再次启动时因气缸盖供油不足而导致液压挺柱不能正常工作。第三路通往一个减压阀,油道内的压力过大时该阀打开,使部分机油旁通流回油底壳。

桑塔纳2000GSi型轿车AJR型发动机润滑系统在机油滤清器支架上装有两个油压开关,用以监控润滑系统油压的大小。同时,为了保证润滑系统的正常工作,在润滑油路中还装有两个减压阀(开启压力为0.35~0.45 MPa),一个为旁通阀,另一个为单向阀。减压阀一个装在机油泵上,另一个装在机油滤清器支架上。当发动机处于冷态下或机油黏度大时,减压阀可避免机油压力过高而造成危险。旁通阀的作用是,当滤清器堵塞时,旁通阀打开,未经过滤的机油经旁通阀仍能送到各润滑点。单向阀的作用是,当发动机停机时,阻止气缸盖油道内的机油流回油底壳。

四、发动机机油

发动机机油主要用于减少运动部件表面间的摩擦,同时对机器设备起到冷却、密封、防腐、防锈和清洗杂质等作用。发动机机油一般由基础油和添加剂两个部分组成。基础油是发动机机油的主要成分,决定着发动机机油的基本性质。添加剂可弥补和改善基础油性能方面的不足,赋予机油某些新的性能。

(一)发动机机油的分类

发动机机油通常分为矿物质油、合成油和植物性机油三类。目前,国际上许多国家采用API质量分类法和SAE黏度分类法对发动机机油进行分类。

1. API质量分类法

API是美国石油协会的简称,API等级用于发动机机油质量等级的划分。

API将机油分为汽油机机油和柴油机机油。汽油机机油以"S"系列表示,从"SA"一直到"SN",每递增一个字母,机油性能就会优越一级,即字母越靠后,质量等级越高,机油中会有更多用来保护发动机的添加剂。柴油机机油以"C"系列表示,字母越靠后,质量等级越高。当"S"和"C"同时存在时,为汽柴通用型机油。

2. SAE黏度分类法

SAE是美国汽车工程师学会的简称,它规定了发动机机油的黏度等级。SAE黏度分类法将发动机机油分为冬季用油、春秋与夏季用油和冬夏通用油,黏度从小到大有0W、5W、10W、15W、20W、25W、20、30、40、50和60共11个等级。

"W"是英文"winter"的大写字母,带"W"的发动机机油适合在冬天的低温气候下使用,其牌号是根据最大低温黏度、最低泵送温度以及100 ℃的运动黏度范围划分的,号数越低,表示其所适用的环境温度越低。

不带"W"的发动机机油为春秋与夏季用油,其牌号仅根据100 ℃的运动黏度划分,号数越大,表明高温时的黏度越大,适用的最高气温越高。

冬夏通用油牌号为5W/20、5W/30、5W/40、5W/50、10W/20、10W/30、10W/40、10W/50、15W/20、15W/30、15W/40、15W/50、20W/20、20W/30、20W/40和20W/50,代表冬用部分的

数字越小、代表夏季部分的数字越大者黏度越高,适用的气温范围越大。

(二)发动机机油的选用原则

发动机机油的牌号由质量等级和黏度等级两个部分组成。选用时,首先根据车辆使用说明书或发动机工作条件确定发动机机油的质量等级,然后根据车辆使用地区的气温情况选择合适的发动机机油黏度等级。

我国发动机机油黏度等级与适用温度范围如表 4-1 所示。单级油由于不可能同时满足低温及高温要求,只能根据当地季节气温适当选用;多级油的优越性在于它的黏温性能好,多级油适用温度范围广,特别是在严寒地区、短途运输和低温启动较多时,其优越性更为明显,故应尽量选用多级油。

表 4-1 我国发动机机油黏度等级与适用温度范围

SAE黏度等级	适用气温/℃	SAE黏度等级	适用气温/℃
5W/30	−30~30	20W/20	−15~20
10W/30	−25~30	30	−10~30
15W/30	−20~30	40	−5~40
15W/40	−20~40		

(三)发动机机油使用注意事项

(1)如果不是汽柴通用型机油,则汽油机机油和柴油机机油不能混用。不同牌号的发动机机油也不能混用。

(2)质量等级较高的发动机机油可替代质量等级较低的发动机机油,反之则不能。

(3)经常检查发动机机油的液面高度。

(4)注意使用地区的气温变化,及时换用黏度等级适宜的发动机机油。在满足使用要求的前提下,发动机机油的黏度尽可能小些。

(5)适时(定期或按质)换油。

(6)严防水分、杂质等污染发动机机油。

4.2.2 润滑系统主要部件的构造与维修

一、机油泵

机油泵的作用是,把一定量的机油压力升高,强制性地将机油压送到发动机各摩擦表面,保证用于压力润滑的润滑油循环流动。

(一)机油泵的构造和工作原理

常用的机油泵有齿轮式机油泵和转子式机油泵。

1. 齿轮式机油泵

齿轮式机油泵壳体上加工有进油口和出油口,在壳体内装有一个主动齿轮和一个从动齿轮,齿轮和壳体内壁之间留有很小的间隙。齿轮式机油泵工作原理如图 4-5 所示。当齿轮按图示方向旋转时,进油腔的容积由于轮齿向脱离啮合方向运动而增大,腔内产生一定的真空度,机油便从进油口被吸入并充满进油腔,旋转的齿轮将齿间的机油带到出油腔,

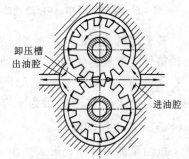

图 4-5 齿轮式机油泵工作原理

由于轮齿进入啮合,出油腔的容积减小,油压升高,机油经出油口被输送到发动机油道中。

一般在齿轮式机油泵壳体上铣出一条与出油腔相通的泄压槽,使轮齿啮合时挤出的机油通过泄压槽流向出油腔,以消除轮齿进入啮合时在齿轮间产生的很大推力。

桑塔纳轿车 AFE 型发动机的机油泵为齿轮式机油泵,其结构如图 4-6 所示。它由中间轴上的弧齿锥齿轮驱动,安装在气缸体底平面第三缸附近设计的平台上。泵的出口直接向上通向气缸体机油道,进入安装在气缸体侧面的机油滤清器支架内。泵的进口与集滤器相连。

2. 转子式机油泵

转子式机油泵壳体内装有内转子和外转子。内转子通过键固定在主动轴上,外转子外圆柱面与壳体配合,二者之间有一定的偏心距,外转子在内转子的带动下转动,壳体上设有进油口和出油口。转子式机油泵工作原理如图 4-7 所示。在内、外转子的转动过程中,转子的每个齿的齿形齿廓线总能相互成点接触,这样内、外转子间形成了四个封闭的工作腔。由于外转子转动总是慢于内转子,这四个工作腔的容积不断变化,每个工作腔在容积最小时与壳体上的进油口相通,随着容积的增大,产生真空,机油便经进油口吸入,转子继续旋转,当工作腔与出油口相通时,容积逐渐减小,压力升高,机油被压出。

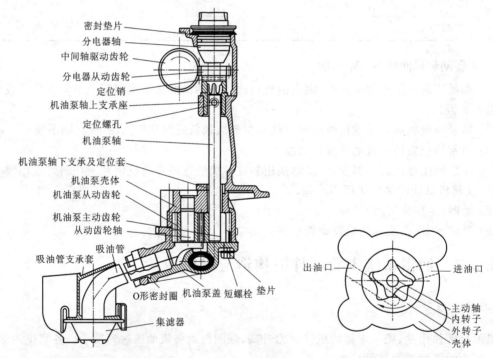

图 4-6　桑塔纳轿车 AFE 型发动机齿轮式机油泵的结构　　图 4-7　转子式机油泵工作原理

转子式机油泵结构紧凑、体积小、质量轻、吸油真空度高、泵油量大且供油均匀度好,安装在曲轴箱外位置较高处也能很好地供油。

桑塔纳 2000GSi 型轿车 AJR 型发动机润滑系统的机油泵采用转子式机油泵。转子式机油泵的内齿数为 7 齿,外齿数为 6 齿,泵上有一个限压阀用以限制泵的出油压力。

(二) 机油泵的检修

机油泵的主要损伤形式是由零件磨损造成的泄漏,使泵油压力降低、泵油量减小。机油泵的磨损情况可以通过检测机油泵各处的间隙获知。由于机油泵工作时,润滑条件好,零件磨损速度慢、使用寿命长,因此可以根据它的工作性能确定是否需要拆检和修理。

1. 齿轮式机油泵的检修

（1）检查机油泵主、从动齿轮与机油泵盖端面的间隙。主、从动齿轮与机油泵盖端面间隙的检查如图 4-8 所示。主、从动齿轮与机油泵盖端面的正常间隙应为 0.05 mm，磨损极限值为 0.15 mm。

（2）检查主、从动齿轮的啮合间隙。检查时，将机油泵盖拆下，用塞尺在互成 120°角的三个位置处测量机油泵主、从动齿轮的啮合间隙，如图 4-9 所示。新机油泵主、从动齿轮的啮合间隙为 0.05 mm，磨损极限值为 0.20 mm。

（3）检查主动齿轮端面与机油泵壳内壁之间的配合间隙。如图 4-10 所示，主动齿轮端面与机油泵壳内壁之间的配合间隙应为 0.03～0.075 mm，磨损极限值为 0.20 mm，否则应对轴孔进行修复。

（4）检查机油泵主动轴的弯曲度。将机油泵主动轴支承在 V 形架上，用百分表检查其弯曲度。如果弯曲度超过 0.03 mm，则应对其进行校正或更换机油泵主动轴。

（5）检查机油泵盖。机油泵盖磨损、翘曲和凹陷超过 0.05 mm 时，应以车、研磨等方法进行修复。

图 4-8 主、从动齿轮与机油泵盖端面间隙的检查

图 4-9 主、从动齿轮啮合间隙的检查

图 4-10 主动齿轮端面与机油泵壳内壁之间配合间隙的检查

（6）检查限压阀。检查限压阀弹簧有无损伤、弹力是否减弱，必要时予以更换。检查限压阀配合是否良好、油道是否堵塞、滑动表面有无损伤，必要时更换限压阀。

2. 转子式机油泵的检修

对于转子式机油泵，应检查内转子齿顶与外转子内廓面之间的间隙、外转子与泵体之间的间隙和转子的端面间隙，如图 4-11 所示。

(a) 内转子齿顶与外转子内廓面之间的间隙检查

(b) 外转子与泵体之间的间隙检查

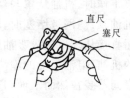
(c) 转子的端面间隙检查

图 4-11 转子式机油泵配合间隙的检查

（1）检查内转子齿顶与外转子内廓面之间的间隙，间隙值应小于 0.15 mm，极限值为 0.2 mm。

（2）检查外转子与泵体之间的间隙，一般为 0.10～0.16 mm，极限值为 0.30 mm。

（3）检查转子的端面间隙，一般为 0.03～0.09 mm，极限值为 0.20mm。

3. 机油泵工作性能的检验

机油泵检修后，可通过以下方法检验其工作性能。

（1）简易试验法：将机油泵放入清洁的机油中，用旋具转动机油泵轴，应有机油从出油口中排出,如果用拇指堵住出油口,继续转动机油泵轴时,应感到有压力。

(2)试验台试验法:机油泵装复后在试验台上进行性能试验。桑塔纳轿车发动机机油泵所用油为 SAE 20 号润滑油,在温度为 80 ℃、转速为 1 000 r/min、进口压力为 0.01 MPa 和出口压力为 0.6 MPa 的条件下,最小流量应为 8.3 L/min,实测可达到 10 L/min;最低压力报警开关报警压力为 31 kPa,发动机转速为 2 150 r/min 时报警压力为 0.18 MPa。

二、机油滤清器

机油滤清器按过滤能力分为集滤器、粗滤器和细滤器三种。

(一)集滤器

1. 集滤器的构造

集滤器装在机油泵之前,用来防止粒度大的杂质进入机油泵。集滤器一般采用滤网式,有浮动式和固定式两种结构形式,如图 4-12 所示。

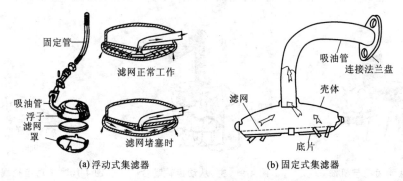

图 4-12 集滤器

浮动式集滤器由浮子、滤网、罩、固定管及与浮子焊接连接的吸油管组成。浮子是空心的,以便浮在油面上。固定管通往机油泵,安装后固定不动。吸油管活套在固定管中,使浮子能自由地随油面升降。

浮子下面装有由金属丝制成的滤网。滤网有弹性,中央有环口,平时依靠滤网本身的弹性,环口紧压在罩上。罩的边缘有缺口,与浮子装合后形成缝隙。

当机油泵工作时,机油从罩与浮子之间的狭缝被吸入,经过滤网过滤掉粗大的杂质后,通过吸油管进入机油泵;滤网被堵塞时,滤网上方的真空度增大,滤网便上升,环口离开罩。此时机油不经滤网而直接从环口进入吸油管内,保证了机油的供给不致中断。浮动式集滤器能吸入油面上较清洁的机油,但油面上的泡沫易被吸入,使机油压力降低,润滑欠可靠。

固定式集滤器装在油面下面,它的滤网相对于油底壳位置不变,吸入中层或中下层机油,它吸入的机油清洁度稍逊于浮动式集滤器,但可防止泡沫吸入,润滑可靠,结构简单,故基本取代了浮动式集滤器。

2. 集滤器的检修

滤网堵塞,应用柴油或煤油清洗后用压缩空气吹干;浮子有破损,应进行焊修。

(二)粗滤器

粗滤器属于全流式机油滤清器,串联于机油泵与主油道之间,它对机油的流动阻力较小,用于滤去机油中粒度较大(直径大于 0.05 mm)的杂质。

滤清元件(滤芯)不同,粗滤器的结构形式也不同。汽车发动机常用的有金属片缝隙式粗滤器和纸质式粗滤器。金属片缝隙式粗滤器由于具有质量大、结构复杂和制造成本高等缺点,已基本被淘汰,目前许多汽车发动机都采用纸质式粗滤器。

1. 粗滤器的构造

粗滤器由折扇式纸质滤芯、安全阀(或旁通阀)等组成,如图 4-13 所示。

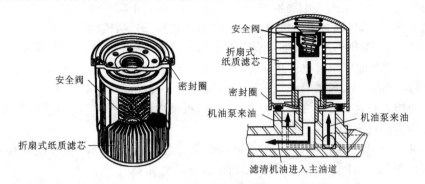

图 4-13 粗滤器

在粗滤器中,折扇式纸质滤芯用于过滤机油中的杂质;安全阀则在折扇式纸质滤芯堵塞时打开,是为了不妨碍机油正常循环工作而设置的旁通阀。

2. 粗滤器的维护

现在,为了维修方便,越来越多的发动机采用旋转式滤芯结构,滤芯采用纸质折叠式结构,具有封闭式外壳,直接旋装于滤清器盖上,定期或达到规定里程后进行整体更换。

(三)细滤器

细滤器属于分流式机油滤清器,与主油道并联,对机油的流动阻力较大,用以滤除直径在 0.001 mm 以上的细小杂质,将经粗滤器过滤的机油的一小部分引入细滤器,使此部分机油得到充分过滤。经过一段时间运转后,所有机油都将通过一次细滤器,以保证机油的清洁度。

细滤器分为过滤式和离心式两种类型。现代发动机一般采用离心式细滤器,图 4-14 所示为 EQ6100-1 型发动机离心式细滤器的结构。

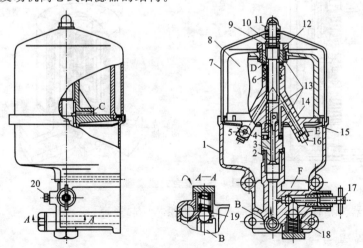

图 4-14 EQ6100-1 型发动机离心式细滤器的结构

1—壳体;2—锁片;3—转子轴;4—推力轴承;5—喷嘴;6—转子体端套;7—细滤器盖;
8—转子盖;9—支承垫圈;10—弹簧;11—压紧螺套;12—压紧螺母;13—衬套;14—转子体;
15—挡板;16—螺塞;17—调整螺钉;18—旁通阀;19—进油限压阀;20—管接头;
B—细滤器进油口;C—出油口;D—进油口;E—通喷嘴油道;F—细滤器出油口

细滤器壳体上固定着带中心孔的转子轴,转子体上压有三个衬套,并与转子体端套连成一体,其套在转子轴上,可自由转动。压紧螺母将转子盖与转子体紧固在一起。转子下面装有推力轴承,上面装有支承垫圈,并用弹簧压紧以限制转子轴的轴向窜动。转子下端装有两个径向水平安装的喷嘴。压紧螺套将细滤器盖固定在壳体上,使转子实现密封。

发动机工作时,从机油泵来的机油进入细滤器进油口 B。当机油压力低于 0.1 MPa 时,进油限压阀不开启,机油则不进入细滤器而全部供入主油道,以保证发动机润滑可靠。当油压高于 0.1 MPa 时,则进油限压阀被顶开,机油沿壳体中转子轴内的中心油道,经出油口 C 进入转子内腔,然后经进油口 D、通喷嘴油道 E 从两喷嘴喷出。在机油喷射的反作用力的推动下,转子及转子内腔的机油高速旋转。在离心力的作用下,机油中的杂质被甩向转子壁并沉淀,清洁的机油经细滤器出油口 F 流回油底壳。

在发动机工作中,如果油温过高,可旋松调整螺钉,机油通过球阀,经管接头流向机油散热器。当油压高于 0.4 MPa 时,旁通阀打开,机油流回油底壳。

离心式细滤器的检修。当发动机的机油压力高于 0.15 MPa 时,使发动机运转 10 s 以上,然后立即熄火。在熄火后 2~3 min 内,若在发动机旁听不到细滤器转子转动的"嗡嗡嗡"声,则说明细滤器不工作。若机油压力正常,细滤器的进油限压阀也未堵塞,则为细滤器故障,应拆检细滤器。拧开压紧螺母,取下外罩,将转子转到喷嘴对准挡油板的缺口时,取出转子,清除污物,清洗转子并疏通喷嘴,经调整或换件后再组装。

(四) 复合式滤清器

桑塔纳轿车发动机机油滤清器采用粗滤器、细滤器合为一体的复合式滤清器(见图 4-15)。

复合式滤清器装有用吸附能力不同的棉花、毛绒和人造纤维等不同材料制成的褶纸滤芯和尼龙滤芯,两种滤芯串联连接。粗滤器能滤去直径为 0.05~0.1 mm 的机械杂质,细滤器能滤去直径在 0.001 mm 以上的机械杂质。复合式滤清器还装有旁通阀和止回阀,用以防止滤芯被堵或发动机停止工作时,润滑油道内缺油。

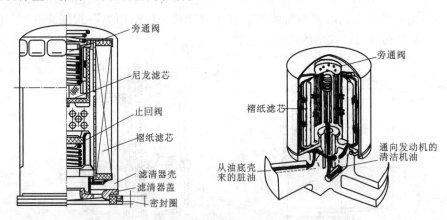

图 4-15 复合式滤清器

复合式滤清器为整体式,更换时应将外壳和滤芯一起换掉。

三、机油散热装置

一些热负荷较大的发动机,如大功率柴油机等,除利用油底壳对机油进行散热外,还设有专门的机油散热装置,如机油散热器和机油冷却器等。

1. 机油散热器

机油散热器(见图 4-16)和冷却液散热器的结构基本相同。机油散热器布置在冷却液散热器的前面,利用风扇风力使机油冷却。机油散热器油路与主油道并联,在气温低的季节或润滑油压力低时不使用机油散热器,故在机油散热器的前面常串联有手动开关和限压阀。

2. 机油冷却器

机油冷却器是利用发动机冷却液对机油进行冷却的。机油冷却器油路与主油道串联,由于冷却液温度能自动控制,所以机油温度也能得到一定的控制。

机油冷却器的结构如图 4-17 所示。它主要由芯子和壳体等组成。芯子由铜制的圆形或椭圆形管与散热片组成,与两端的进、出水腔相通。冷却液在芯子管内流动,机油在芯子管外流动。机油冷却器上装有旁通阀,当机油温度过低、黏度过大时,旁通阀打开,机油不经冷却直接进入主油道内。

图 4-16 机油散热器

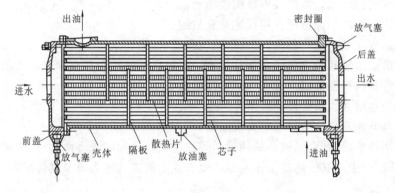

图 4-17 机油冷却器的结构

本田 NSX 型轿车发动机所采用的机油冷却器如图 4-18 所示。它利用发动机冷却系统的冷却液流经散热片间的缝隙,带走机油与散热片间交换的热量,从机油滤清器流出的机油经过冷却后再进入主油道。

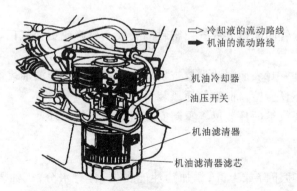

图 4-18 本田 NSX 型轿车发动机所采用的机油冷却器

4.2.3 润滑系统常见故障分析

一、机油压力过高

当发动机在正常工作温度和转速下时,机油压力表读数高于规定值,此时可判定为发生了机油压力过高故障。

产生此故障的原因及处理方法如下。

(1) 机油黏度过大。更换机油或重新选用机油。
(2) 机油进油限压阀弹簧压力调整过大。重新调整机油进油限压阀的弹簧压力。
(3) 机油进油限压阀的油道堵塞。清洗机油进油限压阀油道。
(4) 曲轴主轴承、连杆轴承或凸轮轴轴承间隙过小。必要时光磨曲轴、凸轮轴或更换轴承。
(5) 机油压力表或其传感器工作不良。检修或更换机油压力表及其传感器。

二、机油压力过低

当发动机在正常工作温度和转速下时,机油压力表读数低于规定值或油压报警器报警,此时可判定为发生了机油压力过低故障。

产生此故障的原因及处理方法如下。
(1) 机油集滤器滤网堵塞。清洗机油集滤器。
(2) 机油滤清器堵塞。清洗或更换机油滤清器。
(3) 油底壳内机油油面过低。按规定补充机油。
(4) 机油黏度降低。更换机油。
(5) 机油进油限压阀弹簧失效或调整不当。更换机油进油限压阀弹簧或重新调整。
(6) 机油油管接头漏油或进入空气。检修机油管路,排出空气。
(7) 机油油道堵塞。清洗机油油道。
(8) 机油泵性能不良。检修或更换机油泵。
(9) 曲轴主轴承、连杆轴承或凸轮轴轴承间隙过大。必要时光磨曲轴、凸轮轴或更换轴承。
(10) 机油压力表或其传感器工作不良。检修或更换机油压力表及其传感器。

三、机油消耗过多

如果机油消耗量超过规定值,排气冒蓝烟,气缸内积炭增多,则可判定发生了机油消耗过多故障。此故障主要是由泄漏和烧机油造成的,造成机油消耗过多的原因及处理方法如下。
(1) 活塞、活塞环与气缸壁的间隙过大或活塞环与环槽的侧隙过大。检修或更换活塞、活塞环和气缸。
(2) 气门与气门导管间隙过大或气门密封圈失效。检修或更换气门,更换气门导管或气门密封圈。
(3) 发动机各部件密封表面漏油。检查发动机各部件的可能漏油表面。
(4) 曲轴箱通风不良。检修曲轴箱通风装置。
(5) 大修后扭曲环或锥面环装反。重新安装扭曲环和锥形环。

四、机油变质

机油颜色变黑,黏度下降或上升;添加剂性能丧失,含有水分;机油乳化,呈乳浊状并有泡沫,出现这些现象,说明机油变质了。

机油变质可通过手捻、鼻嗅和眼观的人工经验法检验。机油发黑、变稠一般是由机油氧化造成的;机油发白,则证明机油中有水;机油变稀则是由汽油或柴油稀释引起的。为准确分析机油变质原因,最好使用油质仪和滤纸斑点试验法进行机油品质检查。

出现此故障的原因及处理方法如下。
(1) 活塞、活塞环与气缸壁的密封不良。检修活塞、活塞环和气缸。
(2) 机油使用时间太长。更换机油。
(3) 机油滤清器性能不良。更换机油滤清器。

(4) 曲轴箱通风不良。检修曲轴箱通风装置。
(5) 发动机气缸体或气缸垫漏水。检修发动机气缸体或更换发动机气缸垫。

4.3 项目实施

一、润滑系统的拆装

1. 实训目标

能合理使用工具,对发动机润滑系统及机油泵进行正确拆装。

2. 实训设备

实训用 1ZR 发动机台架 4 台、维修手册 4 本、常用和专用工具 4 套。

3. 实训步骤

在项目二中"发动机的拆装"实训中,已包含了润滑系统的机油滤清器、机油泵拆装内容,故这里主要讲述机油泵的分解,对润滑系统机油滤清器、机油泵的拆装不再赘述。

1) 拆卸机油泵减压阀

(1) 如图 4-19 所示,用 27 mm 套筒扳手拆下螺塞。

(2) 拆下阀弹簧和减压阀。

2) 拆卸机油泵盖分总成

(1) 如图 4-20 所示,拆下 5 个螺栓和机油泵盖。

(2) 将机油泵主动转子和从动转子从机油泵上拆下。

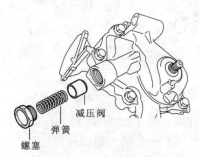

图 4-19 拆卸机油泵减压阀

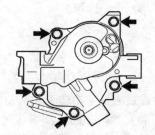

图 4-20 拆卸机油泵盖分总成之拆下 5 个螺栓和机油泵盖

3) 安装机油泵盖分总成

(1) 如图 4-21 所示,用发动机机油涂抹机油泵主动转子和从动转子,并将机油泵主动转子和从动转子放入机油泵,使其标记朝向机油泵盖侧。

(2) 如图 4-20 所示,用 5 个螺栓安装机油泵盖,扭矩为 8.8 N·m。

4) 安装机油泵减压阀

(1) 在减压阀上涂抹发动机机油。

(2) 将减压阀和弹簧插入机油泵体孔中。

(3) 用 27 mm 套筒扳手安装螺塞,扭矩为 49 N·m。

二、机油泵的检修

1. 实训目标

能合理使用工具,对发动机机油泵磨损程度进行正确检测。

2. 实训设备

解体后的 1ZR 发动机台架 4 台、维修手册 4 本、常用和专用工具 4 套。

3. 实训步骤

1）检查机油泵减压阀

如图 4-22 所示，在机油泵减压阀上涂抹一层发动机机油，检查并确认该阀能依靠自身重量顺畅地滑入阀孔中。

如果情况不是这样，则更换机油泵减压阀。

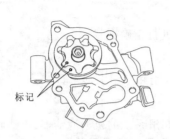

图 4-21 安装机油泵盖分总成之安装主动转子和从转动子

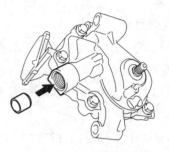

图 4-22 检查机油泵减压阀

2）检查机油泵转子

按图 4-23 所示方法检查机油泵转子。

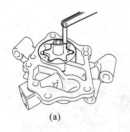
(a)

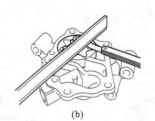
(b)

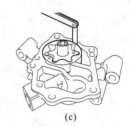
(c)

图 4-23 检查机油泵转子

（1）用测隙规测量主动转子和从动转子的顶部间隙，如图 4-23(a)所示。

主动转子和从动转子的标准顶部间隙为 0.08～0.160 mm，最大顶部间隙为 0.35 mm。

如果主动转子和从动转子的顶部间隙大于最大值，则更换机油泵。

（2）用测隙规和精密直尺测量 2 个转子和精密直尺间的间隙，如图 4-23(b)所示。

标准间隙为 0.030～0.080 mm，最大间隙为 0.16 mm。

如果间隙大于最大值，则更换机油泵。

（3）用测隙规测量从动转子和机油泵体的间隙，如图 4-23(c)所示。

从动转子与机油泵体的标准间隙为 0.12～0.19 mm，最大间隙为 0.325 mm。

如果从动转子与机油泵体之间的间隙大于最大值，则更换机油泵。

课 后 自 测

1. 发动机润滑系统的作用是什么？
2. 以某种发动机为例，叙述其润滑系统油路，并指出油路中的各类阀有什么作用。
3. 机油泵有哪些检查内容？
4. 发动机润滑系统的常见故障有哪些？简述故障原因和排除方法。

项目 5　冷却系统的认识与检修

◀ 5.1　项目描述 ▶

通过本项目的学习,认识和检测发动机冷却系统,达到以下要求。

1. 知识要求

(1) 掌握发动机冷却系统的作用和组成。
(2) 掌握水泵、节温器的构造和连接关系。
(3) 熟悉节温器等主要部件的检修方法。

2. 技能要求

(1) 能识别发动机冷却系统的主要部件。
(2) 能使用工、量具,对发动机冷却系统主要部件的性能进行检测。

3. 素质要求

(1) 保持实训场地清洁,及时清扫垃圾,树立团队意识,培养协作精神。
(2) 安全文明生产,保证设备和自身安全。

◀ 5.2　知识学习 ▶

5.2.1　冷却系统概述

在可燃混合气的燃烧过程中,气缸内气体温度可高达 2 000~2 500 ℃,若不及时对直接与高温气体接触的机件(如气缸体、气缸盖和气门等)加以冷却,则其中运动机件将可能因受热膨胀而破坏正常间隙,或因润滑油在高温下失效而卡死;各机件也可能因为高温而导致其机械强度降低甚至损坏。所以,为保证发动机正常工作,必须冷却这些在高温条件下工作的机件。

冷却系统的作用就是使工作中的发动机得到适度的冷却,以确保:活塞和气缸等发动机部件的热负荷保持在限值范围内,且不造成材料损坏;润滑油不被炽热的发动机部件蒸发掉或烧毁,且不会因温度过高而丧失其润滑性能;燃油不会因炽热的部件而自燃。

发动机的冷却必须适度:如果发动机冷却不足,由于气缸充气量减小和燃烧不正常,发动机功率下降,且发动机零件也会因润滑不良而加速磨损;如果发动机冷却过度,一方面热量散失过多,使转变为有用功的热量减少,而另一方面混合气与冷气缸壁接触,使其中原已汽化的燃油又凝结并流到曲轴箱,使磨损加剧。

在采用水冷却系统的发动机中,冷却液的工作温度一般为 80~105 ℃。

为了保持工作能力,必须将大约 30% 的燃烧热量散发出去。这些热量大部分通过外部冷却、小部分通过内部冷却散发出去。

外部冷却是指多余的热量散发到环境空气中,通过空气冷却或冷却液冷却实现冷却。

内部冷却是指燃油从液态转变成气态需要热量,这些热量来自气缸壁。

一、冷却系统的分类和组成

根据冷却介质的不同,汽车发动机的冷却方式有两种,即水冷却和风冷却。现代汽车发动机普遍采用水冷却。

1. 风冷系统

将发动机中高温零件的热量直接散发到大气中,使发动机的温度降低而进行冷却的一系列装置称为风冷系统。采用风冷系统的发动机,为了增大散热面积,在气缸体和气缸盖上制有许多散热片,发动机利用车辆前进中的空气流,或特设的风扇鼓动空气,空气吹过散热片,将热量带走。部分汽车发动机采用风冷系统,特别是小排量发动机,但在现代汽车发动机上较少采用。

图 5-1 所示为发动机风冷系统示意图,散热片均布在气缸体和气缸盖的表面,散热片与气缸体或气缸盖铸成一体。

现代风冷发动机的气缸盖都用导热性良好的铝合金铸造,而且气缸盖和气缸体上部的散热片也比气缸体下部的长一些,这样可以加强冷却作用。在风冷发动机上安装导流罩,是为了更有效地利用空气流,加强冷却作用;安装分流板,是为了保证各气缸冷却均匀。考虑到各气缸背风面冷却的需要,有些发动机上还装有气缸导流罩。

风冷系统的优点是结构简单、使用和维修方便。

风冷系统的主要缺点是冷却不够可靠、功率消耗大、噪声大和对气温变化不敏感。

2. 水冷系统

将发动机中高温零件的热量先传给水,再散发到大气中去,使发动机的温度降低而进行冷却的一系列装置,称为水冷系统。目前汽车发动机上广泛采用的是水冷系统。

水冷系统一般由散热器、水泵、冷却液管、冷却液套、节温器、散热器、百叶窗、膨胀罐、冷却液温度表和风扇等组成。桑塔纳 2000GSi 型轿车 AJR 型发动机水冷系统如图 5-2 所示。

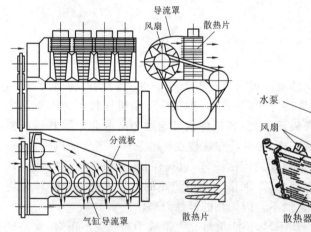

图 5-1 发动机风冷系统示意图

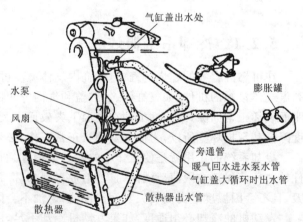

图 5-2 桑塔纳 2000GSi 型轿车 AJR 型发动机水冷系统

水冷系统一般都由水泵强制给水(或冷却液)使其在冷却系统中进行循环流动,故又称为强制循环式水冷系统。水冷发动机的气缸盖和气缸体中都铸造出用于储水的、连通的夹层空间,称为水套。水套的作用是,让水接近受热的高温零件,并在其中循环流动。水泵将冷却水由机外吸入并加压,使冷却水经分水管流入发动机气缸体水套。这样,冷却水从气缸壁吸收热量,温度升高;流到气缸盖水套,再次受热升温后,沿水管进入散热器内。经风扇的强力抽吸,空气流由前向后高速通过散热器,最终使受热后的冷却水在流经散热器的过程中,其热量不断地通过散热器散发到大气中,使水本身得到冷却。冷却了的水流到散热器的底部后,又在水泵的加压下,经水管再压入水套,如此不断地循环,从而使得在高温条件下工作的发动机零件得以冷却,保证了发动机的正常工作。

二、冷却系统循环水路

为了保证发动机在不同负荷、转速和气候条件下保持正常的工作温度,冷却液在不同工况下的循环路线是不同的。桑塔纳 2000GSi 型轿车 AJR 型发动机冷却系统布置图如图 5-3 所示,冷却液轴向进入水泵后,经水泵叶轮径向直接流进发动机机体(气缸体)水套,吸收机体热量。此后,冷却液分两路循环,一路为大循环,一路为小循环。当冷却液温度高时,冷却液进行大循环,即冷却液流经散热器冷却后,进入装在机体水泵进口处的节温器,此时节温器主阀门打开,副阀门关闭,冷却液流向水泵进水口,以迅速降低冷却液温度,增强冷却效果。当冷却液温度较低时,冷却液进行小循环,此时节温器主阀门关闭,副阀门打开,冷却液直接进入节温器后的水泵进水口,不经散热器冷却,以使发动机冷却液温度迅速升高到正常工作温度。桑塔纳 2000GSi 型轿车 AJR 型发动机冷却液温度低于 85 ℃时,冷却液进行小循环;当冷却液温度高于或为 85 ℃时,部分冷却液进行大循环;当冷却液温度达到 105 ℃时,全部冷却液参加大循环。

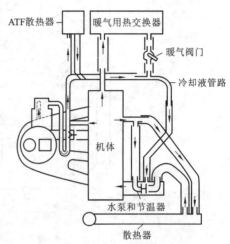

图 5-3 桑塔纳 2000GSi 型轿车 AJR 型发动机冷却系统布置图

除了节温器可通过改变流经散热器中冷却液的流量来调节冷却强度以外,冷却强度还可通过改变流经散热器的空气流量得到调节。

冷却液都是从气缸体进入、从气缸盖流出的,一般把节温器安装在温度较高的气缸盖出水管中,如图 5-4(a)所示。把节温器安装在温度较高的气缸盖出水管中,添加冷却液时气泡易排出释放,但是节温器在热起过程中,特别是刚开启时,因温度和压力骤然变化,会产生较长时间的开闭振荡,直至达到全开稳定状态,影响了其使用寿命,也加剧了水泵负载变化。

本田车系和德国车系率先革新,将节温器布置在气缸体进水管中,如图 5-4(b)所示。将节温器布置在气缸体进水管中,可大幅度降低节温器开闭振荡,缩短发动机的热起时间,降低油耗,但在添加冷却液时不易排出气泡,因此多种车型设有放气孔。

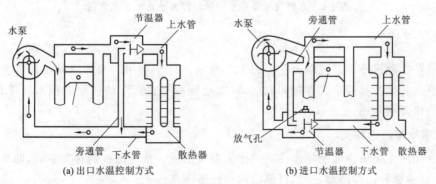

图 5-4 节温器的控制方式

图 5-5 所示为本田里程 V6 发动机冷却系统。当冷却液温度为 78±2 ℃时，主阀渐开，副阀渐闭；当冷却液温度为 90 ℃时，主阀全开。

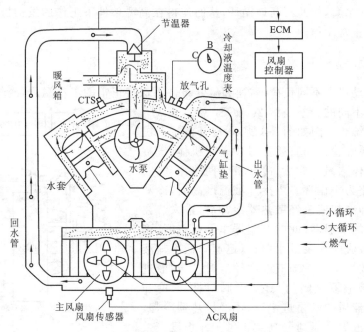

图 5-5　本田里程 V6 发动机冷却系统

本田飞度轿车发动机冷却系统采用双模冷却系统，如图 5-6 所示，发动机暖机的时间比在传统模式下要短。双模冷却系统与传统冷却系统的区别在于：进行小循环时，传统冷却系统循环水路为气缸盖→水泵→气缸体→气缸盖，双模冷却系统循环水路为气缸盖→水泵→气缸盖。

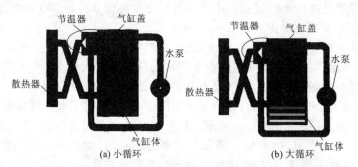

图 5-6　本田飞度轿车发动机冷却系统水循环示意图

三、冷却液

冷却液是发动机冷却系统中最重要的工作介质。汽车常用的冷却液有水和加有防冻剂的防冻冷却液。防冻冷却液中含有特殊添加剂，能起到冷却、防冻、防锈和防积水垢等作用，被现代轿车发动机普遍采用。

1. 防冻冷却液的种类

防冻冷却液主要由冷冻剂与水按一定比例混合而成。按冷冻剂的种类不同，防冻冷却液分为乙醇型、甘油型和乙二醇型三种，目前前两种已被淘汰。

乙二醇是一种无色黏稠液体，能与水以一定比例混合，其沸点为 197.4 ℃，冰点为 −11.5 ℃，与水混合后还可使防冻冷却液的冰点显著降低（最低可达 −68 ℃）。乙二醇型防冻冷却液是用乙二醇作为冷冻剂,将其与水、防腐剂和染色剂等多种添加剂进行配制而成的。将不同比例的乙二醇和水进行混合可配制成不同冰点的防冻冷却液。这类防冻冷却液沸点高、冰点低、冷却效率高,已被广泛使用。

2. 乙二醇型防冻冷却液的牌号

乙二醇型防冻冷却液分为防冻冷却液和防冻浓缩液两大类。防冻冷却液按其冰点不同分为-25、-30、-35、-40、-45和-50共6个牌号,可直接加入车中使用。为了便于储运,使用时防冻浓缩液应根据产品说明书规定的比例,用蒸馏水或去离子水稀释,如防冻浓缩液与蒸馏水各以50%的比例混合,以此比例制成的防冻冷却液冰点不高于-37 ℃。

目前,我国进口量比较多的防冻浓缩液是日产TCL防冻浓缩液和美国壳牌防冻浓缩液,它们的冰点都随冷却液浓度的增加而下降,使用时必须严格按照包装上各自的浓度配比使用。

3. 乙二醇型防冻冷却液的选用

乙二醇型防冻冷却液的牌号是按冰点来划分的,选用时应根据车辆使用地区冬季的最低气温来选择合适的牌号。一般选用的乙二醇型防冻冷却液的冰点应比最低气温低10 ℃左右。

桑塔纳轿车使用大众公司推荐的含G11添加剂的防冻冷却液,它是由含防腐剂的乙二醇添加剂与水混合而成的,其配比有三种,如表5-1所示。

表5-1 桑塔纳轿车防冻冷却液配比

配比/(%)	G11添加剂/L	水/L	冰点/℃
40	2.4	3.6	-20
50	3.0	3.0	-30
60	3.6	2.4	-40

5.2.2 冷却系统主要部件的构造与维修

水冷系统除含有供冷却液循环流动和散热的水泵、散热器、冷却液管和机体水套以外,必须有能根据发动机负荷大小进行冷却强度调节的装置,如节温器、风扇等。

一、水泵

水泵的作用是,对冷却液加压,强制使冷却液在冷却系统中循环流动。水泵一般安装在发动机的前端,由发动机曲轴通过三角皮带驱动。现代汽车发动机均采用离心式水泵,这种水泵结构简单、体积小、出水量大、维修方便,获得广泛应用。

1. 水泵的构造

离心式水泵由壳体、叶轮、水泵轴、轴承和水封等组成。桑塔纳轿车离心式水泵的结构如图5-7所示。

水泵外壳一般用螺栓固定在发动机的前端,水泵轴由两个滚珠轴承支承在水泵外壳上。水泵轴的一端铣削成平面与水泵叶轮承孔相配合,并用螺钉固紧,以防叶轮轴向窜动;水泵轴的另一端用半圆键与水泵轴凸缘连接,并用槽形螺母锁紧。水泵轴凸缘用来安装带轮。

桑塔纳2000GSi型轿车AJR型发动机水泵与此有差别,一半壳体铸在气缸体壁上,采用闭式叶轮。水泵叶轮用工程塑料压注成型,它装在双联轴承的一端,另一端在水泵轴头上安装带轮,发动机通过V形带带动水泵叶轮旋转。

水泵叶轮的前端为水封装置。在水封装置中:带有两凸缘的夹布胶木密封垫圈卡于水泵外壳的两槽内,以防止转动;弹簧通过水封环将水封皮碗的一端压在水封座圈上,而另一端压向夹布胶木密封垫圈。为了防止水泵内腔的水沿水泵轴向前渗漏,夹布胶木密封垫圈又压在水泵叶轮毂的端面上。当有少量的水滴从水封处渗出时,为避免破坏轴承的润滑,渗漏的水滴可从泄水孔泄出。

2. 水泵的工作原理

离心式水泵的工作原理如图 5-8 所示。当发动机工作时,带动水泵叶轮旋转,水泵中的水被叶轮带动一起旋转,在离心力的作用下向叶轮边缘甩出,经与叶轮成切线方向的出水管压送到发动机水套内。与此同时,叶轮中心处形成一定负压而将水从进水管吸入,如此连续地作用,水在水路中不断地循环。

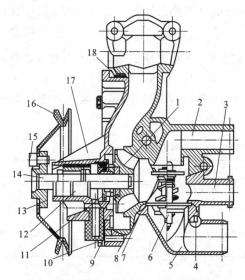

图 5-7 桑塔纳轿车离心式水泵的结构

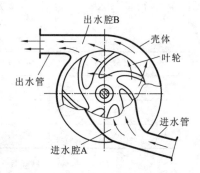

图 5-8 离心式水泵的工作原理

1—水泵叶轮;2—小循环水泵进水口;3—自暖气处回水的水泵进水口;
4—进管管紧固螺栓;5—水泵主进水管;6—节温器;7—夹布胶木密封垫圈;
8—水泵后壳体;9—密封垫;10—水泵壳体连接螺栓;11—水封;12—轴承;
13—水泵轴凸缘;14—水泵轴;15—水泵带轮紧固螺栓;16—水泵带盘;
17—水泵前壳体;18—密封垫

3. 水泵的检修

发动机水泵常见的损坏形式为:水泵壳体、卡簧槽及叶轮破裂;带轮凸缘配合孔松动;水封变形、老化及损坏;水泵轴磨损、轴承磨损松旷等。

(1) 检查水泵壳体、卡簧槽是否破裂。如果裂纹较轻,则可根据情况实施焊补或用环氧树脂胶粘接,严重时应更换。工程塑料叶轮若有破损,必须更换。

(2) 带轮凸缘配合孔若松旷,则应镶套后重新加工,必要时更换新件。水封若变形、老化或损坏一般应更换新件。轴承若磨损超差应更换。水泵轴若磨损可采用镀铬、喷涂修复,必要时更换成新轴。

(3) 水泵装合后,首先用手转动带轮,水泵轴转动应无卡滞现象,叶轮与水泵壳体应无碰擦感觉,然后在试验台上按原厂规定进行压力-流量试验。当水泵轴转速为 1 000 r/min 时,每分钟的排水量不应低于规定的数值,在 10 min 的试验中不应出现金属摩擦声和漏水现象。

二、散热器

散热器也称为水箱,其作用是将冷却液吸收的热量散发到大气中。散热器必须有足够的散热面积,通常使用导热性能、结构刚度和防冻性能较好的铜、铝和铝锰合金等材料制造。

（一）散热器的构造

散热器主要由上水室、下水室、散热器芯和散热器盖等组成,如图5-9所示。散热器上水室为用薄钢板制成的容器,用橡胶皮管同发动机出水管相连接,并设有加水口盖;下水室也是用薄钢板制成的容器,用橡胶软管同发动机进水管或水泵相连接,并装有放水开关。

1. 散热器芯

常见的散热器芯有两种结构,即管片式和管带式,如图5-10所示。

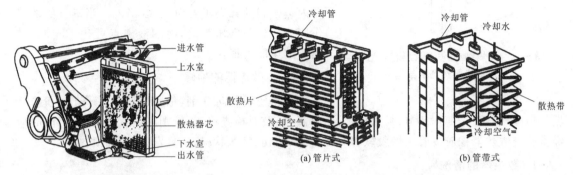

图5-9 散热器结构示意图　　　　图5-10 散热器芯

管片式散热器芯由许多冷却管和散热片组成。冷却管是冷却液的通道,多采用扁圆形断面,以增大散热面积,同时当管内冷却液冻结膨胀时,扁管可借助于其横断面变形而免于破裂。为了增强散热效果,在冷却管外面横向套装了很多散热片来增加散热面积及整个散热器的刚度和强度。

管带式散热器芯采用冷却管与散热带相间排列的方式,散热带呈波纹状,其上开有形似百叶窗的缝隙,用来破坏空气流在散热带上的附面层,从而提高散热能力。与管片式散热器芯相比,这种散热器芯散热能力强,制造工艺简单,质量小,成本低,在轿车上得到广泛应用,但其刚度不如管片式散热器芯好。

2. 散热器盖

散热器盖对冷却系统起密封加压作用。现代汽车发动机采用封闭式水冷系统,其散热器盖上装有自动阀门。当发动机处于正常热态时,自动阀门关闭,将冷却系统与大气隔开,防止水蒸气逸出,使冷却系统内的压力稍高于大气压力,从而增大冷却液的沸点,保证发动机在较长时间及较高负荷下正常工作。在冷却系统压力过高或过低时,自动阀门开启,使冷却系统与大气相通。

散热器盖的结构如图5-11所示。盖内装有蒸气阀和空气阀,当冷却液温度升高,散热器内部压力大于规定值时,蒸气阀开启,使冷却液蒸气从蒸气排出管排出,以防压坏散热器芯管,如图5-11(a)所示。当冷却液温度降低、体积收缩后压力降到低于大气压某定值时,空气阀开启,空气进入冷却系统,避免因压力差造成散热器芯管被压瘪,如图5-11(b)所示。

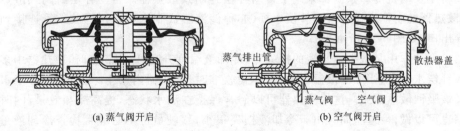

图5-11 散热器盖的结构

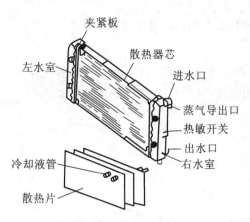

图 5-12 桑塔纳 2000GSi 型轿车 AJR 型发动机散热器的结构

桑塔纳 2000GSi 型轿车 AJR 型发动机散热器的结构如图 5-12 所示。它主要由右水室、热敏开关、散热器芯、左水室、散热器盖和膨胀罐等组成。蒸气导出口与膨胀罐连接,冷却液的进、出口分别设在右水室的上、下侧,分别与发动机出水口、水泵主进水口连接。该散热器为全铝装配式,即散热片和水管为铝质,采用圆形冷却管,采用机械装配式连接。

桑塔纳 2000GSi 型轿车 AJR 型发动机的散热器盖内蒸气阀的开启压力为 0.12 MPa。当蒸气阀的工作压力达到开启压力时,冷却液沸点可达 135 ℃,散热器散热能力很强。

(二) 散热器的检修

由于使用了防冻剂,散热器能防冻、防锈和防结垢。但散热器是个薄弱环节,易损伤,发生渗漏,应及时检查修正,特别应注意清洁工作,同时应经常检查散热器橡胶皮管和橡胶软管有无龟裂、损伤、膨胀状况,一旦发现应及时更换。

1. 散热器的清洗

冷却系统水垢沉积,将会使冷却液流量减小,散热器传热效果降低,致使发动机过热。清除水垢有以下两种方法。第一种方法是,将质量分数为 2%~3% 的氢氧化钠溶液加入发动机冷却系统中,汽车使用 1~2 天后将冷却液全部放出,并用清水冲洗,然后再加入同样的氢氧化钠溶液,汽车使用 1~2 天后再将冷却液放出,最后用清水彻底清洗冷却系统。第二种方法是,冷却系统加满清水后,从加水口向内加入 1 kg 的苏打,汽车行驶 1 天后,将冷却系统中的水放尽,再使发动机低速运转,运转时不断地从加水口加入清水,直至彻底将冷却系统冲洗干净。

2. 散热器的检查

将压力检测器装在散热器上(桑塔纳轿车发动机可使用 VW1274 专用仪器进行检查),用手动真空泵使冷却系统内部压力达约 100 kPa,然后观察压力变化。如果出现明显下降,说明冷却系统存在渗漏部位,应予以排除。堵死散热器的进、出水口,在散热器内充入 50~100 kPa 的压缩空气,并将散热器浸泡在水中,检查有无气泡冒出。如有气泡冒出,应做好记号,以便焊修。然后用手动真空泵使散热器内压力上升,当压力为 120~150 kPa 时膨胀罐上的压力阀应打开。

3. 散热器盖的检查

对于具有空气阀、蒸气阀的散热器盖,用专用压力检测器检查,散热器盖的压力阀、蒸气阀的开启压力应在规定范围内。

三、补偿水桶

现代轿车发动机冷却系统都采用了自动补偿封闭式散热器。自动补偿封闭式散热器的特点是,在散热器的右侧增设了一个补偿水桶(亦称储液罐或副水箱),用橡胶软管连接到散热器的蒸气导出口,如图 5-13 所示。

补偿水桶的作用是减少冷却液的损失:当冷却液温度升高、体积膨胀时,散热器中多余的冷却液流入补偿水桶中;当冷却液温度降低、体积收缩时,散热器内产生一定真空,补偿水桶中的冷却液又被吸回散热器中。这样散热器可以经常保持在满水状态,提高冷却效果,同时散热器上的水箱也可以做得小些,而且由于冷却液损失很小,驾驶员也不必经常检查冷却液量。补偿水桶上印有两条液面高度标记线,即"DI"(低)与"GAO"(高),或者"FULL"(充满)与"ADD"

（添加）。冷却液温度在 50 ℃ 以下时，冷却液液位不应低于"DI"（或"ADD"）线，否则需补充冷却液，补充时冷却液可从补偿水桶口加入，补充后，冷却液液位不超过"GAO"（或"FULL"）线。

四、节温器

节温器安装在冷却液循环的通路中。它根据发动机负荷的大小及冷却液温度的高低来改变冷却液的流动路线及流量，自动调节冷却系统的冷却强度，使冷却液温度保持在适宜的范围内。

1. 节温器的构造

节温器有蜡式和乙醚折叠式两种。目前汽车发动机上广泛采用的是蜡式节温器，因为它具有对水压影响不敏感、工作性能稳定、水流阻力小、结构坚固和使用寿命长等优点。

桑塔纳 2000GSi 型轿车 AJR 型发动机采用的是蜡式双阀型节温器，如图 5-14 所示。长方形的阀座与下支架铆接在一起，紧固在阀座上的中心杆的锥形端部插在橡胶管内。橡胶管与感应体之间的空腔内充满特制的石蜡。石蜡在常温下呈固态，当温度升高时，逐渐熔化，体积也随之增大。感应体上部套装在主阀门上，下端则与副阀门铆接在一起。节温器安装在水泵的下端、进水口的前部，用来控制水泵的进水量。

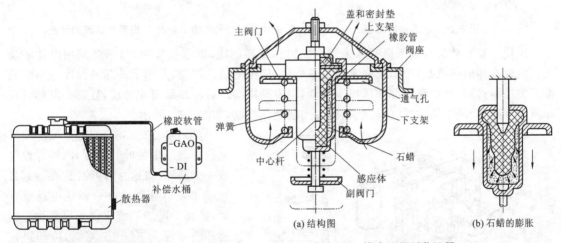

图 5-13 补偿水桶装置示意图　　图 5-14 蜡式双阀型节温器

2. 节温器的工作原理

当冷却液温度低于或为 85 ℃ 时，节温器体内的石蜡体积膨胀量尚小，故主阀门受大弹簧作用紧压在阀座上，来自散热器的水道被关闭，而副阀门则离开来自发动机的旁通道，所以冷却液便不经过散热器，只在水泵与发动机水套之间作小循环流动。这样，发动机开始工作时，冷却液快速升温，能很快暖机，在短时间内使发动机达到正常工作温度。当冷却水温度高于 85 ℃ 时，石蜡体积膨胀，使橡胶管受挤压变形，但由于中心杆是固定不动的，于是橡胶管收缩对中心杆锥形端部产生一轴向推力，迫使感应体压缩大弹簧，使主阀门逐渐开启，副阀门逐渐关闭，因而部分来自散热器的冷却水作大循环流动。随着温度升高，主阀门开大，作大循环流动的水量增多。当水温达到 105 ℃ 时，主阀全开，升程至少 7 mm，副阀门则完全关闭，全部冷却水流经散热器作大循环流动。

3. 节温器的检查

检查节温器功能是否正常：可将其置于热水中加热，观察节温器阀门开启温度和升程，如图 5-15 所示，将测量结果与标准值比较，如果不符合要求，应更换。

五、冷却风扇

冷却风扇安装在散热器的后面。冷却风扇旋转时,会产生轴向吸力,增加流过散热器的空气量,加速对流经散热器的冷却液的冷却,同时使发动机外壳及附件得到适当冷却。

(一)冷却风扇的构造

冷却风扇应风量大、效率高、振动与噪声小、消耗发动机的功率小。

传统冷却风扇一般采用钢板冲压而制成,和水泵同轴,与发电机一起由曲轴带轮通过 V 形带驱动。一般将发电机支架做成可移动式,以调节 V 形带的张紧度,如图 5-16 所示。

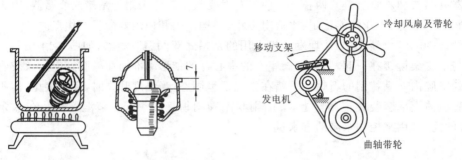

图 5-15 节温器的检查　　图 5-16 冷却风扇的驱动及 V 形带张紧度的调整

现代汽车发动机冷却风扇通常采用合成树脂材料制成,以降低噪声,且广泛采用电动驱动式。电动冷却的特点是:冷却风扇不与水泵同轴,而由电动机驱动,并由受冷却液温度作用的温控开关控制;发动机低温时冷却风扇不转动,当发动机高温后冷却风扇才转动,且某些发动机冷却风扇有高、低两个挡位,挡位的切换由专门的电路控制,如图 5-17 所示。

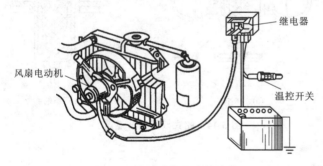

图 5-17 电动冷却风扇的结构

桑塔纳 2000GSi 型轿车 AJR 型发动机冷却风扇的叶片为 9 片,外缘设计成一个圆环,将这 9 片叶片连在一起,2 个冷却风扇分别由 2 个调速电动机带动,提高了风扇系统工作的可靠性。当冷却液温度为 84~91 ℃时,冷却风扇停转;当冷却液温度为 92~97 ℃时,冷却风扇以 2 300 r/min 的低转速运转;当冷却液温度为 99~105 ℃时,冷却风扇以 2 800 r/min 的高转速运转。

(二)冷却风扇的检修

1. 冷却风扇叶片的检查

冷却风扇叶片出现变形、弯曲及破损后,应及时更换。冷却风扇连接板强度不足或其他原因,使冷却风扇叶片向前弯曲或扭转变形,破坏了冷却风扇叶片原设计的角度,使其丧失平衡性能,这不但会影响通过散热器的空气流速和流量,降低散热器的冷却能力,而且会打坏散热器,加速水泵轴承、水封的损坏,甚至会大幅度增大冷却风扇的噪声。

2. 电动冷却风扇的检修

发动机处于热态下时,即使发动机已熄火,电动冷却风扇仍可能转动。如果冷却液温度很高但电动冷却风扇不转,应检查熔断器。若熔断器完好,则应停机检查温控开关和风扇电动机,必要时更换有关部件。

桑塔纳轿车发动机冷却系统热敏开关的检查如图5-18所示。把热敏开关拆下并放入水中加热，用万用表的电阻挡测量热敏开关的电阻。当水的温度达到92～97 ℃时，万用表应指示热敏开关导通；当水的温度降至84～91 ℃时，万用表应指示热敏开关断开，否则说明热敏开关已损坏，应予以更换。

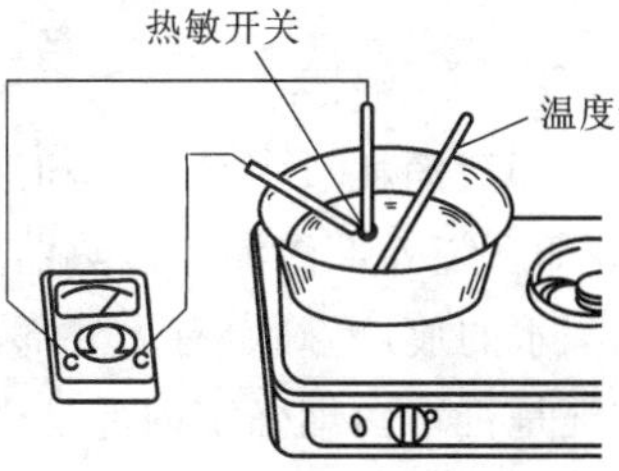

图 5-18 桑塔纳轿车发动机冷却系统热敏开关的检查

5.2.3 冷却系统常见故障分析

冷却系统的常见故障有冷却液温度过高、冷却液温度过低和冷却液消耗过多等。

一、冷却液温度过高

运行中的汽车，冷却液温度表指针经常指在100 ℃以上，且散热器伴随有"开锅"现象；燃烧室内出现"炽热点"，发动机熄火困难；汽油机易发生爆燃或早燃，柴油机易发生早燃，工作粗暴。出现这些现象，可判定发动机有冷却液温度过高的故障发生。

造成冷却液温度过高的原因及处理方法如下。

(1) 冷却液不足。按规定补充冷却液。
(2) 冷却风扇V形带松弛、沾油打滑或断裂。调整冷却风扇V形带的松紧度或更换冷却风扇传动带。
(3) 混合气过稀。调整混合气浓度。
(4) 水套和分水管积垢或堵塞。清洗水套和分水管。
(5) 水泵工作性能不良。检修或更换水泵。
(6) 点火时间不当。调整点火提前角。
(7) 燃烧室内积炭过多。清洗燃烧室。
(8) 风扇离合器接合过晚或打滑。检修或更换风扇离合器。
(9) 散热器的进水管或出水管凹瘪。检修或更换散热器水管。
(10) 节温器主阀门不能打开或打开时间过迟。检修或更换节温器。
(11) 散热器内部被水垢堵塞或外部过脏。清洗散热器。
(12) 百叶窗不能完全打开。检修百叶窗及其控制机构。
(13) 电动冷却风扇性能不良。检修或更换电动冷却风扇。
(14) 温控开关或冷却液温度传感器和控制器失效。检修或更换温控开关、冷却液温度传感器和控制器。

二、冷却液温度过低

冬季运行的汽车，在冷却液温度表和冷却液温度传感器技术状况完好的情况下，发动机达不到正常的工作温度；发动机动力不足，油耗增加。出现这些现象，可判定发动机有冷却液温度过低的故障发生。

造成冷却液温度过低的原因及处理方法如下。

(1) 百叶窗关闭不严。检修百叶窗及其控制机构。
(2) 风扇离合器接合过早。检修或更换风扇离合器。
(3) 温控开关闭合太早。检修或更换温控开关。

三、冷却液消耗过多

冷却液消耗过多是指冷却液比正常情况下消耗过快的现象。其主要原因有冷却系统内部渗漏、冷却系统外部渗漏和散热器盖的开启压力过低。当冷却液消耗过多时：通过目测检查外部有没有漏水的痕迹，确定有无外部渗漏；通过检查机油是否发白（乳化）或在发动机冷却液温度正常时排气是否冒白烟确定内部是否渗漏。此外，还可用专用手动压力测试器进行就车检测。

封闭的冷却系统，只有在冷却液过热、温度超过其沸点时才会出现冷却液消耗过多的现象。驾驶方式不当或冷却气流受到阻碍常会引起冷却液过热。一般引起冷却液过热的原因还有以下几个。

（1）冷却空气流量减小。散热器损坏、阻塞，或在散热器护栅上装了附加灯光，都会使冷却空气流量减小。

（2）冷却风扇不工作，或工作不正常。

（3）车辆行驶在陡坡上挡位太低，或行驶在长坡上，或环境温度过高。

桑塔纳2000GSi型轿车AJR型发动机冷却系统常见故障及排除方法如表5-2所示。

表5-2 桑塔纳2000GSi型轿车AJR型发动机冷却系统常见故障及排除方法

故障现象	原因	排除方法
发动机过热	冷却系统堵塞，气缸体有水垢	清洗散热器和水套
	水泵损坏	修理或更换水泵
	节温器失灵	更换节温器
	温控开关失效	更换温控开关
	风扇电动机损坏	修理或更换风扇电动机
	点火正时不准	调整点火正时
发动机温度过低	节温器失灵	更换节温器
	气温太低	遮盖散热器
冷却系统泄漏	散热器泄漏	修理散热器
	水管接头松脱或橡胶皮管、橡胶软管损坏	紧固接头或更换橡胶皮管、橡胶软管
	气缸垫渗漏	拧紧气缸盖螺栓或更换气缸垫
	气缸盖或气缸体有裂纹	修理或更换气缸盖、气缸体
工作时有噪声	水泵轴承损坏	更换水泵轴承总成
	冷却风扇叶片松脱或弯曲	紧固、修理或更换冷却风扇叶片总成
	冷却风扇V形带损坏	更换风扇V形带

5.2.4 冷却系统电控技术

在传统冷却系统中，节温器能改变水的循环流动路线，起着调节冷却强度的作用。但节温器的工作性能只受冷却液温度影响，对发动机负荷变化不敏感。发动机的性能与其冷却效果密切相关。若在部分负荷时冷却液温度较高一些，则能降低燃油消耗及有害物质的排放；若在大负荷及全负荷时冷却液温度较低一些，则进气加热作用较小，能提高发动机的性能，增加动力输出。若能依据发动机负荷使发动机在各工况下有一个适宜的温度，则能较大地改善发动机的性能,并降低有害物质的排放。于是,电控冷却系统应运而生。

一、电控冷却系统的组成

电控冷却系统由机械部分和电子控制部分组成。

(一) 机械部分的组成

机械部分的组成如图 5-19 所示。其基本部件包括水套、散热器、冷却风扇、水泵和补偿水桶,与传统冷却系统机械部分不同的是它有一个冷却液分配单元,冷却液分配单元与节温器合成一起,由发动机 ECU(电子控制单元)控制。

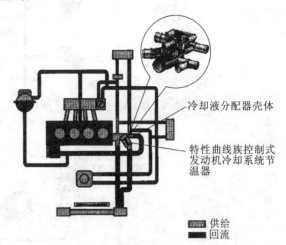

图 5-19 电控冷却系统机械部分的组成

1. 冷却液分配单元

冷却液分配单元的作用有以下两个。
(1) 连接系统各用水部件。
(2) 是安装电控节温器的基础件。

冷却液分配单元安装在发动机的后侧,其结构如图 5-20 所示。

2. 节温器

节温器的作用有以下三个。
(1) 依据发动机 ECU 的指令改变冷却液的循环路线。
(2) 控制散热器中冷却液的流量。
(3) 调节冷却强度。

节温器安装在冷却液分配单元的散热器回水管内,如图 5-21 所示。

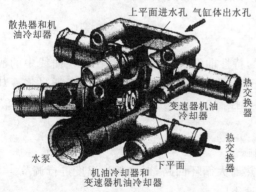

图 5-20 冷却液分配单元的结构

图 5-21 电控冷却系统节温器

由特性曲线控制的节温器在原理上相当于无控制的节温器。石蜡由于冷却液的温度而熔化成液态并且膨胀。石蜡的膨胀推动反推杆。此外,在膨胀材料元件中埋入了一个加热电阻。当发动机 ECU 对该电阻输送电能时,石蜡元件会额外升温。它不仅能通过冷却液温度对反推杆进行调节,还能通过相应的特性曲线对该反推杆进行调节。

(二) 电子控制部分的组成

电子控制部分主要由信号输入装置(传感器)、ECU 和信号输出装置(执行器)组成,如图 5-22所示。

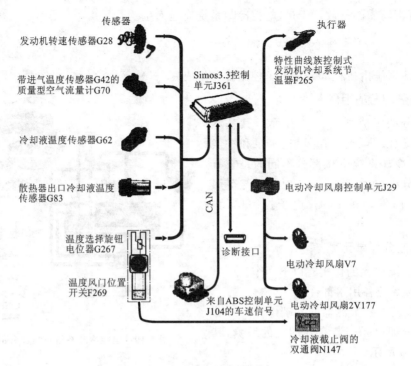

图 5-22　电控冷却系统电子控制部分的组成

1. 传感器

为了控制冷却液的温度,需要得到发动机转速、发动机负荷和冷却液温度的信息。通过发动机转速传感器测定发动机转速,通过质量型空气流量计测定发动机负荷。冷却液的实际温度是在冷却循环回路中的两个不同测量位置测得的:一是直接在发动机冷却液出口处冷却液分配器中测取的冷却液实际温度值 1;二是在散热器冷却液出口处测取的散热器冷却液实际温度值 2。

2. 电子控制单元(ECU)

发动机电子控制单元中存储了电控冷却系统的特性曲线。通过对存储在特性曲线中的额定温度与冷却液实际温度值 1 进行比较,得出供给节温器加热电阻的电能输出值。通过将冷却液实际温度值 1 和 2 进行对比,进行电动冷却风扇的控制。

3. 执行机构

执行机构根据各种计算的结果对系统进行控制。

(1) 对节温器加热电阻进行加热,以便打开散热器大循环回路,对冷却液温度进行调节。

(2) 启动散热器风扇,以辅助冷却液温度的迅速下降。

二、电控冷却系统的工作原理

发动机电子控制单元(ECU)在程序中已编有电控冷却系统的特性图,与传统的发动机 ECU 相比,其功能增加了。它接收各传感器发出的信号,经过分析、处理,驱动执行器工作,从而达到节省燃油、降低排放的目的。

1. 发动机处于冷启动、暖机和小负荷工况下时

与传统冷却系统一样,为使发动机尽快达到正常工作温度,电控冷却系统进行小循环。此时未按发动机冷却系统图进行工作。小循环回路如图 5-23 所示。

当进行小循环时,节温器做出下述调节。
(1) 关闭大阀门座,即关闭散热器的回流管路。
(2) 打开小阀门座,使冷却液经过冷却液分配单元流向水泵。
此时,发动机冷却系统尚未开始工作。

当发动机处于暖机后的小负荷下时,冷却液温度为 95~110 ℃。冷却液温度较高,降低了燃油消耗,减少了有害物质的排放。

2. 发动机处于大负荷及全负荷工况下时

当发动机处于大负荷及全负荷运转时,要求有较高的冷却能力。电子控制单元根据传感器信号得出的计算值对温度调节单元加载电压,溶解石蜡,使大阀门座打开,接通大循环回路(见图 5-24),同时切断小循环通道,切断小循环回路。

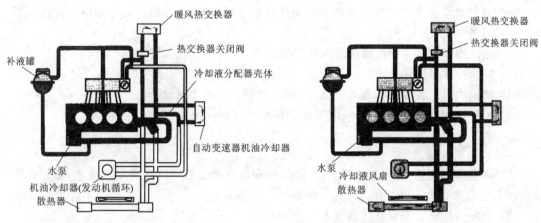

图 5-23 电控冷却系统小循环回路　　　　　图 5-24 电控冷却系统大循环回路

大循环回路既可在冷却液温度达到 110 ℃ 时通过冷却液调节器中的节温器接通,也可根据负荷情况通过特性曲线接通。
(1) 打开大阀门座,即打开通向水泵的散热器回流管路。
(2) 关闭小阀门座,即关闭从发动机到水泵的直接通道。
通过对膨胀材料元件进行加热,在 85~95 ℃ 的冷却液低温区出现满负荷时,节温器已经打开。为了辅助冷却,必要时将电动冷却风扇开启。

当发动机处于大负荷及全负荷工况下时,冷却液温度为 85~95 ℃。冷却液温度低,对进气的加热作用小,提高了发动机的动力。

5.2.5 冷却系统的维护

为保证发动机冷却系统正常工作,防止发动机在大负荷下工作时间过长,必须注意以下几点。

(1) 保持冷却系统尤其是散热器外部和内部清洁,是提高散热效能的重要条件。散热器外部沾有泥污或碰撞变形,均会影响风量流通,使冷却液温度过高,必要时应清洗或修复散热器。
(2) 按规定使用防冻冷却液,保持冷却液数量充足,冷却液液位正常。
(3) 应保持冷却风扇 V 形带张紧力适当,冷却风扇正常工作。冷却风扇 V 形带过松影响水循环,加剧其磨损;过紧易损坏轴承。
(4) 热敏开关连接良好。热敏开关有松动会影响风扇换挡变速及正常运转。如果发现冷却系统溢水,应及时检查节温器技术状况。

(5) 防止发动机大负荷、长时间工作,以免冷却液温度过高。汽车上坡时应及时换挡,以减轻负荷。汽车长时间坡道行驶、挡位低或是环境温度较高时,应注意散热。

一、更换冷却液

1. 冷却液的排放

(1) 将仪表板上的暖风开关拨至右端,打开暖风控制阀。
(2) 在冷却液储罐盖子上盖一块抹布,小心地旋开冷却液储罐盖子。
(3) 在发动机下放置一个干净的收集盘。
(4) 松开卡箍,拔下散热器的下水管,放出冷却液。

2. 冷却液的加注

冷却液储罐上有两条刻线。当冷却液液位降到下刻线时,应及时补充冷却液。应按以下步骤加注冷却液。

(1) 加注冷却液至冷却液储罐最高标记处。
(2) 旋紧冷却液储罐盖子。
(3) 使发动机运转 5 min,检查冷却液液位,并使之达到上刻线。
(4) 经常检查冷却液液位,必要时加注冷却液到最高标记处。

二、检查密封性

(1) 将发动机预热,打开散热器盖。注意,打开散热器盖时可能会有蒸气喷出,必须在膨胀水箱盖上包上抹布小心地拧开。
(2) 将压力检测器安装到散热器上。
(3) 使用手动真空泵产生约 0.1 MPa 的压力。
(4) 保持 10 s,并观察压力表。如果压力下降,应找出泄漏部位并排除故障。

三、清除水垢

多采用酸洗法和碱洗法清除水垢。通过酸或碱,使水垢转变为可溶性物质。水垢有呈酸性和呈碱性之分,故应根据水垢的性质选择酸或碱溶液。碳酸类水垢,用氢氧化钠溶液或盐酸溶液清洗;硫酸盐类水垢,不易直接溶解于盐酸溶液,可先用碳酸钠溶液处理,然后再用盐酸溶液清除;硅酸盐类水垢,一般用质量分数为 2%～3% 的氢氧化钠溶液清洗,若用盐酸溶液清洗,应添加氟化钠或氟化铵,使硅酸盐变成溶解于盐酸的硅胶,由于硅胶易附着于水垢表面,为此,还必须采取循环酸洗来清除水垢。

1. 散热器的清洗

散热器由铜金属制成,可先在质量分数为 2%～3% 的氢氧化钠溶液中将其浸泡 8～10 h,然后用热水冲洗几次,以洗净散热器内残余的碱质。因为碱对铜质散热管和散热片及钎焊焊缝具有强烈的腐蚀性,近年来,多采取酸洗法清洗散热器。

2. 铝合金气缸盖和气缸体的清洗

铝金属不能用氢氧化钠溶液清洗,以免生成铝酸钠或氯化铝,使气缸盖或和气缸体遭到腐蚀。可在 1 L 水中加入 100 g 磷酸,然后再加入 50 g 铬酸并搅拌,将溶液加热到 30 ℃,把要清洗的铝合金气缸盖和气缸体置于溶液中浸泡 30～60 min。

从清洗槽中取出铝合金气缸盖和气缸体,用清水冲洗,再置于 80～100 ℃ 质量分数为 0.3% 的铬酸钾溶液中浸洗以防锈。

3. 铸铁气缸体和气缸盖的清洗

在质量分数为 8%～10% 的盐酸溶液中添加 2～3 g 缓蚀剂六亚甲基四胺。将气缸盖出水管中的节温器拆除，按技术要求将气缸盖装到气缸体上并将螺栓按规定力矩拧紧，从出水管口加入清洗溶液（需先将气缸体的进水口封闭），然后将气缸盖和气缸体放入水槽中加热，加热温度保持在 60～70 ℃，浸洗 1 h。放出盐酸溶液后，再用清水按冷却系统中冷盐水逆流方向清洗，冲出脱下的水垢等污物。然后将质量分数为 2%～3% 的氢氧化钠溶液加入气缸体水套中，并保留 10 min 以中和残留在水套内的酸液。放出氢氧化钠溶液之后，用清水反复冲洗冷却系统水道，直至将水道内清洗液冲洗干净。

5.3 项目实施

一、冷却系统的认识

1. 实训目标

能正确辨识发动机冷却系统主要部件及大、小循环路线。

2. 实训设备

实训用车。

3. 实训步骤

（1）在实车上找到散热器、冷却风扇及其电动机、补水箱、水泵、节温器和冷却水管等冷却系统主要部件。

（2）指出发动机冷却液大、小循环路线。

二、冷却系统主要部件检测

1. 实训目标

能正确辨识发动机冷却系统主要部件及大、小循环路线。

2. 实训设备

实训用车、解体后的 1ZR 发动机台架 4 台、维修手册 4 本、常用和专用工具 4 套。

3. 实训步骤

1）冷却液检查

（1）冷却液液位检查。

发动机冷却后，检查并确认冷却液液位在"FULL"和"LOW"或"GAO"和"DI"刻度线之间，如图 5-25 所示。

如果发动机冷却液液位低于"LOW"或"DI"刻度线，检查冷却液是否泄漏，并添加冷却液到"FULL"或"GAO"刻度线。

（2）检查冷却液是否泄漏（见图 5-26）。

为避免烫伤，不要在发动机和散热器总成仍然很烫时拆下散热器盖。

① 向散热器总成中注满发动机冷却液，然后连接散热器盖压力检测器。

② 泵压至 108 kPa，然后检查并确认压力没有降低。如果压力下降，检查橡胶软管、散热器总成和水泵总成是否泄漏。如果发动机外部没有冷却液泄漏痕迹，则检查加热器芯、气缸体和

气缸盖。

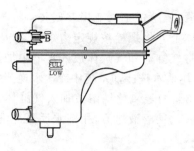
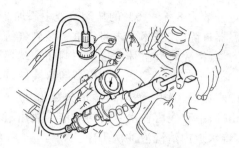

图 5-25 冷却液液位检查　　　　图 5-26 检查冷却液是否泄漏

（3）检查冷却液质量。

① 拆下散热器盖，注意事项同上。

② 检查散热器盖和散热器注水口周围是否有过多积锈和水垢。发动机冷却液中应没有机油。如果冷却液过脏，则更换冷却液。

③ 重新安装散热器盖。

2）检查节温器

如图 5-27(a)所示，阀门开启温度刻在节温器上。

① 将节温器浸入水中后，逐渐将水加热，如图 5-27(b)所示。

② 检查节温器阀开启温度。

阀门开启温度为 80～84 ℃。如果阀门开启温度不符合规定，则更换节温器。

③ 检查阀门升程。

当节温器处于 95 ℃下时（见图 5-27(c)），阀门升程为 10 mm 或更大。

如果阀门升程不符合规定，则更换节温器。

④ 当节温器处于低温(低于 77 ℃)时，检查并确认阀门全关。

如果阀门不能全关，则更换节温器。

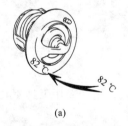
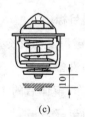

(a)　　　　　　(b)　　　　　　(c)

图 5-27 检查节温器

课 后 自 测

1. 冷却系统的作用是什么？
2. 冷却系统的循环路线是什么？大、小循环分别在什么情况下启用？
3. 水冷系统中有哪些冷却强度调节方法？
4. 具有空气阀、蒸气阀的散热器盖的工作原理是什么？
5. 补偿水桶有什么作用？
6. 冷却系统各部件的检修方法有哪些？
7. 冷却系统的常见故障有哪些？简述故障原因和排除方法。

项目 6　汽油机燃料供给系统的认识与检修

6.1　项目描述

通过本项目的学习,认识和检测汽油机燃料供给系统,并达到以下要求。

1. 知识要求

(1) 掌握汽油机燃料供给系统的总体构造,熟悉其类型和汽油机燃烧相关知识。
(2) 掌握汽油机进气系统、燃油供给系统、排气系统、电子控制系统主要部件的功能和工作原理。
(3) 掌握汽油机进气系统、燃油供给系统、排气系统、电子控制系统主要部件的检测方法,熟悉汽油机燃料供给系统故障诊断方法。

2. 技能要求

(1) 能辨识汽油机燃料供给系统的主要部件。
(2) 能使用检测设备对汽油机燃料供给系统的主要部件进行检测。
(3) 能对汽油机燃料供给系统的常见简单故障进行诊断。

3. 素质要求

(1) 保持实训场地清洁,及时清扫垃圾,树立团队意识,培养协作精神。
(2) 安全文明生产,保证设备和自身安全。

6.2　知识学习

6.2.1　汽油机燃料供给系统概述

一、汽油机燃料供给系统的作用和类型

汽油机燃料供给系统的作用是,储存、输送清洁燃料,根据发动机不同工况的要求,配制一定质量和浓度的可燃混合气至气缸,并在燃烧做功后,将燃烧产生的废气排至大气中。

汽油机燃料供给系统有化油器燃料供给系统和电控汽油喷射式燃料供给系统两大类型。化油器式燃料供给系统已逐渐退出舞台,目前汽车发动机广泛采用电控汽油喷射式燃料供给系统。本项目着重介绍电控汽油喷射式燃料供给系统。

二、汽油的概述

(一) 汽油的组成及主要性能指标

1. 汽油的组成

汽油与柴油都是用石油炼制的。石油主要包含了碳和氢两种元素,是各种烃的混合物。每种烃所含碳原子和氢原子的数目和排列方式不同,其沸点各不相同。因而,用简单的蒸馏法即可将不同沸点范围内的烃分离出来,即将石油加热蒸馏,将引出的油蒸气再冷凝,可得到不同的油料。例如:加热范围为40～250 ℃馏出的油料称为汽油,汽油各种烃碳原子的个数为5～9个;加热范围为130～250 ℃的馏出物称为煤油,煤油各种烃碳原子的个数为9～15个;加热范围为250～365 ℃的馏出物称为柴油,柴油中烃碳原子的个数为15～18个;加热范围为300～500 ℃的馏出物称为润滑油;加热温度大于500 ℃的馏出物是重油;剩余的是难以挥发的油渣和沥青。这种炼油方法称为直馏法。利用直馏法取得的汽油和柴油只占石油总重的25%～40%。

为了从石油中提取更多的汽油和柴油,常使用裂化法,将分子量大的烃裂化为分子量较小的烃。通过加温加压的方法裂化称为热裂化法,使用触媒进行裂化称为催化裂化法。

直馏汽油和直馏柴油的稳定性好,储存过程中不易产生胶质,但只能适用于压缩比较低的发动机。

裂化汽油适用于高压缩比的发动机。催化裂化柴油性能较好,可作高品质的柴油使用。

2. 汽油的主要性能指标

汽油的使用性能指标主要有蒸发性和抗爆性。这两个指标对发动机性能的影响很大。

1) 汽油的蒸发性

汽油应该是快速地、无杂质地蒸发。汽油蒸发性的衡量指标是10%、50%、90%蒸发温度。

10%蒸发温度标志汽油的启动性。该温度低,汽油的启动性好,但太低了容易引起气阻,汽油在汽油箱中蒸发损失增加。该温度太高,则冷启动困难。

50%蒸发温度标志汽油的平均蒸发性。该温度低,可以缩短暖车时间。该温度太高,则汽油机冷机的过渡特性差。

90%蒸发温度标志汽油中含有难以蒸发的重质成分,该温度太高,在燃烧室内易形成杂质,并稀释润滑油。

2) 汽油的抗爆性

抗爆性是指汽油在燃烧室内燃烧时抵抗爆燃的能力,其评定指标是辛烷值。在汽油燃烧过程中,随着压缩比及气缸内气体温度的提高,可能出现一种不正常的自燃现象,称为爆震燃烧,简称爆燃。汽油的辛烷值越高,抗爆性越强,越能承受较高的压缩比而不发生爆燃,有利于提高汽油机的经济性。

燃料的品质是影响爆燃的重要因素。为提高汽油的辛烷值,过去常在汽油中添加少量的四乙铅抗爆剂,四乙铅抗爆剂能产生显著的抗爆效应。但四乙铅抗爆剂有毒:一方面,会产生铅毒并排入大气,直接危害环境;另一方面,会导致排气催化净化器迅速失效。因此目前禁止使用四乙铅抗爆剂。

测定汽油的辛烷值可采用马达法或研究法。

3) 国产汽油的规格

据2013年颁布的标准,车用汽油有89号、92号和98号三种牌号,牌号数字表示用研究法测定的辛烷值。

三、汽油机的燃烧过程

汽油机的燃烧过程包括着火和燃烧两个部分。从压缩行程上止点前火花塞点火开始到膨胀行程燃料基本上烧完为止,燃烧持续较短(占25°～40°曲轴转角)。

燃烧是燃油中的碳原子和氢原子与空气中的氧原子发生剧烈氧化反应的过程,并伴有发热、发光的现象。假设氮在燃烧前后不参加化学反应,则完全燃烧的最终产物只有CO_2、H_2O和N_2。

(一)汽油机的着火

汽油和空气形成的可燃混合气必须经过着火阶段才能燃烧。着火,是指混合气的氧化反应加速、温度升高以致引起空间某一位置最终有火焰出现的过程。汽油机采用火花塞点火的方式使可燃混合气着火。

在火花塞点火之前,气缸内已形成均匀混合气,混合气被缸壁和残余废气加热,被压缩后其压力与温度升高,并产生缓慢的分解和氧化,处于容易着火的状态。在火花塞电极间跳火,经历了高温着火后,混合气在已燃气体与未燃的工质之间的一个很窄的范围(火焰前锋)内通过活化分子的传热和对流而燃烧放热。在燃烧室的形状没有很大偏差及工质基本处于静止的状态下,火焰基本上呈近似球面的形状向外扩展。但实际上,燃烧室的形状影响工质的涡流运动,从而影响火焰的扩散,改变火焰前锋的形状。

点火能否成功,与火花塞点火放出的热量大小和混合气的浓度高低有关。火花塞点火放出的热量太小,混合气的浓度过浓或过稀,火焰均不能传播。汽油机混合气浓度的着火界限一般为0.5~1.3。

(二)正常燃烧过程

为了提高汽油机的动力性和经济性,充入气缸的可燃混合气的燃烧应完全、及时和正常。因为只有可燃混合气完全燃烧,才能充分利用燃油的热能;只有可燃混合气及时燃烧,在上止点后12°~18°曲轴转角内燃烧完毕,才能使燃气具有更高的温度和压力,对活塞的推力大,使热能更多地转变为机械能;只有可燃混合气正常燃烧,才能保持发动机稳定、可靠地工作。

图6-1所示为汽油机工作过程中气缸内压力的变化曲线。图中虚线表示不点火时的情况,实线表示点火时的情况。根据压力变化的特征,燃烧过程分为三个阶段,即着火延迟期、急燃期和补燃期。

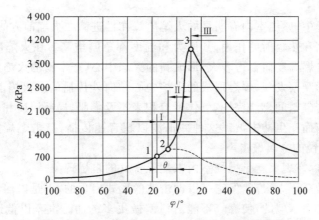

图6-1 汽油机工作过程中气缸内压力的变化曲线

Ⅰ—着火延迟期;Ⅱ—急燃期;Ⅲ—补燃期;θ—点火提前角;
1—开始点火;2—形成火焰中心;3—最高压力点

1. 着火延迟期

气缸内的混合气的压力和温度在压缩过程中进一步提高,加速了氧化反应的速度。但是,由于汽油机的压缩比较低和混合气的自燃温度比较高,混合气不容易自燃。在压缩到接近上止点的时候,火花塞电极间跳火(θ为点火提前角),火花能量使电极附近的混合气的氧化反应加快,所放出的热量使该局部混合气温度迅速升高,这又会使局部氧化进一步加快。这种反应进行到一定程度,就会出现发火区,形成火焰中心。从火花塞电极间跳火(点1)起,到形成火焰中心(点2)为止的这段时间,称为着火延迟期。图中用Ⅰ表示,由于只是在火焰中心附近的局部范围内有剧烈的氧化反应,因而图中的压力线没有明显地偏离压缩线,即没有明显的压力升高现象。

2. 急燃期

从火焰中心形成起,火焰前锋以 20~30 m/s 的速度,以近似球面的形状向未燃混合气推进,直到火焰掠过整个燃烧室,主要部分混合气燃烧完毕,出现最高压力(点 3)为止。这段时间称为急燃期,图中用Ⅱ表示。

急燃期是燃烧过程的主要阶段,它对发动机性能影响很大。实践证明,以曲轴转角计算的压力升高率为 170~240 kPa/°,且火焰中心形成在上止点前 12°~15° 曲轴转角,最高压力出现在上止点后 12°~18° 曲轴转角时,示功图有最大面积,循环功最大。这时对应的点火提前角 θ,称为最佳点火提前角。

3. 补燃期

混合气中汽油蒸发不良及与空气混合不均匀时,部分颗粒较大的燃油在火焰前锋掠过时,只是表层燃油被燃烧,未燃的部分需要在补燃期内燃烧。此外,燃烧产物 CO_2、H_2O 中有少部分在高温的作用下会分解为 H_2、O_2 和 CO 等产物,这称为热分解现象。在膨胀过程中,因工质温度下降,热分解产物又可继续燃烧、放热。这就形成了补燃期,图中用Ⅲ表示。

补燃是在活塞下行中进行的,这时气缸容积已明显扩大,故补燃产生的热量不能有效地转变为功,反而使排气温度增加,热效率下降。因此,希望尽可能地减少补燃。

(三)不正常燃烧

汽油机的不正常燃烧,包括爆震燃烧和表面点火。

1. 爆震燃烧(简称爆燃)

(1)现象与危害。

汽油机燃烧过程中,燃烧室内有明显的火焰前锋在推进。在火焰前方的未燃混合气受到已燃混合气强烈的压缩和热辐射的作用,其压力和温度都急剧增高。在火焰前锋到达以前,未燃混合气已达到它的自燃温度而自行着火,形成新的火焰中心,产生新的火焰传播,这种现象称为爆燃。进行高速摄影观察发现,爆燃形成的火焰中心是向外传播的。火焰前锋的速度达 100~300 m/s,使未燃混合气瞬间燃烧完毕,气体的容积来不及膨胀,局部温度和压力猛烈增加,和周围的气体压力不平衡而产生冲击波。这种冲击波以超音速传播,撞击燃烧室壁,发出频率达 3 000~5 000 Hz 的尖锐的金属敲击声。

因而,汽油机的爆燃现象就是燃烧室内末端混合气的自燃现象。

虽然爆燃时的最高压力很高,但它是以冲击波的形式出现的,不是以均匀压力推动活塞,而是像用榔头不断敲击活塞似的,使燃气不能对活塞做更多的功。汽车以低速上坡时,允许有很轻微的短时间的爆燃。因为轻微的爆燃可以使燃烧过程缩短,有利于提高有效功率,但是不允许严重的爆燃,严重的爆燃会有下列危害。

① 机件过载。

强烈爆燃时的冲击波使气缸壁、气缸盖、活塞、连杆、曲轴等机件过载,使机件变形,甚至使机件损坏。

② 机件烧损。

爆燃时,汽油机燃烧终了时的温度可达 2 000~2 500 ℃,而活塞顶、燃烧室壁及气缸壁的温度仅为 200~300 ℃。除了冷却水的作用外,能够维持这样低温度的原因是,在这些壁面上形成了气体的附面层,它起到了隔热的作用。强烈爆燃的冲击波会破坏这一附面层,使机件直接与高温燃气接触,而严重爆燃时局部燃气温度可达到 4 000 ℃ 以上,使活塞头部和气门等机件烧损。

③ 性能指标下降。

严重爆燃时的局部高温,导致产生严重的热分解现象,燃烧产物分解为 CO、H_2、O_2、NO 和游离碳的现象增多。游离碳已不能再燃烧,形成排气冒烟。CO、H_2 和 O_2 等在膨胀过程中重新燃烧,使补燃增加,排气温度增高,附面层破坏,向气缸壁散出的热量增加,发动机过热,有效功率降低,有效耗油率增加。

严重爆燃时,即使机件没有损坏,其使用寿命也会降低。试验表明,严重爆燃时气缸的磨损量比正常燃烧时大 27 倍左右。

在发动机的设计和使用中,应采取各种措施来防止爆燃的产生。

(2) 预防措施。

预防发动机产生爆燃的措施主要有:使用抗爆性强的汽油可以避免爆燃的产生;在汽油中加入少量抗爆添加剂,可提高汽油的辛烷值,使其抗爆性增强,但现在已严格控制加铅汽油的使用;使用中应根据发动机的压缩比选用相应牌号的汽油。另外,也可以通过改变结构因素,如减小压缩比、采用双火花塞等,以及改变运行因素,如负荷、转速等,预防发动机产生爆燃。

2. 表面点火

不靠火花塞点火而由燃烧室内炽热物点燃混合气的燃烧现象,称为表面点火。它是由燃烧室内炽热物作为点火源而形成的新的着火现象,是一种不正常的燃烧现象。燃烧室内炽热物有过热的火花塞电极、热的排气门和热的燃烧表面沉积物等。由表面点火产生的新的火焰前锋也以正常的速度传播。

在正常火花塞点火前的表面点火称为"早火",在正常火花塞点火后的表面点火称为"后火"。

表面点火的结果是,使得气缸内压力急剧升高,噪声加强,向活塞、气缸壁的传热增加,活塞与气缸套间结焦,"早火"相当于将点火提前角提前,"后火"虽有可能加快燃烧速度,但是,表面点火的最大问题是点火具有无规律性,这将导致燃烧过程的不稳定与工作过程的粗暴,使动力性、经济性都受到影响。避免表面点火的有效措施是采用低馏程的燃料与不易结焦的润滑油。

表面点火不同于爆燃,表面点火是由于热表面点燃混合气而导致的,而爆燃则是由于燃烧室内末端混合气的自燃产生的。爆燃与表面点火之间又相互影响,表面点火会导致产生爆燃。

四、车用汽油机对可燃混合气浓度的要求

(一) 可燃混合气浓度

汽油在燃烧前必须与空气形成可燃混合气。可燃混合气是燃料与空气混合,并处于能够着火燃烧的浓度界限范围内的混合气。可燃混合气中燃料含量的多少称为可燃混合气浓度。可燃混合气浓度有两种表示方法,即过量空气系数 a 和空燃比 A/F。

过量空气系数是理论上燃烧 1 kg 燃料实际供给的空气质量与理论上完全燃烧 1 kg 燃料时所需要的空气质量之比。由此可知,$a=1$ 的可燃混合气称为理论混合气(或标准混合气),$a<1$ 的可燃混合气称为浓混合气,$a>1$ 的可燃混合气称为稀混合气。

空燃比是燃烧时空气质量与燃料质量之比。理论上,1 kg 汽油完全燃烧需要 14.7 kg 空气,故空燃比 A/F=14.7 的可燃混合气称为理论混合气,A/F<14.7 的可燃混合气称为浓混合气,A/F>14.7 的可燃混合气称为稀混合气。

(二) 可燃混合气浓度对发动机性能的影响

可燃混合气浓度直接影响发动机的工作性能,各种浓度的可燃混合气在燃烧时有如下特点。

1. 理论混合气($a=1$)

这只是理论上完全燃烧的混合比,实际上这种成分的混合气在气缸中不能得到完全的燃烧,主要原因有以下两个。

(1) 由于混合时间和空间的限制,气缸中混合气不可能是均匀分布的,这有可能导致部分燃料来不及和空气混合就排出气缸。

(2) 由于气缸中总有一小部分的废气排不出去,阻碍了汽油分子与空气分子的结合,影响了火焰中心的形成和火焰的传播。

2. 稀混合气($a>1$)

稀混合气为实际上可能完全燃烧的混合气,可保证所有汽油分子获得足够的空气而完全燃烧。因而稀混合气的经济性最好,又称经济混合气。稀混合气的 a 值多在 1.05～1.15 范围内。稀混合气的缺点是,空气过量后燃烧速度放慢,热量损失加大,平均有效压力和汽油机功率稍有下降。

若混合气过稀($a>1.15$),因空气量过多,燃烧速度过慢,热量损失过大,将导致汽油机过热,加速性能变坏。

3. 浓混合气($a<1$)

因汽油的含量较多,汽油分子密集,火焰传播快,可保证汽油分子迅速找到空气中的氧分子并与其相结合而燃烧。a 值在 0.85～0.95 范围内时,燃烧速度最快,热量损失小,平均有效压力和汽油机功率大。因此,浓混合气又称功率成分混合气。

浓混合气燃烧不完全,经济性较低。

过浓的混合气($a<0.88$)由于燃烧不完全,产生大量的一氧化碳,在高温高压的作用下析出自由碳,导致汽油机排气冒烟、放炮、燃烧室积炭、功率下降、耗油量显著增大和排放污染严重。

(三) 车用汽油机对可燃混合气浓度的要求

发动机工作情况简称发动机工况,由转速和负荷两个因素决定。发动机的负荷是指汽车施加给发动机的阻力矩,即发动机为平衡阻力矩而应输出的转矩。由于发动机的转矩随节气门的开度而变化,所以也可用节气门的开度代表负荷的大小,负荷多用百分数来表示。车用发动机工况变化范围很大,转速可以从最低转速变到最高转速,负荷由 0 变为 100%,且工况有时变化非常迅速。车用发动机在各种使用工况下对混合气成分的要求各不相同。

1. 稳定工况对混合气成分的要求

稳定工况是指发动机已经预热,转入正常运转状态,并且在一定时间内工况没有突然变化。它可分为怠速、小负荷、中等负荷、大负荷及全负荷等四种。

1) 怠速工况

怠速是指发动机对外无功率输出,做功行程产生的动力只用以克服发动机的内部阻力,使发动机保持以最低转速稳定运转。汽油机怠速转速一般为 400～800 r/min,转速很低,空气流速也低,使得汽油雾化不良,与空气的混合也很不均匀。另一方面,节气门开度很小,吸入气缸内的可燃混合气量很小,同时又受到气缸内残余废气的冲淡作用,混合气的燃烧速度变慢,因而发动机动力不足、燃烧不良,甚至熄火。因此,在怠速工况下,要求提供较浓的可燃混合气,$a=0.6～0.8$。

2) 小负荷工况

在 25% 以下的发动机负荷称为小负荷。当发动机处于小负荷工况下时,节气门开度较小,进入气缸内的可燃混合气量较小,而上一循环残留在气缸中的废气在气缸内气体中所占的比例相对较大,不利于燃烧,因此必须供给较浓的可燃混合气,$a=0.7～0.9$。

3) 中等负荷工况

在25%～85%的发动机负荷称为中等负荷。发动机在大部分工作时间处于中等负荷工况,所以以经济性要求为主。当发动机处于中等负荷工况下时,节气门开度中等,故应供给接近于相应耗油率最小的 a 值的可燃混合气,即 $a=0.9\sim1.1$,这样,功率损失不多,节油效果却很显著。

4) 大负荷及全负荷工况

在85%～100%的发动机负荷称为大负荷及全负荷。此时应以动力性为前提,要求发出最大功率 P_{emax},故要求供给实现 P_{emax} 的可燃混合气, $a=0.85\sim0.95$。

2. 过渡工况对可燃混合气成分的要求

汽车在运行中常遇到的过渡工况有冷启动工况、暖机工况和加速工况三种。

1) 冷启动工况

发动机冷启动时,可燃混合气得不到足够的预热,汽油蒸发困难。同时,发动机曲轴转速低,雾化及汽化条件不好,大部分混合物在进气管内形成油膜,不能随气流进入气缸,因而气缸内的可燃混合气过稀,无法引燃。因此,要求供给极浓的可燃混合气进行补偿,从而使进入气缸的可燃混合气有足够的汽油蒸气,以保证发动机得以启动。冷启动工况要求供给的可燃混合气成分为 $a=0.2\sim0.6$。

2) 暖机工况

暖机是指发动机冷启动后,各气缸开始依次点火而自行继续运转,使发动机的温度逐渐升高到正常值,发动机能稳定地进行怠速运转的过程。在此期间,可燃混合气的浓度随温度升高而减小,从启动时的极浓减小到稳定怠速运转所要求的浓度。

3) 加速工况

发动机的加速是指发动机负荷突然迅速增加的过程。当驾驶员猛踩加速踏板时,节气门开度突然加大,此时空气流量和流速随之增大,致使可燃混合气过稀。另外,在节气门急开时,进气管内压力骤然升高,同时由于冷空气来不及预热,进气管内温度降低,不利于汽油的蒸发,致使汽油的蒸发量减少,造成可燃混合气过稀,结果导致发动机不能实现立即加速,甚至有时还会发生熄火现象。

为了改善这种情况,必须在节气门突然开大时,强制多供油,额外增加供油量,及时使可燃混合气加浓到足够的程度。

从以上分析可以看出,发动机的运转情况是复杂的,各种运转情况对可燃混合气的成分要求不同:启动、怠速、大负荷及全负荷、加速运转时,要求供给浓混合气($a<1$);中负荷运转时,随着节气门开度由小变大,要求供给由浓逐渐变稀的可燃混合气($a=0.9\sim1.1$)。

五、电控汽油喷射式燃料供给系统概述

电控汽油喷射式燃料供给系统(EFI系统)利用安装在发动机不同部位上的各种传感器所测得的工作参数,按电子控制单元中设定的控制程序,通过对汽油喷射时间进行控制调节喷油量,从而改变可燃混合气浓度,使发动机在各种工况下都能获得与所处工况相匹配的最佳空燃比。

(一) 电控汽油喷射式燃料供给系统的组成

尽管电控汽油喷射形式多样,但它们都具有相同的控制原则,即以电子控制单元为控制核心,以空气流量和发动机转速为控制基础,以喷油器为控制对象,保证发动机在各种工况下获得最佳的可燃混合气浓度,以满足发动机动力性、经济性和排放要求。相同的控制原则决定了各类电控汽油喷射式燃料供给系统具有相同的组成和类似的结构,如图6-2和图6-3所示。

电控汽油喷射式燃料供给系统由进气系统、燃油供给系统、排气系统和电子控制系统组成。

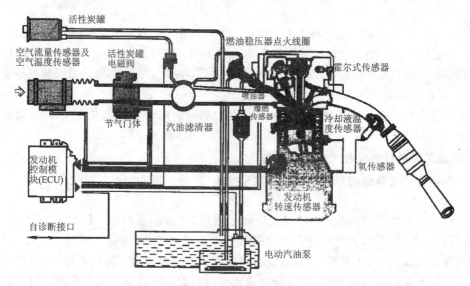

图 6-2 电控汽油喷射式燃料供给系统的结构

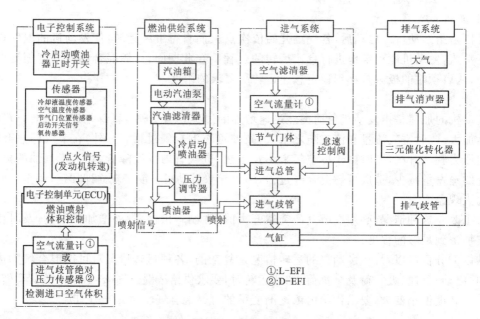

图 6-3 电控汽油喷射式燃料供给系统的组成

（二）电控汽油喷射式燃料供给系统的类型

电控汽油喷射式燃料供给系统的分类如图 6-4 所示。

1. 按对进入气缸空气量的检测方式分

电控汽油喷射式燃料供给系统必须对进入气缸的空气量进行精确计量，才能对喷油量进行精确控制，从而实现空燃比的高精度控制。按对进入气缸的空气量的检测方式分，电控汽油喷射式燃料供给系统分为直接检测型和间接检测型。

1）直接检测型（简称 L 型）喷射系统

直接检测型喷射系统采用空气流量计直接测量单位时间的发动机吸入的空气量。然后，电子控制单元根据发动机的转速计算每一循环的空气量，并由此计算出循环基本喷油量。直接检测型对进入气缸的空气量的检测方式包括体积流量方式和质量流量方式两种。

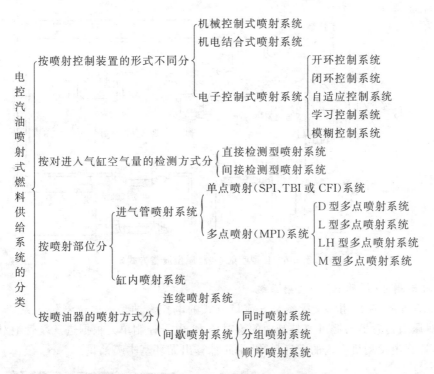

图 6-4　电控汽油喷射式燃料供给系统的分类

（1）体积流量方式如图 6-5 所示。它利用翼片式空气流量计或卡门旋涡式空气流量计，直接测量单位时间内发动机吸入的空气体积流量。电子控制单元根据已测出的空气体积和发动机转速，计算出每一循环的进气空气体积流量，并进行大气压力和进气温度修正，然后计算出循环基本喷油量。这种检测方式测量精度较高，有利于提高可燃混合气空燃比的控制精度，但存在需要进行大气压力和进气温度修正等缺点。

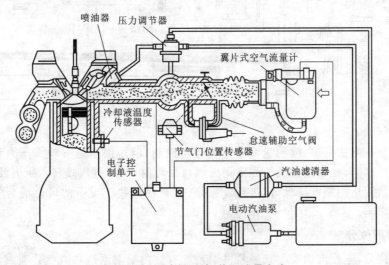

图 6-5　L 型喷射系统（体积流量方式）

（2）质量流量方式如图 6-6 所示。它利用热线式空气流量计或热膜式空气流量计，直接测量单位时间发动机吸入的空气质量流量。电子控制单元根据已测出的空气质量和发动机转速，计算出每一循环的进气空气质量流量，然后计算出循环基本喷油量。这种检测方式测量精度高、响应速度快、结构紧凑，而且由于其测出的是空气质量，因此，不需要进行大气压力和进气温度修正。

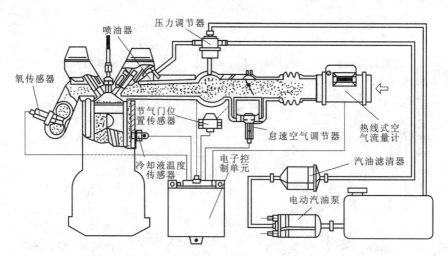

图 6-6　L 型喷射系统（质量流量方式）

2）间接检测型（简称 D 型）喷射系统

如图 6-7 所示，在采用间接检测空气流量方式的电控汽油喷射式燃料供给系统中，利用进气歧管绝对压力传感器检测进气歧管内的绝对压力，电子控制单元根据进气歧管绝对压力和发动机转速，计算出发动机吸入的空气量，并由此计算出循环基本喷油量。

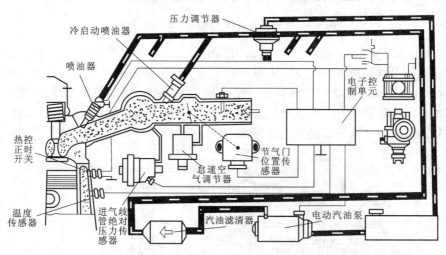

图 6-7　D 型喷射系统

这种方式测量方法简单，喷油量调整精度容易控制，但是由于进气歧管压力和进气量之间的函数关系比较复杂，在过渡工况下和采用废气再循环时，由于进气歧管内压力波动较大，在这些工况下空气量测量的精度较低，需进行流量修正，对在这些工况下的可燃混合气空燃比精确控制造成不利影响。

2. 按喷射部位分

按喷射部位分，电控汽油喷射式燃料供给系统有缸内喷射系统和进气管喷射系统两种。

1）缸内喷射（GDI）系统

如图 6-8 所示，将高压燃油直接喷到气缸内。这种喷射技术使用特殊的喷油器，燃油喷雾效果更好，并可在缸内产生浓度渐变的分层混合气（从火花塞往外逐渐变稀）。因此可以用超稀的混合气（怠速时可达 40∶1）工作，油耗和排放也远远低于普通汽油机。此外这种喷射方式使混合气的体积减小、温度降低，爆燃的倾向减小，发动机的压缩比与进气管喷射相比大大提高。

但喷油器直接安装在气缸盖上,必须能够承受燃烧产生的高温、高压,且受发动机结构的限制,使用较少。比较典型的缸内喷射系统有福特 PROCO 的缸内喷射系统、丰田 D-4 的缸内喷射系统和三菱 4G 的缸内喷射系统。

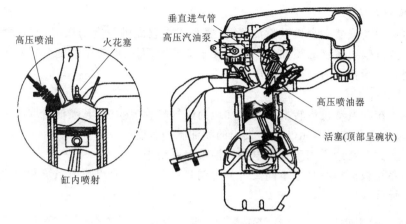

图 6-8 缸内喷射系统

2) 进气管喷射(PFI)系统

进气管喷射系统又称为缸外喷射系统,它将燃油供给系统提供的燃油通过喷油器喷射在气缸外面节气门或进气门附近的进气管内,目前汽车电控汽油喷射式燃料供给系统大都采用进气管喷射。与缸内喷射相比,进气管喷射对发动机机体的设计改动较小,喷油器不受燃烧高温、高压的直接影响,喷油器的工作条件大大改善。

按喷油器的数量不同,进气管喷射系统又可分为单点喷射系统和多点喷射系统。

(1) 单点喷射系统。单点喷射系统是在节气门体上安装一个或两个喷油器,向进气歧管中喷射燃油而形成可燃混合气的。如图 6-9 所示,这种喷射系统又称为节气门体汽油喷射系统或集中汽油喷射系统,对混合气的控制精度比较低,各个气缸混合气的均匀性也较差,现已很少使用。

(2) 多点喷射系统。多点喷射系统在每一个气缸的进气门前安装一个喷油器,如图 6-10 所示。喷油器喷射出燃油后,在进气门附近与空气混合形成可燃混合气,这种喷射系统能较好地保证各气缸混合气总量和浓度的均匀性。

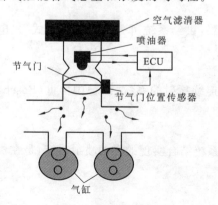

图 6-9 单点喷射系统

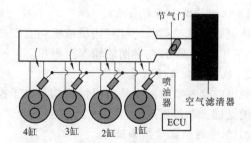

图 6-10 多点喷射系统

与单点喷射系统相比,多点喷射系统对混合气的控制更为有效,各气缸混合气的均匀性更好,同时这种系统是将燃油喷射在进气门处或直接喷到气缸内,燃油和空气混合得更充分,而且无须预热进气歧管来帮助燃油雾化,反之可以冷却进气进而提高进气量,增大功率,节气门响应更快。

3. 按喷油器的喷射方式分

按喷油器的喷射方式分类,电控汽油喷射式燃料供给系统分为连续喷射系统和间歇喷射系统两类。

1) 连续喷射系统

在每个气缸口均安装一个机械喷油器,只要系统为它提供一定的压力,它就会持续不断地喷射出燃油。连续喷射系统的喷油量不是取决于喷油器,而是取决于燃油分配器中燃油计量槽孔的开度及燃油计量槽孔内外两端的压差。

2) 间歇喷射系统

间歇喷射系统在发动机运转期间间歇性地向进气歧管中喷油,其喷油量取决于喷油器的开启时间,即发动机电子控制单元(ECU)发出的喷油脉冲宽度。

间歇喷射方式广泛地应用于现代电控燃油喷射系统中。

间歇喷射系统根据喷射时序不同又可分为同时喷射系统、分组喷射系统和顺序喷射系统三种,如图 6-11 所示。

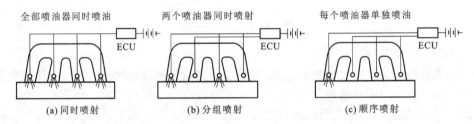

图 6-11 喷油器喷射时序

(1) 同时喷射系统。同时喷射是将各气缸的喷油器并联,在发动机运转期间,所有喷油器由微处理器的同一个喷油指令控制,同时喷油、同时断油。对于各气缸而言,采用此种喷射方式,喷油时刻不可能都是最佳的,其性能较差。

(2) 分组喷射系统。分组喷射是指将各气缸的喷油器分成几组。它是同时喷射的变形方案,微处理器向某组的喷油器发出喷油或断油指令时,同一组的喷油器同时喷油或断油。

(3) 顺序喷射系统。顺序喷射是指各喷油器由微处理器分别控制,按发动机各气缸的工作顺序喷油。多缸发动机电控汽油喷射式燃料供给系统多采用顺序喷射方式。

4. 按喷射控制装置的形式不同分

按喷射控制装置的形式不同,电控汽油喷射式燃料供给系统可分为机械控制式、机电结合式和电子控制式三种。

1) 机械控制式喷射系统

机械控制式喷射系统是利用机械机构实现燃油连续喷射的系统,由德国博世(Bosch)公司于 1967 年研制成功,在早期的轿车上采用。

2) 机电结合式喷射系统

机电结合式喷射系统是由机械机构与电子控制系统结合实现的燃油喷射系统,是在机械控制式的基础上改进而成的,仍为连续喷射系统。

3) 电子控制式喷射系统

电子控制式喷射系统是由电子控制单元直接控制燃油喷射的系统,它能对空气和燃油精确计量,控制精度高,目前在汽车发动机上广泛使用。

(三)电控汽油喷射式燃料供给系统的优点

相对于化油器式燃料供给系统而言,电控汽油喷射式燃料供给系统具有以下优点。

(1) 电控汽油喷射式燃料供给系统能提供发动机在各种运行工况下最佳的混合气浓度,使发动机在各种工况条件下保持最佳的动力性、经济性和排放性能。

(2) 电控汽油喷射式燃料供给系统配用排放控制系统后,大大降低了 HC、CO 和 NO 三种有害气体的排放。

(3) 电控汽油喷射式燃料供给系统增大了燃油的喷射压力,因此雾化比较好;由于每个气缸均安装一个喷油器(多点喷射系统),所以各气缸的燃油分配比较均匀,有利于提高发动机运转的稳定性。

(4) 当汽车在不同地区行驶时,对大气压力或外界环境温度变化引起的空气密度的变化,发动机电子控制单元(ECU)能及时、准确地做出补偿。

(5) 在汽车加速、减速行驶的过渡运转阶段,电控汽油喷射式燃料供给系统能够迅速地做出反应,使汽车加速、减速性能更加良好。

(6) 电控汽油喷射式燃料供给系统具有减速断油功能,既能降低排放,又能节省燃油。减速时,节气门关闭,发动机仍以高速运转,进入气缸的空气量减少,进气歧管内的真空度增大。在化油器式燃料供给系统中,此时黏附于进气歧管壁面的燃油由于进气歧管内真空度骤升而蒸发后进入气缸,使混合气变浓,导致燃烧不完全,排气中 HC 和 CO 的含量增加。而在电控汽油喷射式燃料供给系统中,当节气门关闭而发动机转速超过预定转速时,喷油就会减少甚至停止,使排气中 HC 和 CO 的含量降低,降低燃油消耗。

(7) 在进气系统中,由于没有像化油器那样的喉管部位,因而进气阻力减小。再加上进气管道的合理设计,能充分利用吸入空气的惯性增压作用,增大充气量,提高发动机的输出功率,增加发动机的动力性。

(8) 在发动机启动时,可以用发动机电子控制单元(ECU)计算出启动时所需的供油量,使发动机启动容易、暖机更快、暖机性能提高。

从电控汽油喷射式燃料供给系统的主要优点中可以看出,电控汽油喷射发动机能很好地适应当今社会对汽车的使用要求,即减少排放、降低油耗、提高输出功率和改善驾驶性能。因此,电控汽油喷射发动机已取代了化油器式汽油喷射发动机。

6.2.2 进气系统的构造与检修

一、进气系统的作用和组成

进气系统的作用是,向发动机提供与负荷相适应的清洁空气,同时测量和控制进入发动机气缸的空气量,使空气在系统中与喷油器喷出的汽油形成空燃比符合要求的可燃混合气;同时于有限的气缸容积中尽可能多地、均匀地供气。

进气系统由空气滤清器、空气流量计(或进气歧管绝对压力传感器)、节气门体、怠速控制阀、进气总管和进气歧管等组成,如图 6-12 所示。

进气系统工作流程如图 6-13 所示。

在 L 型进气系统中,空气经空气滤清器过滤后,流经空气流量计、节气门体(或怠速控制阀)、进气总管和进气歧管,与喷油器喷出的汽油混合,形成可燃混合气并被吸入气缸燃烧。进入发动机的空气量由空气流量计直接测量。

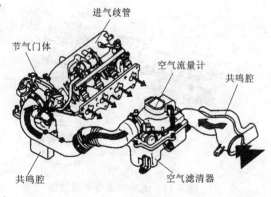

图 6-12 进气系统的组成

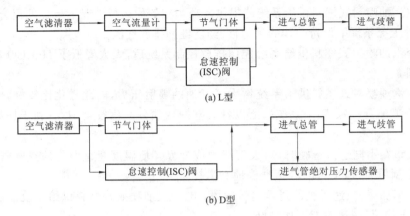

图 6-13 进气系统工作流程

在 D 型进气系统中,空气经空气滤清器过滤后,流经节气门体(或怠速控制(ISC)阀)、进气总管及进气歧管,与喷油器喷出的汽油混合,形成可燃混合气并被吸入气缸燃烧。进入发动机的空气量由进气歧管绝对压力传感器间接测量。

二、进气系统的主要部件

发动机的进气系统不仅要对空气进行过滤、计量,为了增大进气量而提高发动机的功率,还必须对进气实施各种电子控制。因此,进气系统中除了安装有空气滤清器、节气门体和进气管外,还设置了许多传感器和执行器。

(一)空气滤清器

空气滤清器的作用是,滤去空气中的尘土和砂粒,以减少气缸、活塞和活塞环的磨损,延长发动机的使用寿命。

空气滤清器按滤清方式可分为惯性式、过滤式和综合式(前两种的综合)三种。目前,汽车发动机广泛采用纸质干式空气滤清器,它属于过滤式。这种空气滤清器具有结构简单、质量轻、成本低、使用方便以及滤清效果好的优点。纸质干式空气滤清器滤清效率可达 99.5% 以上。

1. 空气滤清器的构造

纸质干式空气滤清器(见图 6-14)有许多形式和形状。其滤芯(见图 6-15)是由用树脂处理的微孔滤纸制成的,呈波折状,具有较大的过滤面积。纸质干式空气滤清器滤芯的上、下两端有塑料密封圈,以保证滤芯两端的密封。发动机工作时,空气从滤清器盖与滤清器壳之间的空隙进入空气滤清器,经纸质干式空气滤清器滤芯被滤清后,通过滤清器壳下端的进气口进入气缸。

图 6-14 纸质干式空气滤清器

图 6-15 纸质干式空气滤清器滤芯

2. 空气滤清器的维护

空气滤清器长期使用会产生堵塞,对进气产生额外阻力,使发动机的充气量减少、动力性降低,因此必须定期对其进行维护。桑塔纳 2000GSi 型轿车 AJR 型发动机每行驶 15 000 km 对空气滤清器进行常规维护,即将滤芯取出,用手轻拍,或用压缩空气吹去积灰,切忌使滤芯接触油质,以免加大滤清阻力。

汽车每行驶 30 000 km 应更换空气滤清器。

(二)空气流量计

空气流量计的作用是,对进入气缸的空气量进行直接计量,把空气流量的信息输送到发动机电子控制单元(ECU),用于计算所有与转速和负荷有关的功能,如喷射时间、点火时刻等。

空气流量计用在 L 型的发动机进气系统中,安装在空气滤清器与节气门体之间,如图 6-16 所示。

在 L 型电控汽油喷射发动机的发展历程中,L 型电控汽油喷射发动机使用过翼片式、卡门旋涡式、热线式和热膜式等多种形式的空气流量计。翼片式、卡门旋涡式空气流量计检测空气的体积流量,需要对进气温度和大气压力进行修正,已逐渐淘汰,目前应用较多的空气流量计是热线式、热膜式空气流量计,热线式、热膜式空气流量计直接检测空气的质量流量,且测量精度高。桑塔纳 2000GSi 型轿车 AJR 型发动机采用了热膜式空气流量计。

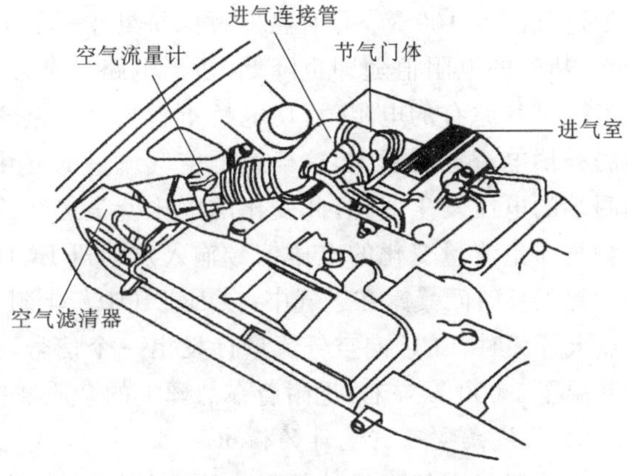

图 6-16 空气流量计的安装位置

1. 热线式空气流量计

根据热线的安装位置不同,热线式空气流量计有主流测量式(见图 6-17)和旁通测量式(见图 6-18)两种。

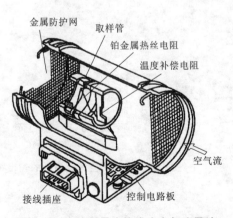

图 6-17 主流测量式热线式空气流量计

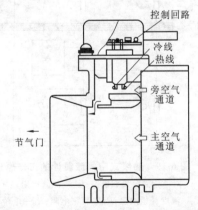

图 6-18 旁通测量式热线式空气流量计

1)热线式空气流量计的构造

主流测量式热线式空气流量计应用较广,主要由感知空气流量的铂金属热丝电阻(热丝)R_H、根据进气温度进行修正的温度补偿电阻 R_K(冷丝)、控制热线电流并产生输出信号的控制电路板、取样管、壳体等组成。

取样管置于主空气通道中,两端有金属防护网,用以防止脏物进入。取样管由两个塑料护套和一个热线支承环构成,一根直径约 70 μm 的铂金属热丝电阻作为发热元件布置在热线支承环内。传感器工作时,铂金属热丝电阻被控制电路提供的电流加热到高于进气温度 100 ℃,故它又称为热线电阻或热丝,其电阻值随温度变化,是惠斯顿电桥的一个臂。热线支承环前端的塑料护套内安装一个薄膜电阻,其电阻值随进气温度变化,它由于靠近进气口一侧,所以称为冷丝或温度补偿电阻,该温度补偿电阻相当于一个温度传感器,起到温度参考基准的作用,它是惠斯顿电桥的另一个臂。热线支承环后端的塑料护套上黏结着一只精密电阻 R_A,它也是惠斯顿电桥的一个臂,该电阻上的电压降即为热线式空气流量计的输出信号。惠斯顿电桥还有一个臂的电阻。它安装在控制电路板上。控制电路板安装在热线式空气流量计的下方,通过接线插座将空气流量计的信号传给发动机电子控制单元(ECU)。

2) 热线式空气流量计的工作原理

热线式空气流量计是利用空气流过热丝时的冷却效应制成的,其工作原理如图 6-19 所示。

热丝和其他几个电阻组成惠斯顿电桥。传感器工作时,热丝被控制电路提供的电流加热到高于进气温度 100 ℃,此时惠斯顿电桥处于平衡状态。进气时气流带走了热丝上的热量使热丝变冷,热丝的电阻值随即也降低,桥形电路平衡被破坏;控制电路加大通过热丝的电流使热丝升温以恢复其原有的电阻值,使电桥重新平衡。进气量越大,热丝被带走的热量也就越多,控制电路的补偿电流也就越大,这样就把空气流量的变化转换为电流的变化。电流的变化又使固定电阻两端的电压发生变化,此变化的电压就是热线式空气流量计的输出信号。控制电路把这一根据空气质量流量变化的电压信号输入发动机 ECU。

热丝长时间暴露在进气中,会因空气中灰尘附着其上而影响测量精度,需增加自洁净功能;关闭点火开关时,ECU 向空气流量计发出一个信号,控制电路立即给热丝提供较大电流,使热丝瞬时升温至 1 000 ℃左右,把附着在热丝上的杂质烧掉。自洁净功能持续时间为 1~2 s。

3) 热线式空气流量计的输出特性

由热线式空气流量计的工作原理可知,该空气流量计的输出特性为,随着发动机进气量的增大,其输出的信号电压升高,如图 6-20 所示。

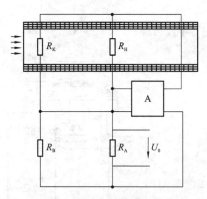

图 6-19 热线式空气流量计的工作原理
A—混合集成电路;R_H—热线电阻;
R_K—温度补偿电阻;R_A—精密电阻;R_B—电桥电阻

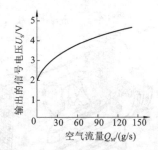

图 6-20 热线式空气流量计的输出特性

2. 热膜式空气流量计

热膜式空气流量计是热线式空气流量计的改进产品,其结构及工作原理与热线式空气流量计基本相同,只是将感知元件由热丝改为平面形铂金属膜电阻器(简称热膜)。

1) 热膜式空气流量计的构造

桑塔纳 2000GSi 型轿车 AJR 型发动机中采用了热膜式空气流量计,如图 6-21 所示。

热膜的制作过程是,先在氧化铝陶瓷基片上采用蒸发工艺淀积铂金属薄膜,然后通过光刻工艺制成梳状电阻,将电阻值调节到规定的阻值后,再在铂金属薄膜表面覆盖一层保护膜,最后引出电极引线。热膜设置在进气通道上的一个矩形护套(相当于取样管)内,在护套的空气入口一侧设有空气过滤层,以过滤空气中的污物,防止污物沉积到热膜上影响测量精度。空气流量计中温度传感器的作用是温度补偿,其实它就是温度补偿电阻。

热膜式空气流量计测量精度高、响应速度快、进气阻力小,而且可靠、耐用,不会因黏附污物而影响测量精度。

2)热膜式空气流量计的输出特性

与热线式空气流量计一样,热膜式空气流量计的输出特性为,随着发动机进气量的增大,其输出的信号电压升高,如图 6-22 所示。

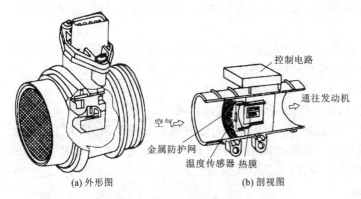

(a) 外形图　　　　　(b) 剖视图

图 6-21　桑塔纳 2000GSi 型轿车 AJR 型发动机
采用的热膜式空气流量计

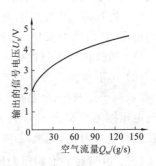

图 6-22　热膜式空气流量计的输出特性

3. 空气流量计故障诊断

1)空气流量计失效原因

(1)测量元件因振动而损坏。

(2)接口腐蚀。

(3)测量元件漂移。

2)空气流量计失效判断

空气流量计失效可从以下几个方面察觉。

(1)发动机停机。

(2)故障指示灯点亮。

(3)发动机电子控制单元采用应急运行程序工作。

空气流量计失效时,发动机 ECU 通过一个特性曲线(节气门开度和发动机转速)计算空气质量流量。

3)空气流量计检测

这里以桑塔纳 2000GSi 型轿车 AIR 型发动机热膜式空气流量计为例介绍空气流量计的检测。其插头端子及与发动机 ECU 的连接电路如图6-23所示。

(1)检查电路连接情况。检查空气流量计与计算机的连接导线是否正常,以及导线连接器(插头)连接是否可靠。相关端子间的线路,其电阻值应小于 1 Ω。

(2)检查外观。检查空气流量计的金属防护网、热膜有无异常,若有,则应更换空气流量计。

(3)检查控制电路的供电情况。拔下空气流量计上的导线连接器,启动发动机,用万用表直流电压挡测量空气流量计导线连接器端子 2 与搭铁线间的电压,应大于 11.5 V;或者用发光

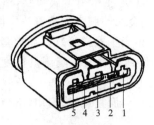
(a) 空气流量计插头端子

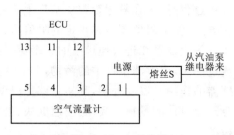
(b) 空气流量计与发动机ECU的连接电路

图6-23 桑塔纳2000GSi型轿车AJR型发动机热膜式空气流量计的插头端子及与发动机ECU的连接电路
1—空端子；2—+12 V电源；3—负信号线；4—+5 V电源；5—正信号线

二极管试灯连接空气流量计导线连接器端子2和发动机搭铁点，试灯应亮。否则，应检查熔丝、汽油泵继电器及其连接线路。

（4）检查输出电压。打开点火开关，用万用表测量空气流量计导线连接器端子4与搭铁点间的电压，其值约为5 V。否则，应检查连接线路。如连接线路正常，则更换ECU。

（5）通过控制电路进行电子检测，读取故障码存储器记录。

（6）车下检测。拆下空气流量计，在空气流量计导线连接器端子4与搭铁线之间加5 V直流电压，端子2与搭铁线之间加12 V直流电压，用电吹风向空气流量计内吹风，同时用万用表直流电压挡测量端子5与3之间的电压。改变吹风距离，电压表读数应能平稳缓慢地变化，距离接近时电压升高，远离时电压下降。否则，应更换空气流量计。

（三）进气歧管绝对压力传感器

气体压力的单位是帕斯卡，简称帕，1帕表示每平方米容壁上作用的垂直力是1牛顿，用Pa表示，即$1\ Pa=1\ N/m^2$。

帕这个单位太小。工程上，压力常以千帕（kPa）或兆帕（MPa）为单位，三者之间的换算关系是：$1\ kPa=10^3\ Pa$，$1\ MPa=10^6\ Pa$。

绝对压力p不能测量，只能通过换算得出。气体的绝对压力p与大气压力p_o之差，称为表压力。

高于大气压力的压力用压力表测量，设测出的表压力为p_b，则此时气体的绝对压力为
$$p=p_o+p_b$$

低于大气压力的压力用真空表测量，测出的表压力称为真空度p_c。真空度表示气体压力低于大气压力的值。此时气体的绝对压力为
$$p=p_o-p_c$$

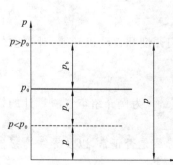

图6-24 p、p_b和p_c之间的关系图

图6-24所示为p、p_b和p_c之间的关系图。

对于自然吸气式发动机，进气歧管绝对压力是小于大气压力的，故该压力只能通过真空表测得，即

进气歧管绝对压力＝大气压力－进气歧管真空度

1. 进气歧管真空度的影响因素

影响进气歧管真空度的因素很多，主要有以下几个。

（1）节气门开度。节气门开度越小，进气时活塞的抽吸作用越大，进气歧管真空吸力越大，即进气歧管真空度越高。

（2）发动机转速。发动机转速越高，进气时活塞的抽吸作用用越大，进气歧管真空吸力越大，即进气歧管真空度越高。

（3）正常工作气缸的数量。某些气缸工作不良，活塞的抽吸作用将减弱，进气歧管真空度将减小。

（4）进、排气系统的漏堵情况。进气歧管和气缸的密封性能越好，进气时活塞的抽吸作用越大，进气歧管真空吸力越大，即进气歧管真空度越高。如果进气系统存在堵塞，如空气滤清器脏堵，进气歧管真空吸力将增大，即进气歧管真空度将上升。排气系统存在堵塞，发动机排气不畅，将使进气歧管真空度下降。

（5）点火性能及空燃比（A/F）。点火性能和可燃混合气浓度异常，将造成发动机动力下降，也将影响进气歧管的真空度。

进气歧管绝对压力传感器用于 D 型的发动机进气系统中，它所起的作用和空气流量计相似，即根据发动机的负荷状态测出进气歧管内绝对压力的变化，把进气歧管内绝对压力的变化信息与转速信号一起输送到发动机 ECU，将其作为燃油喷射和点火控制的主控信号。

进气歧管绝对压力传感器的安装位置较灵活，位于节气门体的后方，有的车型通过真空软管与进气总管连接；有的车型则将进气歧管绝对压力传感器直接安装在进气总管上。

进气歧管绝对压力传感器按工作原理可分为压阻效应式、电容式和电感式三种。压阻效应式进气歧管绝对压力传感器由于具有灵敏度高、尺寸小、成本低、动态响应和抗振性好的优点，得到广泛的应用。

2. 压阻效应式进气歧管绝对压力传感器的结构

单晶硅材料在受到应力的作用后，其电阻率发生明显变化的现象称为压阻效应。压阻效应式进气歧管绝对压力传感器的结构如图 6-25 所示。它主要由真空室、硅膜片和 IC 集成放大电路等组成。

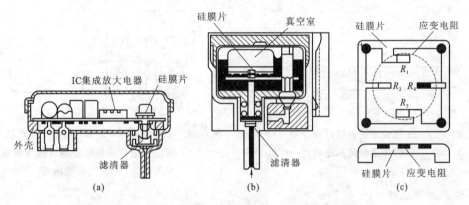

图 6-25 压阻效应式进气歧管绝对压力传感器的结构

压力转换元件是利用半导体压阻效应制成的硅膜片，硅膜片呈边长为 3 mm 的正方形，其中部采用光刻腐蚀的方法制成一个直径 2 mm、厚约 50 μm 的薄膜片。在薄膜片上，采用集成电路加工技术和台面扩散层技术加工出 4 个阻值相等的应变电阻片，这 4 个应变电阻片连接成单臂桥形电路。硅膜片的一侧是真空室，另一侧导入进气歧管压力。

3. 压阻效应式进气歧管绝对压力传感器的工作原理

压阻效应式进气歧管绝对压力传感器的等效电路如图 6-26 所示。当接通点火开关时，惠斯顿电桥便加上电源电压 U_{cc}。发动机不工作时，惠斯顿电桥中的 4 个应变电阻片的电

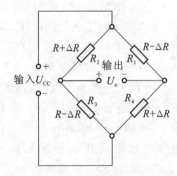

图 6-26 压阻效应式进气歧管绝对压力传感器的等效电路

阻值相等,电桥平衡,电桥输出电压U_o为零。当发动机工作时,硅膜片在进气歧管压力的作用下产生机械应变,进而产生应力,应变电阻片的阻值在硅膜片应力的作用下发生变化,惠斯顿电桥失去平衡,在电桥的输出端即得到输出电压U_o。

通过特殊加工,可使4个应变电阻片处于特殊位置,即在受到硅膜片应力的作用下,应变电阻片R_2、R_4的阻值增加ΔR,应变电阻片R_1、R_3的阻值减小ΔR,当惠斯顿电桥的电源电压为U_{CC}时,电桥的输出电压U_o为

$$U_o = U_{R_2} - U_{R_1} = \frac{(R+\Delta R)U_{CC}}{(R+\Delta R)+(R-\Delta R)} - \frac{(R-\Delta R)U_{CC}}{(R+\Delta R)+(R-\Delta R)} = \frac{\Delta R U_{CC}}{R}$$

式中:R——应变电阻的初始值;

ΔR——应变电阻片的阻值变化量。

4. 压阻效应式进气歧管绝对压力传感器的输出特性

由压阻效应式进气歧管绝对压力传感器的工作原理可知,该传感器的输出特性为,发动机进气量越大,进气歧管内绝对压力越大,硅膜片变形就越大,输出的信号电压U_o值就越大,如图6-27所示。

5. 压阻效应式进气歧管绝对压力传感器的检测

以丰田皇冠3.0轿车2JZ-GE发动机用压阻效应式进气歧管绝对压力传感器为例介绍压阻效应式进气歧管绝对压力传感器的检测。该传感器与发动机ECU的连接电路如图6-28所示。

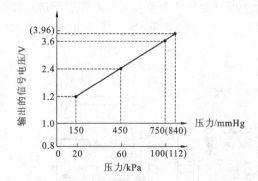

图6-27 压阻效应式进气歧管绝对压力传感器的输出特性

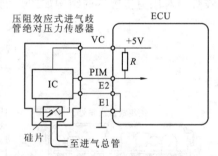

图6-28 丰田皇冠3.0轿车2JZ-GE发动机用压阻效应式进气歧管绝对压力传感器与发动机ECU的连接电路

1) 检测电源电压

将点火开关置于"OFF"位置,拔下压阻效应式进气歧管绝对压力传感器的导线连接器,然后将点火开关置于"ON"位置,不启动发动机,用万用表直流电压挡测量导线连接器中电源端VC和接地端E1之间的电压,其值应为+5 V。如有异常,应检查压阻效应式进气歧管绝对压力传感器与ECU之间的线路是否导通。若断路,应更换或修理线束。

2) 检测输出信号电压

将点火开关置于"ON"位置,但不启动发动机,拆下连接压阻效应式进气歧管绝对压力传感器与进气歧管的真空软管。在ECU导线连接器侧用万用表电压挡测量进气歧管绝对压力传感器PIM端子与E2端子间在大气压力状态下的输出电压,并记下这一电压值;然后用真空泵向进气歧管绝对压力传感器内施加真空,从13.3 kPa(100 mmHg)起,每次递增13.3 kPa(100 mmHg),一直增加到66.7 kPa(500 mmHg)为止,然后测量在不同真空度下进气歧管压力传感器PIM端子与E2端子间的输出电压。该电压应随真空度的增大而不断下降。将不同真空度下的输出电压下降量与标准值相比较,如不符,应更换进气歧管绝对压力传感器。

丰田皇冠 3.0 轿车 2JZ-GE 发动机用压阻效应式进气歧管压力传感器标准输出电压的电压降如表 6-1 所示。

表 6-1 丰田皇冠 3.0 轿车 2JZ-GE 发动机用压阻效应式进气歧管绝对压力传感器标准输出电压的电压降

真空度	13.3 kPa (100 mmHg)	26.7 kPa (202 mmHg)	40.0 kPa (300 mmHg)	53.5 kPa (400 mmHg)	66.7 kPa (500 mmHg)
电压降/V	0.3～0.5	0.7～0.9	1.1～1.3	1.5～1.7	1.9～2.1

(四) 节气门体

节气门体安装在空气流量计之后的进气管上,用以控制发动机正常运行工况下的进气量。节气门体主要由节气门和怠速空气道组成,在节气门体上还安装有节气门位置传感器、怠速控制阀等。

图 6-29 所示为韩国大宇王子/超级沙龙轿车 D 型多点喷射系统的节气门体。节气门位置传感器安装在节气门轴上,用来检测节气门的开度。ECU 通过怠速控制阀来控制怠速空气道,以根据需要调节发动机怠速时的进气量。节气门限位螺钉用来调节节气门的最小开度。发动机工作时,冷却液通过加热水管流经节气门体,以防止寒冷季节空气中的水分在节气门体上冻结,有些车型的节气门体上没有加热水管。

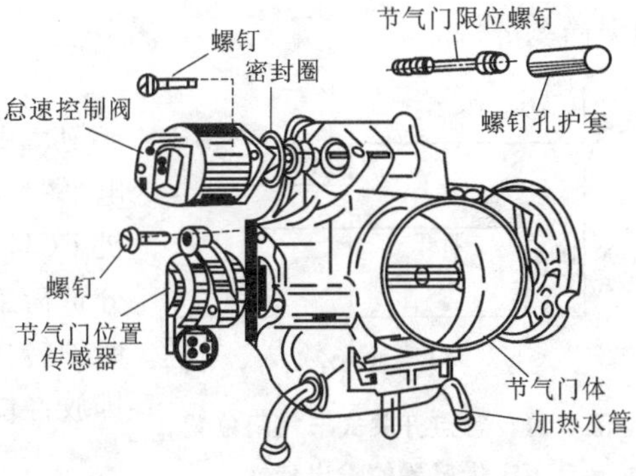

(五) 节气门位置传感器

节气门位置传感器的作用是,把发动机运转过程中节气门的位置及开启角度的变化转换成电信号输入发动机 ECU,以控制燃油喷射及进行其他辅助控制。

图 6-29 韩国大宇王子/超级沙龙轿车 D 型多点喷射系统的节气门体

节气门位置传感器安装在节气门体上节气门轴的一端,通过节气门轴带动其内部的电刷、触点转动,从而把节气门的开度转化为电信号并输出。常见的节气门位置传感器有触点开关式、线性电位计式和综合式三种类型。

1. 触点开关式节气门位置传感器

1) 触点开关式节气门位置传感器的构造

触点开关式节气门位置传感器如图 6-30 所示,它由一个与节气门轴联动的凸轮、一个活动触点、两个固定触点——怠速触点 IDL 和全负荷触点 PSW 等组成,由凸轮控制触点的开启和闭合。

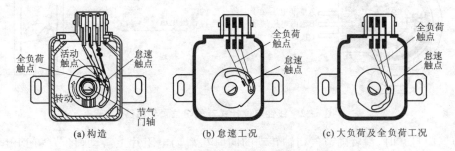

图 6-30 触点开关式节气门位置传感器

2) 触点开关式节气门位置传感器的工作原理

节气门转动时,活动触点随节气门一起转动。当节气门处于全关闭位置时,活动触点与怠速触点接通,即怠速触点闭合,发动机ECU判定发动机处于怠速工况,从而按怠速工况的要求控制喷油和点火;当节气门接近全开时(一般节气门开度在50°以上),活动触点与全负荷触点接通,即全负荷触点闭合,发动机ECU进行大负荷及全负荷加浓控制;当节气门在中间位置时,活动触点与两固定触点均断开,发动机ECU判定发动机处于部分负荷工况。

3) 触点开关式节气门位置传感器的输出特性

触点开关式节气门位置传感器的输出特性如图6-31所示。发动机ECU根据触点的闭合情况确定发动机工况。当节气门关闭时,怠速触点IDL闭合、全负荷触点PSW断开,怠速触点IDL输出端子输出的信号为低电平"0",全负荷触点PSW输出端子输出的信号为高电平"1"。发动机ECU接收到节气门位置传感器输入的这两个信号时,如果车速传感器输入发动机ECU的信号表示车速为零,那么发动机ECU判定发动机处于为怠速工况,并控制喷油器增加喷油量,保证发动机怠速转速稳定而不致熄火。如果此时车速传感器输入发动机ECU的信号表示车速不为零,那么发动机ECU判定发动机处于减速工况,并控制喷油器停止喷油,以降低排放和提高经济性。

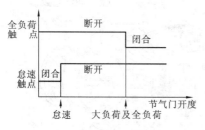

图6-31 触点开关式节气门位置传感器的输出特性

当节气门开度增大时,凸轮随节气门轴转动并将怠速触点IDL顶开,全负荷触点PSW保持断开,IDL端子输出高电平"1",全负荷触点PSW端子输出也为高电平"1"。发动机ECU接收到两个高电平信号时,便可判定发动机处于部分负荷工况,此时发动机ECU根据空气流量传感器信号和曲轴转速信号计算确定喷油量,主要保证发动机的经济性和排放性能。

当节气门接近全部开启(80%以上负荷)时,凸轮转动使全负荷触点PSW闭合,全负荷触点PSW端子输出低电平"0",怠速触点IDL端子保持断开而输出为高电平"1"。发动机ECU接收到这两个信号时,便可判定发动机处于大负荷及全负荷工况,从而控制喷油器增加喷油量,保证发动机输出足够的动力,故全负荷触点又称为功率触点。

2. 线性电位计式节气门位置传感器

1) 线性电位计式节气门位置传感器的构造与工作原理

线性电位计式节气门位置传感器如图6-32所示。其内部装有滑动电阻,滑动电阻的滑臂与节气门轴一同转动。

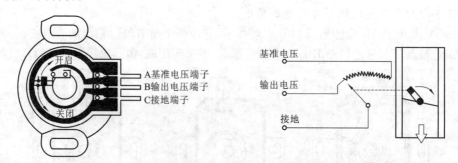

图6-32 线性电位计式节气门位置传感器

当节气门打开时,滑臂随节气门轴转动的同时在滑动电阻片上滑动,将节气门开度的变化转变为电阻的变化,进而以电压方式输出,可以获得节气门从全闭到全开的连续变化的信号,从而精确地判断发动机的运行工况。

2) 线性电位计式节气门位置传感器的输出特性

由线性电位计式节气门位置传感器的工作原理可知,随节气门开度增大,输出的信号电压升高。线性电位计式节气门位置传感器的输出特性如图 6-33 所示。

3. 综合式节气门位置传感器

1) 综合式节气门位置传感器的构造和工作原理

综合式节气门位置传感器是在线性电位计式节气门位置传感器的基础上加装了一个怠速触点,如图 6-34 所示。

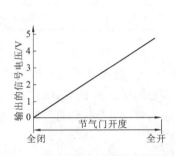
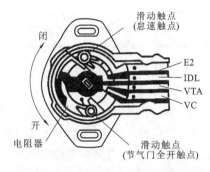

图 6-33 线性电位计式节气门位置传感器的输出特性　图 6-34 综合式节气门位置传感器的结构

发动机处于怠速工况时,怠速触点闭合,输出怠速工况信号。在发动机处于其他工况下时,随节气门开度的变化,电位计的电阻改变,从而将节气门开度转变为电压信号输送给发动机 ECU。

2) 综合式节气门位置传感器的输出特性

综合式节气门位置传感器的输出特性如图 6-35 所示。当节气门关闭或开度小于 1.2°时,怠速触点闭合,其输出端"IDL"输出低电压(0 V);当节气门开度大于 1.2°时,怠速触点断开,输出端"IDL"输出高电压(5 V 或 12 V)。

当节气门开度变化时,可变电阻的滑臂便随节气门轴转动,滑臂上的触点便在滑动电阻片上滑动,传感器输出端子"VTA"与"E2"之间的信号电压随之发生变化,节气门开度越大,输出的信号电压越高。

3) 综合式节气门位置传感器的检测

综合式节气门位置传感器与发动机 ECU 的连接电路如图 6-36 所示。其检测步骤如下。

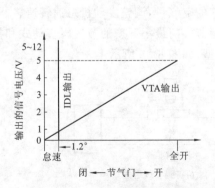
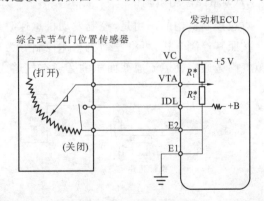

图 6-35 综合式节气门位置传感器的输出特性　图 6-36 综合式节气门位置传感器与发动机 ECU 的连接电路

(1) 检查搭铁电路。断开点火开关,拆下传感器导线连接器,用万用表欧姆挡检查节气门位置传感器导线连接器 E2 端子与 ECU E2 端子之间的导线、ECU 的 E1 端子与车身搭铁部位之间的导线的连接情况,均应导通。

(2) 检查电压。插好节气门位置传感器的导线连接器,将点火开关置于"ON"位置但不启动发动机,转动节气门,用万用表直流电压挡分别检测导线连接器上 IDL、VC 和 VTA 三个端子与车身之间的电压,其值应符合表 6-2 的要求。

表 6-2　综合式节气门位置传感器各端子电压

端　子	条　件	电　压
IDL—E2	节气门全开	9～14 V
VC—E2	节气门在任何位置	4.0～5.5 V
VTA—E2	节气门全闭	0.3～0.8 V
	节气门全开	3.2～4.9 V

(3) 检查节气门位置传感器。

① 怠速触点导通性检查。将点火开关置于"OFF"位置,拔去节气门位置传感器的导线连接器,用万用表欧姆挡在节气门位置传感器导线连接器上测量怠速触点 IDL 的导通情况,如图 6-37 所示。当节气门全闭时,IDL 与 E2 间应导通(电阻为 0);当节气门打开时,IDL 与 E2 间应不导通(电阻为∞),否则应更换节气门位置传感器。

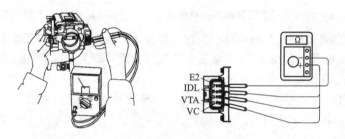

图 6-37　节气门位置传感器怠速触点导通性检查

② 检查线性电位计电阻。将点火开关置于"OFF"位置,拔去节气门位置传感器的导线连接器,用万用表欧姆挡测量线性电位计的电阻(VTA 与 E2 之间的电阻),该电阻应随节气门开度的增大而呈线性增大。

(六) 怠速控制机构

怠速控制机构的作用是,控制发动机怠速时进入气缸的空气量,调整发动机怠速转速。

按照其控制方式,可将发动机怠速控制分为直接控制节气门最小开度的节气门直动式和控制节气门旁通空气道流通截面积的旁通空气道式两种类型,如图 6-38 所示。

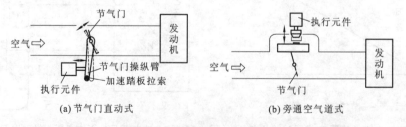

图 6-38　发动机怠速控制方式

1. 节气门直动式怠速控制机构

节气门直动式怠速控制机构是通过控制节气门的开度调节空气流通截面积来控制进气量,从而实现怠速控制的。

桑塔纳2000GSi型轿车AJR型发动机怠速控制方式为节气门直动式,取消了通向节气门的旁通空气道,由节气门控制组件对发动机的怠速转速进行综合控制。

1) 节气门控制组件的构造

桑塔纳2000GSi型轿车AJR型发动机节气门控制组件的结构如图6-39所示。它主要由怠速开关、节气门定位电位计(怠速节气门位置传感器)、节气门电位计(节气门位置传感器)以及节气门定位计组成。

(1) 节气门定位电位计。节气门定位电位计(怠速节气门位置传感器)安装在节气门体内,是可变电阻式传感器,与节气门定位计连接在一起,将怠速时节气门的开度、节气门定位计的位置信号转化为电信号并输送到发动机ECU。

(2) 节气门电位计。节气门电位计(节气门位置传感器)也是可变电阻式传感器,直接与节气门轴相连,与加速踏板联动,将节气门开度信号输送给发动机ECU,作为发动机ECU判断发动机运转工况和负荷的依据。

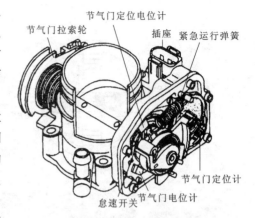

图6-39 桑塔纳2000GSi型轿车AJR型发动机节气门控制组件的结构

(3) 节气门定位计。节气门定位计起着控制怠速的作用,能适当开大或关小节气门。

(4) 怠速开关。怠速开关与节气门电位计一起装在节气门轴上,为一联动触点,用以向发动机ECU提供怠速位置信号。

2) 节气门控制组件的怠速控制过程

当发动机怠速工作时,节气门定位电位计将其阻值变化转化为电信号并输入发动机ECU,发动机ECU根据该传感器信号确定节气门的位置,控制节气门定位计,通过电动机微量调节节气门的开度来调节发动机的怠速转速。

2. 旁通空气道式怠速控制机构

旁通空气道式怠速控制机构通过怠速控制阀来改变旁通空气道的面积,实现怠速转速的控制。怠速控制阀有多种形式,其工作原理不同,结构上也有很大差异。常见的怠速控制阀有步进电动机式怠速控制阀、旋转滑阀式怠速控制阀和电磁式怠速控制阀三种。

1) 步进电动机式怠速控制阀

(1) 步进电动机式怠速控制阀的构造。

步进电动机式怠速控制阀由步进电动机、螺旋机构(螺杆和螺母)、阀芯以及阀座等组成,如图6-40所示。

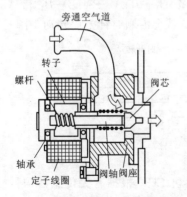

图6-40 步进电动机式怠速控制阀

与其他电动机一样,步进电动机由永磁转子、定子绕组等组成,其作用是产生驱动力矩。螺旋机构的作用是将步进电动机的旋转运动变为螺杆的往复运动,由螺杆和螺母组成。螺母和步进电动机的转子制成一体,螺杆的一端制有螺纹,另一端固定有阀芯,螺杆与步进电动机壳体之间为滑动花键连接,使螺杆不能作旋转运动,只能沿轴作直线运动。

(2) 步进电动机式怠速控制阀的工作原理。

当步进电动机转动时,螺母驱动螺杆作轴向移动。步进电动机转子每转动一圈,螺杆便移动一个螺距。因为阀芯与螺杆固定连接,所以螺杆向前或向后移动时,带动阀芯减小或增大旁通空气道的流通截面积。发动机 ECU 通过控制步进电动机的转动方向和转角来控制螺杆的移动方向和移动距离，从而达到控制旁通空气道的流通截面积、调整怠速进气量的目的。

① 步进电动机的工作原理。通用公司怠速控制阀的步进电动机的转子是一个具有 N 极和 S 极的永久磁铁，定子由两个相互独立的绕组组成，如图 6-41 所示。当从 B_1 到 B 向绕组输入一个电脉冲信号时，绕组产生一个磁场，在磁力同性相斥、异性相吸的原理作用下，使转子处于 S 极在右、N 极在左的位置。

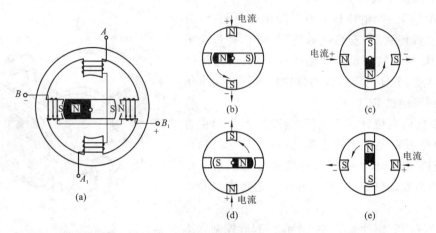

图 6-41　通用公司怠速控制阀的步进电动机的工作原理

当从 B_1 到 B 端输入的脉冲信号消失后，再从 A 到 A_1 端向绕组输入另一个脉冲信号时，绕组产生一个磁场，N 极在上、S 极在下，如图 6-41(b) 所示。在同性相斥、异性相吸的原理作用下，转子会沿逆时针方向转动 90°，如图 6-41(c) 所示。

当从 A 到 A_1 端输入的脉冲信号消失后，再从 B 到 B_1 端向绕组输入另一个脉冲信号时，绕组产生一个磁场，N 极在左、S 极在右，如图 6-41(c) 所示。在同性相斥、异性相吸的原理作用下，转子会沿逆时针方向转动 90°，如图 6-41(d) 所示。

当从 B 到 B_1 端输入的脉冲信号消失后，再从 A_1 到 A 端向绕组输入另一个脉冲信号时，绕组产生一个磁场，N 极在下、S 极在上，如图 6-41(d) 所示。在同性相斥、异性相吸的原理作用下，转子会沿逆时针方向转动 90°，如图 6-41(e) 所示。

如果依次按 B_1—B、A—A_1、B—B_1 和 A_1—A 的顺序向绕组输入 4 个脉冲信号，如图 6-42(a) 所示，电动机就会沿逆时针方向转动 1 圈；同理，如果依次按 B_1—B、A_1—A、B—B_1 和 A—A_1 的顺序向绕组输入 4 个脉冲信号，如图 6-42(b) 所示，电动机就会沿顺时针方向转动 1 圈。

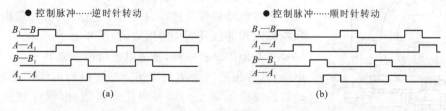

图 6-42　步进电动机控制脉冲

丰田公司与通用公司不同，采用六线式步进电动机。发动机 ECU 根据有关传感器信号控制怠速控制阀，使发动机在不同的怠速工况时都以在最佳转速稳定运转。丰田公司步进电动机式怠速控制阀的工作原理和电路如图 6-43 所示。

发动机 ECU 根据节气门开启角度和车速信号判断发动机处于怠速工况时，按一定顺序将功率管依次导通，分别向步进电动机的四个线圈供电，驱动步进电动机旋转，调节旁通空气道的

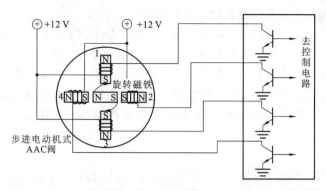

图 6-43 丰田公司步进电动机式怠速控制阀的工作原理和电路

开度,从而调节旁通进气量,使发动机转速达到所要求的目标值。

② 步进电动机的步进角。每输入一个脉冲信号使电动机转动的角度称为步进电动机的步进角。增加转子磁极和定子绕组的数量,可以减小步进角。常见步进电动机的步进角有30°、15°、11.25°、7.5°、2.5°和1.8°等。

丰田皇冠3.0型轿车2JZ-GE发动机采用的永磁式步进电动机的转子与定子的结构如图6-44所示。转子设有8对磁极,定子由上、下2个部分组成,每一部分也有设有8对磁极,组合到一起有32个爪极,转子转动1圈前进32步,每步转动1个爪极,所占角度为11.25°。

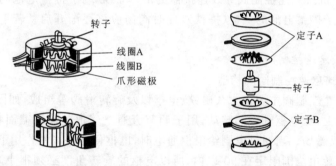

图 6-44 丰田皇冠3.0型轿车2JZ-GE发动机采用的永磁式步进电动机的转子与定子的结构

每个步进角决定了怠速控制阀的控制精度。这种怠速控制阀从全闭到全开需125步,电动机需转约4圈。

(3) 步进电动机式怠速控制阀的检测。

现以丰田皇冠3.0型轿车2JZ-GE发动机步进电动机式怠速控制阀为例介绍步进电动机式怠速控制阀的检测。其控制电路如图6-45所示。

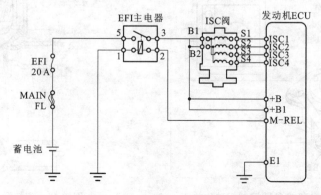

图 6-45 丰田皇冠3.0型轿车2JZ-GE发动机步进电动机式怠速控制阀的控制电路

就车检查步进电动机式怠速控制阀的步骤如下。

① 在冷车状态下启动发动机后,暖机过程开始时,发动机的怠速转速应能达到规定的快怠速转速(通常为1 500 r/min);在发动机达到正常工作温度后,怠速转速应能恢复正常(通常为750 r/min)。如果冷车启动后怠速不能按上述规律变化,则说明怠速控制系统有故障。

发动机达到正常工作温度后,当打开空调开关时,发动机怠速转速应能上升到900 r/min左右。若打开空调开关后发动机转速下降,则说明怠速控制系统有故障。

② 当发动机熄火时,阀会"咋嘈"响一声。如果不响,应检查步进电动机式怠速控制阀和微处理器。

③ 将点火开关置于"ON"位置,然后测量发动机ECU的端子ISC1、ISC2、ISC3和ISC4与端子E1间的电压,其值应为9~14 V,若无电压,则说明发动机ECU有故障。

④ 拔下步进电动机的导线连接器,用万用表欧姆挡测量步进电动机式怠速控制阀4组绕组(即B1—S1、B1—S3、B2—S2和B2—S4)的电阻值。其标准值应为10~30 Ω,若电阻值不符合要求,则应更换怠速控制阀。

车下检查步进电动机式怠速控制阀的步骤如下。

① 先按正确步骤拆下节气门体(怠速控制阀和节气门为一体)。

② 如图6-46所示,在怠速控制阀导线连接器的B1和B2端子上接蓄电池的正极,然后依次将S1、S2、S3和S4端子搭铁(接负极),此时阀门应逐渐关闭。若不能关闭,则应更换怠速控制阀。

③ 把步进电动机式怠速控制阀导线连接器的B1和B2端子接蓄电池的正极,而后依次将S4、S3、S2和S1端子接蓄电池的负极(搭铁),此时阀门应该逐渐开启。若不能开启,则应更换怠速控制阀。

2) 旋转滑阀式怠速控制阀

(1) 旋转滑阀式怠速控制阀的构造。

旋转滑阀式怠速控制阀主要由永久磁铁、电枢以及旋转滑阀等组成,如图6-47所示。旋转滑阀固定在电枢轴上,随电枢轴一起转动,用于调节旁通空气道的流通截面积。永久磁铁固定在外壳上,用以形成磁场。当通过电刷给电枢通电时,电枢便在磁场的作用下转动,由于旋转滑阀式怠速控制阀的转角范围限定在90°以内,所以电枢的旋转角度必须很小才能满足旁通进气量控制精度的要求,因此采用了控制占空比的方法来控制电枢的顺转或逆转。

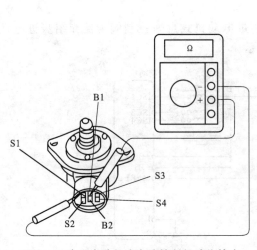

图6-46 步进电动机式怠速控制阀动作检查

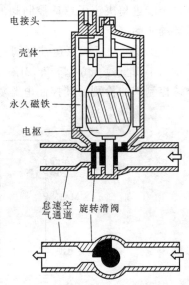

图6-47 旋转滑阀式怠速控制阀

占空比是指发动机 ECU 输出的控制信号在一个周期内的通电时间与通电周期的比值,如图 6-48 所示。

控制信号是发动机 ECU 根据怠速时发动机冷却液温度、转速以及外加负荷(如空调、动力转向)等因素确定的。这样,可使发动机获得稳定的怠速转速。

(2) 旋转滑阀式怠速控制阀的工作原理(见图 6-49)。

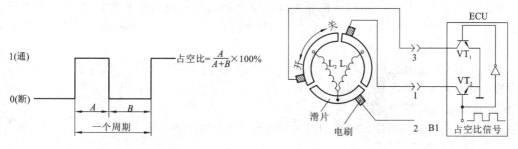

图 6-48　占空比　　　　　　图 6-49　旋转滑阀式怠速控制阀原理电路

电枢上绕有两组绕向相反的线圈。这两组线圈分别产生电枢的正、反向旋转力矩。两个线圈的搭铁分别受晶体管 VT_1、VT_2 控制。通向晶体管 VT_1 基极的控制信号经过反相器后,使晶体管 VT_1、VT_2 集电极的输出相位相反,即 VT_1、VT_2 交替导通,导通时间取决于脉冲信号的占空比。当占空比为 50% 时,两个晶体管的导通时间相等,正、反向旋转力矩抵消,旋转滑阀不转动;当占空比小于 50% 时,线圈 L_1 的通电时间大于线圈 L_2 的通电时间,旋转滑阀顺时针旋转,旁通空气道被关小;当占空比大于 50% 时,线圈 L_1 的通电时间大于线圈 L_2 的通电时间,滑阀逆时针旋转,旁通空气道被打开。

(3) 旋转滑阀式怠速控制阀的检测。

丰田子弹头汽车 2TZ-FE 发动机旋转滑阀式怠速控制阀的控制电路如图 6-50 所示,其检测步骤如下。

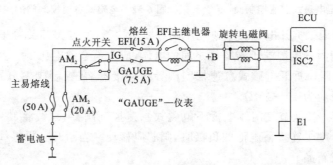

图 6-50　丰田子弹头汽车 2TZ-PE 发动机旋转滑阀式怠速控制阀的控制电路

① 当将点火开关置于"ON"位置时,发动机 ECU 的 ISC1、ISC2 端子对 E1 端子的标准电压应为 9～14 V。如果电压不符合要求,则说明电源电路有故障。

② 拔下旋转滑阀式怠速控制阀的线束插头,用万用表欧姆挡测量怠速控制阀的+B 端子(即电源端子)与 ISC1、ISC2 端子间的电阻值,其标准值应为 18.8～28.8 Ω。如果阻值不符合要求,说明旋转滑阀式怠速控制阀有故障,应立即更换旋转滑阀式怠速控制阀。

3) 电磁式怠速控制阀

(1) 电磁式怠速控制阀的构造与原理。

电磁式怠速控制阀是利用通电线圈产生的电磁吸力来控制阀门的开度的。根据其控制信号的不同,可将电磁式怠速控制阀分为占空比型电磁式怠速控制阀和开关型电磁式怠速控制阀两类。

占空比型电磁式怠速控制阀主要由电磁线圈、衔铁以及阀芯等组成,如图 6-51 所示。发动机 ECU 向占空比型电磁式怠速控制阀输出的控制信号为占空比型。当发动机 ECU 检测到发动机怠速转速低于目标转速时,自动提高控制信号的占空比,使线圈的通电时间变长,阀门开度变大,旁通进气量增大,使怠速转速提高到目标值。反之,当发动机怠速转速高于目标转速时,发动机 ECU 自动降低占空比,最终使怠速转速降低到目标值。

开关型电磁式怠速控制阀的结构和占空比型电磁式怠速控制阀的类似,只是发动机 ECU 控制信号为开关信号。发动机怠速运转时,若发动机 ECU 控制开关型电磁式怠速控制阀打开,则可使怠速转速升高 100 r/min 左右。

这两种电磁式怠速控制阀的优点是响应速度快,但由于控制的旁通进气量较少,都需要设置附加空气阀来实现冷车快怠速。

(2) 电磁式怠速控制阀的检测。

电磁式怠速控制阀的控制电路如图 6-52 所示,其检测步骤如下。

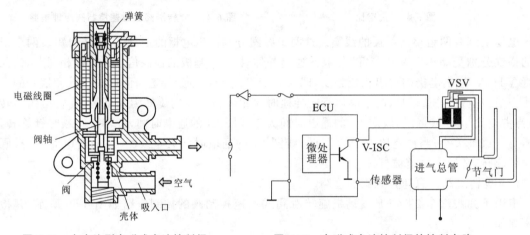

图 6-51 占空比型电磁式怠速控制阀　　图 6-52 电磁式怠速控制阀的控制电路

① 检查电源电压。拆开电磁式怠速控制阀导线连接器,将点火开关置于"ON"位置但不启动发动机,在线束侧测量电源端子与搭铁之间的电压,应为蓄电池电压。

② 检查线圈电阻。拆开电磁式怠速控制阀导线连接器,在控制阀侧分别测量两端子之间的电阻,正常情况下应为 10~15 Ω。

③ 工作情况检查。从节气门体上拆下电磁式怠速控制阀,用导线将其中一个端子连接蓄电池的正极,另一个端子连接蓄电池的负极时,阀芯应移动。当断开一根导线时,阀芯应迅速复位。否则,应更换成新品。

(七) 温度传感器

在电控汽油喷射式燃料供给系统中有两个温度传感器,即冷却液温度传感器和进气温度传感器。它们均采用负温度系数的热敏电阻作为传导元件。所谓负温度系数的热敏电阻,就是在允许的温度范围内,其电阻值随温度的升高而减小;而正温度系数的热敏电阻,其电阻值随温度的升高而增大。

1. 冷却液温度传感器

冷却液温度传感器的作用是,测量冷却液的温度,将信息输入发动机 ECU,以计算点火时刻和喷油时间。

冷却液温度传感器安装在发动机气缸体或气缸盖的水套上,与冷却液接触,用来检测发动机的冷却液温度。

1）冷却液温度传感器的结构和电路

冷却液温度传感器的内部是一个半导体热敏电阻,如图6-53(a)所示。它具有负的温度电阻系数,冷却液温度越低,电阻越大;反之,冷却液温度越高,电阻越小,如图6-53(b)所示。

冷却液温度传感器的两根导线都和发动机ECU相连接。其中一根为地线,另一根的对地电压随热敏电阻阻值的变化而变化。发动机ECU根据这一电压的变化测得发动机冷却液的温度,和其他传感器产生的信号一起,冷却液温度传感器产生的信号用来确定喷油脉冲宽度、点火时刻等。

2）冷却液温度传感器故障诊断

（1）冷却液温度传感器失效原因。

① 泄漏。

② 振动。

③ 内部短路。

④ 接口上的触点问题。

（2）冷却液温度传感器失效可以从以下几个方面察觉。

① 启动困难。

② 耗油量较高。

③ 怠速转速较高。

④ 发动机指示灯点亮。

（3）冷却液温度传感器的检测。

冷却液温度传感器与发动机ECU的连接电路如图6-54所示。

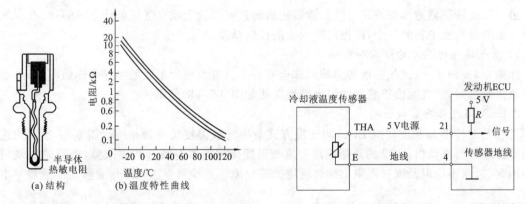

图6-53 冷却液温度传感器的结构及温度特性曲线　　图6-54 冷却液温度传感器与发动机ECU的连接电路图

① 读取故障码存储记录。

② 检查冷却液温度传感器的电源电压。拆开冷却液温度传感器的导线连接器,接通点火开关,用电压表测量导线连接器上两端子之间的电压(即传感器的电源电压)。在正常情况下,该电压值应为5 V。若电压值不正常,则应检查相关的线路。

③ 检查冷却液温度传感器的信号电压。连接好冷却液温度传感器的导线连接器,接通点火开关,用电压表测量导线连接器上两端子之间的电压。当水温为80 ℃时,该电压值应为0.2~1.0 V。

④ 检查冷却液温度传感器的导线、插头和接口是否正确连接,是否有断裂和腐蚀。

⑤ 检查冷却液温度传感器的工作特性。首先拆下冷却液温度传感器,然后按图6-55所示方法将冷却液加热,用万用表欧姆挡测量不同冷却液温度下冷却液

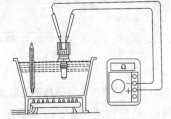

图6-55 冷却液温度传感器电阻的动态检测

温度传感器的电阻值,并将其与标准值对比,即可判定冷却液温度传感器是否正常。对于桑塔纳 2000GSi 型轿车 AJR 型发动机冷却液温度传感器来说,其阻值应符合表 6-3 中所列数值。否则,应更换冷却液温度传感器。

表 6-3 桑塔纳 2000GSi 型轿车 AJR 型发动机冷却液温度传感器电阻值

温度/℃	电阻值/kΩ	温度/℃	电阻值/kΩ
−20	14～20	50	0.72～1.0
0	5～6.5	60	0.53～0.65
10	3.3～4.2	70	0.38～0.48
20	2.2～2.7	80	0.28～0.35
30	1.4～1.9	90	0.21～0.28
40	1.0～1.4	100	0.17～0.20

2. 进气温度传感器

进气温度传感器的作用是,把进气温度转换为电信号并输入发动机 ECU,发动机 ECU 根据此信号确定进气密度,并结合进气量传感器信号精确计算进气质量,从而控制喷油量。在采用叶片式、卡门旋涡式空气流量计和进气歧管绝对压力传感器进行进气量检测的发动机上,由于上述计量装置检测的是空气的体积流量,因而需要用进气温度传感器确定进气密度,计算进气质量。

进气温度传感器通常安装在空气滤清器之后的进气软管上或空气流量计上,还有的在空气流量计上和谐振腔中各装一个,以提高喷油量的控制精度。

1) 进气温度传感器的结构和电路

如图 6-56(a)所示,进气温度传感器内部也有一个具有负温度系数的半导体热敏电阻,外部用环氧树脂密封,进气温度传感器的温度特性曲线如图 6-56(b)所示。

2) 进气温度传感器的检测

进气温度传感器和发动机 ECU 的连接方式与冷却液温度传感器相同。图 6-57 所示为进气温度传感器与发动机 ECU 的连接电路。进气温度传感器本身或其线路故障,将导致发动机启动困难、怠速不稳以及废气污染物排放量增加等故障。其检测方法与冷却液温度传感器基本相同。

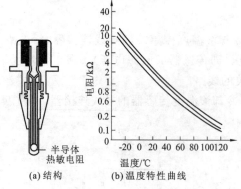

图 6-56 进气温度传感器的结构及温度特性曲线　　图 6-57 进气温度传感器与发动机 ECU 的连接电路

(八) 凸轮轴/曲轴位置传感器

凸轮轴位置传感器给发动机 ECU 提供曲轴转角基准位置(第一缸压缩上止点)信号,以作为燃油喷射控制和点火控制的主控制信号。曲轴位置传感器有时称为发动机转速传感器,用来检测曲轴转角位移,给发动机 ECU 提供发动机转速信号和曲轴转角信号,作为燃油喷射控制和点火控制的主控制信号。

空气流量计只能检测单位时间内的进气量,发动机 ECU 必须根据发动机转速确定每循环进气量,以便对循环喷油量精确控制。同时,发动机 ECU 根据曲轴转角基准位置和曲轴转角确定各气缸工作位置,以准确控制喷油时刻和最佳的点火时刻。

凸轮轴位置传感器和曲轴位置传感器的结构和工作原理基本相同,虽然各车型的安装位置不同,但必须安装在与曲轴有精确传动关系的位置处,通常安装在曲轴前端、凸轮轴前端、飞轮壳上或分电器内部。

目前,凸轮轴/曲轴位置传感器有电磁感应式、霍尔式和光电式三种。

1. 电磁感应式凸轮轴/曲轴位置传感器

电磁感应式凸轮轴/曲轴位置传感器利用电磁感应原理制成,主要由磁性转子、永久磁铁、铁芯及感应线圈等组成,如图 6-58 所示。

1) 电磁感应式凸轮轴/曲轴位置传感器的工作原理

磁性转子安装在分电器轴上,分电器轴由凸轮轴驱动。发动机运转时,凸轮轴带动磁性转子转动。磁性转子转动时,磁路中的气隙就会周期性地发生变化,并使感应线圈铁芯内的磁通量随之周期性地变化,如图 6-59 所示。

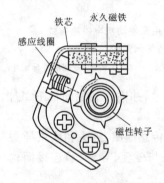

图 6-58 电磁感应式凸轮轴/曲轴位置传感器

(a) 磁通变化(零)　(b) 磁通变化(最大)　(c) 磁通变化(零)　(d) 磁通变化(最大)

图 6-59 磁性转子转动时,线圈中磁通量变化过程图

感应线圈中产生的感应电动势的变化如图 6-60 所示。

当磁性转子顺时针旋转时,转子凸齿与铁芯之间的气隙减小,磁路磁阻减小,磁通量增多,磁通量变化率增大,感应电动势 E 为正。当转子凸齿接近铁芯边缘时,磁通量急剧增多,磁通变化率最大,E 最高(B 点)。转子转过 B 点后,虽然磁通量仍在增多,但磁通变化率减小,E 降低。

当磁性转子转到凸齿的中心线与铁芯中心线对齐时,虽然气隙最小,磁通量最大,但磁通量不可能继续增加,磁通量的变化率为零,E 为零。

当磁性转子顺时针继续旋转,转子凸齿离开铁芯时,转子凸齿与铁芯之间的气隙增大,磁路磁阻增大,磁通量减少,磁通量变化率为负,感应电动势 E 为负。转子凸齿离开铁芯边缘时,磁通量急剧减少,磁通变化率达到负向最大值,E 也达到负向最大值。磁性转子继续转动,虽然磁通量仍在减少,但磁通变化率减小,E 升高。

当磁性转子转到两个凸齿的中间与铁芯中心线对齐时,虽然气隙最大,磁通量最小,但磁通量不可能继续减少,磁通量的变化率为零,E 为零。

磁性转子每转过一个凸齿,感应线圈中就会产生一个周期的交变电动势,即电动势出现一次最大值和一次最小值,感应线圈也就相应地输出一个交变电压信号。

电磁感应式凸轮轴/曲轴位置传感器不需要外加电源,永久磁铁起着将机械能转变为电能的作用。发动机转速变化时,转子凸齿转动的速度也发生变化,铁芯中的磁通变化率也随之发生变化。转子凸齿转动的速度转速越高,铁芯中的磁通变化率就越大,感应线圈中的感应电动势也就越大。

2) 电磁感应式凸轮轴/曲轴位置传感器举例

桑塔纳 3000 乘用车发动机采用电磁感应式转速传感器,它安装在气缸体的后端侧面,结构如图 6-61 所示。

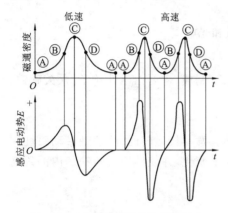

图 6-60 磁路中磁通的变化及感应线圈中的感应电动势

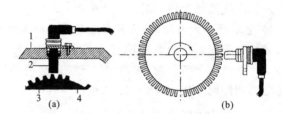

图 6-61 桑塔纳 3000 乘用车发动机电磁感应式转速传感器的结构示意图

1—气缸体;2—信号发生器;3—信号转子;4—大齿缺(基准信号标记)

发动机转速传感器的功用是采集曲轴转动角度和发动机转速信号,并输入到发动机 ECU,发动机 ECU 根据这两种信号确定点火时刻和喷油时刻。

发动机转速传感器用螺钉固定在发动机气缸体上,由永久磁铁、传感线圈、磁头和线束插头组成。永久磁铁上带有一个磁头,磁头正对信号转子上的凸齿,磁头与磁轭(导磁板)连接而构成导磁回路。

信号转子为齿盘式,安装在曲轴第四道连杆轴颈后端的曲柄臂上,与曲轴同心。在转子圆周上均匀地制有 58 个凸齿、57 个小齿缺和 1 个大齿缺。大齿缺输出基准信号,对应于发动机 1 缸或 4 缸压缩上止点前一定角度。大齿缺所占的弧度相当于 2 个凸齿和 3 个小齿缺所占的弧度。

信号转子每转 1 圈(发动机曲轴转 1 圈),传感线圈就会产生 58 个正弦交流电压信号,该信号被输入到发动机 ECU,如图 6-62 所示。每个凸齿和小齿缺所占的曲轴转角均为 $3°(58×3°+57×3°=345°)$,大齿缺所占的曲轴转角为 $15°×(2×3°+3×3°=15°)$。

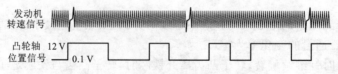

图 6-62 发动机转速传感器输出信号波形

由于信号转子上制有一个产生基准信号的大齿缺,因此当大齿缺转过磁头时,信号电压所占的时间较长,其输出信号为一宽的交流电压信号,该信号对应于 1 缸或 4 缸压缩上止点前一定角度。发动机 ECU 接收到此信号时,便可知道 1 缸或 4 缸上止点位置即将到来,至于是 1 缸压缩上止点还是 4 缸压缩上止点,则需根据凸轮轴位置传感器输入的信号来确定。

发动机 ECU 根据接收到的电磁感应式转速传感器正弦交流电压信号的频率,即可计算出发动机曲轴旋转的转速;以大齿缺信号为基准,再根据小齿缺信号的数量即可计算出发动机曲轴的旋转角度。

3) 电磁感应式凸轮轴/曲轴位置传感器的检测

丰田霸道4000发动机电磁感应式凸轮轴/曲轴位置传感器的电路如图6-63所示。

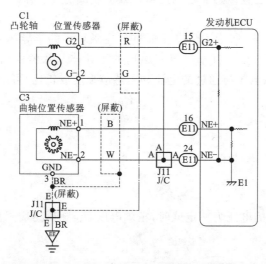

图6-63 丰田霸道4000发动机电磁感应式凸轮轴/曲轴位置传感器的电路

(1) 凸轮轴位置传感器检测。检测凸轮轴位置传感器导线连接器端子1与2(见图6-64(a))之间的电阻,-10～10℃时为835～1 400 Ω,50～100℃时为1 060～1 645 Ω。凸轮轴位置传感器配线侧导线连接器端子1和2与ECU配线侧导线连接器端子15(G2+)和24(NE-)应分别导通,如图6-64(b)所示。

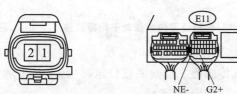

(a) 凸轮轴位置传感器配线侧导线连接器端子　　(b) 发动机ECU配线侧导线连接器端子

图6-64 凸轮轴位置传感器检测

(2) 曲轴位置传感器检测。检测曲轴位置传感器导线连接器端子1与2(见图6-65(a))之间的电阻,-10～10℃时为1 630～2 740 Ω,50～100℃时为2 065～3 225 Ω。曲轴位置传感器配线侧导线连接器端子1和2与ECU配线侧导线连接器端子16(NE+)和24(NE-)应分别导通,如图6-65(b)所示。

 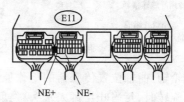

(a) 曲轴位置传感器配线侧导线连接器端子　　(b) 发动机ECU配线侧导线连接器端子

图6-65 曲轴位置传感器检测

(3) 铁芯与磁性转子之间的间隙检测。用塞尺测量磁性转子与铁芯凸出部位之间的间隙,应为 0.2～0.4 mm，如图 6-66 所示。若间隙不符合要求，可先松开紧固螺钉，旋转调整螺钉使间隙符合要求后，再拧紧紧固螺钉。若无法调整间隙，则应更换分电器壳体。

2. 霍尔式凸轮轴/曲轴位置传感器

霍尔式凸轮轴/曲轴位置传感器是利用霍尔效应制成的传感器。

1）霍尔效应原理

霍尔效应原理如图 6-67 所示。当电流通过放在磁场中的半导体基片（即霍尔元件），且电流方向与磁场方向垂直时，在垂直于电流和磁场的半导体基片的横向侧面上将产生一个电压 U_H，称为霍尔电压。霍尔电压与通过的电流和磁感应强度成正比，可用下式计算：

$$U_H = \frac{R_H}{d} IB$$

式中：R_H——霍尔系数；

d——半导体基片厚度，m；

I——电流，A；

B——磁感应强度，T。

由上式可知，当通过的电流为一定值时，霍尔电压 U_H 随磁感应强度 B 的变化而变化。

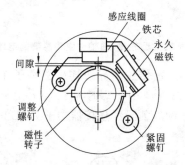

图 6-66 电磁感应式凸轮轴/曲轴位置传感器转子间隙调整

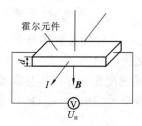

图 6-67 霍尔效应原理

2）霍尔式凸轮轴/曲轴位置传感器的工作原理

霍尔式凸轮轴/曲轴位置传感器一般安装在分电器内，主要由触发叶轮、霍尔集成电路、带导板的永久磁铁及导板等组成，如图 6-68 所示。

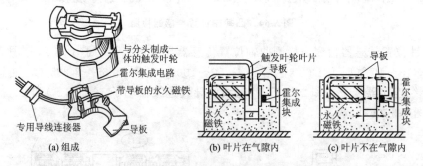

图 6-68 霍尔式凸轮轴/曲轴位置传感器

霍尔式凸轮轴/曲轴位置传感器的工作原理如下。

触发叶轮旋转时，每当叶片进入永久磁铁与霍尔集成块（内置霍尔元件）之间的气隙时，磁场便被触发叶轮的叶片所旁路，或称隔磁（见图 6-68(b)），而不能作用于霍尔元件上，因此不产生霍尔电压。而当触发叶轮的叶片离开永久磁铁与霍尔元件间的气隙时，永久磁铁的磁通便通过导板作用于霍尔元件上（见图 6-68(c)），这时便产生霍尔电压。由此可见，触发叶轮每转一周,便产生与叶片数相等个数的霍尔电压。

由于霍尔电压较低(mV 级),因此,首先要把信号电压放大并转换为矩形脉冲,这一任务由霍尔集成电路来完成,其原理方框图如图 6-69 所示。当霍尔电压为零时,霍尔集成电路使霍尔信号发生器的输出电压急剧上升至数伏,而当产生霍尔电压时,霍尔信号发生器的输出电压降至 0.4~0.5 V,经图 6-69 所示电路处理后,输出整齐的方波脉冲,控制点火线圈一次电路的接通和断开,实现发动机各气缸的依次点火。

3) 霍尔式凸轮轴/曲轴位置传感器举例

桑塔纳 3000 乘用车采用的凸轮轴位置传感器为霍尔式。霍尔式凸轮轴位置传感器安装在发动机凸轮轴正时齿轮的后面,如图 6-70 所示。霍尔式凸轮轴位置传感器是利用霍尔效应原理制成的电子开关,与信号转子配套使用。信号转子上制有 4 个叶片和 4 个缺口(2 大 2 小),叶片与霍尔式凸轮轴位置传感器的永久磁铁之间留有 0.2~0.4 mm 的间隙。

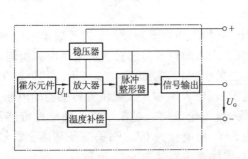

图 6-69 霍尔式凸轮轴/曲轴位置传感器
霍尔集成电路原理方框图

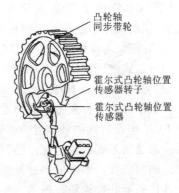

图 6-70 桑塔纳 3000 乘用车霍尔式
凸轮轴位置传感器的安装

U_H—霍尔电压;U_G—霍尔凸轮轴/曲轴位置传感器输出电压

霍尔式凸轮轴位置传感器的作用是,采集凸轮轴位置信号并输入到发动机 ECU,发动机 ECU 据此识别 1 缸压缩上止点,从而进行顺序喷油控制、点火时刻控制和爆震控制。此外,凸轮轴位置信号还用于当发动机启动时识别出第一次点火时刻。

霍尔式凸轮轴位置传感器的工作原理如图 6-71 所示。当信号转子的叶片进入霍尔式凸轮轴位置传感器中的气隙时,磁场被叶片短路,如图 6-71(a)所示,霍尔电压 U_H 为零,霍尔集成电路输出级的三极管截止,此时霍尔式凸轮轴位置传感器输出信号电压 U_G 为高电平(蓄电池电

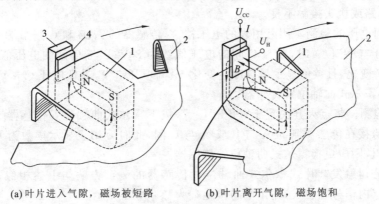

(a) 叶片进入气隙,磁场被短路　　(b) 叶片离开气隙,磁场饱和

图 6-71 霍尔式凸轮轴位置传感器的工作原理
1—永久磁铁;2—触发叶轮;3—磁轭;4—霍尔集成电路

压)。当叶片离开气隙时,磁场穿过霍尔集成电路,如图6-71(b)所示,此时产生霍尔电压U_H为0.1～0.3 V,此电压经放大后驱动霍尔集成电路输出级的三极管导通,霍尔式凸轮轴位置传感器输出信号电压U_o为低电平(约为0.1 V)。

凸轮轴位置传感器的输出电压波形及其与发动机转速传感器信号之间的关系如图6-62所示。发动机曲轴每转2圈(720°),信号转子就转1圈(360°),对应产生4个低电平信号和4个高电平信号,其中第一个长时间低电平信号对应于1缸压缩上止点前一定角度。

发动机工作时,发动机转速传感器和凸轮轴位置传感器产生的信号电压不断输入到发动机ECU。当发动机ECU同时接收到发动机转速传感器大齿缺对应的低电平(15°)信号和凸轮轴位置传感器第一个宽窗口对应的低电平信号时,便可识别出此时为1缸活塞处于压缩行程、4缸活塞处于排气行程。

发动机ECU识别出1缸压缩上止点位置后,便可进行顺序喷油控制和各缸点火时刻控制。如果发动机产生了爆震,发动机ECU还能根据爆震传感器输入的信号判别出是哪一缸发生了爆震,从而减小该缸的点火提前角(仅对于安装2个爆震传感器的情况),以便消除爆震。

4) 霍尔式曲轴位置传感器的检测

霍尔式曲轴位置传感器的检测方法有一个共同点,即主要通过测量有无输出电脉冲信号来判断其是否良好。下面以北京切诺基使用的霍尔式曲轴位置传感器为例来说明其检测方法。

霍尔式曲轴位置传感器与发动机ECU由三条引线相连,如图6-72所示。其中一条是发动机ECU向霍尔式曲轴位置传感器加电压的电源线,输入霍尔式曲轴位置传感器的电压为8 V;另一条是霍尔式曲轴位置传感器的输出信号线,当飞轮齿槽通过霍尔式曲轴位置传感器时,霍尔式曲轴位置传感器输出脉冲信号,高电位为5 V,低电位为0.3 V;第三条是通往霍尔式曲轴位置传感器的接地线。霍尔式曲轴位置传感器导线连接器如图6-73所示。

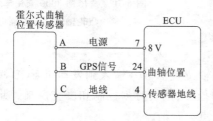
图6-72 曲轴位置传感器与发动机ECU的连接示意图

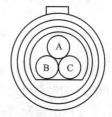
图6-73 霍尔式曲轴位置传感器导线连接器

(1) 传感器电源电压的测试。将点火开关置于"ON"位置,用万用表电压挡测量发动机ECU侧7号端子的电压,应为8 V,在传感器导线连接器"A"端子处测量电压也应为8 V,否则说明电源、线断路或接头接触不良。

(2) 端子间电压的检测。用万用表的电压挡,对传感器的A、B和C三个端子进行测试,当将点火开关置于"ON"位置时,A与C间的电压值约为8 V;B与C间的电压值在发动机转动时,在0.3～5 V变化,且数值显示呈脉冲性变化,最高电压5 V,最低电压0.3 V。如不符合以上结果,应更换霍尔式曲轴位置传感器。

(3) 电阻检测。将点火开关置于"OFF"位置,拔下霍尔式曲轴位置传感器导线连接器,用万用表电阻挡跨接在传感器侧的A与B或A与C间,此时万用表显示读数为无穷大(开路),如果指示有电阻,则应更换霍尔式曲轴位置传感器。

通用汽车公司触发叶片式霍尔式曲轴位置传感器的测试方法与上述相似,只是端子为4个,上止点信号(内信号轮触发)输出端与接地端为脉冲电压显示。

3. 光电式凸轮轴/曲轴位置传感器

光电式凸轮轴/曲轴位置传感器利用光电感应原理制成,主要由信号(遮光)盘、发光二极管、光敏晶体管以及电子电路等组成。

1) 光电式凸轮轴/曲轴位置传感器的结构和工作原理

光电式凸轮轴/曲轴位置传感器的结构和工作原理分别如图 6-74 和图 6-75 所示。

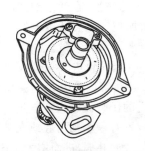
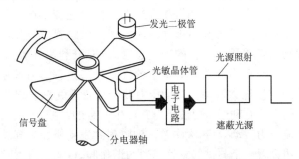

图 6-74 光电式凸轮轴/曲轴位置传感器的结构　　图 6-75 光电式凸轮轴/曲轴位置传感器的工作原理

发光二极管正对着光敏晶体管，发光二极管以光敏晶体管为照射目标。信号盘位于发光二极管和光敏晶体管之间，当信号盘随发动机曲轴旋转时，因信号盘上有光孔，产生透光和遮光的交替变化，使信号发生器输出表征凸轮轴位置和曲轴转速的脉冲信号。

2) 光电式凸轮轴/曲轴位置传感器举例

日产公司汽车的光电式凸轮轴/曲轴位置传感器设置在分电器内，由信号发生器以及带缝隙和光孔的信号盘等组成，如图 6-76 所示。

信号盘安装在分电器轴上，其外围有 360 条相距 0.5°的缝隙，用于产生 1°（曲轴转角）信号；外围稍靠内侧均匀分布着 6（六缸发动机为 6 个，四缸发动机为 4 个）个光孔，产生 120°（凸轮轴位置）信号，其中有一个较宽的光孔用于产生对应 1 缸上止点的 120°信号。

当发光二极管的光束照射到光敏晶体管上时，光敏晶体管感光而导通；当发光二极管的光束被遮挡时，光敏晶体管截止。信号发生器输出的脉冲电压信号送至电子电路放大整形后，即向发动机电子控制单元输送曲轴转角 1°信号和 120°信号。因信号发生器安装位置的关系，120°信号在活塞上止点

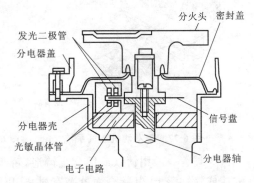

图 6-76 日产公司汽车的光电式凸轮轴/曲轴位置传感器的布置

前 70°输出。发动机曲轴每转 2 圈，分电器轴转 1 圈，则信号发生器输出 360 个脉冲，每个脉冲周期高电位对应 1°，低电位也对应 1°，共表征曲轴转角 720°。与此同时，120°信号发生器共产生 6 个脉冲信号。

（九）进气管

进气管的作用是，较均匀地分配可燃混合气（汽油机）或空气（柴油机）到各气缸中。对汽油机来说，进气管的另一作用是使可燃混合气和油膜继续得到汽化。

进气管有进气总管和进气歧管。

1. 进气总管

进气总管是指空气滤清器至进气歧管之间的管道。在电控燃油喷射式发动机的进气总管上，装有空气流量计（或进气压力传感器），以便对进入气缸的空气进行计量。

为了提高发动机的充气效率，通常按有效利用进气压力的原理设计进气管的长度、形状和结构，进气总管上常附有各种形状的气室。如图 6-77 所示的进气系统中，进气总管上设有动力

腔,其目的是,充分利用进气总管内的空气动力效应,增加各种工况下的充气量,以提高发动机的动力性。空气动力效应是一种复杂的物理现象,为便于说明,可将其视为气流惯性效应与气流压力波动效应共同作用的结果。

气流惯性效应是指在进气总管内高速流动的气流具有一定的惯性,在活塞到达进气行程的下止点之后仍可利用进气气流的惯性继续充气一段时间,以增加充气量。所以电控燃油喷射式发动机都采用了较长的进气总管,以充分利用气流的惯性效应来增大充气量。

气流压力波动效应是指各气缸进气过程具有间歇性和周期性,导致进气总管内产生一定幅度的气流压力波动。这个压力波会沿着进气总管以声速传播,并在管内往复反射。如果进气总管的形状有利于压力波反射并产生一定的共振,就能利用共振后的压力波增大充气量。为了利用气流压力波动效应,大多数汽油喷射式发动机在进气总管中部设置有一个动力腔或在进气总管的旁边设置一个与进气总管相通的谐振腔,以利于进气总管内压力波的共振,进而增大充气量。

2. 进气歧管

进气歧管是指进气总管后向各气缸分配空气的支管。桑塔纳2000GSi型轿车AJR型发动机的进气歧管如图6-78所示。

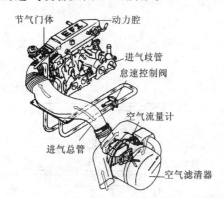
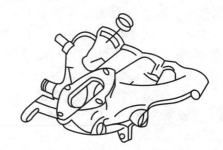

图6-77 某发动机进气系统　　图6-78 桑塔纳2000GSi型轿车AJR型发动机的进气歧管

进气歧管一般用铸铁或铝合金铸造,轿车发动机多用铝合金制造。进气歧管用螺栓固定在气缸体或气缸盖上,其接合面处装有衬垫,以防止漏气。

三、进气系统的检修

电控发动机的燃油喷射系统不论是流量型的还是压力型的,只要进气系统不密封就会影响喷油量,所以对进气系统进行检修时应注意以下四点。

(1) 发动机量油尺、机油加油口盖必须安装好,否则,会影响发动机的运行。

(2) 进气软管不能有破裂,箍固要安装紧固,因为漏气会影响空气流量计或进气压力传感器的信号,从而影响喷油量,使发动机怠速不稳,易熄火,发动机的动力性和加速性能差。

(3) 真空管不能破裂、扭结,也不能插错。真空管插错会使发动机怠速不稳,甚至使各气缸无规律地交替工作不良。

(4) 喷油器应安装舒贴,密封圈应完好。如果喷油器安装不舒贴或密封圈损坏,上部安装密封不良会漏油造成严重事故,下部密封不良会造成漏气使发动机真空度下降,运行不良,还会使进气压力传感器信号增大,使喷油量增加,从而使混合气偏浓。

1. 检测进气流量

由于不同发动机的气缸大小不一,因此在单位时间内的进气量有较大的区别。但是对于特定型号的发动机来说,在基本怠速情况下(关闭空调等附属设备)进气流量应是相对恒定的。

有些发动机可以使用解码器的数据流测试功能检测发动机的进气流量,如上海大众2VQS发动机怠速时进气流量正常值为2.0~4.0 g/s,若小于2.0 g/s,则说明进气系统存在真空泄漏故障;若大于4.0 g/s,则说明发动机负荷过大。

2. 检测进气道的真空泄漏

进气管壁有裂纹、密封垫损坏、真空管漏装或破裂会导致进气系统真空泄漏,这一故障对D型和L型电控发动机怠速运转的影响是不一样的。

D型燃油喷射系统节气门后方出现真空泄漏时,泄漏进入进气管的空气经过了MAP的检测。发动机ECU按空燃比为其配油,油多气多导致发动机怠速转速上升,漏气量越大,转速升高量也越大。大多数车型从保护发动机的角度出发在程序内设定了怠速极限转速上限值,例如丰田公司为1 800 r/min,即当怠速触点闭合时,若发动机转速达到1 800 r/min,发动机ECU会切断喷油器的喷油,直至转速下降至基本怠速转速再恢复喷油。但是漏气的部位并没有被修复,发动机转速又会上升至1 800 r/min,发动机ECU再次切断喷油,这就导致怠速转速忽高忽低,俗称怠速游车。真空泄漏也会引起汽油喷射压力升高,导致混合气偏浓,但这一影响是有限的,多数情况下不会导致发动机淹缸熄火。

L型燃油喷射系统节气门后方出现真空泄漏时,泄漏进入进气管的空气没有经过MAF的检测,因此发动机ECU不会为其配油。漏气虽然引起喷射压力升高,但综合来看混合气偏稀,导致怠速转速下降、发动机抖动,漏气严重时甚至导致发动机熄火。

3. 检测怠速转速

汽车仪表板内的发动机转速表可以指示发动机的怠速转速,也可用带转速检测功能的万用表、示波器检测发动机怠速转速。在某些不严重的故障出现后,发动机ECU的怠速控制和学习控制功能会把怠速转速稳定在目标转速范围内,此时车辆已处于"带病工作"状态。因此,必要时检测发动机的基本怠速转速。检测时,需要向发动机ECU提供一个触发指令停止怠速控制和学习控制。这一操作因车型而异,具体操作请参阅相关维修手册。

四、进气控制

为了使发动机在怠速工况时具有良好的经济性和排放性,必须对发动机怠速转速进行有效控制,因而设置了怠速控制系统。为了使发动机在工作时增大进气量而改善动力性,发动机进气系统中还设置了各种增压控制系统。

(一)怠速控制

发动机怠速工况是指发动机对外无功率输出的稳定运转工况。此时,发动机的节气门开度最小,汽车处于空挡,发动机只带动附件维持最低稳定转速。怠速是发动机工作过程中经常出现的工况,运转的时间约占汽车行驶的30%。怠速转速直接影响燃油消耗和排放性能;怠速转速过高,会增加燃油消耗量;怠速转速过低,则有害物的排放增加。因此,在保证发动机排放要求且运转稳定的前提下,应尽量使发动机的怠速转速保持最低,以降低怠速时的燃油消耗量。

怠速控制还应考虑使用条件的变化,如冷车运转、电器负荷、空调装置以及动力转向等都会引起怠速转速变化,使发动机运转不稳甚至熄火。所以,怠速控制就是怠速转速的控制,即根据发动机工作温度和负载,由发动机ECU自动控制怠速工况下的空气供给量,维持发动机以稳定怠速运转。在电控汽油喷射系统中,怠速控制是重要的控制功能之一。

1. 怠速控制系统的组成

怠速控制系统的组成如图6-79所示。它由各种传感器、信号控制开关、电子控制器(ECU)、怠速控制阀和旁通空气道等组成。也有些发动机采用节气门直接控制怠速的方式,无须设置旁通空气道,如桑塔纳 2000GSi 型轿车 AJR 型发动机。

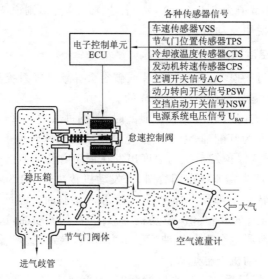

图 6-79　怠速控制系统的组成

车速传感器提供车速信号,节气门位置传感器提供怠速触点开闭信号,这两个信号用来判定发动机是否处于怠速状态。发动机处于怠速状态下时,节气门关闭,节气门位置传感器的怠速触点 IDL 闭合,传感器输出端子 IDL 输出低电平信号。因此,当 IDL 端子输出低电平信号时:如果车速为零,就说明发动机处于怠速状态;如车速不为零,则说明发动机处于减速状态。

冷却液温度信号用于修正怠速转速。在发动机 ECU 内部,存储有不同冷却液温度对应的最佳怠速转速,如图 6-80 所示。在冷车启动后的暖机过程中,发动机 ECU 根据发动机温度信号,通过控制怠速控制阀的开度来控制相应的快怠速转速,并随发动机温度升高逐渐降低怠速转速。当冷却液温度达到正常工作温度时,怠速转速恢复至正常怠速转速。

空调开关、动力转向开关、空挡启动开关信号和电源电压信号等向发动机 ECU 提供发动机负荷变化的状态信息。发动机 ECU 内部存储有不同负荷状况下对应的最佳怠速转速。

2. 怠速控制的实质

怠速控制的内容主要是发动机负荷变化控制和电器负荷变化控制。怠速控制的实质是控制怠速时的充气量(进气量)。当发动机怠速负荷增大时,发动机 ECU 控制怠速控制阀使进气量增大,从而使怠速转速提高,防止发动机运转不稳或熄火;当发动机怠速负荷减小时,发动机 ECU 控制怠速控制阀使进气量减少,从而使怠速转速降低,以免怠速转速过高。怠速时的喷油量则由发动机 ECU 根据预先设定的怠速空燃比和实际充气量计算确定。

3. 怠速控制过程

怠速转速控制过程如图 6-81 所示。

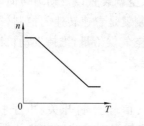

图 6-80　不同温度下的怠速转速

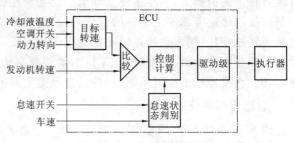

图 6-81　怠速转速控制过程

发动机 ECU 首先根据怠速触点 IDL 信号和车速信号,判断发动机是否处于怠速状态。当判定发动机处于怠速工况时,发动机 ECU 再根据发动机冷却液温度传感器、空调开关以及动力转向开关等信号,从存储器存储的怠速转速数据中查询相应的目标转速 n_g,然后将目标转速与曲轴位置传感器检测到的发动机实际转速 n 进行比较。

当发动机负荷增大,目标转速高于实际转速($n_g>n$)时,发动机 ECU 将控制怠速控制阀增大旁通进气量来提高怠速转速;反之,当发动机负荷减小,目标转速低于实际转速时,发动机 ECU 将控制怠速控制阀减小旁通进气量来调节怠速转速。例如,当接通空调开关(发动机负荷增大)时,发动机 ECU 使怠速控制阀的阀门开大,增大旁通进气量。当旁通进气量增大时,因怠速空燃比已由试验确定为一定值(一般为 12∶1),所以发动机 ECU 将控制喷油器增大喷油量,发动机转速随之提高。同理,当断开空调开关(发动机负荷减小)时,需要降低发动机转速,发动机 ECU 将使怠速控制阀的阀门关小,减小旁通进气量以进行调节。

4. 怠速控制项目

这里以丰田公司步进电动机式怠速控制阀为例介绍其控制项目。

1) 启动初始位置的设定

为了改善发动机再启动时的启动性能,在发动机点火开关关闭后,发动机 ECU 将控制怠速控制阀全部打开,以便为下次启动做好准备。

为了保证怠速控制阀在发动机下次再启动时处于全开位置,在点火开关关闭后,必须继续给发动机 ECU 和怠速控制阀供电。此时主继电器由发动机 ECU 的 M-REL 端子供电,使主继电器继续保持接通状态,直到怠速控制阀启动初始位置(全开)设定后,主继电器才断电。

2) 启动控制

发动机启动时,由于怠速控制阀预先设定在全开位置,在发动机启动期间流经怠速控制阀的旁通空气量最大,有利于发动机启动。发动机启动后,若怠速控制阀仍保持在全开位置,发动机转速将升得过高。故在发动机启动期间或启动后,当发动机转速达到规定值时(此值由冷却液温度确定),发动机 ECU 开始控制怠速控制阀,将阀门关小到由冷却液温度所确定的阀门开度位置。

3) 暖机控制(快怠速)

图 6-82 所示为发动机暖机过程中步进电动机式怠速控制阀的控制特性。在发动机暖机过程中,怠速控制阀从发动机启动后根据冷却液温度所确定的位置开始逐渐关闭阀门,当冷却液温达到 70 ℃时,暖机控制(快怠速)结束。目标转速值根据发动机工况而定,如空挡启动开关是否接通、空调开关是否接通等。

4) 反馈控制

当发动机在怠速工况下运转时,如果发动机的实际转速与发动机 ECU 存储器中所存放的目标转速差超过规定值(如 20 r/min),则发动机 ECU 即控制怠速控制阀来增、减旁通进气量,使发动机实际转速与目标转速差小于规定值。目标转速与发动机怠速工况时的负荷有关,对应空挡启动开关是否接通、是否使用空调、电器增加等不同情况,都有确定的目标转速。

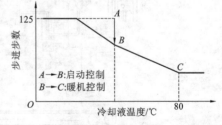

图 6-82 发动机暖机过程中步进电动机式怠速控制阀的控制特性

5) 发动机转速变化的预控制

发动机处于怠速工况下时,空调开关、空挡启动开关等接通或断开时,都会引起发动机怠速负荷变化,产生较大的怠速转速波动。为了减小负荷变化对怠速转速的影响,发动机 ECU 在收到以上开关信号(发动机负荷变化)时,不待发动机转速变化,就控制怠速控制阀预先把阀门开大或关小一个固定的距离。

6)电器负载增大时的怠速控制

当汽车上使用的电器增多时,将引起电源系供电电压降低,同时发动机的负荷也要增大。为保证发动机 ECU 的＋B 端有正常的供电电压,需要相应地增加进气量,提高发动机的怠速转速。

7)学习控制

发动机 ECU 通过控制怠速控制阀的位置,调整发动机的怠速转速。

由于发动机在使用过程中性能会发生变化,因此这时怠速控制阀的位置虽然没有变化,但实际的怠速转速也会偏离初始值。出现这种情况时,发动机 ECU 除了用反馈控制使怠速转速仍达到目标值外,还将此时步进电动机转过的步数储存在备用存储器中,供以后的怠速控制用。

(二)增压控制

采用增压的方式是为了提高发动机的充气量,从而达到提高发动机动力性的目的。增压的方式很多,各种发动机上采用的方法有所不同,现介绍几种。

1. 转换阀控制系统

转换阀控制系统的作用是,控制发动机进气道的空气流通截面积大小,以适应发动机不同转速和负荷时进气量的需求,从而改善发动机的动力性。

在发动机低速小、负荷工况下,由于进气量少,这时应减小进气道空气流通截面积来提高进气流速,增大进气惯性,以提高充气效率。在发动机高速、大负荷工况下,增大进气道空气流通截面积,可减小进气阻力,对燃烧室内气流扰动起到抑制作用,有助于改善发动机的高速性能。

1)转换阀控制系统的结构和原理

丰田汽车公司雷克萨斯 ES300 发动机的转换阀控制系统的结构原理如图 6-83 所示。它采用了双进气管结构,在每个气缸中有 4 个气门,2 个进气门各配有 1 条进气管道,其中 1 条进气管道中装有进气转换阀。当发动机在中低速、小负荷工况下工作时,进气转换阀关闭,只利用 1 条进气管道,此时进气流速提高,进气惯性增大,提高了发动机转矩;当发动机在高速、大负荷工况下工作时,进气转换阀开启,进气管道为 2 条,进气管道流通截面积大大增加,进气阻力减小,充气量增大,使发动机在高速大负荷的动力性得到很大提高。

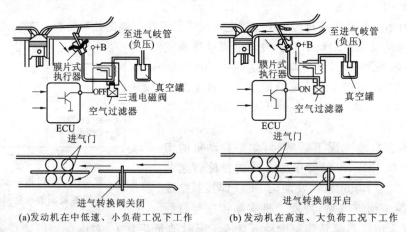

图 6-83　丰田汽车公司雷克萨斯 ES300 发动机的转换阀控制系统的结构原理

转换阀控制系统由发动机 ECU、真空罐、三通电磁阀和膜片式执行器等组成。进气道中的进气转换阀阀门的关闭和开启,是由膜片式执行器来完成的。发动机 ECU 控制三通电磁阀的工作,三通电磁阀控制膜片式执行器膜片室内的工作压力,从而控制进气转换阀的开闭。

三通电磁阀不通电时,膜片式执行器与三通电磁阀的空气过滤器(通大气)之间的通路被关断(OFF),膜片式执行器与真空罐之间形成通路(ON),此时真空罐的负压作用在执行器膜片室。当三通电磁阀通电时,膜片式执行器与空气过滤器(大气)之间形成通路(ON),而膜片式执行器与真空罐之间的通道被关闭(OFF),此时大气压作用在执行器膜片室。

2) 转换阀控制系统的控制过程

(1) 当发动机以中低速(低于5 200 r/min)、小负荷工况下工作时,三通电磁阀不通电,关闭膜片式执行器与空气过滤器之间的通路,开启膜片式执行器与真空罐之间的通路。此时储存在真空罐的进气歧管的负压,通过三通电磁阀作用到膜片式执行器的膜片室,吸力作用使膜片式执行器带动拉杆,关闭进气转换阀,即关闭了各气缸中的一个进气通道,如图6-83(a)所示。

(2) 当发动机以高速(5 200 r/min 以上)、大负荷工况下工作时,发动机ECU输出控制信号,使驱动电路晶体管导通,三通电磁阀通电工作。三通电磁阀通电后,关闭膜片式执行器与真空罐之间的通道,开启膜片式执行器与空气过滤器之间的通路,此时空气过滤器进入的大气作用到膜片式执行器的膜片室,通过拉杆使进气转换阀打开,结果各气缸的进气通道扩大为两条,如图6-83(b)所示。

2. 谐波增压控制系统

谐波增压控制系统的作用是,利用进气气流惯性产生的压力波来提高充气效率。

压力波是在进气流动过程中产生的。当气流高速流向进气门时,如果进气门突然关闭,进气门附近气体的流动突然停止,但是由于惯性,进气管仍在进气,于是进气门附近的气体将受到压缩,压力上升。当气体的惯性过后,被压缩的气体开始膨胀,向进气气流相反方向流动,压力下降。膨胀气体的膨胀波传到进气管口时又被反射回来,于是形成了压力波。如果使上述的进气压力波与进气门开闭配合好,使反射的压力波集中到要打开的进气门旁,当进气门打开时,就会形成对进气进行增压的效果。

一般而言:进气管长度长时,压力波波长长,可使发动机中低速区功率增大;进气管长度短时,压力波波长短,可使发动机高速区功率增大。发动机如果运行过程中,能根据发动机的运行工况使进气管长度可变,则可兼顾低、高速性能的要求。

1) 谐波增压控制系统的工作原理

丰田皇冠3.0型轿车2JZ-GE发动机采用的谐波增压控制系统的工作原理如图6-84所示。它在进气管中加设了一个大容量的空气室和进气增压控制阀,实现了压力波传播路线长度的改变,从而兼顾了低速和高速下的进气增压效果。

2) 谐波增压控制系统的控制过程

谐波增压控制系统的控制原理如图6-85所示。发动机ECU根据发动机转速信号控制真空电磁阀的开闭。

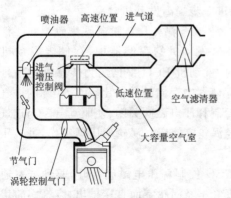

图 6-84 丰田皇冠3.0型轿车2JZ-GE发动机采用的谐波增压控制系统的工作原理

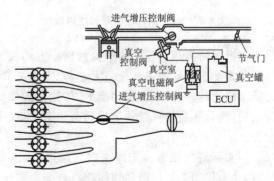

图 6-85 谐波增压控制系统的控制原理

发动机以低速运转时,真空电磁阀电路不通,真空阀关闭,真空不能通过真空罐进入真空控制阀的真空气室,受真空控制阀控制的进气增压控制阀处于关闭状态,此时进气管长度长,如图6-86(a)所示。

发动机以高速运转时,真空电磁阀电路接通,真空阀打开,真空进入真空控制阀的真空气室,吸动其膜片,将进气增压控制阀打开,大容量空气室的加入,缩短了压力波的传播距离,如图6-86(b)所示。

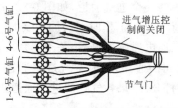
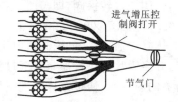

(a) 打开真空电磁阀,进气增压控制阀关闭　　　(b) 关闭真空电磁阀,进气增压控制阀打开

图 6-86　谐波增压控制系统控制过程

3. 废气涡轮增压控制系统

涡轮增压的作用是,利用增压器将空气压缩,提高压力,增大空气密度,以提高发动机的充气量,达到提高发动机动力性的目的。

涡轮增压装置在柴油发动机上常见,现在一些汽油发动机也采用,其主要目的是消除高原地区大气压力过低对发动机进气量的影响。

1) 废气涡轮增压控制系统的结构原理

利用发动机排出的废气推动增压器工作,这种方式称为废气涡轮增压。废气涡轮增压器的结构原理如图6-87所示。

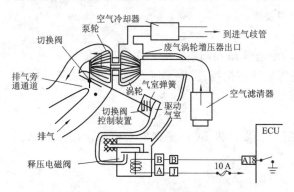

图 6-87　废气涡轮增压器的结构原理

废气涡轮增压控制系统主要由发动机ECU、废气涡轮增压器、空气冷却器、释压电磁阀以及切换阀等组成。废气涡轮增压器用于产生压缩空气,提高空气密度,由废气驱动其工作;切换阀用来控制废气流动路线,受驱动气室的控制;释压电磁阀控制进入驱动气室的气体压力,受发动机ECU控制;空气冷却器的作用是,降低进气温度,提高进气密度,进一步提高发动机功率。

2) 废气涡轮增压控制系统的控制过程

在发动机的存储器中,存储着发动机在不同工况时所需进气压力的理论数据。发动机工作时,发动机ECU根据压力传感器的信号可以确定发动机实际的进气压力大小,与发动机ECU存储器中存储的数据比较,若实际的进气压力低于理论的进气压力,发动机ECU输出控制信号控制释压电磁阀关闭,使驱动气室与进气歧管相通,膜片通过拉杆带动切换阀关闭旁通道,废气经涡轮室使废气涡轮增压器工作,进气压力加大。

当实际进气压力高于理论进气压力时,发动机ECU控制释压电磁阀打开,驱动气室通大气,在弹力作用下拉杆带动切换阀打开旁通空气道,废气不经涡轮室而直接排出,废气涡轮增压器停止工作,进气压力将下降,直到进气压力降到规定压力时,发动机ECU又将释压电磁阀关闭,切换阀又将废气进入涡轮室的通道打开,废气涡轮增压器又工作。

6.2.3 燃油供给系统的构造与检修

一、燃油供给系统的作用和组成

汽油机燃油供给系统的作用是，储存并滤清汽油，根据发动机各工况的要求向发动机供给清洁的、具有适当压力并经精确计量的汽油。

汽油机燃油供给系统由汽油箱、电动汽油泵、汽油滤清器、燃油压力调节器、燃油分配管以及喷油器等组成。图 6-88 所示为桑塔纳 2000GSi 型轿车 AJR 型发动机燃油供给系统组成示意图。

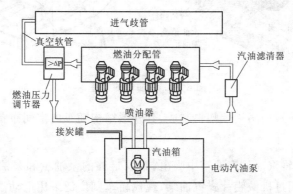

图 6-88　桑塔纳 2000GSi 型轿车 AJR 型发动机燃油供给系统组成示意图

电动汽油泵将汽油从汽油箱中吸出并加压后，经汽油滤清器、燃油分配管输送到各喷油器，在发动机 ECU 的控制下向各进气管喷射，多余的汽油经燃油压力调节器流回汽油箱。

桑塔纳 2000GSi 型轿车 AJR 型发动机燃油供给系统工作流程图如图 6-89 所示。

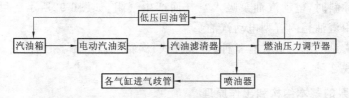

图 6-89　桑塔纳 2000GSi 型轿车 AJR 型发动机燃油供给系统工作流程图

有些发动机的燃油供给系统采用无回油管系统来减少燃油蒸发排放，将汽油滤清器、燃油压力调节器与电动汽油泵一体装入汽油箱，形成了单管路燃油系统。图 6-90 所示为丰田威驰 5A-FE 型发动机燃油供给系统组成示意图。

二、燃油供给系统的主要部件

（一）汽油箱

汽油箱的作用是储存汽油，其数目、容量、外形及安装位置随车型而异。一般汽油箱的容量能使汽车行驶 300~600 km。

汽油箱的构造如图 6-91 所示。

货车汽油箱箱体用薄钢板冲压焊成，内壁镀锌锡，以防腐蚀。汽油箱上部焊有加油管，管内带可拉出的延伸管，其底部有滤网。进油管口被汽

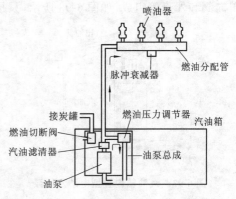

图 6-90　丰田威驰 5A-FE 型发动机燃油供给系统组成示意图

油箱盖盖住。汽油箱上面装有油面指示传感器和出油开关。出油开关经输油管与汽油滤清器相通。汽油箱底部设有放油螺栓,用以排除汽油箱内的积水和污物。汽油箱内装有隔板,用以减轻汽车行驶时燃料的激烈振荡。

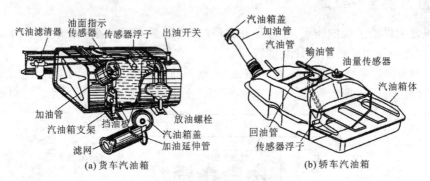

(a) 货车汽油箱　　　　　　　　(b) 轿车汽油箱

图 6-91　汽油箱的构造

现代轿车汽油箱通常用耐油硬塑料制成,其外形结构随车内空间布置不同而有所不同。

(二)电动汽油泵

汽油泵的作用是,将汽油从汽油箱中吸出,并以足够的泵油量和泵油压力向燃油供给系统供油。货车上曾经采用过机械膜片式汽油泵,现代轿车则广泛采用电动汽油泵。

常见的电动汽油泵有两种,即汽油箱外置型和汽油箱内置型。汽油箱外置型电动汽油泵安装在汽油箱外,串联在输油管上;汽油箱内置型电动汽油泵安装在汽油箱内部,浸泡在汽油里,这样可以防止产生气阻和汽油泄漏,且噪声小。此外,对于采用汽油箱内置型电动汽油泵的燃油供给系统,在汽油箱中设一个小汽油箱,电动汽油泵放在小汽油箱中,这样可以防止在汽油不足而汽车转弯或倾斜时,电动汽油泵吸入空气而产生气阻,如图6-92所示。目前大多数电控汽油喷射系统均采用汽油箱内置型电动汽油泵。

电动汽油泵常见的结构形式有4种,即滚柱式、涡轮式、转子式和侧槽式。目前应用较多的是滚柱式和涡轮式2种。

1. 电动汽油泵的基本结构和工作原理

无论是哪种形式的电动汽油泵,其结构基本上是相同的,都是由直流电动机、油泵、限压阀、单向阀和外壳等组成,如图6-93所示,只是所采用的油泵的形式各异。

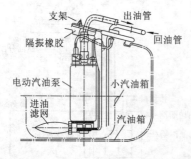

图 6-92　汽油箱内置型电动汽油泵

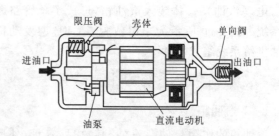

图 6-93　电动汽油泵的基本结构

油泵安装于直流电动机的一端,由直流电动机的电枢轴带动旋转,直流电动机则由发动机ECU控制。当将点火开关置于"ON"位置时,直流电动机的电路接通,电枢因受到电磁力的作用而转动,带动油泵一起转动,将汽油从汽油箱中吸出经进油口输入电动汽油泵,当电动汽油泵内的油压超过单向阀的弹簧压力时,汽油经出油口泵入燃油分配管,再分配到各个喷油器。

当电动汽油泵内的油压超过规定值时（一般为 320 kPa），油压将克服限压阀弹簧的弹力，使限压阀打开，部分汽油经限压阀返回到进油口一侧，使泵内压力不致过高而损坏油泵。

2. 常见的两种电动汽油泵

1) 滚柱式电动汽油泵

滚柱式电动汽油泵的构造如图 6-94 所示。它由直流电动机、滚柱式油泵（简称滚柱泵）以及限压阀等组成。其中滚柱泵的结构如图 6-95 所示，滚柱泵由滚柱、泵转子和泵壳体等组成。

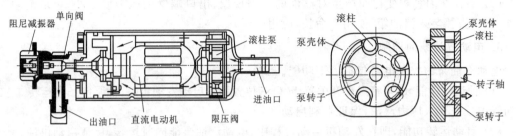

图 6-94　滚柱式电动汽油泵的构造　　　　图 6-95　滚柱泵的结构

装有滚柱的泵转子偏心安装在直流电动机的电枢轴上，随直流电动机一起旋转。滚柱安装在泵转子的凹槽内，可以自由移动，泵壳体侧面制有进油口和出油口。

泵转子旋转时，位于泵凹槽内的滚柱在离心力的作用下，压靠在泵壳体的内表面上，两个相邻的滚柱之间形成一个封闭的空腔。由于泵转子被偏心安装，腔室的容积在转动过程中不断变化，在腔室容积增大的一侧设有进油口，而在腔室容积变小的一侧设有出油口。当腔室容积变大时，其内部形成低压，将燃油吸入；当腔室容积变小时，其内部压力增大，将燃油压出，这样就可以将燃油从汽油箱吸出并加压后供到供油管路中。

滚柱式电动汽油泵有如下特点。

（1）滚柱泵是利用容积变化对汽油压缩来提升油压的，油泵出口端输油压力脉动较大，在出口端必须安装阻尼减振器，以减轻油泵后方燃油分配管内的压力脉动，这使得电动汽油泵体积增大，故滚柱式电动汽油泵一般都安装在汽油箱外面，属于汽油箱外置型。

（2）由于外置安装，安装自由度大，容易布置。

（3）滚柱泵依靠滚柱与泵壳体内壁的紧密贴合构成泵油室，故滚柱和泵壳体易磨损，运转中噪声较大，使用寿命不长。

2) 涡轮式电动汽油泵

涡轮式电动汽油泵的结构如图 6-96 所示。它由直流电动机、涡轮式油泵（简称涡轮泵）、止回阀以及溢流阀等组成。其中涡轮泵由叶轮、叶片和泵壳体组成。

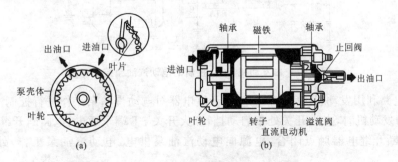

图 6-96　涡轮式电动汽油泵的结构

涡轮泵的叶轮安装在电动机的电枢轴上，叶轮的圆周上制有小槽，叶片安装在小槽内部。直流电动机旋转时带动叶轮一起转动，离心力使叶轮周围小槽内的叶片紧贴泵壳体，并将汽油从进油腔带往出油腔。由于进油腔的汽油被不断带走,故产生一定的真空度,汽油箱内的汽油经进油口吸入,而出油腔汽油不断增多,汽油压力升高。当油压升到一定值时,燃油顶开出油口的单向阀并输出。

涡轮式电动汽油泵有如下特点。

(1) 与滚柱泵相比,涡轮泵工作时,叶轮与泵壳体不直接接触,故工作时噪声低、振动小、磨损小、可靠性高。

(2) 不存在因容积变化而产生对汽油的压缩现象,出口端燃油压力脉动小,可取消阻尼减振器,便于直接装入汽油箱,使用寿命长,应用广泛。

3. 电动汽油泵的控制

电动汽油泵的控制电路包括以下功能。

(1) 预运转功能,即当将点火开关置于"ON"位置而不启动发动机时,油泵能预先运转3~5 s,向油管中预先充入压力汽油,保证顺利启动。

(2) 启动运转功能,即在发动机启动过程中,电动汽油泵能同时运转,保证启动供油。

(3) 恒速运转功能,即在发动机正常运转过程中,电动汽油泵能始终恒速运转,保证正常的泵油压力和泵油量。

(4) 变速运转功能,即根据发动机工况的变化控制电动汽油泵高、低速运转变换。发动机处于高速、大负荷工况下耗油较多时,电动汽油泵以高速运转;发动机在低速、中小负荷工况下工作时,电动汽油泵以低速运转,以减少不必要的电动汽油泵磨损和电能消耗。

(5) 自动停转保护功能。发动机熄火后,即使点火开关仍处于接通状态,电动汽油泵也能自动停转。这一功能可防止汽车因碰撞等事故造成油管破裂时的燃油大量外溢,而避免因点火开关处于接通位置而引起火灾。

电动汽油泵控制电路的上述功能不一定全反映在某一车型上,各车型控制电路所能实现的控制功能不尽相同,有的控制功能较少,有的控制功能较多,下面介绍几种常见的电动汽油泵控制电路。

1) 由发动机 ECU 控制的电动汽油泵控制电路

由发动机 ECU 控制的电动汽油泵控制电路如图 6-97 所示。

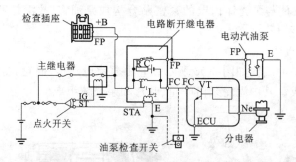

图 6-97 由发动机 ECU 控制的电动汽油泵控制电路

该控制电路利用发动机 ECU 和电路断开继电器对电动汽油泵工作进行控制。

(1) 启动发动机时,点火开关处于启动挡,点火开关 ST 端子通电,电路断开继电器 L_2 线圈通电,使电路断开继电器触点闭合,电源向电动汽油泵供电,电动汽油泵工作,处于启动供油状态。

(2) 发动机启动后进入正常运转时,转速传感器将发动机转速 Ne 信号输入发动机 ECU,发动机 ECU 控制晶体管 VT 导通,L_1 线圈通电,电路断开继电器触点继续保持闭合状态,电动汽油泵继续工作。

(3) 发动机停止运转时,发动机 ECU 由于接收不到转速传感器发出的 Ne 信号而使晶体管 VT 截止,线圈 L_1 断电,电路断开继电器触点打开,电动汽油泵供电线路中断,电动汽油泵停止工作。

这种控制方式还具有预运转功能,即点火开关由"OFF"挡转至"ON"挡,但不启动发动机时,发动机 ECU 会控制电动汽油泵运转 3~5 s,使油路中的油压提高,从而方便启动发动机。

对这种形式的控制电路,用连接线将检查插座中的+B 和 FP 插孔连接起来,可使电动汽油泵运转。用此方法可判断电动汽油泵及其控制电路的故障。

2) 具有转速控制的电动汽油泵控制电路

发动机在低速或中小负荷下工作时,供油量相对较小,此时需要电动汽油泵低速运转,以减少磨损、降低噪声和减少不必要的电能消耗。发动机在高速或大负荷下工作时,供油量较大,此时需要电动汽油泵高速运转,以增加泵油量。为此,某些车型的电动汽油泵控制电路采用了低速和高速两级控制。

要改变电动汽油泵的运转速度,只要改变加在电动汽油泵上的电压即可。目前,常见的电动汽油泵转速控制方式有电阻器控制式和专用 ECU 控制式两种。

(1) 电阻器控制式。

图 6-98 所示为电阻器控制式电动汽油泵转速控制电路。它在电动汽油泵控制电路中增设一个电阻器(降压电阻)和电动汽油泵控制继电器,当电阻器串入油泵电路中时,加在电动汽油泵上的电压降低,电动汽油泵就低速运转;当电阻器被隔除时,加在电动汽油泵上的电压升高,电动汽油泵高速运转,这样就可实现电动汽油泵的变速控制。

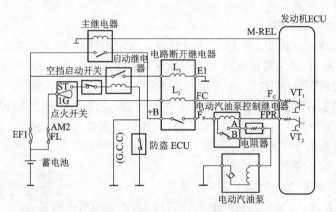

图 6-98 电阻器控制式电动汽油泵转速控制电路

该控制电路中,发动机在启动、正常运转及停转时的控制方式和前述基本相同,实现转速控制的方法如下。

① 发动机在低速或中小负荷下工作时,发动机 ECU 控制晶体管 VT_2 导通,电动汽油泵控制继电器线圈通电,使触点 A 闭合,电阻器被串入到油泵电路中,电动汽油泵两端的电压低于蓄电池电压,电动汽油泵低速运转。

② 发动机在高速或大负荷下工作时,发动机 ECU 控制晶体管 VT_2 截止,电动汽油泵控制继电器触点 B 闭合,电阻器被隔除,蓄电池电压直接加在电动汽油泵两端,电动汽油泵高速运转。

(2) 专用 ECU 控制式。

图 6-99 所示为专用 ECU 控制式电动汽油泵转速控制电路。该控制系统中单独设置一个电动汽油泵 ECU,用以控制电动汽油泵工作。通过电动汽油泵 ECU 和发动机 ECU 的共同控制,可以实现电动汽油泵转速的变速控制。

① 发动机在启动或高速、大负荷下工作时,发动机 ECU 向电动汽油泵 ECU 的 FPC 端输

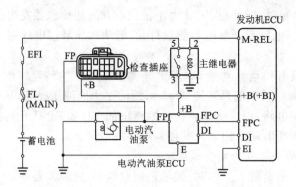

图 6-99 专用发动机 ECU 控制式电动汽油泵转速控制电路

入一个高电位信号,此时电动汽油泵 ECU 的 FP 端向电动汽油泵供给较高的电压(为 12～14 V),使电动汽油泵高速运转。

② 发动机启动后,在低速或小负荷下工作时,发动机向电动汽油泵 ECU 的 FPC 端输入一个低电位信号,此时电动汽油泵 ECU 的 FP 端向电动汽油泵供给低于蓄电池电压(约 9 V),使电动汽油泵低速运转。

③ 当发动机转速低于规定的最低转速(如 120 r/min)时,电动汽油泵 ECU 断开电动汽油泵电路,使电动汽油泵停止工作,此时尽管点火开关处于接通状态,电动汽油泵也不工作。

4. 电动汽油泵及其控制电路的检测

1) 电动汽油泵的检测

(1) 就车检查电动汽油泵。

① 用专用导线将检查插座上的电动汽油泵测试端子跨接到 12 V 电源上,也可以拆开电动汽油泵的导线连接器,直接用蓄电池给电动汽油泵通电。

② 将点火开关转至"ON"位置,但不要启动发动机。

③ 旋开汽油箱盖,应能听到电动汽油泵工作的声音,或用手捏紧进油管应感觉有压力。若听不到电动汽油泵工作的声音或进油管无压力,应检修或更换电动汽油泵。

④ 若电动汽油泵有不工作故障,而按上述方法检查时正常,应检查电动汽油泵电路导线、继电器以及易熔线和熔丝。

(2) 电动汽油泵的拆装与检验。

拆卸电动汽油泵时,应释放燃油喷射系统的压力,并关闭用电设备。

① 拆下电动汽油泵后,测量电动汽油泵两端子之间电阻,应为 2～3 Ω。如电阻值不符,应更换电动汽油泵。

② 用蓄电池直接给电动汽油泵通电,应能听到电动汽油泵直流电动机高速旋转的声音。注意:通电时间不能过长(每次接通不超过 10 s)。若电动汽油泵直流电动机不转动,则应更换电动汽油泵。

2) 电动汽油泵控制电路的检测

以由发动机 ECU 控制的电动汽油泵控制电路为例,介绍电动汽油泵控制电路的检测。检查这种控制系统,首先应判别是发动机 ECU 内部故障还是发动机 ECU 外部的控制电路故障。其方法如下。

① 打开汽油箱盖,将点火开关置于"ON"位置,但不启动发动机,在汽油箱箱口处倾听有无电动汽油泵运转的声音。如将点火开关置于"ON"位置后,电动汽油泵应运转 3～5 s 后又停止。

② 如接通点火开关后电动汽油泵不运转,可用一根导线将检查插座内的两个检测电动汽

油泵的插孔(如丰田汽车故障检测插座内的 FP 和+B 插孔)短接。此时接通点火开关如能听到电动汽油泵运转的声音,说明发动机 ECU 外部的电动汽油泵控制电路工作正常,故障在发动机 ECU 内部,应更换发动机 ECU。若仍听不到电动汽油泵运转的声音,则为发动机 ECU 外部的控制电路故障,应检查熔丝、继电器有无损坏,各电路有无断路或接触不良。

3) 电动汽油泵继电器的失效故障

(1) 电动汽油泵继电器失效原因。

① 触点烧焦。

② 继电器线圈烧断。

③ 插头针脚氧化。

④ 过载。

⑤ 磨损。

⑥ 腐蚀。

(2) 电动汽油泵继电器失效后的故障征兆是,安装有继电器的系统失灵。

4) 电动汽油泵继电器的检测

常用的电动汽油泵继电器有四脚和五脚两种。

(1) 四脚电动汽油泵继电器的检查。

四脚电动汽油泵继电器中有两脚是接继电器的电磁线圈的,另外两脚接继电器常开触点。

① 用万用表欧姆挡测量,继电器电磁线圈两脚之间应导通,常开触点两脚之间应不通。

② 在电磁线圈两接脚上施加 12 V 电压,同时用万用表欧姆挡测量常开触点两脚,二者之间应导通,如图 6-100 所示。若测量结果不符合要求,应更换电动汽油泵继电器。

(2) 五脚电动汽油泵继电器的检测。

五脚电动汽油泵继电器内有两组电磁线圈,其中一组由启动开关控制,另一组由发动机 ECU 控制,如图 6-101(a)所示。

① 用万用表欧姆挡测量这两组线圈,均应导通;测量常开触点两端(+B 和 FP),应不导通,如图 6-101(b)所示。

② 分别在两组线圈两端施加 12 V 电压,同时测量常开触点两端,应导通,如图 6-101(c)和图 6-101(d)所示。

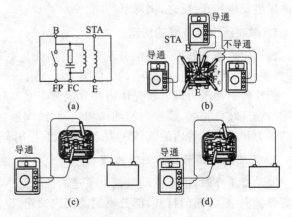

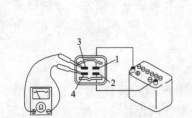

图 6-100 四脚电动汽油泵继电器的检测
1,2—电磁线圈接脚;3,4—常开触点接脚

图 6-101 五脚电动汽油泵继电器的检测

(三)汽油滤清器

汽油滤清器的作用是,滤除汽油中的水分和杂质,防止汽油喷射系统堵塞,减小机械磨损,

确保发动机稳定运行,提高可靠性。

汽油滤清器一般安装在电动汽油泵出油管与燃油分配管之间的供油管路上,也有些车型(如丰田威驰、花冠和锐志)采用无回油管系统,将燃油压力调节器、汽油滤清器与电动汽油泵一起装入汽油箱。

1. 汽油滤清器的构造

在电控汽油喷射式燃料供给系统中,一般采用纸质滤芯、一次性的汽油滤清器。汽油滤清器由外壳和纸质滤芯组成,纸质滤芯采用菊花形和盘簧形结构,如图 6-102 所示。

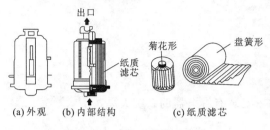

图 6-102 汽油滤清器的结构

汽油从入口进入汽油滤清器,经过壳体内的纸质滤芯过滤后,清洁的汽油从出口流出。安装时注意,汽油滤清器壳体上的箭头标记的为汽油流动方向。

2. 汽油滤清器的维护

汽油滤清器阻塞会导致供油压力和供油不足,影响发动机的动力性,因此要定期维护。汽油滤清器为一次性使用零件,一般汽车每行驶 30 000~40 000 km,或每 2 个二级维护作业周期更换 1 次汽油滤清器。若使用的燃油含杂质较多,应缩短更换周期。

(四)燃油压力调节器

燃油压力调节器的作用是,根据进气歧管压力的变化来调节系统油压(即燃油分配管内的油压),使其与进气歧管内的气体压力之间的压力差保持恒定,一般为 250~300 kPa。

喷油器的喷油量取决于喷油器的喷孔截面、喷油时间和喷油压差(即燃油分配管内的油压与进气歧管内的气体压力之差)。在电控汽油喷射式燃料供给系统中,发动机 ECU 通过控制喷油器的喷油时间来实现对喷油量的控制。要保证燃油喷射量的精确控制,当喷油器的结构尺寸一定时,必须保持恒定的喷油压差,以使喷油器喷出的燃油量唯一地取决于喷油器的开启时间。

由于进气歧管内的气体压力是随发动机转速和负荷的变化而变化的,要保持恒定的喷油压差,必须根据进气歧管内气体压力的变化来调节系统油压,即进气歧管内的气体压力增高时,系统油压也相应增高;反之,则降低。

1. 燃油压力调节器的构造

燃油压力调节器位于燃油分配管的一端或与电动汽油泵一起安装于汽油箱内,主要由膜片、弹簧和回油阀等组成,其结构如图 6-103 所示。

膜片将燃油压力调节器壳体内部分成两个室,即弹簧室和燃油室。膜片上方的弹簧室通过软管与进气歧管相通,膜片与回油阀相连,回油阀控制回油量。这样,膜片上方承受的压力为弹簧的弹力和进气歧管内的气体压力之和,膜片下方承受油压。

2. 燃油压力调节器的工作原理

发动机工作时,由于电动汽油泵泵送的油量远大于喷射所需的油量,故在油压作用下膜片移向弹簧室一侧,阀门打开,部分燃油流回汽油箱,燃油分配管内保持一定的油压,此时膜片上、下压力处于平衡状态。

当进气歧管内气体压力下降(真空度增大)时,膜片向上移动,使回油阀开度增大,回油量增加,从而使燃油分配管内油压下降,保持与变化了的进气歧管气体压力的差恒定;反之,当进气歧管内的气体压力升高(真空度降低)时,膜片带动回油阀向下移动,回油阀开度减小,回油量减少,使燃油分配管内油压升高。燃油分配管内的油压与进气歧管内的气体压力之间的关系如图

6-104 所示。

发动机停止工作时,燃油分配管内气体压力下降,回油阀在弹簧的作用下逐渐关闭,使电动汽油泵单向阀与燃油压力调节器溢流阀之间的油路内保持一定的压力。

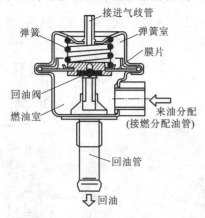

图 6-103 燃油压力调节器的结构

图 6-104 燃油分配管内的油压与进气歧管内的气体压力之间的关系

3. 燃油压力调节器的检修

由于燃油压力调节器的作用是调节喷油压差使之恒定,所以燃油压力调节器出现故障时会直接影响喷油压差的高低和发动机的供油量,使发动机出现供油不稳、怠速不稳、启动困难、加速无力、耗油以及冒黑烟等故障。

燃油压力调节器的主要故障是弹簧张力疲劳后变小或膜片破裂。它是不可调节器件,若工作不良,应更换。

(五) 燃油分配管

燃油分配管的作用是,固定喷油器和燃油压力调节器,并将高压燃油输送给各个喷油器。它安装在进气歧管或气缸盖上,燃油分配管与喷油器之间用 O 形密封圈和卡簧密封。O 形密封圈可防止燃油渗漏,并具有隔热和隔振的作用。卡簧将喷油器固定在燃油分配管上。燃油分配管的结构如图 6-105 所示。

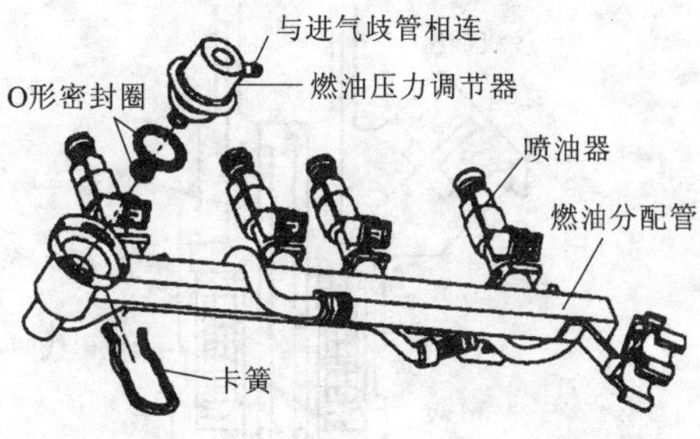

大多数燃油分配管上都有燃油压力测试口,它可用于检查和释放油压。

(六) 喷油器

喷油器是电控燃油喷射系统中一个重要的执行元件。其作用是,在发动机 ECU 的控制下,使汽油呈雾状定时、定量喷入进气歧管内。

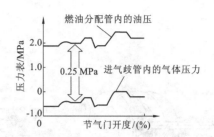

图 6-105 燃油分配管的结构

电控燃油喷射系统采用的喷油器,按总体结构不同可分为轴针式、球阀式和片阀式,目前常用的是轴针式喷油器。喷油器按照其电磁线圈的电阻值不同分为高阻(13~18 Ω)喷油器和低阻(2~3 Ω)喷油器。国内电控燃油喷射系统采用高阻喷油器,如桑塔纳 2000GSi 型轿车 AJR 型发动机的喷油器电磁线圈的电阻值为 15.9±0.35 Ω。喷油器按其控制方式不同分为电压驱动式和电流驱动式。

电控燃油喷射系统的喷油器安装在各进气歧管或进气道附近的气缸盖上,并用燃油分配管固定,如图 6-106 所示。

1. 喷油器的构造和原理

这里以轴针式喷油器为例介绍喷油器的构造和原理。轴针式喷油器的结构如图 6-107 所示。它由滤网、电磁线圈、衔铁、针阀及轴针等组成。喷油器内部的电磁线圈经线束与微处理器连接,喷油器头部的针阀与衔铁连接为一体。它的一端为进油口,与燃油分配管连接;另一端为喷油口,插入进气歧管中,两端分别用 O 形密封圈密封。

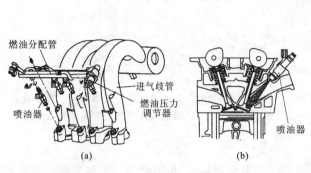

图 6-106 喷油器的安装位置　　　　图 6-107 轴针式喷油器的结构

当发动机 ECU 发出指令使电磁线圈通电时,喷油器便产生吸力,将衔铁和针阀吸起,打开喷孔,燃油经针阀头部的轴针与喷孔之间的环形间隙呈雾状高速喷出。电磁线圈不通电时,磁力消失,弹簧将衔铁和针阀下压,关闭喷孔,停止喷油。

球阀式喷油器和片阀式喷油器的结构和工作过程与轴针式喷油器的基本一致,主要区别在于阀体结构不同。图 6-108 所示为球阀式喷油器的结构,图 6-109 所示为片阀式喷油器的结构。

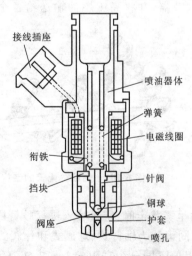

图 6-108 球阀式喷油器的结构　　　　图 6-109 片阀式喷油器的结构

2. 喷油器的驱动

喷油器的驱动回路如图 6-110 所示。

1) 电压驱动式

电压驱动是指发动机 ECU 驱动喷油器喷油电脉冲的电压是恒定的。在电压驱动式电路中:使用高阻喷油器时,可将蓄电池电压直接加在喷油器上;使用低阻喷油器时,则应在电路中串入附加电阻,将蓄电池电压分压后加在喷油器上。这是因为,低阻喷油器电磁线圈匝数少、电阻小,如果直接和蓄电池电源连接,则电流大、发热快、易烧坏电磁线圈,故串入附加电阻,以保护低阻喷油器。

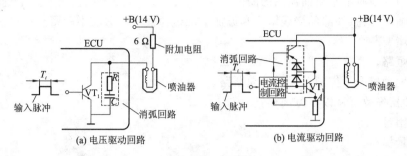

图 6-110 喷油器的驱动回路

附加电阻(螺管形电阻)与喷油器的连接方式如图 6-111 所示。

2) 电流驱动式

电流驱动是指通过控制喷油器的工作电流来控制喷油器的工作,即喷油器的驱动脉冲信号开始时用一个较大的电流,使电磁线圈产生较大的电磁吸力,以迅速打开喷孔,随后用较小的电流保持喷孔的开启状态,从而防止电磁线圈过热。由此可见,电流驱动的效果好。电流驱动只

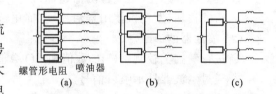

图 6-111 附加电阻(螺管形电阻)与喷油器的连接方式

适用于低阻喷油器,蓄电池电压直接加在喷油器上,由于喷油器阻值小,驱动电路接通时,通过喷油器电磁线圈的电流很快上升,使针阀迅速打开。随着电流的上升,检测点 A 的电位也很快升高。当 A 点电位上升到设定值时,电流控制回路会控制晶体管 VT,以 20 MHz 的频率交替地导通和截止,使通过喷油器电磁线圈的平均电流保持为 1~2 A,保持针阀处于开启状态。

3. 喷油器的控制电路

各种型号汽车喷油器的控制电路大同小异,其基本控制电路如图 6-112 所示。

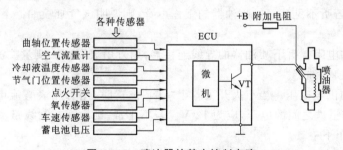

图 6-112 喷油器的基本控制电路

各种传感器信号输入发动机 ECU 后,发动机 ECU 根据数学计算和逻辑判断结果,发出脉冲信号指令,以控制喷油器喷油。当脉冲信号的高电平加到驱动晶体管 VT 的基极时,VT 导通,喷油器的电磁线圈电流接通,产生电磁吸力,将针阀吸开,喷油器开始喷油;当脉冲信号的低电平加到驱动晶体管 VT 的基极时,VT 截止,喷油器的电磁线圈电流切断,在复位弹簧弹力的作用下针阀关闭,喷油器停止喷油。

由此可见,发动机 ECU 是通过控制喷油器的搭铁回路来实现对喷油器的控制的。

4. 喷油器故障诊断

（1）喷油器失效原因。

① 燃油中的杂质堵塞喷油器内的滤网。

② 内部细小污物、外部燃烧残留物和添加剂沉积物使阀针关闭不严密。

③ 喷孔堵塞。

④ 线圈短路。

⑤ 连接发动机电子控制单元的电缆断路。

（2）喷油器失效可从以下方面察觉。

① 启动困难。

② 耗油量提高。

③ 功率损失。

④ 怠速转速波动。

⑤ 废气特性恶化（尾气检测值超标）。

⑥ 后续损坏（发动机使用寿命缩短，催化转化器损坏等）。

（3）喷油器的诊断。

① 进行气缸比较测量（HC 数值和 CO 数值）和废气测量来测定转速的下降量。

② 通过示波器显示喷射信号。

③ 汽油压力测量。

④ 检查喷油器与发动机电子控制单元之间导线连接的导通性和接地连接。

⑤ 检查喷油器电磁线圈的导通性和接地连接。

⑥ 拆卸喷油器，通过测试仪检查其喷油状况。

（4）喷油器故障检查方法如下。

① 喷油器的就车检查。

检查喷油器的工作情况。如图 6-113 所示，在发动机运转过程中，用听诊器（触杆式）或手指接触喷油器时，可感觉到与发动机转速成正比的喷油频率。若各气缸喷油器工作声音清脆均匀，则说明各喷油器工作正常；若某气缸喷油器工作声音很小，则可能发生了针阀卡滞故障，应做进一步的检查；若听不见某气缸喷油器的工作声音，则说明该气缸喷油器不工作，应检查喷油器及其控制线路。

检查喷油器的电阻。拆下喷油器的导线连接器，用万用表欧姆挡测量喷油器电阻值。若不符合要求，则应更换喷油器。

检查喷油器的供电电压。当点火开关置于"ON"位置时，用万用表直流电压挡测量导线连接器的＋B 端子与搭铁之间的电压，应为 12 V。若不正常，则检查控制线路及发动机 ECU。

② 喷油器的车下检查。

将喷油器从车上拆下，在喷油器清洗试验台上对喷油器进行清洗和检查。喷油器清洗试验台如图 6-114 所示，利用它可对喷油器进行清洗并对喷油器的喷油量、雾化质量和针阀密封性进行检查。

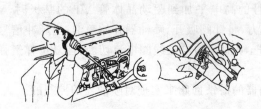

图 6-113 喷油器工作情况的检查

图 6-114 喷油器清洗试验台

喷油器在正常工作压力下15 s的常开喷油量一般为45～75 mL,各气缸喷油量误差不得超过平均喷油量的5%。喷油器关闭后在正常工作压力下1 min内喷油器不得滴漏两滴以上油。

三、燃油供给系统的检修

1. 燃油供给系统检修的注意事项

(1) 燃油供给系统中存有高压汽油,因此任何涉及燃油管路拆卸的工作都应首先卸压,并准备好消防设备,作业区应通风良好、断绝火源,作业时要格外仔细小心,避免泄漏的汽油引发火灾。

(2) 在拆卸油管时,油管内还会有少量汽油泄漏出,所以在断开油管前,用抹布将卸处罩住,以吸附泄漏的汽油,将吸附汽油的抹布收集到准许的容器中。

(3) 汽油管多用钢、橡胶或尼龙制造,不得渗漏、裂纹、扭结、变形、刮伤、软化和老化,否则应立即予以更换。

(4) 所有密封元件、油管卡箍均为一次性零件,维修时应予以更换。

(5) 油管接头不得松动,否则应立即予以紧固;钢制油管端部的喇叭口应密封良好无渗漏,否则应重新制作。有些轿车采用特制的油管快速接头,拆装时应使用专用工具。

(6) 连接螺母或接头螺栓与高压油管接头连接时,必须使用新垫片并涂上一薄层润滑油,先用手拧上接头螺栓,再用工具拧紧到规定力矩。喇叭口的连接也一样。

(7) 安装喷油器时,可先用汽油润滑其密封元件,以利于顺利安装,不可使用机油、齿轮油或制动油。喷油器安装后应可在其位置上转动,否则说明密封圈扭曲,应重新装配。

(8) 不能通过汽油箱加油管的方式放出汽油箱中的燃油,否则会损坏汽油箱加油管定位部件。正确的方法是,首先释放系统油压,卸下汽油箱,然后用手动泵油装置从汽油箱上的维修孔抽出汽油。不得将汽油放入开口容器中,否则会导致失火或爆炸。

(9) 燃油供给系统维修后不能立即启动发动机,应仔细检查有无漏油处。有些车型接通点火开关,不启动发动机,电动汽油泵工作3～5 s即停止工作,可接通点火开关3 s,再关闭点火开关10 s,这样反复几次查看有无漏油,还可夹住回油管,使系统油压上升,在这种状态下检查燃油供给系统是否有部位漏油;有的车发动机启动时电动汽油泵才工作,可先启动发动机一下,检查启动发动机时有无部位漏油。不管用哪一种方法,都应在确认无漏油部位后正式启动发动机,发动机启动后使发动机怠速运转,再仔细检查有无部位漏油,此后才能关上发动机罩正常运行。

2. 燃油供给系统压力的卸除

为了便于电控汽油喷射式发动机再次启动,在发动机熄火后,燃油供给系统内仍有较高的保持压力。拆卸燃油供给系统内任何元件时,都必须首先释放燃油供给系统的压力,以免系统内压力油喷出,造成人身伤害或火灾。燃油供给系统压力卸除的方法如下。

(1) 松开汽油箱上的加油盖,释放汽油箱中的蒸气压力。

(2) 启动发动机,维持发动机怠速运转,在运转中拔去电动汽油泵继电器或熔丝,也可拔下电动汽油泵导线连接器,直至发动机自行熄火。

(3) 再次启动发动机3～5次,利用启动喷射卸除油管中的残余压力。

(4) 断开点火开关,装上电动汽油泵继电器、熔丝或电动汽油泵导线连接器。

拆开燃油供给系统并进行维修之后,为避免首次启动发动机时,因系统内无压力而导致启动时间过长,应预置燃油供给系统压力。燃油供给系统压力预置可通过反复接通和断开点火开关数次来完成,也可按下述方法进行。

(1) 检查燃油供给系统所有元件和油管接头是否安装良好。

(2) 用专用导线将检查插座上的电动汽油泵测试端子跨接到12 V电源上,如日本丰田车系直接将检查插座上的电源端子"+B"与电动汽油泵测试端子"FP"跨接。

(3) 将点火开关转至"ON"位置,使电动汽油泵工作约10 s。

(4) 断开点火开关,拆下检查插座上的专用导线。

4. 燃油供给系统压力的检测

通过检测燃油供给系统的压力,可诊断燃油供给系统是否有故障,有故障时进而根据检测结果确定故障性质和部位。检测时,需用汽车专用燃油压力表和管接头,检测方法如下。

(1) 卸除燃油供给系统的压力。

(2) 安装汽车专用燃油压力表。

如图 6-115 所示,拆下蓄电池负极搭铁线,安装汽车专用燃油压力表(量程为 1 MPa),汽车专用燃油压力表一般安装于汽油滤清器的出油口或燃油分配管的进油口处,带测压口的车辆可将燃油压力表连接至测压口处,重新装复蓄电池负极搭铁线、电动汽油泵继电器和电动汽油泵导线连接器。

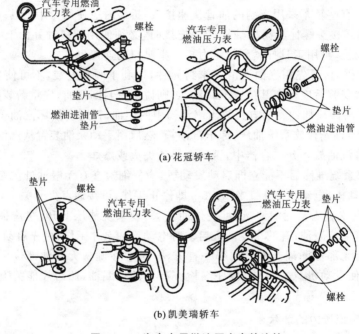

图 6-115 汽车专用燃油压力表的连接

(3) 检测静态油压。

拔下电动汽油泵继电器,用导线将电动汽油泵继电器供电端子短接;接通点火开关但不启动发动机,使电动汽油泵运转,此时的燃油压力应符合技术要求,一般应在 300 kPa 左右摆动(燃油压力调节器工作,使得汽车专用燃油压力表指针摆动)。

静态油压偏高多是由回油管变形或燃油压力调节器损坏造成的,应先仔细检查回油管,变形的油管会阻碍燃油的流动,导致静态油压升高,若回油管完好,应更换燃油压力调节器。

静态油压偏低多是由电动汽油泵进油滤网脏堵、电动汽油泵内部磨损、电动汽油泵限压阀损坏、汽油滤清器脏堵、燃油压力调节器调压弹簧过软或喷油器喷孔卡滞常喷油造成的,可更换汽油滤清器试一下,若油压没有恢复正常,则继续下述检测步骤,找出故障确切位置。

(4) 检测怠速工作油压。

发动机怠速运转时,汽车专用燃油压力表的读数即为燃油供给系统的怠速工作油压,一般为250 kPa或符合车型技术规定。怠速工作油压偏高多是由燃油压力调节器真空管错装、漏装或漏气造成的,此时应先检视真空管安装是否正确、是否存在漏气部位,必要时予以更换。

检测怠速工作油压时,拔下真空管,怠速工作油压应上升至 300 kPa,与节气门全开时的加速油压基本相等,否则应更换燃油压力调节器。

(5) 检测急加速油压。

急加速至节气门全开时,汽车专用燃油压力表的读数即为燃油供给系统的急加速油压,一般急加速时油压应迅速由怠速工作时的 250 kPa 上升至 300 kPa,或符合车型技术规定。若急加速时油压无变化,则可能是真空管插在了有单向阀的真空储气罐上(如制动真空系统),应予以恢复。

若急加速油压与怠速工作油压差值小于 50 kPa,则说明在节气门全开时进气系统仍存在真空节流(如节气门无法开至最大角度),应予以检修。

(6) 检测电动汽油泵最大供油压力。

在发动机怠速运转中,用包有软布的钳子将回油软管夹住,此时汽车专用燃油压力表的读数即为电动汽油泵最大供油压力,其值应符合车型技术要求,一般为工作油压的 2~3 倍,即 500~750 kPa。

电动汽油泵最大供油压力偏高是由电动汽油泵限压阀卡滞造成的,应更换电动汽油泵。

电动汽油泵最大供油压力偏低是由汽油滤清器堵塞、油泵进油滤网脏堵、电动汽油泵内部磨损、电动汽油泵限压阀关闭不严或燃油压力调节器调压弹簧过软造成的,应先更换汽油滤清器后重新检测,若仍然偏低则从汽油箱中拆出电动汽油泵进行检修:若电动汽油泵进油滤网脏污,则清洗汽油箱和电动汽油泵进油滤网;若电动汽油泵进油滤网良好,应更换电动汽油泵总成。

(7) 检测调节压力。

在发动机怠速运转中,将燃油压力调节器真空管拆开后,燃油供给系统升高后的油压与怠速工作油压的差值,应符合车型技术规定,一般为 28~70 kPa。

(8) 检测燃油供给系统的保持压力。

松开夹住回油软管的钳子,恢复静态油压,取下电动汽油泵继电器跨接线,使电动汽油泵停止运转,并等待 30 min,此时汽车专用燃油压力表读数即为燃油供给系统的保持压力,它应符合车型技术规定。

保持压力过低是由电动汽油泵止回阀关闭不严、燃油压力调节器回油口关闭不严或喷油器滴漏造成的。应首先恢复静态油压,再用包有软布的钳子夹住回油软管,若压力停止下降,则应更换燃油压力调节器;若保持压力继续下降,则用包有软布的钳子夹住汽车专用燃油压力表三通接头至燃油分配管之间的进油软管,如果压力停止下降说明喷油器漏油,则应结合喷油器试验,找出滴漏的喷油器并予以清洗,清洗后复检,必要时应予以更换;若保持压力继续下降,说明电动汽油泵止回阀密封不严,应更换电动汽油泵总成。

待压力检测完毕后,再次复查静态油压。如果静态油压仍然偏低,则应更换燃油压力调节器。

四、燃油喷射控制

在电控汽油机燃油供给系统中,发动机 ECU 要根据发动机工况的要求控制喷油器定时、定量地将汽油喷入进气歧管,并且在某些特定的情况还要控制喷油器停止喷油。因此,对燃油喷射的精确控制成为电控汽油机的重要控制内容。

(一) 喷油正时控制

喷油正时就是指喷油器何时喷油。在多点喷射系统中,燃油喷射有同时喷射、分组喷射和顺序喷射三种喷射方式。

1. 同时喷射

同时喷射指各气缸喷油器同时喷油,如图 6-116 所示,各气缸喷油器并联在一起,由一只晶体管 VT 驱动。

发动机工作时,发动机 ECU 根据曲轴位置传感器和凸轮轴位置传感器输入的基准信号发出喷油指令,控制晶体管 VT 导通或截止,再由 VT 控制喷油器的电磁线圈电流接通或切断,使各气缸喷油器同时喷油或停止喷油。曲轴每转一圈(360°),各气缸喷油器同时喷油一次,一次喷油量为发动机一次燃烧需要燃油量的 1/2,喷油正时与发动机工作循环无关。

这种控制方式控制电路和控制程序简单,通用性较好,但各气缸喷油时刻不是最佳的。

2. 分组喷射

分组喷射是将喷油器喷油分组进行控制,一般将四缸发动机分成二组,六缸发动机分成三组,八缸发动机分成四组。图 6-117 所示为四缸发动机分组喷射。

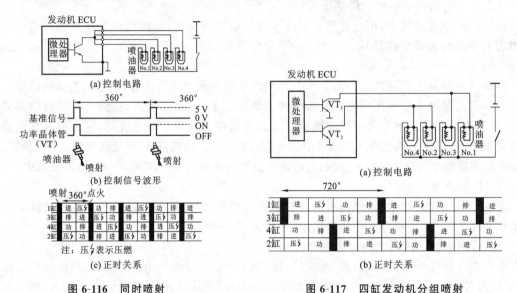

图 6-116 同时喷射　　图 6-117 四缸发动机分组喷射

发动机工作时,由发动机 ECU 控制各组喷油器轮流喷油。发动机每转一圈,只有一组喷油器喷油。分组喷射方式虽然不是最佳的喷油方式,但与同时喷射相比,燃油雾化质量有所改善。

3. 顺序喷射

顺序喷射就是各气缸喷油器按照一定的顺序(发动机做功顺序)喷油,如图 6-118 所示。

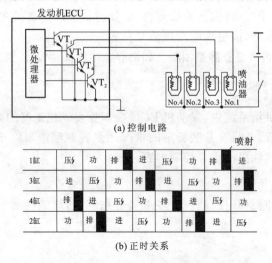

图 6-118 顺序喷射

在顺序喷射系统中,发动机工作一个循环,各气缸喷油器,按特定的顺序依次进行一次喷射。

实现顺序喷射的一个关键问题是需要知道即将到达排气上止点的是哪一个气缸。为此,发动机 ECU 需要一个气缸判别信号(G 信号)。发动机 ECU 根据凸轮轴位置传感器信号(G 信号)、曲轴位置传感器信号(Ne 信号)和发动机的做功顺序,确定各气缸工作位置。当确定某气缸活塞运行至排气行程上止点前某一位置时,发动机 ECU 输出喷油控制信号,接通喷油器电磁线圈电路,该气缸即开始喷油。

顺序喷射能保证各气缸喷油均在最佳时刻,被普遍采用。

(二) 喷油量控制

发动机工况不同,对混合气浓度的要求也不相同。为使发动机在各种运行工况下,都能获得最佳的混合气浓度,以提高发动机的经济性和降低排放污染,需要对喷油量进行精确控制。

在电控汽油喷射式燃料供给系统中,喷油量实际上是由发动机 ECU 根据发动机运转的工况及其影响因素,输出控制信号对喷油器的喷油时间(喷油脉宽)进行控制的。由于发动机各工况运转的特殊性,对各工况下喷油量的控制方式也有所不同。

1. 启动时喷油量的控制

发动机启动时转速很低,且转速波动较大,在这种情况下,无论是空气流量计还是进气歧管绝对压力传感器,检测精度都偏低,输出的信号误差较大,不能精确计量进气量。因此,在发动机启动时,发动机 ECU 按特定程序对喷油量进行控制,如图 6-119 所示。

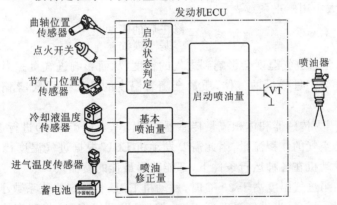

图 6-119 发动机启动时喷油量的控制

发动机启动时,发动机 ECU 首先根据点火开关、曲轴位置传感器和节气门位置传感器提供的信号,判定发动机是否处于启动工况,以便决定是否按启动程序控制喷油,然后根据冷却液温度传感器信号确定基本喷油量,最后根据进气温度和蓄电池电压等参数进行修正,得到启动时的喷油量。

启动发动机时,发动机冷却液温度与基本喷油量的关系如图 6-120 所示,冷却液温度越低,基本喷油量越大;冷却液温度越高,基本喷油量越小。

2. 启动后喷油量的控制

在发动机启动后进入正常运转工况下,喷油器的总喷油量由基本喷油量、喷油修正量和喷油增量三个部分组成,如图 6-121 所示。

基本喷油量根据进气量传感器(空气流量计或进气歧管绝对压力传感器)和发动机转速传感器(曲轴位置传感器)的信号通过计算确定;喷油修正量根据与进气量有关的进气温度、大气压力、氧传感器信号和蓄电池电压信号通过计算确定;喷油增量根据反映发动机工况的点火开关信号及冷却液温度传感器信号和节气门位置传感器信号等传感器信号经过计算确定。

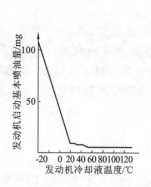

图 6-120 发动机启动时,发动机冷却液温度与基本喷油量的关系

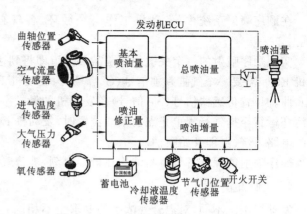

图 6-121 发动机启动后喷油量的控制

(1) 基本喷油量。

基本喷油量是在标准大气状态(温度为 20 ℃、大气压力为 101 kPa)下,根据发动机每个工作循环的进气量、发动机转速和设定的空燃比确定的。

(2) 喷油修正量。

当发动机实际运行条件改变时,应对基本喷油量进行适当修正,以保证发动机正常运行。修正时,一般主要考虑进气温度、大气压力、蓄电池电压以及氧传感器反馈修正等几方面的因素。喷油修正量的大小用修正系数表示:

$$修正系数=\frac{修正后的喷油量}{基本喷油量}$$

① 进气温度修正。进气温度会影响到进气的密度,从而影响进气量。当进气温度升高时,空气密度增大,同样体积进气量的气体,质量会随着温度的升高而降低,若不对喷油量进行修正,则混合气会变浓。

对于采用进气压力传感器和体积流量传感器(叶片式、卡门旋涡式)进行进气量检测的喷射系统,由于检测的是空气的体积流量,因此需要发动机 ECU 根据进气温度传感器的信号,对喷油量进行修正,使发动机在各种运行条件下,都能获得最佳的喷油量。

修正的方法为:当进气温度高于 20 ℃时,发动机 ECU 将确定修正系数小于 1,适当减少喷油量(缩短喷油时间);反之,当进气温度低于 20 ℃时,发动机 ECU 将确定修正系数大于 1,适当增加喷油量(延长喷油时间)。

② 大气压力修正。大气压力也会影响到进气的密度,从而影响进气量。当汽车行驶到高原地区时,海拔增加,大气压力降低,使空气密度降低,对于同样体积的空气流量,其质量就会降低。为避免混合气过浓和油耗过高,应根据大气压力对喷油器的喷油时间进行修正。

修正的方法为:当大气压力低于 101 kPa 时,发动机 ECU 将减小修正系数,使喷油量减少(缩短喷油时间),避免混合气过浓和油耗过高;反之,当大气压力高于 101 kPa 时,发动机 ECU 将适当增加喷油量(延长喷油时间)。

③ 蓄电池电压修正。由于喷油器针阀的机械惯性、电磁线圈的磁滞特性以及磁路效率的影响,在喷油脉冲加到喷油器电磁线圈上后,针阀并不随着电脉冲同步升起并上升到最大值,而是有一段滞后时间。通常把从脉冲开始出现到针阀呈现最大升程所需的时间称为开阀时间 T_o;同样,从脉冲消失到针阀落座关闭也需要一定的时间,该段时间称为关阀时间 T_c,开阀时间与关阀时间之差(T_o-T_c)称为无效喷射时间,在这段时间内喷油器并不喷油。其中开阀时间受蓄电池电压的影响较大,而关阀时间受蓄电池电压的影响较小。当蓄电池电压变化时,会影

响到喷油器开启时刻,从而造成喷油量的误差,所以,微处理器也会根据蓄电池电压对喷油量进行修正。通常采用修正通电时间的方法来消除蓄电池电压变化对喷油量的影响。

修正的方法为:以蓄电池电压 14 V 为基准,当蓄电池输入发动机 ECU 的电压低于 14 V 时,发动机 ECU 将增大喷油脉冲的占空比,即增大修正系数,使喷油器的喷油时间增长;反之,当蓄电池电压升高时,发动机 ECU 将减小占空比,即减小修正系数,使喷油时间缩短。

④ 空燃比反馈控制修正。试验证明,当混合气的空燃比控制在理论空燃比(14.7)附近时,三元(HC,CO,NO_x)催化转化器转化效率最高。如果仅仅利用空气流量计和发动机转速传感器计算求得充气量,那么很难将空燃比控制在理论空燃比(14.7)附近。为了达到排气净化的目的,电控发动机都安装了三元催化转化器和氧传感器,借助于安装在排气管上的氧传感器反馈空燃比信号,对喷油量进行反馈优化控制,将空燃比精确控制在理论空燃比(14.7)附近,使三元催化转化器发挥最高的转化效率。

为保证发动机具有良好的工作性能,对空燃比并不是在发动机的所有工况下都进行反馈控制。在下述情况下,发动机 ECU 对空燃比不进行反馈控制。

a. 发动机启动工况。
b. 发动机启动后暖机工况。
c. 发动机大负荷及全负荷工况。
d. 加速工况。
e. 减速工况。
f. 氧传感器温度低于正常工作温度。
g. 氧传感器输入发动机 ECU 的信号电压持续 10 s 以上保持不变。

(3) 喷油增量。

当发动机运行工况发生变化(运行在某些特殊工况下)时,需要在基本喷油量的基础上额外增加一部分喷油量,以加浓混合气。一般在低温启动后、暖机、大负荷及全负荷、加速等工况下,需要加浓混合气。喷油增量的大小用喷油增量比表示:

$$喷油增量比=\frac{基本喷油量+喷油增量}{基本喷油量}$$

① 低温启动后。发动机低温启动后,由于低温混合气雾化不良,燃油会在进气管上沉积而导致混合气变稀,发动机运转不稳甚至熄火。为此,在发动机启动后的短时间内,必须增加喷油量,使混合气加浓,以保证发动机稳定运转而不致熄火。喷油增量比取决于启动时发动机的温度,并随启动后时间的增长而逐渐减小至1,如图 6-122 所示。

② 暖机过程。在冷车启动结束后的暖机过程中,发动机温度仍较低,燃油雾化较差,部分燃油凝结在进气管和气缸壁上,会使混合气变稀,燃烧不稳定。因此在发动机暖机过程中,必须增加喷油量,喷油增量比取决于发动机冷却液温度。发动机 ECU 根据冷却液温度传感器信号,通过加大喷油脉冲宽度(占空比)进行暖车加浓。

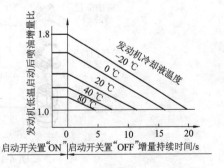

图 6-122 发动机低温启动后喷油增量

随着发动机冷却液温度的升高,喷油脉冲的占空比将逐渐减小,直到发动机冷却液温度超过 60 ℃ 后才停止加浓,喷油增量比逐渐减小至1,如图 6-123 所示。

③ 大负荷及全负荷工况。当发动机在大负荷及全负荷工况下运行时,为获得良好动力性,需要供给浓混合气。发动机 ECU 根据进气歧管绝对压力传感器或空气流量计信号以及节气门

位置传感器信号判断发动机负荷状况,大负荷及全负荷时适当增加喷油量,供给浓于理论混合气的功率混合气,满足输出最大功率的要求。

④ 加速工况。当汽车加速时,为了保证发动机能够输出足够的转矩,改善加速性能,必须增大喷油量。

在发动机运转过程中,发动机 ECU 将根据节气门位置传感器信号和进气量传感器信号的变化速率,判定发动机是否处于加速工况。汽车加速时,节气门突然开大,节气门位置传感器信号的变化速率增大,与此同时,空气流量突然增大,进气歧管压力突然增大,进气量传感器信号突然升高,发动机 ECU 接收到这些信号后,立即发出增大喷油量的控制指令,使混合气加浓。

喷油增量比与加浓时间取决于加速时发动机的冷却液温度。发动机冷却液温度越低,喷油增量比越大,加浓持续时间越长,如图 6-124 所示。

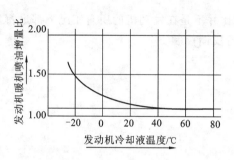

图 6-123　发动机暖机喷油增量

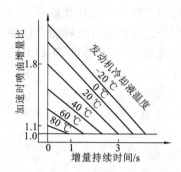

图 6-124　加速时喷油增量

(三) 断油控制

断油控制是发动机 ECU 在某些特殊工况下,暂时中断燃油喷射,以满足发动机运行的特殊要求。断油控制包括减速断油控制、超速断油控制和清除溢流控制等。

1. 减速断油控制

当汽车在高速行驶中突然松开节气门踏板减速时,发动机将在汽车惯性力的作用下高速旋转。由于节气门已经关闭,进入气缸的空气很少,如不停止喷油,混合气将会很浓而导致燃烧不完全,排气中的有害气体成分将急剧增加。因此,当发动机运转过程中突然松开节气门踏板减速时,发动机 ECU 会控制喷油器停止喷油,即实行减速断油,其控制过程如图 6-125 所示。

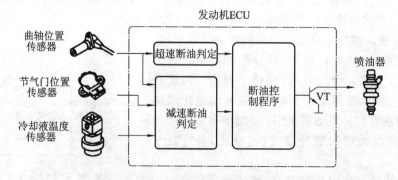

图 6-125　减速断油与超速断油控制

发动机 ECU 根据节气门位置传感器、发动机转速传感器和冷却液温度传感器的信号判断是否满足以下减速断油的条件。

(1) 节气门位置传感器的怠速触点闭合。

(2) 冷却液温度已经达到正常温度。

（3）发动机转速高于某一转速。

该转速称为燃油停供转速，其值由发动机 ECU 根据发动机冷却液温度、外加负荷等参数确定。

当三个条件全部满足时，发动机 ECU 立即发出停止喷油指令，控制喷油器停止喷油。当喷油停止、发动机转速降低到燃油复供转速或急速触点断开时，发动机 ECU 即发出指令，控制喷油器恢复供油。

燃油停供转速和燃油复供转速与发动机冷却液温度和外加负荷有关。发动机冷却液温度越低、外加负荷越大（如空调接通），燃油停供转速和燃油复供转速就越高；反之，发动机冷却液温度越高、外加负荷越小，燃油停供转速和燃油复供转速就越低，如图 6-126 所示。

2. 超速断油控制

发动机工作时，转速越高，曲柄连杆机构的离心力就越大。当离心力过大时，发动机就有"飞车"而损坏的危险，因此每台发动机都有一个极限转速，如桑塔纳 2000GSi 型轿车 AJR 型发动机的极限转速为 6 400 r/min。超速断油就是当发动机转速超过允许的极限转速时，发动机 ECU 就控制喷油器中断燃油喷射，防止发动机超速运转而损坏机件，超速断油控制过程如图 6-125 所示。

在发动机运行过程中，发动机 ECU 随时都将曲轴位置传感器测得的发动机实际转速与存储器中存储的极限转速进行比较。当实际转速达到或超过极限转速 80~100 r/min 时，发动机 ECU 就发出停止喷油指令，控制喷油器停止喷油，限制发动机转速进一步升高。喷油器停止喷油后，发动机转速将降低。当发动机转速下降至低于极限转速 80~100 r/min 时，发动机 ECU 将控制喷油器重新喷油。极限转速控制曲线如图 6-127 所示。

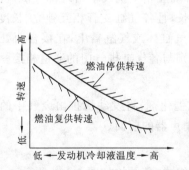

图 6-126 减速断油转速与发动机冷却液温度的关系

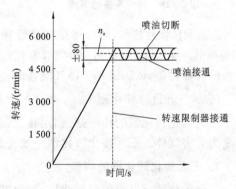

图 6-127 超速断油控制过程

3. 清除溢流控制

装备电控汽油喷射式燃料供给系统发动机的汽车，若发动机多次启动未成功，淤积在气缸内的浓混合气就会浸湿火花塞，使其不能跳火而导致发动机不能启动。

清除溢流控制就是将发动机节气门踏板踩到底，接通启动开关启动发动机时，发动机 ECU 自动控制喷油器中断喷油，以便排除气缸内的燃油蒸气，使火花塞干燥，从而能够跳火。

电控系统清除溢流的条件如下。

（1）点火开关处于启动位置。

（2）节气门全开。

（3）发动机转速低于 500 r/min。

只有当三个条件都满足时，电控系统才能进入清除溢流状态。由此可见，在启动燃油喷射式发动机时，不必踩下节气门踏板而直接接通启动开关即可。否则电控系统可能进入清除溢流状态而使发动机无法启动。

6.2.4 排气系统的构造与检修

一、排气系统的作用和组成

排气系统的作用是,汇集各气缸的废气,减小排气噪声和消除废气中的火焰和火星,使废气安全地排入大气,并对废气中的有害物质进行排放控制。

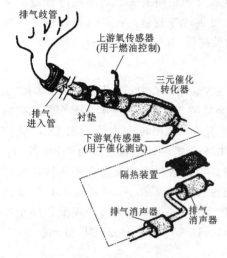

整个排气系统包括排气歧管、氧传感器、三元催化转化器、排气消声器以及隔热装置等,如图6-128所示。各厂商设计的排气系统尽管结构不尽相同,但基本部件是一致的。

根据发动机排气管的数目,排气系统可分为单排气系统和双排气系统。直列式发动机通常采用单排气系统,如桑塔纳2000GSi型轿车AJR型发动机的排气系统就属于此种类型。有些V形发动机采用单排气系统,也有的采用双排气系统。

二、排气系统的主要部件

(一)排气歧管

图6-128 排气系统的组成

排气歧管一般用铸铁铸造,其形状十分重要。为了不使各气缸排气互相干扰及不出现排气倒流的现象,并尽可能地利用惯性排气,应该将排气歧管做得尽可能长,且各气缸支管相互独立、长度相等。图6-129所示为排气歧管外形图。排气歧管用螺栓固定在气缸体或气缸盖上,在接合面处装有金属片包的石棉衬垫,以防漏气。排气歧管的各个支管分别与各气缸排气门的通道相接。

(二)三元催化转化器

三元催化转化器的作用是,利用转化器中的三元催化剂,将发动机排出废气中的有害气体转变为无害气体。三元催化转化器一般安装在排气消声器的前面。

1. 三元催化转化器的构造

三元催化转化器由催化剂载体、催化剂和外壳等组成,其结构如图6-130所示。

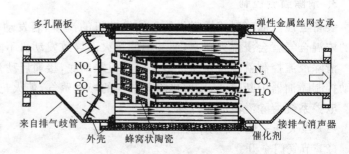

图6-129 排气歧管外形图　　图6-130 三元催化转化器的结构

大多数三元催化转化器以蜂窝状陶瓷作为催化剂载体,经特殊工艺处理的蜂窝状陶瓷能提供非常大的表面积,以促进化学反应快速进行。在蜂窝状陶瓷上浸渍铂(或钯)和铑的混合物作为催化剂。铂和钯是氧化催化剂,当HC和CO与布满铂、钯的热表面接触时,HC和CO就

会分别与 O_2 化合成 H_2O 和 CO_2。铑是还原催化剂,当 NO_x 与炙热的铑接触时,NO_x 就会脱去氧,被还原为 N_2。

2. 三元催化转化器的工作原理

在正常情况下,废气中的 HC、CO、NO_x 及 O_2 在一起加热到 500 ℃ 也不会产生化学反应,如果让这些气体经过上述催化剂后,它们就会转化为无害的 CO_2、H_2O 和 N_2。

$$NO_x + CO \longrightarrow N_2 + CO_2$$
$$NO_x + HC \longrightarrow N_2 + CO_2 + H_2O$$
$$CO + O_2 \longrightarrow CO_2$$
$$HC + O_2 \longrightarrow H_2O + CO_2$$

排放物流入三元催化转化器,被吸附在催化剂的表面上,吸附物质与气体分子或相邻的被吸附分子进行化学反应,形成低能量的反应产物,这些反应产物很容易从表面上脱落,并随排气流排出,进入外部空间,催化剂本身并不参加反应。

在具有理论空燃比的混合气中,铂促使 HC 和 CO 氧化,而铑使 NO_x 还原。因为 NO_x 在三元催化转化器中的还原需要以 HC 和 CO 作为还原剂,如果氧过量,即燃烧稀混合气时,这些还原剂首先和氧反应,则 NO_x 的还原反应就不能进行。而当空气不足,即氧浓度不够时,HC 和 CO 就不能被完全氧化。

(三) 排气消声器

排气消声器的作用是,抑制发动机的排气噪声,消除废气中的火焰和火星。

排气消声器的基本原理是,消耗废气流的能量,平衡气流的压力波动。它有吸收式和反射式两种基本消声方式。吸收式排气消声器通过废气在玻璃纤维、钢纤维和石棉等吸声材料上的摩擦而减小废气的能量。反射式排气消声器则由多个串联的谐振腔与不同长度的多孔反射管相互连接在一起,废气在其中经多次反射、碰撞、膨胀及冷却而降低压力,从而减轻了振动。

目前在汽车上实际使用的排气消声器多数是综合利用不同的消声原理组合而成的。轿车上流行的排气消声器由前消声器、中消声器和后消声器以及连接管等组成,并焊接成一个整体,如图 6-131 所示。

前消声器采用谐振原理消声,有三个大小不同的谐振腔,彼此由穿孔管贯通。穿孔管、隔板和突变的断面是谐振腔内的基本声学元件,它们作为声源的发射体,彼此间利用声波的相互干涉和在谐振腔内传播的声波又向这些声源反射,从而达到消声的效果。

谐振器对抑制低频声波特别有效。中消声器采用谐振器和吸声原理消声。谐振腔和吸声腔突然膨胀,从反射孔流出的气体再在穿孔管中折返后排出。

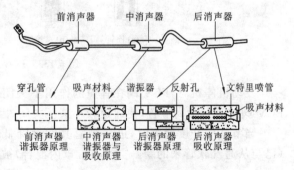

图 6-131 轿车用排气消声器

采用吸声原理的后消声器,在穿孔管外面装填了吸声材料。

三、排放控制

汽车污染物的来源有三个。首先是排气管排出的废气,其主要成分为 CO、HC 和 NO_x,以及 SO_2 和炭烟等,称为排气排放物;其次是曲轴箱窜缸混合气(简称窜气),即从活塞与气缸间漏出,再由曲轴箱经通气管排出的可燃混合气,其主要成分是 HC,称为曲轴箱排放物;第三是汽油蒸气,即从燃油供给系统蒸发的汽油蒸气,其成分为 HC,称为燃油蒸发排放物。由于 CO、

HC 和 NO$_x$ 是主要的污染物质，因此，目前汽车上增设的减轻排放污染的装置有曲轴箱强制通风系统、燃油蒸发排放控制系统、空燃比反馈控制系统、废气再循环控制系统等。

（一）曲轴箱强制通风控制

曲轴箱强制通风系统的作用是，防止从燃烧室窜入曲轴箱的窜缸混合气排入大气造成污染，同时达到节能和改善发动机机油工作条件的目的。

1. 曲轴箱强制通风系统的结构

曲轴箱强制通风系统的结构如图 6-132 所示。它主要由通气软管、通风软管和通风（PCV 阀）等组成。

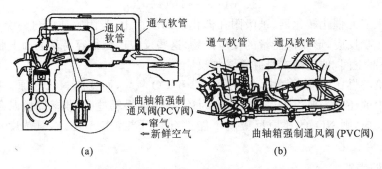

图 6-132 曲轴箱强制通风系统的结构

2. PCV 阀

PCV 阀由柱塞式阀门和弹簧构成，位于气门室盖的顶部。PCV 阀工作情况如图 6-133 所示。进气歧管的真空度决定了 PCV 阀的开闭及开启程度，PCV 阀的开闭及开启程度则决定了窜缸混合气被吸入进气歧管进而参加燃烧的数量。

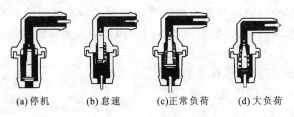

图 6-133 PCV 阀工作情况

发动机停机时，PCV 阀在弹簧的作用下关闭。当发动机怠速运转时，进气歧管真空度大，PCV 阀被吸到最高位置，使通道较小甚至关闭，因而被吸入进气歧管的窜气也较少甚至没有。

当节气门开度增大时，进气歧管真空度降低，PCV 阀位置降低，使通道变大，较多的窜气（已与从通气软管来的新鲜空气在缸罩内混合）被吸入气缸进而参与燃烧。

（二）燃油蒸发排放控制

燃油蒸发（EVAP）排放控制系统的作用是，防止汽油箱的燃油蒸气排入大气造成污染。

1. 燃油蒸发排放控制系统的结构

燃油蒸发排放控制系统的结构如图 6-134 所示。它主要由活性炭罐、电磁阀、排放控制阀及发动机 ECU 等组成。

活性炭罐用于吸收从汽油箱内蒸发的燃油蒸气（HC），防止燃油蒸气进入大气从而引起污染。电磁阀用以调节排放控制阀上方的真空度，改变排放控制阀的开度，从而控制吸入进气管的汽油蒸气量，由发动机 ECU 控制。

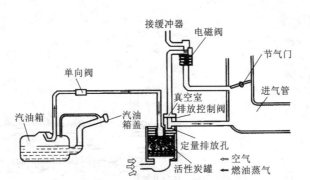

图 6-134 燃油蒸发排放控制系统的结构

排放控制阀控制活性炭罐上方定量排放孔的开闭。

2. 燃油蒸发排放控制系统的工作原理

车辆运行或发动机停熄时,汽油箱的燃油蒸气通过单向阀进入活性炭罐的上部,空气从活性炭罐的下部进入并清除活性炭。发动机工作时,发动机 ECU 根据发动机转速、冷却液温度以及空气流量等信号,通过控制活性炭罐电磁阀的动作来控制排放控制阀上部的真空度,从而控制排放控制阀的开闭动作。当排放控制阀打开时,燃油蒸气通过阀中的定量排放孔进入进气歧管,然后进入气缸参与燃烧。不同发动机活性炭罐的工作条件是不相同的。

(三)空燃比反馈控制

空燃比与三元催化转化器的转化效率之间的关系如图 6-135 所示。因此,为使 HC、CO 和 NO_x 三种污染物都可以达到很高的净化率,发动机 ECU 必须严格控制空燃比,使其在理论空燃比附近。

在电控汽油喷射式发动机中,为了使三元催化转化器发挥最高的转化效率,采用氧传感器进行空燃比的反馈控制。

氧传感器的作用是,通过监测排气中的氧含量来获得混合气的实际空燃比信号,并将该信号转变为电信号并输入发动机 ECU。发动机 ECU 根据氧传感器信号,对喷油时间进行修正,实现空燃比反馈控制,将 A/F 控制在 14.7 附近,降低排放,节约燃油。

氧传感器安装在排气管上,有氧化锆式和氧化钛式两种类型。有些发动机只在三元催化转化器前面安装氧传感器,用以起到监测排气中的氧含量来获得混合气的实际空燃比信号的作用;而有些发动机采用了两个氧传感器,即在三元催化转化器前、后各安装一个,后氧传感器主要起到监控三元催化转化器工作情况的作用。

1)氧化锆式氧传感器

氧化锆式氧传感器是一个化学电池,又称氧浓度差电池。温度较高(400 ℃以上)时,氧气发生电离。只要锆管内、外表面存在氧浓度差,氧离子就产生扩散,使锆管成为一个微电池,在两铂极间产生电压。这个电压作为输出信号送被给发动机 ECU,发动机 ECU 就能感知废气中的氧浓度,获知空燃比。

(1)氧化锆式氧传感器的构造。

氧化锆式氧传感器的结构如图 6-136 所示。它主要由锆管、电极等组成。

氧化锆式氧传感器内部的敏感元件是二氧化锆(ZrO_2)固体电解质。在二氧化锆固体电解质粉末中加入少量添加剂并烧制成管状,称为锆管。紧贴锆管内、外表面的是作为锆管内、外电极的铂膜,内、外电极通过电极引线与传感器的导线连接器相连。锆管的内电极与外界大气相通,外电极与排气管内的排气相通。为防止发动机排出的废气腐蚀外层铂电极,在外电极表面覆盖着一层多孔性陶瓷层。

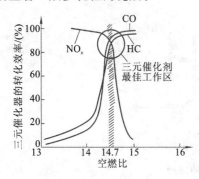

图 6-135 空燃比与三元催化转化器的转化效率之间的关系

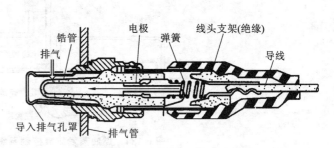

图 6-136 氧化锆式氧传感器的结构

作为锆管外电极的金属铂的另一个作用是催化作用,它使废气中的氧气与 CO 反应,减少废气中的含氧量,提高传感器的灵敏度。

(2) 氧化锆式氧传感器的工作原理。

发动机运转时,排气管内的废气从锆管外电极表面的多孔性陶瓷层渗入,与外电极接触,内电极与大气接触。因此,在锆管内、外侧存在氧浓度差,使二氧化锆固体电解质内部的氧离子开始向外电极扩散,扩散的结果是在内、外电极之间产生电位差,形成了一个微电池,在两极间产生电压,如图 6-137 所示。

由于锆管外侧的氧离子随可燃混合气浓度的变化而变化,所以当氧离子在锆管中扩散时,锆管内、外表面之间的电位差也随可燃混合气浓度的变化而变化,传感器的信号源相当于一个可变电源。

(3) 氧化锆式氧传感器的输出特性。

氧化锆式氧传感器的输出特性如图 6-138 所示。当供给发动机的可燃混合气较浓时,排气中氧的含量较低,一氧化碳的含量相对较高,在锆管外电极铂膜的催化作用下,排气中的氧几乎全部参加反应,生成二氧化碳,使锆管外表面上氧离子浓度几乎为零,而锆管的内表面与大气相通,氧离子浓度很大,锆管内、外两侧氧浓度差很大,因此在内、外电极之间产生了较大的电压信号(约 0.9 V)。

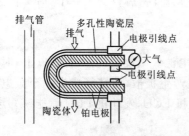

图 6-137 氧化锆式氧传感器的工作原理

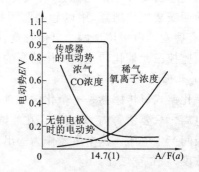

图 6-138 氧化锆式氧传感器的输出特性

当供给发动机的可燃混合气较稀时,排气中氧的含量较高,一氧化碳的含量相对较低,即使一氧化碳全部与氧离子发生反应,锆管外表面还是有多余的氧离子存在,锆管内、外两侧氧浓度差小,因此在内、外电极之间只产生较小的电压信号(约 0.1 V)。

当空燃比接近理论空燃比时,排气中的氧和一氧化碳含量都很少,在催化剂铂的作用下,氧离子与一氧化碳的化学反应从缺氧状态急剧变化为富氧状态,由于氧离子浓度差急剧变化,因此铂电极之间的电位差也急剧变化,使氧传感器输出的电压从 0.9 V 急剧变化到 0.1 V。氧传感器的输出电压在理论空燃比(即 1.47)附近发生突变。

如果没有外电极铂的催化作用使锆管外侧的氧离子急剧减少到零,那么在混合气浓时就不会有接近 0.9 V 的高电压信号,传感器的输出信号也不会在混合气由浓变稀时出现跃变现象,这正是使用铂做电极的另一个重要因素。

氧化锆式氧传感器的工作状态与工作温度有关:当工作温度低于 300 ℃时,氧化锆式氧传感器无信号输出;当在 300~800 ℃的温度范围内时,氧化锆式氧传感器最敏感,输出信号最强。虽然可利用排气热量对其进行加热,但氧化锆式氧传感器工作温度不稳定,而且发动机启动数分钟后它才能达到正常工作温度。因此,目前大部分氧化锆式氧传感器内都增设了陶瓷式电热元件,由汽车电源对其进行加热,以在发动机启动后的 20~30 s 内迅速将氧传感器加热到工作温度。

(4) 氧化锆式氧传感器的类型。

氧化锆式氧传感器有以下几种形式。

① 单引线。氧传感器只有一根信号线,以外壳做搭铁回路。

② 两线式。一条为信号线,另一条则为搭铁线。

③ 三线式。使用在加热型氧化锆式氧传感器上,其中两条引线同上述,第三条线为来自继电器(或点火开关)的 12 V 加热电源线。

④ 四线式。信号线与加热线各自有搭铁回路,即有两条搭铁线。

(5) 氧化锆式氧传感器的检测。

桑塔纳 2000GSi 型轿车 AJR 型发动机的氧传感器为加热型氧化锆式氧传感器,其工作电路及插头如图 6-139 所示,检测方法如下。

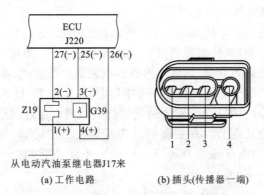

图 6-139　桑塔纳 2000GSi 型轿车 AJR 型发动机加热型氧化锆式氧传感器的工作电路及插头

① 加热元件电阻检查。检测时,拔下氧传感器导线连接器插头,检查 1 与 2 端子间的电阻,应为 1~5 Ω(电阻随温度升高而迅速上升)。如果常温下电阻值为无穷大,说明加热元件断路,应更换氧传感器。

② 电源电压检查。氧传感器的加热元件需用电源进行加热,当接通点火开关后,电动汽油泵继电器触点接通时,加热元件的电源即被接通。在检测加热元件电压时,应拔下氧传感器导线连接器插头,接通点火开关,检查氧传感器导线连接器插头上 1 与 2 端子间电压,应约为 12 V。如果没有电压,说明熔断器或断路继电器触点接触不良,应进行检修。

③ 信号电压检查。检查氧传感器信号电压时,应连接好氧传感器导线连接器插头与插座,用数字式万用表测量氧传感器 3 与 4 端子。接通点火开关时,电压信号应为 0.45~0.55 V;当踩下加速踏板,供给浓混合气时,电压信号应为 0.7~1.0 V;当拔下空气流量计到发动机之间

的真空软管,供给稀混合气时,电压信号应为 0.1～0.3 V;当氧传感器工作正常时,电压信号应在 0.1～0.3 V 和 0.7～1.0 V 波动。如果不波动或波动缓慢,说明氧传感器失效,应更换。

2) 氧化钛式氧传感器

这是一种电阻型气敏传感器。它是利用化学反应强、对氧气敏感、易于还原的半导体材料氧化钛与氧气接触时发生氧化还原反应,使晶格结构发生变化,从而导致电阻值变化的原理工作的。

(1) 氧化钛式氧传感器的构造。

氧化钛式氧传感器的结构如图 6-140 所示。它主要由二氧化钛传感元件、壳体、加热元件以及电极引线等组成。

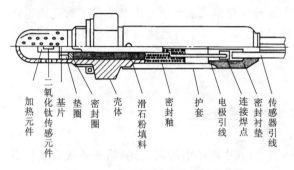

图 6-140 氧化钛式氧传感器的结构

二氧化钛的电阻值随废气中的氧浓度的改变而改变,而且在理论空燃比 A/F = 14.7 时产生突变。纯二氧化钛在常温下是一种高电阻的半导体,但表面一旦缺氧,其晶格便出现缺陷,电阻随之减小。

当混合气稀时,排气中的氧含量高,二氧化钛处于高阻状态;反之,当混合气浓时,排气中的氧含量低,二氧化钛处于低阻状态。

利用适当电路对电阻变量进行处理,即可将其转换成电压信号并输送给发动机 ECU,用以确定实际的空燃比。

由于二氧化钛的电阻也随温度的不同而变化,因此在二氧化钛氧传感器内部也有一个加热器,以保持氧化钛式氧传感器在发动机工作过程中温度恒定不变。

(2) 氧化钛式氧传感器的工作原理。

氧化钛式氧传感器的工作电路如图 6-141 所示。发动机 ECU 将一个恒定为 1 V 的电压加在氧化钛式氧传感器的一端,氧传感器的另一端与发动机 ECU 相连。当排出的废气中氧浓度随发动机混合气浓度的变化而变化时,氧传感器的电阻随之改变,发动机 ECU OX 端子上的电压降也随着变化。当 OX 端子的电压高于参考电压时,发动机 ECU 判定混合气过浓;当 OX 端子上的电压低于参考电压时,发动机 ECU 判定混合气过稀。通过发动机 ECU 反馈控制,可保持混合气浓度在理论空燃比附近。在实际的反馈控制过程中,二氧化钛式氧传感器与发动机 ECU 连接的 OX 端子上的电压也是在 0.1～0.9 V 不断变化,这一点与氧化锆式氧传感器相同。

3) 宽带氧传感器

宽带氧传感器是在普通氧化锆式氧传感器的基础上扩展而来的,主要由检测单元和泵氧单元、加热器等组成,其结构如图 6-142 所示。氧化锆型氧传感器工作时,氧离子的扩散会导致产生电压。相反,改变氧传感器的电压大小就会改变氧离子的扩散量。宽带氧传感器利用改变氧离子扩散量的方法检测排气中氧的含量。

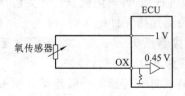

图 6-141 氧化钛式氧传感器的工作电路

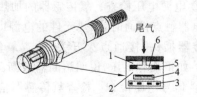

图 6-142 宽带氧传感器的结构
1—泵氧单元;2—检测单元;3—加热器;
4—外界空气通道;5—测量室;6—扩散通道

检测单元的一面与大气接触,另一面通过扩散通道与排气接触。当检测单元两侧的氧含量不同时,会产生一个电动势。如果发动机 ECU 要把这一电动势维持在 0.45 V 的参考标准值附近,就需要改变排气的扩散量。

泵氧单元的一面是排气,另一面与检测单元相连。发动机 ECU 把排气中的氧泵入测量室中或把测量室中的氧泵出,以保证检测单元两侧的电压值维持在 0.45 V 附近。这个施加在泵氧单元上的电流变化,就是排气中氧的含量信号。

宽带氧传感器工作原理如图 6-143 所示。如果混合气太浓,则排气中的含氧量减少。此时,从测量室经扩散通道溢出的氧增多,于是检测单元两侧的电压升高。为保持 0.45 V 电压不变,发动机 ECU 会增加泵氧单元的电流以增加进入测量室的氧含量,于是检测单元的电压恢复到 0.45 V 左右;如果混合气太稀,则排气中的含氧量增加,此时排气中的氧从扩散通道进入测量室,于是检测单元两侧的电压降低。此时,泵氧单元向外排出氧以平衡测量室中的含氧量,使检测单元两侧的电压维持在 0.45 V 左右。

总之,加在泵氧单元上的电压可以保证当测量室内的氧气多时,泵出多余的氧气,这时的控制电流是正电流;当测量室内的氧气少时,泵入氧气,这时的控制电流是负电流。所以发动机 ECU 提供给泵氧单元的电流的大小及方向,就反映了排气中的氧含量。泵电流与过量空气系数之间的关系如图 6-144 所示。

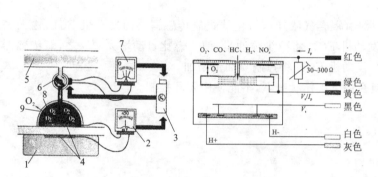

图 6-143 宽带氧传感器工作原理
1—空气;2—传感器电压;3—控制单元;4—测量片;5—排气;
6—单元泵;7—单元泵电流;8—测量室;9—扩散通道

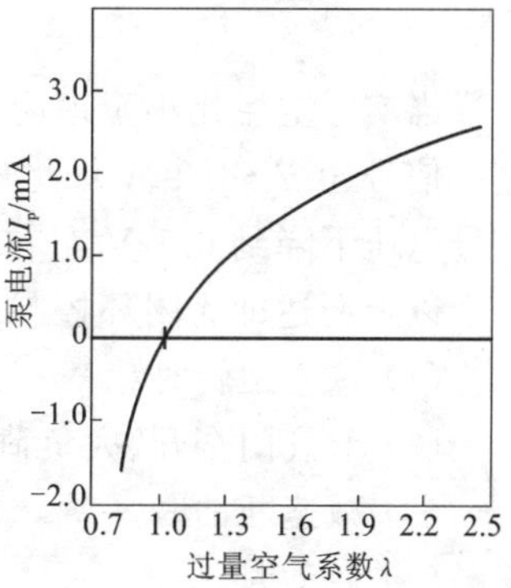

图 6-144 泵电流与过量空气系数之间的关系

宽带氧传感器输出电压特性曲线如图 6-145 所示。宽带氧传感器的特点是,工作曲线平滑,能够连续检测空燃比为 10~20 的混合气。当线性电压为 2.5 V 时,就达到了空燃比约为理论空燃比 14.7 的控制要求。持续空燃比的确定意味着可实现较小的控制振幅,这是实现高质量控制的决定性因素。除此之外,宽带氧传感器还能根据需要执行不同于 $\lambda=1$ 的控制过程,如发动机预热阶段在排气管内进行的二次空气喷射。此调节总是在达到规定空燃比时才进行,以最终确保二次空气喷射不会使混合气浓度过高。

为了使氧传感器迅速达到工作温度,以检测排气中的氧含量并输出电压信号,在氧传感器内部设置了氧传感器加热器。氧传感器加热器为正温度系数(PTC)热敏电阻式,发动机 ECU 根据需要以占空比的方式对其进行搭铁控制,以保持使氧传感器保持正常的工作温度。氧传感器加热器控制信号波形如图 6-146 所示。

在空燃比反馈控制系统中,通过氧传感器工作,把空燃比控制在 14.7 附近,使三元催化转化器发挥最高的转化效率。

4) 空燃比反馈控制系统的控制过程

空燃比反馈控制系统的控制过程如图 6-147 所示。

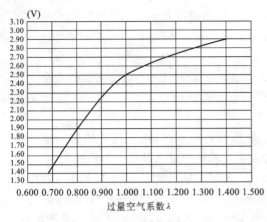

图 6-145 宽带氧传感器输出电压特性曲线

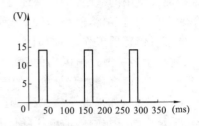

图 6-146 氧传感器加热器控制信号波形

图 6-147 空燃比反馈控制系统的控制过程

当实际空燃比小于理论空燃比(混合气浓)时,氧化锆式氧传感器会向发动机 ECU 输入高电压信号(0.7~0.9 V),此时发动机 ECU 将减少喷油量,使空燃比自动增大。反之,氧传感器信号电压下降到 0.1 V 左右时,发动机 ECU 将控制喷油量增加。

以上所述即为闭环控制,但在如下工作状态下,不能使用闭环控制。

(1) 怠速运转时。

(2) 节气门全开、大负荷时。

(3) 减速断油时。

(4) 启动时。

(5) 发动机冷却液温度低时或氧传感器温度未达到工作温度 400 ℃时。

(6) 氧传感器失效时。

5) 三元催化转化器的诊断

老化或故障使三元催化转化器的氧存储能力很低,因此其转换能力也很低。进行诊断时,发动机 ECU 对三元催化转化器前、后的氧传感器的电压进行比较,如图 6-148 所示。

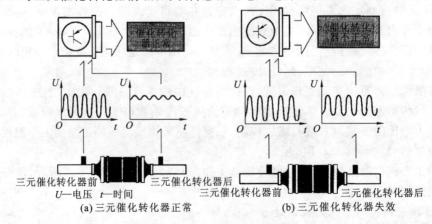

图 6-148 三元催化转化器诊断

三元催化转化器的后氧传感器输出的电压波形比较平直,如图6-148(a)所示,说明三元催化转换器拥有高的储氧量,三元催化转化器良好。如果后氧传感器输出的电压波形与前氧传感器相符,如图6-148(b)所示,说明三元催化转化器已失去储氧能力,已失效。

(四)废气再循环控制

废气再循环(EGR)控制系统的作用是,将适量的废气重新引入气缸内参加燃烧,从而降低气缸内的最高温度,以减少NO_x的排放量。

废气再循环虽能减少NO_x的生成,但循环量过度将会影响正常运行,特别是在怠速、低转速小负荷及发动机处于冷态运行时,将会明显降低发动机的性能。因此,应选择NO_x排放量多的发动机运转范围,根据工况条件的变化自动调节参与再循环的废气量。

废气再循环程度用EGR率来表示,其定义如下:

$$EGR率 = \frac{EGR量}{进气量 + EGR量} \times 100\%$$

1. 开环控制的废气再循环控制系统

在开环控制系统中,EGR率只受发动机ECU预先设置好的程序控制,发动机ECU不检测发动机各工况下的ECR率,无反馈信号。

1)开环控制的废气再循环控制系统的结构

开环控制的废气再循环控制系统如图6-149所示,主要由EGR阀、EGR电磁阀等组成。

在开环控制的废气再循环控制系统中,通过一个特殊的通道将排气歧管与进气歧管连通,在该通道上装有EGR阀,通过控制EGR阀的开度来控制废气再循环量。EGR电磁阀安装在通向EGR阀的真空通道中,用于控制EGR阀的开闭,它由发动机ECU控制。

2)开环控制的废气再循环控制系统的工作原理

各种工况下的最佳EGR率已通过发动机台架试验确定,有关数据已存入发动机的ROM中。

发动机工作时,发动机ECU根据冷却液温度、节气门开度、转速以及启动情况等确定发动机在哪一种工况下工作,经过查表和计算修正,输出适当指令(占空比信号),控制EGR电磁阀开度,以调节作用在EGR阀上的真空度,控制EGR阀的开度,实现对废气再循环量的控制。

2. 闭环控制的废气再循环控制系统

在闭环控制的废气再循环控制系统中,发动机ECU以EGR率或EGR阀开度传感器的反馈信号实现闭环控制,控制精度更高。

1)闭环控制的废气再循环控制系统的结构

闭环控制的废气再循环控制系统如图6-150所示。与采用占空比控制型EGR电磁阀的开环控制废气再循环控制系统相比,它只是在EGR阀上增设了一个EGR阀开度传感器。

2)闭环控制的废气再循环控制系统的工作原理

闭环控制的废气再循环控制系统工作时,发动机ECU可根据EGR阀开度传感器的反馈信号修正电磁阀的开度,使EGR率保持最佳。

EGR阀开度传感器是一个电位计式的传感器,安装在EGR阀上方。当EGR阀工作时,其膜片带动EGR阀开度传感器的滑动触点移动,将EGR阀开度的变化转变为电压的变化。在这种控制系统中,发动机ECU根据发动机的转速、负荷、冷却液温度以及节气门位置等确定所需要的EGR阀开度,并把该开度与由EGR阀开度传感器提供的EGR阀的开度数据进行比较。若不同,发动机ECU便调整控制脉冲的占空比,将EGR阀调至所需开度。

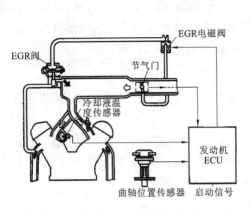
图 6-149 开环控制的废气再循环控制系统

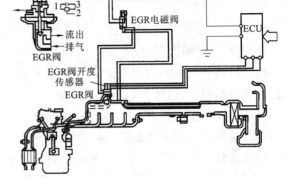
图 6-150 闭环控制的废气再循环控制系统

6.2.5 电子控制系统的构造与检修

电子控制系统的主要作用是，根据发动机和汽车不同的运行工况，确定并执行发动机最佳的控制方案，保证发动机的动力性、经济性和排放性能在各种工况下都处于最佳工作状态。电子控制系统还具有故障自诊断功能。

电子控制系统都是由传感器、发动机电子控制单元（发动机 ECU）和执行器三个部分组成的，是一个以单片机为中心而组成的微型计算机控制系统。其中发动机电子控制单元（发动机 ECU）是电子控制系统的核心部件。电子控制系统的组成和工作流程如图 6-151 所示。

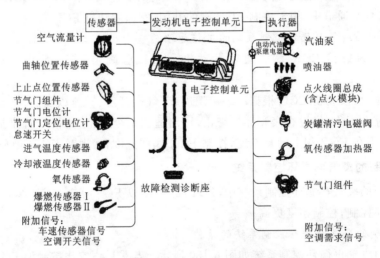

图 6-151 电子控制系统的组成和工作流程

一、发动机电子控制单元

电子控制单元（发动机 ECU）的功用是，根据自身存储的程序对发动机各传感器输入的各种信息进分析、判断、比较和计算，得出最佳控制方案，并向各有关执行元件发出控制指令控制有关执行器动作，达到自动、快速和准确控制发动机工作的目的，使得发动机在各种工况下都处于最佳工作状态。发动机电子控制单元还具有故障自诊断、故障记忆等功能。

1. 发动机电子控制单元的组成

发动机电子控制单元主要由输入回路、A/D 转换器、微型计算机和输出回路组成，其组成框图如图 6-152 所示,外形图如图 6-153 所示。电子控制单元制作在一个金属盒内,固定在车内不易受到碰撞的部位,如仪表板下面或座椅下面等,具体安装位置依车而异。

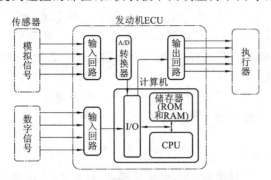

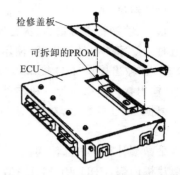

图 6-152 发动机电子控制单元组成框图　　图 6-153 发动机电子控制单元外形图

1) 输入回路

发动机工作时,各种传感器的信号输入发动机 ECU 后,首先进入输入回路进行处理。传感器输入信号不同,处理的方法也不同,一般是先将输入信号滤除杂波和将正弦波转变为矩形波后,再转换成输入电平。输入回路的作用如图 6-154 所示。

2) A/D 转换器

从传感器送来的信号有模拟信号和数字信号两种,如图 6-155 所示,而微型计算机只能处理数字信号,模拟信号须经过 A/D 转换器转换为数字信号后才能输入微型计算机。

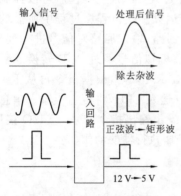

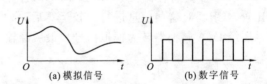

图 6-154 输入回路的作用　　图 6-155 传感器信号的类型

3) 微型计算机

微型计算机对各种传感器送来的信号用内存程序和数据进行运算处理,并把处理结果(如喷油器喷射信号、点火正时信号)送往输出回路。微型计算机主要由中央处理器(CPU)、存储器(ROM、RAM)、输入/输出接口(I/O 接口)和总线组成。

(1) 中央处理器。

中央处理器主要由进行算术运算和逻辑运算的运算器、暂时存储数据的寄存器、按照程序在各装置之间完成信号传送及控制任务的控制器等组成,其功能是读出命令并执行数据处理任务。

(2) 存储器。

存储器的功能是存储信息资料,包括随机存储器(RAM)和只读存储器(ROM)。

随机存储器(RAM)主要用来暂时存储微型计算机操作时的可变数据,如微型计算机输入、输出数据,计算过程中产生的中间数据、故障码及自学习修正数据等。切断电源后,RAM 内部的存储信息将丢失。为了防止点火开关断开后因电源被切断而造成数据丢失,RAM 通过微型计算机后备电源电路与蓄电池相连,以不受点火开关的控制。但后备电源电路断开或拆除蓄电池后，存入RAM的数据会自然丢失，因此在车辆维修时，如需拆除蓄电池，必须先读取并记录微型计算机内所存信息。

只读存储器(ROM)只能读出不能写入，用来存储固定的数据，如电子控制系统中的一系列控制程序软件、喷油特性脉谱、点火控制特性脉谱以及其他特性数据等。这些信息资料一般都是在制造时由厂家一次性输入的，使用中无法改变其内容，断电后数据信息不会丢失。

(3) 输入/输出接口(I/O接口)。

输入/输出接口是微型计算机与外界进行信息交流的纽带，在电子控制系统工作时，输入/输出接口根据CPU的命令，在CPU与输入回路和输出回路之间负责数据传送。

(4) 总线。

总线是微型计算机内部传递信息的电路连线。

在单片机内部，CPU、ROM、RAM与I/O接口之间的信息交换都是通过总线来实现的。

4) 输出回路

微型计算机输出的数字信号电压很弱，不能直接驱动执行元件工作。作为微型计算机与执行元件之间连接桥梁的输出回路，其主要作用就是，将计算机的处理结果放大，生成能控制执行元件工作的指令信号。

输出回路一般采用功率晶体管，根据微型计算机的指令导通或截止功率晶体管来控制执行元件的搭铁回路。

2. 发动机电子控制单元的工作过程

发动机启动时，某些程序或操作指令从ROM中取出并送入CPU，这些程序可以控制点火时刻、燃油喷射和怠速等，通过CPU的处理，根据指令进行运算。执行程序过程中所需的发动机信息来自各个传感器。从传感器来的信号首先进入输入回路，输入回路对信号进行处理：数字信号根据CPU的安排，经I/O接口直接进入微型计算机；模拟信号经过A/D转换成数字信号后，经I/O接口进入微型计算机。大多数信息暂时存储在RAM内，根据指令再从RAM送至CPU。下一步是将存储在ROM及PROM中的参考数据送入CPU，将传感器输入信息与之进行比较。CPU对这些信息进行比较运算后，做出决定并发出输出指令信号，经I/O接口(有些信号还经D/A转换器转为模拟信号)，最后经输出回路控制执行器的动作。

二、故障自诊断系统

现代汽车控制系统中都设有故障自诊断系统。其作用是，监测、诊断电子控制系统中各传感器、执行器和发动机电子控制单元(发动机ECU)的工作是否正常。

(一) 故障自诊断系统的功能

故障自诊断系统主要由发动机电子控制单元(发动机ECU)以及传感器与执行器的监测电路组成，具体功能可归纳为如下几个。

(1) 监测电子控制系统工作情况，及时地检测出电子控制系统出现的故障，一旦发现某个传感器或执行器参数异常，及时点亮仪表板上专设的发动机故障指示灯，通知驾驶人电子控制系统已出现故障。

(2) 将故障内容编成代码(称为故障码)并存储在随机存储器RAM中，维修时，可将存入存储器的故障码调出，为维修人员快速诊断出故障类型提供信息。

(3) 因传感器或控制器及其电路发生故障，发动机不能工作时，启用相应的备用功能，使电子控制系统在应急状态下运行，使发动机能够维持基本的运转，以便于驾驶人将汽车开到修理厂进行修理。同时在某一执行机构发生故障时，故障自诊断系统及时停止其他执行机构的工作，以确保汽车的行驶安全或避免造成部件的损坏。

（二）故障自诊断系统的工作原理

故障自诊断系统对电子控制系统的不同部分的处理方式有所不同。

1. 传感器及其有关电路的故障诊断和故障运行

工作时,各传感器的信号将不断地输入发动机 ECU,发动机 ECU 内设置了一个传感器信号监测软件,用以判别输入的信号有否异常。每一种被监测的传感器信号都设定了正常的信号范围。如果某一传感器信号电压超出正常范围或信号丢失,信号监测软件就判定该传感器有故障或有关电路有问题,驱使发动机故障指示灯闪亮,并将该故障码储存到存储器中。

比如,发动机冷却液温度传感器正常信号的电压范围是 0.3~4.7 V,对应的发动机冷却液温度是 -30~120 ℃,如果发动机 ECU 检测出的信号电压超出了此范围,信号监测软件就判定为冷却液温度传感器或其有关电路有故障,故障自诊断系统在使发动机故障指示灯亮显示故障,并使存储器储存故障码的同时,从存储器中取出冷却液温度为 80 ℃ 的代用值,对发动机进行控制,以防止发动机因冷却液温度异常而失去控制,从而使发动机不能正常运转,这样汽车就能在"带病"状态下继续行驶。

如果故障状态存在超过一定的时间,此故障码就以稳定的形式储存。如果在一定的时间里该故障状态不再出现,则故障自诊断系统把它归为偶尔性故障。如果发动机启动 50 次故障不再出现,该偶发性故障码就会自动消除。

2. 控制器的故障诊断及故障运行

发动机 ECU 内出现异常情况时,故障自诊断系统也能显示其故障,并记录下故障码。其监测故障的方法是,在系统内设置一监视回路。监视回路中的监视计时器按时对微型计算机进行复位。当有故障时,例行程序不能正常运行,使监视计时器不能复位而造成溢出,系统据此可判定为控制器故障,并显示其故障,储存故障码。

发动机 ECU 出现异常将会造成汽车不能运行。发动机 ECU 故障的应急运行控制是通过其备用电路来实现的。备用电路根据基本设置(存于 ROM 中)进行简单的控制,若 ROM 出现异常,则微型计算机根据 RAM 的记忆参数计算输出控制信号,这时,反应会比正常情况慢很多。

3. 执行机构及其电路的故障诊断和故障保险

电子控制系统工作时,计算机向执行机构输出控制信号,而执行机构无信号返回。为监测执行机构的工作状态,就需设置监视回路,以及时将执行机构的工作状态信号反馈给发动机 ECU。比如,点火系统中的 IGF 信号就是用来判定点火系统工作是否正常的监视信号。

当点火线圈、电子点火器或有关线路有故障时,发动机 ECU 就得不到正常的 IGF 信号。故障自诊断系统即可判定为点火系统有关部位有故障,并驱使指示灯显示故障并储存故障码。故障自诊断系统在给出点火系统故障信号的同时,使喷油器停止喷油,以免点火系统不点火时喷油,使大量未燃烧的混合气从排气管进入三元催化转化器,造成三元催化转化器因过量的氧化反应过热而被烧坏。这就是所谓的故障自诊断系统具有的"安全保障"功能。

（三）故障自诊断测试

点火开关接通后,发动机故障指示灯会点亮,这时发动机 ECU 执行自检。发动机启动后,发动机故障指示灯应熄灭,如常亮则表示发动机电子控制系统有故障存在。故障自诊断系统通过故障指示灯来提示驾驶人或维修人员,汽车发动机电子控制系统存在故障应立即修理。至于故障的类型和部位,则需通过启动故障自诊断系统读取故障码,然后查出该故障码的含义,或者用解码器直接读取故障码和故障内容来确定。

根据发动机工作状态不同,故障自诊断测试分为静态测试和动态测试两种。

1. 静态测试

静态测试简称 KOEO(key on engine off)，即在点火开关接通、发动机不运转的情况下进行诊断测试，主要用于读取或清除故障码。

2. 动态测试

动态测试简称 KOER(key on engine run)，即在点火开关接通、发动机运转的情况下进行诊断测试，主要用于读取或清除故障码、检测传感器或执行器工作情况及其控制电路以及与车用发动机 ECU 进行数据传输。

（四）OBD-Ⅱ简介

OBD-Ⅱ是第二代随车计算机自诊断系统(on borad diagnostics-Ⅱ)的缩写。它是由美国汽车工程师学会(SAE)制定，经由美国国家环境保护局(EPA)及加州空气资源委员会(CARB)登记的一套汽车标准。

最先使用 OBD 系统的是加州空气资源委员会(CRAB)，它从从 1988 年起正式采用 OBD 系统。

1993 年以前的电控自诊断系统为第一代随车计算机自诊断系统，由于各厂家采用不同的诊断座、不同的诊断代码，提供不同的诊断功能，给检测诊断带来许多不便。1993 年以后，美国加州要求销售到该地区的车辆，均必须符合 OBD-Ⅱ标准。1994 年全球约有 20% 的汽车制造厂商采用 OBD-Ⅱ标准，1995 年约有 40% 的汽车制造厂商采用 OBD-Ⅱ标准。从 1996 年起，全球所有的汽车制造厂商采用 OBD-Ⅱ标准，该标准要求各汽车厂家提供统一的诊断模式、统一的诊断座、统一的诊断码，这样只要一台诊断仪器就可检测诊断所有车种。

一般来讲，对 OBD-Ⅱ系统有三个方面的要求：一是仪表中有警示车主的指示灯，向车主提示车辆的电子控制系统存在故障；二是系统有记忆和传送有关排放的故障码；三是能对 EGR 阀、燃油供给系统和排气系统进行测试维护。

OBD-Ⅱ标准公布后，世界各汽车厂家纷纷采用，它成为国际标准。因此，了解、掌握和使用 OBD-Ⅱ标准，将会大大简化汽车检测诊断、维护修理工作。

OBD-Ⅱ系统的特点如下。

(1) 汽车按标准装用统一的 16 端子诊断座，并将诊断座统一安装在驾驶室仪表板下方。OBD-Ⅱ诊断座如图 6-156 所示。

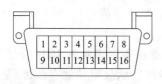

图 6-156　OBD-Ⅱ诊断座

(2) 解码器和车辆之间采用标准的通信规则。欧洲，7 号和 15 号端子；美国，2 号和 10 号端子。

(3) 采用相同的故障码，故障码的含义统一。故障码由 1 位英文字母和 4 位数字组成。

(4) 具有行车记录功能，能记录车辆行驶过程的有关数据资料，能记忆和重新显示故障码，可利用仪器方便、快捷地调取或清除故障码。

(5) 能监控排气系统。

（五）计算机检测仪简介

现代汽车故障诊断通常采用汽车微型计算机控制系统计算机检测仪(也称为汽车计算机解码器)进行检测。计算机检测仪根据带有的数据流形式可分为原厂专用型和通用型两大类。

原厂专用型计算机检测仪是汽车制造厂家为自家车型所设计的汽车计算机解码器，如通用公司 TECH-2、福特公司 SuperStar-Ⅱ、宝马公司 MODIC、大众公司 VAG 1552 以及日产公司 Consult 等。原厂专用型计算机检测仪适用车型单一，且价格昂贵，一般特约维修中心配备原厂专用型计算机检测仪。

通用型计算机检测仪是汽车维修设备制造厂为检测各国生产的不同车型汽车的微型计算机所设计出的具有广泛功能的检测设备,如 Scanner(红盒子)、431ME(电眼睛)以及发动机综合性能分析仪等。通用型计算机检测仪使用覆盖面广,功能齐全,升级方便,价格便宜,是一般综合性汽车维修厂必备的仪器。

(六) 故障码与故障的关系

1. 有故障码电子控制系统不一定有故障

发动机 ECU 存储器中存储的故障码有两种,即当前故障码和历史故障码,应加以区别。

读出故障码,但发动机启动后"CHECK"灯熄灭,说明当前未检查到故障,读出的故障码是历史故障码,清除即可。

读出几个故障码,但发动机启动后"CHECK"灯常亮,说明当前检测到故障,记下这几个故障码,然后清除,再启动运行发动机,只要当前电子控制系统有故障,发动机启动运行后"CHECK"灯一定亮,这时再读故障码,这个故障码是当前故障码。

2. 无故障码电子控制系统不一定正常

无故障码电子控制系统不一定正常主要指没有故障码,但传感器信号或开关信号不一定正常,这时应用诊断仪读取发动机数据并将其与标准数据比较,检查传感器信号或开关信号是否正常。例如,冷却液温度传感器 20 ℃时标准阻值为 2~3 kΩ,80 ℃时为 200~400 Ω,但实际在 80 ℃时阻值为几千欧,发动机 ECU 认为是冷车,会增加喷油量,造成混合气浓,油耗大,热车难发动。因为,此时冷却液温度传感器信号在正常范围内,发动机 ECU 认为是正常的,所以无故障码。

3. 故障码不一定反映具体的故障部位

故障码仅指一个故障范围,而不是一个具体的故障部位。例如:冷却液温度传感器信号电压过低,可能由于

① 冷却液温度高;

② 冷却液温度传感器故障;

③ 信号电路对搭铁短路;

④ 发动机 ECU 故障。

三、失效保护系统

失效保护系统主要由发动机 ECU 内的部分软件组成,所以也可称为失效保护功能。其作用是,当电子控制系统工作时,微处理器检测到某些传感器、执行器及其控制电路出现故障(失效)时,给发动机 ECU 提供设定的标准信号来替代故障信号,以保持电子控制系统继续工作,确保发动机仍能继续运转。此外,当个别重要的信号传感器或其电路发生故障,有可能危及发动机安全运转时,失效保护系统则会使发动机 ECU 立即采取强制性措施,切断燃油喷射,使发动机停止运转,确保车辆安全。

具有故障自诊断功能的发动机电子控制系统,一般都同时具有失效保护功能。下面分别介绍各传感器及其电路发生故障时,失效保护系统的工作情况。

1. 冷却液温度传感器信号故障

当冷却液温度传感器或其电路发生故障时,发动机 ECU 可能会收到超过正常范围(低于 −30 ℃或高于 120 ℃)的温度信号,若电控燃油喷射系统仍按通常的方式控制喷油量,必然会造成空燃比过小或过大(混合气过浓或过稀),导致发动机转速不稳、性能下降。此时,失效保护

系统给发动机 ECU 提供设定的冷却液温度信号,通常按冷却液温度为 80 ℃控制发动机工作,防止混合气过浓或过稀。

2. 进气温度传感器信号故障

当进气温度传感器或其电路发生故障时,发动机 ECU 可能会收到超过正常范围(低于-30 ℃或高于 120 ℃)的温度信号,若电控燃油喷射系统仍按通常的方式控制喷油量,与冷却液温度传感器或其电路发生故障时相同,必将造成空燃比过小或过大(混合气过浓或过稀),导致发动机转速不稳、性能下降。此时,失效保护系统给发动机 ECU 提供设定的进气温度信号,通常按进气温度为 20 ℃控制发动机工作,防止混合气过浓或过稀。

3. 点火确认信号故障

点火系统发生故障造成不能点火,发动机 ECU 接收不到点火控制器反馈的点火确认信号时,如果喷油器继续喷油,大量未燃的混合气就会吸入气缸后排出,流入三元催化转化器,造成燃油浪费和排放污染,使三元催化转化器温度很快升高并超过允许温度。为避免这种情况发生,失效保护系统使发动机 ECU 立即切断燃油喷射,使发动机停止运转。

4. 节气门位置传感器(线性型)信号故障

当节气门位置传感器或其电路产生故障时,发动机 ECU 将始终接收节气门处于全开或全关状态的信号,无法按实际的节气门开度对喷油量等进行精确控制。此时,发动机 ECU 将根据发动机转速信号和空气流量传感器信号计算出一替代值来控制喷油。

5. 空气流量计(或进气歧管绝对压力传感器)信号故障

如果空气流量计(或进气歧管绝对压力传感器)或其电路发生故障,发动机 ECU 无法按进气量计算基本喷油时间,将引起发动机失速或不能启动。此时,失效保护系统使发动机 ECU 根据启动信号和节气门位置传感器信号按固定的喷油时间控制发动机工作。桑塔纳 2000GSi 型轿车 AJR 型发动机为节气门控制组件,当节气门位置传感器的怠速触点闭合时,以固定的怠速喷油量控制喷油;当怠速触点断开、节气门尚未全开时,以固定的小负荷喷油量控制喷油;当节气门接近全开或全开时,以固定的大负荷喷油量控制喷油。

6. 爆燃传感器信号故障

当爆燃传感器或其电路发生故障时,或发动机 ECU 内爆燃控制系统出现故障时,无论是否产生爆燃,点火提前角都无法由爆燃控制系统进行反馈控制,这将导致发动机无法正常工作。此时,失效保护系统使发动机 ECU 将点火提前角固定在一个适当值。

7. 氧传感器信号故障

当氧传感器或其电路发生故障时,发动机 ECU 将取消反馈控制,并以开环控制方式控制喷油。

8. 凸轮轴位置传感器信号故障

由于凸轮轴位置传感器信号(G 信号)用于识别气缸和确定曲轴转角基准,当该传感器或其电路发生故障时,电控燃油喷射系统和电控点火系统无法控制发动机工作,将造成发动机不能启动或失速。此时,如果传感器或其电路故障不严重,发动机 ECU 仍能收到 G1 或 G2 信号,还能根据完好的 G1 或 G2 信号判别气缸和确定曲轴转角基准;但若传感器或其电路故障导致 G1 和 G2 信号都不能输送给发动机 ECU,则只能利用应急备用系统维持发动机的基本运转。

9. 曲轴位置传感器信号故障

曲轴位置传感器或其电路发生故障时,发动机 ECU 接收不到转速与转角信号,无法控制喷油时刻和点火正时,将造成发动机不能启动或失速。因此,无法采取保护措施,发动机无法运转。

四、应急备用系统

应急备用系统的功能由发动机 ECU 内的备用 IC(集成电路)来实现,也可称应急备用系统为应急备用功能。当发动机 ECU 内的微处理器或少数重要的传感器出现故障、车辆无法行驶时,该系统使发动机 ECU 把燃油喷射和点火正时控制在设定的水平上,作为一种备用功能使汽车能维持基本行驶,以便把汽车开到最近的维修站或适宜的地方,所以应急备用系统又可称为回家系统。

当故障自诊断系统判定发生下列故障之一时,在接通"故障指示灯"搭铁回路的同时,将自动启动应急备用系统。

(1) 发动机 ECU 中的中央微处理器(CPU)、输入/输出接口和存储器发生故障。
(2) 发动机 ECU 无点火信号输出时。
(3) 主要传感器信号故障时。

应急备用系统只能维持汽车的基本功能,而不能保证发动机按正常性能运行。不同汽车厂商设计的应急备用系统的功能略有不同,控制参数也有细微差别。

当启动应急备用系统后,备用 IC 根据控制所需的几个基本传感器信号,按照固定的程序对执行元件进行简单的控制。应急备用系统工作时,只能根据启动开关信号(STA)和怠速触点信号(IDL)将发动机的工况简单地分为启动、怠速和非怠速三种,并按预先设定的固定数值输出喷油控制信号和点火控制信号。因此,应急备用系统只能简易控制,维持车辆继续行驶,而不能使发动机保持正常运行时的最佳性能,故汽车不宜长期在此状态下行驶,应尽快对汽车进行检修。

6.2.6 发动机电子控制系统的故障诊断

电控发动机的许多故障都与其电子控制系统有直接关系,因此,当发动机出现故障或运转不正常时,应检查其电子控制系统。

一、发动机电子控制系统故障诊断注意事项

(1) 拆卸发动机电子控制系统各电线插接件时,首先应关闭点火开关。如果更换或需要断开蓄电池,应考虑防盗密码和存储于发动机 ECU 内的所有故障码将会全部消失,给发动机故障排除带来困难。因此应先记住防盗密码和读取故障码。

(2) 拆装控制微处理器时,除务必将点火开关关闭外,不要用敲击方式拆装,以免造成接脚或电路板损坏。

(3) 控制微处理器应避免掉落,并且不能将其放在高温或磁性环境中。

(4) 在检测燃油供给系统时,经常会有跨接电动汽油泵继电器的工作,不可将电源接到继电器的微处理器控制端。

(5) 测试点火系统时,不应将高压线或点火线圈直接搭铁试火,应接一个火花塞试火。

(6) 在测试过程中应使用高阻抗仪表,不允许用测试灯测试任何微型计算机及其相连的电气装置,以防微型计算机和传感器受损。

二、发动机电子控制系统故障诊断程序

电控发动机的故障自诊断系统故障指示灯亮,表明发动机电子控制系统有故障,应当及时排除,而排除故障的前提就是要按正确的诊断程序进行故障诊断。发动机电子控制系统故障诊断程序如图 6-157 所示。

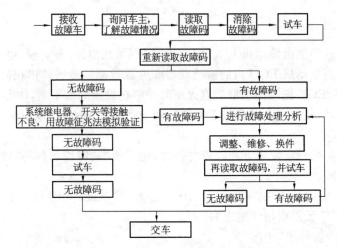

图 6-157 发动机电子控制系统故障诊断程序

◀ 6.3 项目实施 ▶

一、进气系统的认识与检测

1. 实训目标

(1) 能指出进气系统各组成元件的安装位置。
(2) 掌握仪器操作要点,正确使用仪器。
(3) 能对进气系统各传感器、执行器进行检测。

2. 仪器和设备

教学用车或发动机教学台架、汽车专用万用表、车辆维修手册、诊断测试设备和汽车专用燃油压力表。

3. 操作过程

1) 电控发动机进气系统的认识

认识电控发动机进气系统的总体布置及各元件的安装位置,记录相关信息,完成学习工作单。

2) 进气系统传感器、执行器的检测

(1) 空气流量计的检测。

查询车辆维修手册、电路图,找出检测端子。在发动机静态(仅打开点火开关)、动态(发动机运作)下,使用汽车专用万用表对空气流量计供电电压、信号电压进行检测,并对照规定值分析元件是否正常,完成学习工作单。

(2) 进气歧管绝对压力传感器的检测。

查询车辆维修手册、电路图,找出检测端子。在发动机静态(仅打开点火开关)、动态(发动机运作)下,使用汽车专用万用表对传感器供电电压、信号电压进行检测,并对照规定值分析元件是否正常,完成学习工作单。

(3) 节气门位置传感器的检测

查询车辆维修手册、电路图,找出检测端子。拔下节气门位置传感器电气插头,使用汽车专用万用表对其电阻进行检测。在发动机静态(仅打开点火开关)下,操作节气门动作,使用汽车专用万用表对传感器供电电压、信号电压进行检测,并对照规定值分析元件是否正常,完成学习工作单。

(4) 进气温度传感器的检测。

查询车辆维修手册、电路图，找出检测端子。拔下进气温度传感器电气插头，使用汽车专用万用表对其电阻进行检测。在发动机静态（仅打开点火开关）、动态（发动机运作）下，使用汽车专用万用表对传感器供电电压、信号电压进行检测，并对照规定值分析元件是否正常，完成学习工作单。

(5) 怠速控制阀的检测。

查询车辆维修手册、电路图，找出检测端子。拔下怠速控制阀电气插头，使用汽车专用万用表对其电阻进行检测。在发动机静态（仅打开点火开关）、动态（发动机运作）下，使用汽车专用万用表对执行器供电电压、工作电压进行检测，并对照规定值分析元件是否正常，完成学习工作单。

二、燃油供给系统的认识与检测

1. 实训目标

(1) 能指出燃油供给系统各组成元件的安装位置。
(2) 掌握仪器操作要点，正确使用仪器。
(3) 能对电动汽油泵、电磁式喷油器及其电路进行检测。
(4) 完成燃油供给系统压力的检测任务。

2. 仪器和设备

各种型号发动机检测台、汽车专用万用表、车辆维修手册和诊断测试设备。

3. 操作过程

1) 电控发动机燃油供给系统的认识

认识电控发动机燃油供给系统的总体布置及各元件的安装位置，记录相关信息，完成学习工作单。

2) 燃油供给系统主要元件的检测

(1) 电动汽油泵的检测。

查询车辆维修手册、电路图，找出检测端子。拔下电动汽油泵电气插头，对电动汽油泵的电阻进行检测。在发动机静态（仅打开点火开关）、动态（发动机运作）下，对电动汽油泵的供电电压、工作电压进行检测，并对照规定值分析元件是否正常，完成学习工作单。

(2) 电磁式喷油器及其控制电路的检测。

查询车辆维修手册、电路图，找出检测端子。拔下喷油器电气插头，对其电阻进行检测。在发动机静态（仅打开点火开关）时，对传感器供电电压进行检测，并对照规定值分析元件是否正常。在发动机动态（发动机运作）下，对喷油器的工作波形进行检测，并对照规定值分析元件是否正常，完成学习工作单。

(3) 燃油供给系统油压的检测。

① 对燃油供给系统卸压。
② 连接汽车专用燃油压力表。
③ 在发动机怠速、急加速、最大转速和熄火等工况下，对燃油供给系统的油压进行检测，并将检测结果记录到学习工作单。

三、排气系统的认识与检测

1. 实训目标

(1) 能说出排气系统各组成元件的作用，熟悉各元件的安装位置。

(2)能指出汽车上排放系统的名称、组成并叙述其简单原理。

(3)完成氧传感器的检测任务。

2. 仪器和设备

各种型号发动机检测台、汽车专用万用表、车辆维修手册和诊断测试设备。

3. 操作过程

(1)认识电控发动机排气系统的总体布置及各元件的安装位置,记录相关信息,完成学习工作单。

(2)氧传感器的检测。

查询车辆维修手册、电路图,找出检测端子。拔下氧传感器电气插头,对其电阻进行检测。在发动机静态(仅打开点火开关)时,对传感器供电电压进行检测,并对照规定值分析元件是否正常。在发动机动态(发动机运作)下,对氧传感器的工作波形进行检测,并对照规定值分析元件是否正常,完成学习工作单。

四、故障诊断仪的使用

1. 实训目标

能熟练操作仪器设备对电控汽油喷射式燃料供给系统进行检测。

2. 仪器和设备

实训用发动机,故障诊断仪。

3. 操作过程

(1)根据被测车辆选用测试卡和合适的导线连接器。

(2)连接故障诊断仪。

(3)按照仪器使用说明书的要求操作。

① 读取发动机故障码。

② 清除发动机故障码。

③ 启动发动机,在发动机怠速工况下读取发动机数据流,并对照规定值分析发动机电子控制系统是否正常。

(4)记录相关数据,完成学习工作单。

五、电控汽油喷射式燃料供给系统的故障诊断

1. 实训目标

能熟练操作汽车专用万用表、故障诊断仪等设备对电控汽油喷射式燃料供给系统进行故障诊断。

2. 仪器和设备

实训用发动机;汽车专用万用表、示波器、故障诊断仪和拆装工具。

3. 操作过程

(1)前期准备。对汽车专用万用表、故障诊断仪和拆装工具等设备工具进行检查,并确保工、量具齐全完好,安装翼子板布和前格栅布,做好车辆防护工作。

(2)安全检查。检查发动机机油、冷却液和制动液等是否正常,发动机表面是否有明显泄漏处,驻车制动器是否拉紧,安装车轮挡块,确保启动安全。

(3)故障确认。启动发动机,检查发动机性能,注意要在不同工况下进行全面检查。发现

故障后,记录故障现象,填写学习工作单。

(4) 故障分析。对故障原因进行简单分析,完成学习工作单。

(5) 读取故障码。接故障诊断仪,查看是否存在与故障现象相关的故障码,并做好记录,完成学习工作单。

(6) 基本检查。检查发动机外观,查看部件安装是否松动,电气插头、线路连接是否正常,气管、油管连接是否正常。如果存在异常,应及时修复,并做好记录,完成学习工作单。

(7) 深入检测。对相关部件及电路进行检测,检查元件的电阻、电压是否正常,工作波形是否正常,相关数据流是否正常,做好记录,完成学习工作单。

(8) 故障修复。根据以上检测分析,找到故障点,对故障进行修复,完成学习工作单。

(9) 故障复查。故障修复后,对故障点进行重新检测,确保检测数据正常,检查发动机在各工况下性能是否正常,确认故障已经排除,并做好记录,完成学习工作单。

(10) 现场恢复。做好场地、工具和车辆等的整理、整顿、清洁和清扫工作,确保场地恢复正常。

课后自测

1. 为什么可燃混合气浓度对燃烧过程和发动机性能有很大影响?
2. 什么是空燃比?什么是过量空气系数?发动机各运转工况所需要的混合气浓度是多少?
3. 电控汽油喷射式燃料供给系统的组成和功能是什么?
4. 汽油机电子控制系统由哪几部分组成?它们各起什么作用?汽油机采用电控汽油喷射有哪些优点?
5. 在燃油供给系统中,为什么设有燃油压力调节器?它是怎样工作的?
6. 电喷系统中常见的喷射方式有哪些?
7. 什么叫喷油器的电流驱动和电压驱动?它们各有什么特点?
8. 汽油机燃油供给系统检修的注意事项有哪些?
9. 为什么不能随意拆蓄电池极桩线?
10. 如何检修电动汽油泵及其控制电路?
11. 电控汽油喷射式燃料供给系统为什么要测量发动机工作时的进气量?
12. 为什么发动机量油尺、机油加油口盖没有安装到位或进气软管漏气会影响发动机的正常运行?
13. 简述步进电动机式怠速控制阀的工作原理和检修方法。
14. 节气门位置传感器有哪几种类型?各有什么特点?
15. 发动机转速传感器和曲轴位置传感器各起什么作用?各有哪些类型?
16. 冷却液温度传感器的作用是什么?电控汽油机中使用的冷却液温度传感器有哪些类型?各有什么特点?
17. 简述氧传感器信号的检测方法。
18. 简述发动机电子控制单元的基本组成及各组成部分的作用。

项目 7 柴油机燃料供给系统的认识与检修

7.1 项目描述

通过本项目的学习,认识柴油机燃料供给系统,拆装喷油器、喷油泵等柴油机燃料供给系统主要部件,并达到以下要求。

1. 知识要求

(1) 掌握柴油机燃料供给系统的组成,熟悉柴油可燃混合气的形成及燃烧过程。
(2) 掌握喷油器的结构和原理。
(3) 掌握柱塞泵、VE 泵的结构,熟悉其工作原理。
(4) 熟悉调速器的工作原理。
(5) 掌握输油泵、柴油滤清器的结构和原理。
(6) 熟悉电控高压共轨式燃油供给系统的组成和工作过程。

2. 技能要求

(1) 能辨识柴油机燃油供给系统的组成。
(2) 能拆装喷油器、喷油泵等柴油机燃料供给系统主要部件。

3. 素质要求

(1) 保持实训场地清洁,及时清扫垃圾,树立团队意识,培养协作精神。
(2) 安全文明生产,保证设备和自身安全。

7.2 知识学习

7.2.1 柴油机燃料供给系统概述

柴油机燃料供给系统是柴油机的重要组成部分,对柴油机的动力性、经济性、使用可靠性和排气污染等都有重要影响。因此,合理的设计、正确的使用、及时规范的维护,使柴油机燃料供给系统经常保持良好的技术状况,是确保柴油机的使用性能、延长柴油机的使用寿命、降低柴油机的故障发生率和提高柴油机使用效率的关键。

一、柴油机燃料供给系统的组成、功能和要求

1. 柴油机燃料供给系统的组成

柴油机燃料供给系统由柴油箱、输油泵、柴油滤清器、喷油泵、喷油器、高压油管和低压油管等组成,如图 7-1 所示。

柴油由输油泵从柴油箱吸出,经柴油粗滤器被吸入输油泵并泵出,经柴油细滤器,进入喷油泵,从喷油泵输出的高压油经高压油管和喷油器喷入燃烧室。由于输油泵的供油量比喷油泵的供油量大得多,过量的柴油便经回油管回到输油泵低压回路。

从柴油箱到喷油泵入口的这段油路中的油压是由输油泵建立的,为 0.15~0.30 MPa,称为低压油路;从喷油泵到喷油器这段油路中的油压是由喷油泵建立的,一般在 10 MPa 以上,称为高压油路。高压的柴油通过喷油器呈雾状喷入燃烧室,与空气混合形成可燃混合气。

2. 柴油机燃料供给系统的功能

(1) 向柴油机提供工作过程所需的燃料。
(2) 滤除燃油内的机械杂质、尘土和水分,以保持所有机件正常工作。
(3) 按照柴油机的工作顺序和规定的喷油提前角,将一定数量的柴油,以一定的压力喷入柴油机各个气缸内。
(4) 按一定的喷油规律和喷雾质量将柴油喷入燃烧室,以保证可燃混合气的形成。

3. 对柴油机燃料供给系统的要求

根据柴油机使用和运行的各种工况,柴油机燃料供给系统必须按不同使用工况的要求实现对柴油的有效控制和有效供给。柴油机燃料供给系统应满足以下要求。

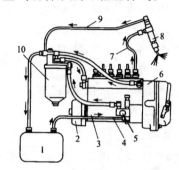

图 7-1　柴油机燃料供给系统的组成
1—柴油箱;2—供油提前角调节装置;3—喷油泵;
4—低压油管;5—输油泵;6—调速器;7—高压油管;
8—喷油器;9—回油管;10—柴油滤清器

(1) 能够按照柴油机的工作状态需要,将一定量的柴油喷入气缸内。
(2) 应保持正确的喷油定时,根据需要能够调节供油提前角。
(3) 应具有良好的雾化质量,以保证混合气的形成和燃烧过程。
(4) 断油应迅速,避免二次喷射或滴油现象发生。
(5) 工作要可靠,使用保养及调节要方便。

二、柴油机可燃混合气的形成及燃烧过程

(一) 柴油机可燃混合气的形成特点

柴油机工作中,当接近压缩终了时,喷油器才将柴油喷入燃烧室,可燃混合气是在燃烧室内形成的,所以柴油机可燃混合气的形成时间短、空间小,这对可燃混合气形成极为不利。为此,在现代柴油机上,通常采取以下措施以改善可燃混合气的形成条件。

(1) 采用较大的压缩比,以提高压缩终了时气缸内空气的压力和温度。
(2) 采用较高的喷油压力,以帮助柴油雾化。
(3) 组织较强的空气运动(涡流),以加速柴油的蒸发和提高可燃混合气的均匀性。
(4) 根据可燃混合气的形成方式,采用适当的燃烧室形状。

为保证柴油机工作时能形成良好的混合气,柴油机可燃混合气的形成方法主要有以下两种。

(1) 空间雾化式。将柴油以雾状喷射到燃烧室的空间,并在空间内吸收压缩空气的热量,雾化、蒸发形成可燃混合气,在空气涡流的搅动下柴油蒸气扩散并与空气混合。

(2) 油膜蒸发式。将柴油大部分喷射到燃烧室的壁面上,形成油膜,油膜在强烈的旋转气流的作用下,从燃烧室的壁面上吸热并逐层蒸发,与空气形成较均匀的可燃混合气。

目前,在中小型高速柴油发动机上,多数采用空间雾化式与油膜蒸发式兼用的复合式可燃混合气形成方式,且一般是以空间雾化式为主、以油膜蒸发式为辅。

（二）柴油的主要性能指标

柴油是柴油机的主要燃料，分重柴油和轻柴油两类。重柴油多用于转速在 1 000 r/min 以下的中、低速柴油机，轻柴油多用于转速不低于 1 000 r/min 的高速、中高速大功率柴油机。柴油的物理、化学性质对柴油机的着火和燃烧影响很大。

1. 着火性

柴油的着火性是指柴油的自燃能力，其评定指标是十六烷值。十六烷值越高，柴油的着火性越好。着火性好的柴油，喷入气缸后能及时着火燃烧，柴油机工作柔和，冷启动性能也随之改善；若柴油的着火性差，柴油燃烧前所需的物理、化学准备时间长，着火后压力升高率过高，导致柴油机工作粗暴。

一般柴油的十六烷值限制在 65 以下，十六烷值太高，柴油容易裂化，导致排气冒黑烟，柴油机的经济性下降。

2. 蒸发性

柴油的蒸发性用馏程表示。将柴油加热，分别测定蒸发出 50%、90% 和 95% 的馏分温度。馏出 50% 的温度低，说明这种燃烧轻馏分多，蒸发性好，有利于可燃混合气的形成和燃烧。但若轻馏分过多，着火前蒸发油气过多，会使柴油机工作粗暴。90% 和 95% 馏出温度标志柴油中所含难于蒸发的重馏分。重馏分过多，在气缸中不易蒸发，柴油与空气混合不均匀，导致可燃混合气燃烧不完全，柴油机易冒烟和积炭。

3. 黏度

柴油的黏度用来表示柴油的雾化性。黏度低，则容易形成可燃混合气。黏度过低，会加剧喷油泵及喷油器内的精密偶件表面间的磨损；若黏度过高，柴油的流动阻力增加，柴油从喷油器喷出时的雾化性差，不易形成均匀的可燃混合气。因而，柴油应具有适中的黏度。

4. 凝点

柴油的凝点用来表示柴油的低温流动性。它是指柴油冷却到开始失去流动性的温度。国产轻柴油的牌号是按凝点编定的，如 0 号柴油的凝点为 0 ℃。好的柴油应具有低的凝点。凝点过高，不利于燃油的正常供给，尤其是在低温条件下，可能造成油路堵塞。选用柴油时，一般要求其凝点比最低工作环境温度低 3~5 ℃。

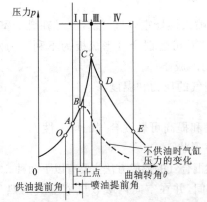

图 7-2 柴油机气缸压力与曲轴转角的关系曲线
Ⅰ—备燃期；Ⅱ—速燃期；Ⅲ—缓燃期；Ⅳ—后燃期
O—喷油泵开始供油点；A—喷油始点；
B—燃烧始点；C—压力最高点；
D—温度最高点；E—完全燃烧点

（三）柴油机可燃混合气的燃烧过程

根据气缸中压力和温度的变化特点，柴油机可燃混合气的形成与燃烧过程按曲轴转角划分为四个阶段，如图 7-2 所示。

（1）备燃期Ⅰ：指喷油器喷油始点 A 到燃烧始点 B 之间的曲轴转角，是燃烧前的理化准备过程。

（2）速燃期Ⅱ：指燃烧始点 B 到气缸内最高压力点 C 之间的曲轴转角。在这一阶段，火焰自火源迅速向四周推进，备燃期积存的柴油及在此期间陆续喷入的柴油，在已燃气体的高温作用下，迅速蒸发、混合和燃烧，使气缸内的压力和温度急剧上升（最高压力可达 6~9 MPa，一般出现在上止点后 6°~15°），放热量为每循环放热量的 30% 左右。

（3）缓燃期Ⅲ：指从最高压力点 C 到最高温度点

D 之间的曲轴转角。在这一阶段,可燃混合气开始时燃烧速度很快,后期由于氧气缺少,废气增加,燃烧速度越来越慢。同时压力逐渐下降,但燃气温度还在继续升高(最高温度可达 1 700~2 000 ℃,一般出现在上止点后20°~35°),喷油是在 D 点以前结束的。缓燃期内的放热量为每循环放热量的 70% 左右。

(4) 后燃期Ⅳ:指从最高温度点 D 到柴油已基本完全燃烧点 E 之间的曲轴转角。在这一阶段,燃烧在逐渐恶化的条件下缓慢进行直到停止。在此期间,压力和温度均下降。为防止柴油机过热,应尽量缩短后燃期。

据此,柴油机从喷油开始到燃烧结束仅占 50°~60° 的曲轴转角,在这段时间里提高燃料的雾化程度、加强气流的运动强度和改善燃烧后期的燃烧条件,是提高柴油机动力性和经济性的有效措施。

三、柴油机的燃烧室

柴油机可燃混合气是在燃烧室内形成的,所以燃烧室的结构形式对可燃混合气的形成和燃烧过程有直接影响。柴油机的燃烧室形状很多,通常可分为两大类,即统一式和分隔式。

1. 统一式燃烧室

统一式燃烧室也称为直接喷射式燃烧室,是指凹形活塞顶与气缸盖底面所包围的单一内腔,几乎全部燃烧室容积都集中在活塞顶的凹下部分。此类燃烧室的形状简单、易于加工,且结构紧凑、散热面积小、热效率较高。但采用统一式燃烧室的柴油机,对喷油压力和喷油器的喷雾质量要求高,而且可燃混合气燃烧时的速度快,容易使柴油机工作粗暴。统一式燃烧室常见结构形式如图 7-3 所示。

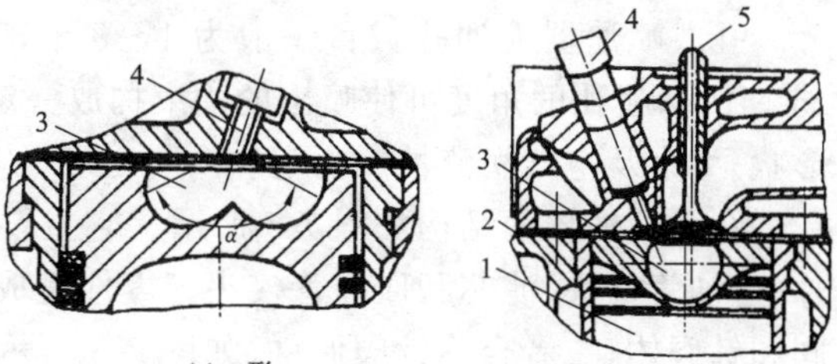

2. 分隔式燃烧室

分隔式燃烧室由主燃烧室和副燃烧室两个部分组成。主燃烧室位于活塞顶与气缸盖底面之间,副燃烧室位于气缸盖中,主、副燃烧室之间由一个或几个孔道相连。常见的分隔式燃烧室有涡流室式和预燃室式两种,如图 7-4 所示。

图 7-3 统一式燃烧室常见结构形式
1—活塞;2—气缸体;3—燃烧室;4—喷油器;5—气门

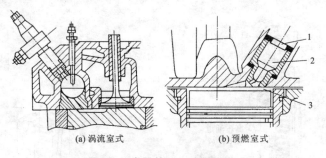

(a) 涡流室式　　(b) 预燃室式

图 7-4 常见的分隔式燃烧室

分隔式燃烧室主要靠强烈的空气运动形成可燃混合气,所以可以降低对柴油喷雾质量的要求,且柴油机转速越高,形成的可燃混合气的质量也越好,所以柴油机高速性能越好,但低速性能和启动性能越差。采用分隔式燃烧室,将柴油喷入副燃烧室(涡流室或预燃室),可燃混合气燃烧时的燃烧为先副燃烧室、后主燃烧室的两级燃烧,发动机工作比较柔和,零部件承受的机械负荷较小。此外,分隔式燃烧室面容比(面积与容积的比值)大,散热损失多,柴油机启动比较困难,燃料的经济性也比较差,所以分隔室燃烧室一般用于压缩比较大的车上,且在副燃烧室内装有预热装置。

7.2.2 柴油机燃料供给系统主要部件的构造与检修

一、喷油器

喷油器安装在气缸盖上。其作用是,将高压柴油雾化成容易着火和燃烧的喷雾,并使喷雾和燃烧室的大小、形状相配合,分散到燃烧室各处,和空气充分混合。喷油器除了影响柴油的雾化质量、贯穿度及分布等喷雾特性外,还对喷油压力、喷油始点、喷油延续时间和喷油率等喷油特性有重大影响。所以,喷油器对柴油机的性能起着决定性的作用。

其实,柴油的喷射时间是非常短暂的。例如,柴油机的转速为 2 000 r/min,则应在 1/800～1/200 s 内将一个循环中的全部喷油量从喷油嘴的喷油孔中喷入气缸中。喷油器是柴油机燃料供给系统中最重要的元件。

(一) 喷油器的构造

喷油器的种类较多,车用柴油机喷油器常见的形式有两种,即孔式喷油器和轴针式喷油器。孔式喷油器主要用于统一式燃烧室,轴针式喷油器多用于分隔式燃烧室。

1. 孔式喷油器

孔式喷油器喷油孔数目一般为 1～8 个,喷孔直径为 0.2～0.8 mm,喷油压力较高(12～25 MPa),喷孔的角度可使喷出的油束构成一定的锥角。喷孔数和喷孔角度的选择视燃烧室的形状、大小及空气涡流情况而定。

孔式喷油器的结构如图 7-5 所示。它主要由针阀偶件、喷油器体、顶杆、调压弹簧、调压垫片、进油管接头、滤芯和回油管接头等零件组成。其中最主要的部件是用优质合金钢制成的针阀和针阀体,二者合称针阀偶件,如图 7-6 所示。针阀上部的圆柱表面同针阀体的相应内圆柱面作高精度的滑动配合,配合间隙为 0.002～0.003 mm。此间隙过大,则可能导致漏油而使油压下降,影响喷雾质量;间隙过小,针阀将不能自由滑动。针阀中部的锥面全部露出在针阀体的环形油腔(即高压油腔)中,用以承受油压,故称为承压锥面。针阀下部的锥面与针阀体上相应的内锥面配合,以使喷油器内腔密封,称为密封锥面。针阀偶件的配合面通常是经过精磨后再相互研磨而保证其配合精度的。所以选配和研磨好的一副针阀偶件是不能互换的,这点在维修过程中应特别注意。

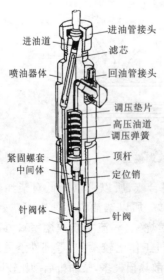

图 7-5 孔式喷油器的结构

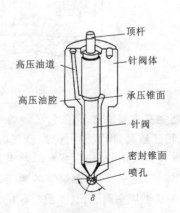

图 7-6 喷油器针阀偶件

装在喷油器体上的调压弹簧通过顶杆使针阀紧压在针阀体的密封锥面上,将喷孔关闭。为防止细小杂物堵塞喷孔,在进油管接头中一般装有缝隙式滤芯。

2. 轴针式喷油器

轴针式喷油器适用于对喷雾要求不高的分隔式燃烧室,它的构造与孔式喷油器的不同之处在于针阀下部的密封锥面以下还延伸出一个轴针,其形状可以是倒锥形或圆柱形。因此,喷射时喷柱将呈空心的柱形或锥形,如图 7-7 所示。由于轴针伸出喷孔外,所以喷孔为圆环状狭缝(通常轴针与孔的径向间隙为 0.05 mm)。轴针式喷油器喷孔的形状和喷雾锥角取决于轴针的形状和升程,因此要求轴针的形状加工非常精确。

常见的轴针式喷油器只有一个喷孔,直径为 1~3 mm。因为喷孔直径较大,孔内的轴针又上、下运动,喷孔不仅不易积炭,而且还有自行清理积炭的功能。

为了使柴油机工作柔和,改善燃烧条件,喷油器最好在每一循环的供油过程中,初期喷油少,中期喷油多,后期喷油少。因此,轴针式喷油器的轴针应具有可变的节流断面,通过密封锥面和轴针处的节流断面作用,轴针式喷油器可较好地满足喷油特性要求。

(二)喷油器的工作原理

孔式喷油器和轴针式喷油器的工作原理相同。喷油器工作时,喷油泵输出的高压柴油从进油管接头经过喷油器体与针阀体中的油孔道进入针阀中部周围的环状空间——高压油腔。油压作用在针阀的承压锥面上,造成一个向上的轴向推力,当此推力克服了调压弹簧的预紧力以及针阀与针阀体间的摩擦力(此力很小)时,针阀即上移而打开喷孔,高压柴油便从针阀体下部的喷油孔喷出。当喷油泵停止供油时,由于油压迅速下降,针阀在调压弹簧的作用下及时回位,将喷孔关闭,喷油器停止喷油。

可见,针阀的开启压力即喷射开始时的喷油压力取决于调压弹簧的预紧力,预紧力大,喷油压力高。调压弹簧的预紧力可通过调节调压垫片或调压螺钉进行调节。

在喷油器工作期间,会有少量柴油从针阀与针阀体之间的间隙缓慢泄漏。这部分柴油对针阀起润滑作用,并沿顶杆周围空隙上升,通过调压垫片中间的油孔进入回油管,然后流回油箱。

(三)喷油器的检查与调试

二级维护时,应对喷油器进行检查和调试。喷油器的调试应在喷油器试验器上进行,如图 7-8 所示。喷油器试验器由手动油泵、压力表和储油罐等组成。柴油箱内的柴油经滤清后进入手动油泵,经过手动油泵加压后的高压柴油流入喷油器并喷出。

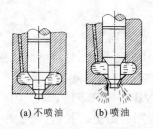

图 7-7 轴针式喷油器喷油情况
(a)不喷油 (b)喷油

图 7-8 喷油器的调试

喷油器的检查有以下项目。

(1)喷油压力的检查。检查时,将喷油器上的调压弹簧调压螺钉的锁母旋松,将喷油器装到喷油器试验器上,放气并将连接部位拧紧调压螺母的锁母旋松,将喷油器装到试验台并夹紧。快速按下试验台手柄若干次,待空气完全排出后,再缓慢地按动手柄(以 60~70 次/min)并观察压力表。当读数开始变化时,即为喷油技术条件。若喷油压力过高或不足,可采取调节调压弹簧的方法调节喷油压力;调压螺钉旋入,则喷油压力升高;调压螺钉旋出,则喷油压力降低。有的喷油器无调压螺钉,可改变调压垫片的厚度来调整喷油压力。

(2) 喷雾质量的检查。以 30~60 次/min 的速度连续按下试验台手柄,检查喷油器的喷雾质量。对多孔式喷油器,各喷孔应形成一个雾化良好的小锥状油束,各油束间隔角应符合原厂规定。对轴针式喷油器,要求喷雾为圆锥形,不得偏斜,油雾细小均匀。

(3) 喷油干脆程度的检查。每次喷油时,伴随针阀的开启应有明显、清脆的爆裂声,雾化锥角符合规定,不得有后期滴油的现象。如喷雾质量达不到要求或有后期滴油现象,应重新清洗喷油器或更换针阀件。

(4) 密封性的检查。检查阀座密封性时,可操纵压油手柄,使喷油器试验器的油压保持在比开始喷油压力标准值小 2 MPa 的位置 10 s,这时喷油器端部不应有油滴流出(稍有湿润是允许的),且油压从 19.6 MPa 下降到 17.6 MPa 的时间在 10 s 以上。如时间过短,可能是油管接头处漏油、针阀体与喷油器体平面配合不严、密封锥面封闭不严以及导向部分磨损造成间隙过大等原因。

(四) 喷油器的检修

喷油器的针阀偶件在长期工作中,受到高压柴油的冲刷和机械杂质的研磨、压力弹簧的落座冲击,使针阀的导向圆柱面和密封锥面及针阀体上与针阀座的配合表面出现磨损。导向圆柱面的磨损将导致循环油量的减少,而密封锥面的磨损则会使喷油器的密封不严,引起喷油提前泄漏和喷油停止后的滴油现象,造成雾化不良、不完全燃烧、炭烟剧烈增加以及积炭严重。

(1) 解体。喷油器的针阀偶件为精密配合零件,在使用中不许互换。解体前,应确认缸序标记,按缸序拆卸喷油器,并保证能正确装回原位,避免错乱。

(2) 清洗。解体后在清洁的柴油中清洗针阀偶件。清洗时,可用木条清除针阀前端轴针上的积炭;对阀座外部的积炭用铜丝刷清除;不得用手接触针阀的配合表面,以免手上的汗渍遗留在精密表面,引起锈蚀。

(3) 检验。

① 针阀和针阀座的配合表面不得有烧伤或腐蚀等现象。

② 针阀的轴针不得有变形或其他损伤。

③ 针阀偶件的配合可按图 7-9 的方法检验。将针阀体倾斜 60°左右,针阀拉出 1/3 行程。当放开后,针阀应能靠其自重平稳地滑入针阀座之中。重复进行上述动作,每次转动针阀在不同位置,如针阀在某位置不能平稳下滑,则应更换针阀偶件。

二、喷油泵

喷油泵又称为高压油泵。其作用是,根据发动机的不同工况,定压、定时、定量地向喷油器输送高压柴油。喷油泵一般固定在柴油机机体一侧的支架上,由柴油机曲轴通过齿轮驱动,齿轮轴和喷油泵的凸轮轴用联轴器连接,调速器安装在喷油泵的后端。

喷油泵的结构形式较多。车用柴油机的喷油泵按作用原理不同,可分为以下三类。

(1) 柱塞式喷油泵(简称柱塞泵)。这种喷油泵应用的历史较长,性能良好,工作可靠,为目前大多数非电控汽车柴油机所采用。

(2) 喷油泵-喷油器。将喷油泵和喷油器合为一体,直接安装在发动机气缸盖上,可以消除高压油管带来的不利影响,但要求在发动机上另加驱动机构。

(3) 转子分配式喷油泵(简称分配泵)。这种喷油泵只有一对柱塞副,依靠转子的转动实现燃油的增压与分配。它由于体积小,对发动机和汽车的整体布置十分有利,在电控柴油机喷射系统中的应用会越来越广泛。

（一）柱塞式喷油泵

柱塞式喷油泵每个气缸都有一套泵油机构，几个相同的泵油机构装置在同一泵体上就构成了多缸发动机喷油泵。图7-10所示为解放CA6110-2型柴油机柱塞式喷油泵（A型）。

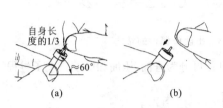

图7-9　针阀偶件的检验

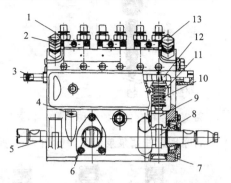

图7-10　解放CA6110-2型柴油机柱塞式喷油泵（A型）
1—出油阀部件；2—限压阀部件；3—调节齿条；4—油标尺孔；
5—凸轮轴；6—安装输油泵孔；7—堵盖；8—驱动凸轮；9—滚轮偶件；
10—柱塞偶件；11—柱塞弹簧；12—调节齿圈；13—进油空心螺栓

1. 柱塞式喷油泵的结构与工作原理

柱塞式喷油泵由泵油机构（分泵）、供油量调节机构、驱动机构和泵体等组成，如图7-11所示。

1）泵油机构

（1）泵油机构的结构。

泵油机构由柱塞偶件、出油阀偶件和弹簧组成。

柱塞和柱塞套、出油阀和出油阀座是分泵中两对重要的精密偶件，是通过精密加工和选配而成的，其配合间隙严格控制在 0.001 5～0.002 5 mm 范围内，具有很好的强度和耐磨性。

柱塞偶件是产生高压油的压油元件，其结构如图7-12所示。柱塞套装在泵体座孔内固定不动，由凸轮驱动，在柱塞套内上下往复运动，此外还可绕自身轴线在一定角度内转动。柱塞头部的圆柱表面铣有螺旋槽或斜槽（为控油导槽），并利用直槽或中心孔（径向孔和轴向孔）与柱塞上方泵腔相通，下部固定有调节臂。柱塞套上部开有一个进油和回油用的径向小孔，它与泵体上的低压油腔相通，有的则开有两个径向小孔，两个孔的中心线可以在一条水平线上，也可不在同一水平线上，上面的为进油孔，下面的为回油孔。柱塞弹簧通过弹簧座将柱塞推向下方，使柱塞的下端与滚轮式挺杆接触，并使挺杆中的滚轮与下凸轮接触。

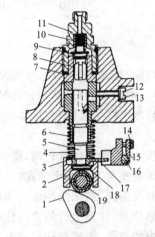

图7-11　柱塞式喷油泵的结构
1—凸轮；2—挺杆；3—弹簧下支座；
4—柱塞弹簧；5—柱塞；6—柱塞套筒；
7—铜质密封垫圈；8—出油阀座；9—出油阀；
10—出油阀弹簧；11—出油阀压紧帽；
12—定位螺钉；13—密封垫圈；
14—螺钉；15—调节叉；16—供油拉杆；
17—调节臂；18—调整垫块；19—滚轮

出油阀偶件是为在喷油结束后使高压油管卸载，以及在每个喷油循环内把高压油路和低压油路分开而设置的，其结构如图7-13所示。出油阀上部的圆锥面为出油阀的轴向密封锥面；中部的圆柱面为减压环带，与出油阀座内孔精密配合，是出油阀的径向滑动密封面；出油阀的尾部同出油阀座内孔作滑动配合，为出油阀的运动导向。为了留出油流通道，出油阀阀尾铣有四个直槽，断面呈"十"字形。出油阀偶件位于柱塞套的上面，二者的接触平面要求严密配合。出油阀座以规定力矩拧入后，通过高压密封垫圈与柱塞套贴紧，同时出油阀弹簧将出油阀压在出油阀座上。

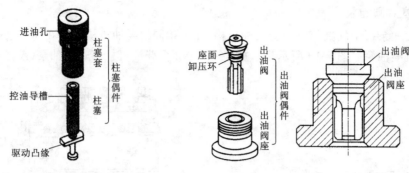

图 7-12 柱塞偶件的结构　　图 7-13 出油阀偶件的结构

(2) 泵油原理。柱塞泵泵油原理如图 7-14 所示，泵油过程可分为进油、压油和回油三个子过程。

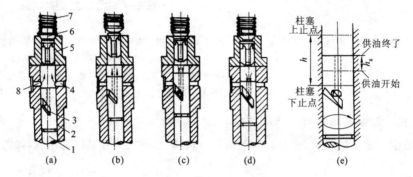

图 7-14 柱塞泵泵油原理
1—柱塞；2—柱塞套；3—斜槽；4,8—油孔；5—出油阀座；6—出油阀；7—出油阀弹簧

进油：柴油机工作中，喷油泵凸轮轴上的凸轮转过最高位置时，柱塞在柱塞弹簧的作用下向下移动；如图 7-14(a) 所示，当柱塞上端面低于柱塞套上的油孔时，喷油泵低压油腔内的柴油被吸入柱塞上端的泵腔；当柱塞运动到最下端位置时，柱塞上端的泵腔内充满柴油，分泵完成吸油过程。

压油：凸轮轴继续转动，推动柱塞上移，部分柴油被挤回低压油腔，当柱塞上端的圆柱面完全封闭柱塞套上的两个油孔时，压油过程开始，柱塞继续上移，油压升高，克服出油阀弹簧的弹力顶开出油阀，高压柴油经出油阀和高压油管输送给喷油器，如图 7-14(b) 所示。

回油：当柱塞上的斜槽与柱塞套筒上的油孔接通时，如图 7-14(c) 所示，泵腔内的高压油经柱塞内的油孔、斜槽和柱塞套上的油孔流回低压油腔，泵腔内的油压迅速下降，出油阀在出油弹簧的作用下立即关闭，停止供油。

由上述泵油过程可知，由驱动凸轮轮廓曲线决定的柱塞行程 h（即柱塞上、下止点间的距离）是一定的，但并非在整个柱塞上移行程 h 内都供油。喷油泵只是在柱塞完全封闭油孔之后到柱塞上的斜槽与油孔开始接通之前的这一部分柱塞行程内才泵油。这一行程称为柱塞有效行程。显然，喷油泵每次泵出的油量取决于柱塞有效行程，如图 7-14(e) 所示。因此，欲使喷油泵能随柴油机工况的不同而改变供油量，只需改变柱塞有效行程，这一般通过改变柱塞上的斜槽与柱塞套上的油孔的相对角位置来实现。

2) 供油量调节机构

供油量调节机构的作用是，执行驾驶人或调速器的指令，改变分泵供油量以满足柴油机使用工况的要求。柱塞式喷油泵一般通过转动柱塞，即改变柱塞有效行程来达到改变供油量的目的。维修时，通过它可以调整各气缸供油的均匀性。

常用的供油量调节机构有齿杆式和拨叉式两种。

(1) 齿杆式供油量调节机构。

齿杆式供油量调节机构如图 7-15 所示。控制套筒松套在柱塞套上,在其上部套有可调齿圈,可调齿圈用螺钉锁紧在控制套筒上。可调齿圈与供油量调节齿杆啮合,柱塞下端的"十"字形凸缘嵌入控制套筒的切槽中。供油量调节齿杆的轴向位置由人工或调速器控制。

移动供油量调节齿杆时,可调齿圈连同控制套筒带动柱塞相对于固定不动的柱塞套转动,这样就改变了柱塞上的斜槽与柱塞套上的油孔的相对角位置,即改变了柱塞有效行程,实现了供油量的调节。

各气缸供油的均匀性可通过改变可调齿圈与控制套筒的相对角位置来调整,即松开可调齿圈,按调整的需要使控制套筒与柱塞一起相对于可调齿圈转过一定角度,再将可调齿圈锁紧在控制套筒上。移动供油量调节齿杆时,可调齿圈连同控制套筒带动柱塞相对于柱塞套转动,以调节供油量。

(2) 拨叉式供油量调节机构。

拨叉式供油量调节机构如图 7-16 所示。柱塞的下端压入调节臂,调节臂的球头端插入拨叉的槽内,拨叉用拨叉固定螺钉夹紧在供油量调节拉杆上。供油量调节拉杆装在油泵下体孔内的供油量调节套筒中,其轴向位置由人工或调速器控制。

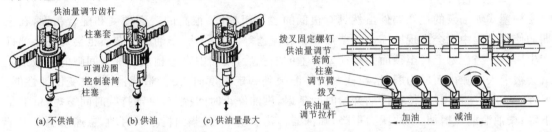

图 7-15　齿杆式供油量调节机构　　　　图 7-16　拨叉式供油量调节机构

当驾驶人或调速器推动供油量调节拉杆轴向移动时,拨叉带动调节臂和分泵柱塞一起相对柱塞套转过一定角度,从而使喷油泵供油量改变。松开拨叉固定螺钉,改变某一分泵的拨叉在供油量调节拉杆上的位置,可实现对某一分泵供油量的调节,以使各分泵供油均匀。

3) 驱动机构

驱动机构的作用是,为柱塞式喷油泵的运行提供动力并控制其运动,保证供油准时。它主要由滚轮式挺柱体和喷油泵凸轮轴组成,如图 7-17 所示。

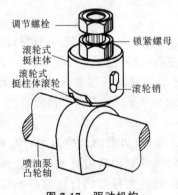

图 7-17　驱动机构

喷油泵凸轮轴传送推力,使柱塞运动,建立高油压,同时还保证各分泵按柴油机的工作顺序和一定的规律供油。喷油泵凸轮轴上的凸轮数目与气缸数目相同,排列顺序与柴油机的工作顺序相同。相邻工作两气缸凸轮间的夹角叫作供油间隔角,角度的大小与配气机构凸轮轴同名凸轮的排列有关,四缸柴油机为 90°,六缸柴油机为 60°。四冲程柴油机喷油泵的凸轮轴转速和配气机构的凸轮轴转速一样,都等于曲轴转速的 1/2。

滚轮式挺柱体的功能是,变凸轮的旋转运动为自身的直线往复运动,推动柱塞上行供油。此外,改变滚轮式挺柱体的工作高度即改变了柱塞封闭柱塞套上油孔的时刻,因此它可用于调整各分泵的供油提前角和供油间隔角。

4) 泵体

泵体是支承和安装喷油泵所有零件的基础。泵体在工作中还承受很大的载荷,因此要求泵体有足够的强度和刚度。泵体分组合式和整体式两种。整体式泵体刚度好,密封性强。

2. 柱塞式喷油泵的检修

柱塞式喷油泵因其磨损等耗损,技术状况变差,供油量减少而且供油时间滞后,使大量的燃油在补燃期燃烧,燃烧不完全,造成柴油机过热、功率不足等故障。

1) 柱塞式喷油泵的解体

柱塞式喷油泵解体之前,应用汽油、煤油或柴油认真清洗外部,但不得用碱水清洗。柱塞式喷油泵解体时,应注意以下问题。

(1) 尽量使用专用工具。

(2) 零件拆下后,要按部位顺序放置,尤其是柱塞和出油阀等零件,在解体和以后的清洗时,更应该非常仔细,避免磕碰,并绝对不允许互相倒换。

(3) 对有装配位置要求的零件,如供油量调节齿杆、定位螺钉等零件,应做标记标明原来的装配位置,防止装配时装错位置。

(4) 柱塞式喷油泵总体包括分泵、输油泵、调速器和供油提前角自动调节装置等部件,在解体时应先分解成部件,然后结合检验修理进行。

2) 柱塞偶件的检修

柱塞式喷油泵的柱塞偶件虽然具有很低的表面粗糙度、很高的表面硬度和配合精度,在长期的使用过程中也会出现磨损。除柴油压力和流速等因素之外,柴油中的杂质也会对柱塞偶件产生影响。当柱塞上行至顶面关闭柱塞套上的油孔后,柴油中直径相当于配合间隙的机械杂质就会被卡入间隙内而成为磨料,当柱塞偶件磨损到一定程度时,便会造成泄漏,改变供油性能。另外,柴油泄漏量增加,使得供油开始时间延迟,供油停止时间提前,供油持续时间缩短,供油量下降;柴油泄漏量增加,供油压力下降,喷油器雾化质量不良,柴油机不易启动,怠速不稳。由于各气缸分泵机构磨损的差异,各气缸循环油量的不均匀度增大,柴油机的工作将不平稳。

(1) 柱塞偶件的外观检验。

柱塞偶件的外观发现有以下情况时,应更换柱塞偶件。

① 柱塞表面有明显的磨损痕迹。

② 柱塞弯曲或头部变形。

③ 柱塞或柱塞套有裂纹。

④ 柱塞头部斜槽、直槽及环槽边缘有剥落或锈蚀等现象。

⑤ 柱塞套的内圆柱表面有锈蚀或显著的刻痕。

(2) 柱塞的滑动性试验。

图 7-18 柱塞的滑动性试验

先用洁净的柴油仔细清洗柱塞偶件,并涂上干净的柴油后进行试验,如图 7-18 所示,将柱塞套倾斜 60°左右,拉出柱塞全行程的 1/3 左右。放手后,柱塞应在自重的作用下平滑地进入柱塞套内,然后转动柱塞,在其他位置重复上述试验,柱塞应均能平稳地滑入套筒内。

(3) 柱塞偶件的密封性试验。

仅仅将各分泵机构中的出油阀拆除,放出泵内的空气,将喷油器试验器的高压油管接入出油阀接头上。移动供油量调节机构的供油量调节齿杆或供油量调节拉杆,柱塞处在最大供油位置。转动柱塞式喷油泵凸轮轴,使被测柱塞移动到行程的中间部位,柱塞顶面应完全盖住进油孔和回油孔。将柱塞式喷油器试验器的压力调至 20 MPa 后停止泵油,测定压力下降至 10 MPa 的时间。同一柱塞式喷油泵的所有柱塞偶件的密封性误差应在 5% 的范围内。

无试验设备时,也可用手指盖住柱塞套的顶部和进、出油孔,使柱塞处于最大供油位置,另一只手将柱塞由最上方位置向下拉。此时,应感到有明显的吸力;放松柱塞后,柱塞应能迅速回到原位。否则,应更换柱塞偶件。

3) 出油阀的检修

出油阀的主要耗损也是磨损,多出现在密封锥面、减压环带和导向部分。密封锥面的磨损是停止供油时,弹簧力和高压油管内残余油压对出油阀座的冲击,以及柴油中机械杂质作用的结果。减压环带进入出油阀座时,受进入配合间隙内的机械杂质的切削作用而引起磨粒磨损。与出油阀相配合的出油阀座在密封锥面和出油座孔圆周表面也会出现相应的磨损。

柱塞式喷油泵通常采用减载式出油阀。出油阀减压环带、密封锥面的磨损,使出油阀的减压作用减弱或消失,不能迅速停止喷油,甚至出现二次喷油或滴油现象。另外,出油阀减压环带、密封锥面的磨损还使减载作用不能灵敏地随发动机转速的增加而增强,当然,也就不能很好地校正进油孔节流和回流作用,致使供油增多。这种现象破坏了减压作用使供油速度曲线趋于平坦或稍向下倾斜的供油特性。所以,出油阀的磨损,影响喷油正时和柴油的喷射规律或导致出现后期滴油的现象,引起柴油机的不正常燃烧,甚至出现轻微的爆燃、冒黑烟以及功率下降等故障。

(1) 出油阀偶件的外观检验。出油阀减压环带有严重的磨损痕迹,密封锥面有金屑脱落或严重磨损、锈蚀时,应更换出油阀座。

(2) 出油阀的滑动性试验。在有柴油湿润的状态下,使出油阀偶件处于垂直状态,把出油阀抽出 1/3 左右,放手后,出油阀应能在自重下滑入出油阀座中。

(3) 出油阀的密封性试验。做上述滑动性试验时,如用手指堵塞出油阀座下方的孔,出油阀下落到减压环带进入出油阀座时应能停住,如图 7-19(a) 所示。在此位置时,用手指轻轻压出油阀,放松手指后,出油阀应能马上弹回原位置,如图 7-19(b) 所示。手指从下端面移开时,出油阀应在自重的作用下完全滑入出油阀座中。

图 7-19　出油阀的密封性试验

(二) 转子分配式喷油泵

与柱塞式喷油泵相比,分配泵具有以下特点。

(1) 分配泵结构简单,零件数目特别是精密零件数目少、体积小、质量轻、成本低。

(2) 分配泵零件的通用性高,有利于产品的系列化。

(3) 能保证各气缸供油均匀和供油时间一致,分配泵单缸供油量和供油提前角不需要调整。

(4) 分配泵凸轮升程小,柱塞行程小,一般为 2.0~3.0 mm,同时喷油压力高,缩短了喷油时间,有利于提高转速,对于四冲程柴油机,其转速可达到 6 000 r/min。

(5) 分配泵内部零件依靠泵内部的柴油进行润滑和冷却。整个喷油泵制成一个密封的整体,外面的灰尘杂质和水分不易进入。

分配泵按其结构不同分为径向压缩式和轴向压缩式两种。径向压缩式分配泵由于存在一些缺点,没有得到广泛应用。轻型载货汽车柴油机多用轴向压缩式分配泵,它也称单柱塞分配泵或 VE 泵,是由德国 Bosch(博世)公司研发的。

1. VE 泵的构造

德国博世公司生产的 VE 泵是单柱塞、平面凸轮、断油计量和具有机械离心式调速器的分配泵,如图 7-20 所示。

VE 泵主要由滑片式输油泵、高压泵、驱动机构和断油电磁阀等组成,如图 7-21 所示。

VE 泵左端为驱动轴及滑片式输油泵(也称二级输油泵),中间有驱动齿轮、凸轮盘等,右端有柱塞套、电磁阀等,泵上部为调速器,下部为供油提前角调节器。

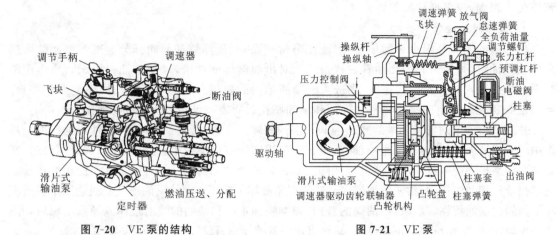

图 7-20　VE 泵的结构　　　　　图 7-21　VE 泵

1) 滑片式输油泵

滑片式输油泵的作用是,把由膜片式输油泵(一级输油泵)从柴油箱吸出并经柴油滤清器过滤后的柴油适当增压后送入分配泵内,保证分配泵必要的进油量,并用调压阀控制输油泵出口压力,同时使柴油在泵体内循环,起到润滑和冷却喷油泵的作用。

滑片式输油泵装在喷油泵的前部,其转子与喷油泵轴通过半圆键连接,其结构示意图如图 7-22 所示。它由转子、滑片、偏心环和调压阀等组成。

转子在驱动轴的作用下旋转,滑片装在转子上的滑片槽内,并且能够在槽内自由移动。转子中心与偏心环内孔中心偏移。转子旋转时,在离心力的作用下,滑片紧贴在偏心环内孔壁滑动,这样由转子外圆、滑片和偏心环内孔壁三者所形成的容积便不断变化。当容积由小变大时为吸油腔,由大变小时为压油腔。吸油腔和进油口相通,压油腔和出油口相通。

滑片式输油泵每旋转一周吸入并压送一定量的柴油,使柴油压力进一步提高,柴油进入喷油泵。当油压超过调压阀的规定压力时,多余的柴油由调压阀流回柴油箱。

2) 高压泵

高压泵的作用是实现进油、压油和配油。VE 泵的高压泵为单柱塞式,由滚轮体总成、平面凸轮盘、柱塞复位弹簧、柱塞、柱塞套、油量控制套筒(溢流环)以及出油阀等组成,如图 7-23 所示。

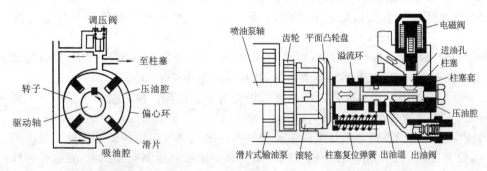

图 7-22　滑片式输出泵结构示意图　　　　　图 7-23　高压泵结构示意图

柱塞上沿周向分布有若干个进油槽(进油槽数等于气缸数)、一个中心油道、一个配油槽和一个泄油孔。配油槽通过径向油孔与中心油道相通,中心油道末端与泄油孔相连,如图 7-24 所示。

柱塞套上有一个进油道及若干分配油道和出油阀(分配油道和出油阀数目与气缸数目相等)。

柱塞旋转中只要配油槽和任意一个分配油道相对,则中心油道中的高压柴油通过分配油道被送到喷油器,从而实现配油功能。

3) 驱动机构

如图 7-25 所示，VE 泵的动力由发动机经驱动轴输入泵中，在泵内带动滑片式输油泵、调速器驱动齿轮、联轴器总成及平面凸轮盘转动。

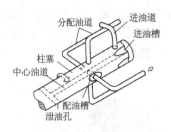

图 7-24　柱塞及高压泵油路

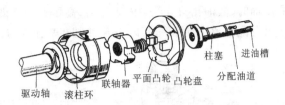

图 7-25　VE 泵内部的主要零件连接关系

平面凸轮盘（见图 7-26）上有驱动销，它带动柱塞一起旋转。柱塞复位弹簧通过压板将柱塞压在平面凸轮盘的驱动柱塞面上，并且使平面凸轮盘与滚轮体总成的滚轮紧密接触。在凸轮和柱塞复位弹簧的作用下，柱塞既作旋转运动，又作直线往复运动。

滚轮体总成如图 7-27 所示。它空套在泵体和联轴器总成之间，在供油提前角自动调节机构活塞的作用下，通过拨动销才能够转动。

当平面凸轮盘在滚轮上滚动时，凸起部分与滚轮接触，推动柱塞向右运动；凹下部分与滚轮接触，推动柱塞向左运动，周而复始，完成柱塞的往复运动。平面凸轮盘上凸峰的数目与柴油机气缸数相对应。

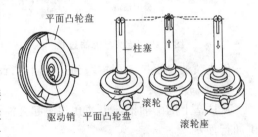

图 7-26　平面凸轮盘

2. VE 泵的工作原理

1) 进油过程

如图 7-28 所示，滚轮由凸轮盘的凸峰移到最低位置时，柱塞复位弹簧将柱塞由右向左推移，当柱塞接近终点位置时，柱塞头部的一个进油槽与柱塞套上的进油孔相通，柴油经电磁阀下部的油道流入柱塞右端的压油腔内并充满中心油道。

此时柱塞配油槽与分配油道隔绝，泄油孔被柱塞套封死。

由于平面凸轮盘上有四个凸峰（与气缸数相等），柱塞套上有四个分配油道，因此，凸轮盘转一圈 360°，柱塞反复运动四次，配油槽与各缸分配油道各接通一次，轮流向各气缸供油一次。

图 7-27　滚轮体总成

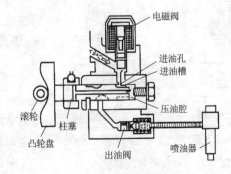

图 7-28　进油过程

2) 压油与配油过程

如图 7-29 所示，随着滚轮由平面凸轮盘的最低处向凸峰部分移动，柱塞在旋转的同时，也自左向右运动。此时，进油槽与泵体进油道隔绝，柱塞泄油孔仍被封死，柱塞配油槽与分配油道相通,随着柱塞的右移,柱塞压油腔内的柴油压力不断升高,当油压升高到足以克服出油阀弹簧力而使出油阀右移开启时,则柴油经分配油道、出油阀及油管被送入喷油器。

3) 供油结束

如图 7-30 所示,柱塞在平面凸轮盘的推动下继续右移,柱塞左端的泄油孔露出油量控制套筒的右端面时,泄油孔与分配泵内腔相通,高压柴油立即经泄油孔流入泵内腔中,柱塞压油腔、中心油道及分配油道中油压骤然下降,出油阀在其弹簧的作用下迅速左移关闭,停止向喷油器供油。

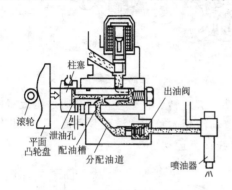

图 7-29 压油与配油过程

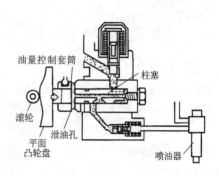

图 7-30 供油结束

停止喷油过程持续到柱塞到达其向右行程的终点。

4) 供油量控制

从柱塞上的配油槽与出油孔相通起至泄油孔与分配泵内腔相通,柱塞所走过的距离为有效供油行程 h。

柱塞上的泄油孔什么时候和泵室相通,靠控制套筒的位置来控制,当移动油量控制套筒时,柱塞上的泄油孔与 VE 泵内腔相通的时刻改变,即结束供油的时刻改变,从而使供油有效行程 h 改变。油量控制套筒向左移动,供油行程缩短,结束供油时刻提早,供油量减小;油量控制套筒向右移动则相反。可见,在使用中这种分配泵油量的调节是靠驾驶人通过加速踏板控制调速器使油量控制套筒轴向移动来实现的。

5) 柴油机停车

如图 7-31 所示,当需要柴油机停车时,可转动控制电磁阀的旋钮,使电路触点断开,线圈对进油阀的吸力消失,在进油阀弹簧的作用下,进油阀下移,使泵体进油道关闭,停止供油,柴油机熄火。

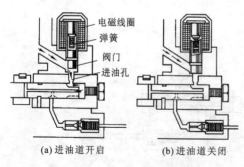

图 7-31 电磁阀停油装置

当启动柴油机时,先将电磁阀的触点接通,进油阀在线圈的吸力下克服弹簧力上移,泵体进油道打开,供油开始。

三、调速器

调速器的作用是,根据柴油机负荷的变化,自动地调节喷油泵的供油量,以保证柴油机在各种工况下稳定运转。

喷油泵每一循环供油量主要取决于柱塞的有效行程。从理论上讲,当喷油泵供油量调节拉杆的位置一定时,每一循环供油量应不变,但实际上,供油量还受到柴油机转速的影响。当柴油机转速增加,使得喷油泵柱塞移动速度增加时,柱塞套上油孔的节流作用随之增大,于是当柱塞上移时,即使柱塞尚未完全封闭油孔,由于柴油一时来不及从油孔挤出,泵腔内油压增加而使供油时刻略有提前。同样道理,当柱塞上移到其斜槽已经与油孔接通时,泵腔内油压一时还来不及下降,使供油停止时刻略微延后。这样,随着柴油机转速增大,柱塞的有效供油行程将略有增加,而供油量也略微增大;反之,供油量便略微减少。供油量随转速变化的关系称为喷油泵的速度特性。

喷油泵的速度特性对工况多变的车用柴油机是非常不利的。例如,满载汽车从上坡行驶刚刚过渡到下坡行驶时,柴油机突然卸荷,柴油机转速迅速上升,这时喷油泵在上述速度特性的作用下,会自动将供油量增大,促使柴油机转速进一步升高,如得不到有效控制,可能会导致柴油机转速超过标定的最大转速,而出现"飞车"现象。此外,车用柴油机还经常在怠速工况下工作(如短暂停车、启动暖机等),即使柱塞保持在最小供油量位置不变,当负荷略有增大、柴油机转速略有降低时,由于喷油泵速度特性的作用,其供油量会自动减少,使柴油机转速进一步降低。如此循环作用,最后将使柴油机熄火。

由上述可见,喷油泵速度特性的作用,使柴油机转速的稳定性变差,特别是在高速和怠速时,柴油机根本无法满足正常工作要求。要使柴油机运转稳定,就必须在其阻力发生变化时,及时按实际需要改变供油量,同时修正由喷油泵速度特性带来的不良影响。

因此,车用柴油机喷油泵都装有调速器,根据柴油机负荷的变化,自动调节供油量,以达到稳定怠速、限制超速,并保证柴油机在工作转速范围内的任一选定的转速下稳定工作。

(一)柱塞式喷油泵调速器

目前,在车用柴油机柱塞式喷油泵上应用最广泛的调速器是离心式调速器。离心式调速器按其调节作用的范围不同,可以分为两速调速器和全速调速器。两速调速器只能起到稳定低速(怠速)和限制高速的作用,而在中等转速时不起作用,适用于一般条件下使用的汽车柴油机。全速调速器在各种转速下均起调速作用,适用于重型施工车辆和工程机械。

1. 离心式调速器的基本工作原理

简单的离心式调速器由飞锤、调速弹簧和调速杠杆等组成,如图7-32所示。

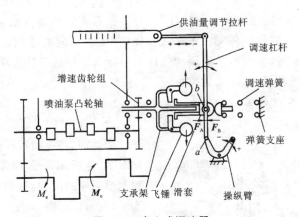

图7-32 离心式调速器

a—自动调节的支承点;b—人工调节的支承点;F_A—离心推力;F_B—调速弹簧张力

柴油机工作时,通过曲轴驱动装在喷油泵凸轮轴后端上的飞锤旋转,飞锤受离心力的作用而向外飞开。此离心力产生的离心推力F_A和调速弹簧张力F_B在某一转速下相平衡,从而使调速器和喷油泵保持在一定的位置上工作。

当柴油机的负荷(M_e)变化时,便引起一系列的变化:柴油机转速变化→调速器转速变化→飞锤离心力及其产生的离心推力F_A变化→F_A与F_B失去平衡→调速杠杆摆动→供油量调节拉杆移动→供油量变化→柴油机的转矩(M_e)曲线上升或下降,与变化了的负荷(M_e)重新平衡,从而稳定到接近原来的转速。于是离心式调速器起到了负荷变化时,使柴油机保持稳定运转的作用。这就是离心式调速器的基本原理。

2. 两速调速器

1) 两速调速器的构造

图 7-33 所示为 RAD 型两速调速器。两速调速器适用于一般条件下使用的汽车柴油机,且只能自动稳定和限制柴油机最低和最高转速,而在所有中间转速范围内则由驾驶人控制,换言之,它既能使柴油机具有平稳的怠速,防止游车或熄火,又能限制柴油机不超过某一最大转速,避免出现超速(飞车)现象。至于中间转速,则可利用人工调节供油量来调速。

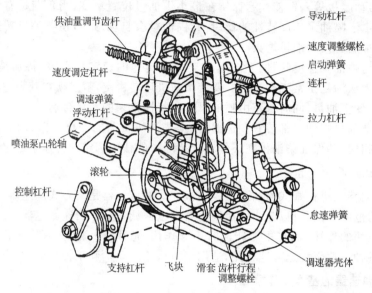

图 7-33　RAD 型两速调速器

图 7-34 所示为两速调速器结构示意图。它安装在直列式喷油泵的后端,两个飞块安装在喷油泵凸轮轴上,转速的变化将使飞块张开或收拢,并使滑套向右或向左移动。控制杠杆通过偏心轴与支承杠杆相连接,从而可带动浮动杠杆下端传动。浮动杠杆上端与供油量调节齿杆连接。当供油量调节齿杆右移时,供油量减小,反之,供油量增大。

2) 两速调速器的工作原理

(1) 启动加浓。

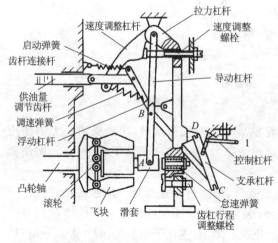

图 7-34　两速调速器结构示意图

启动前,将控制杠杆推至全负荷供油位置Ⅰ,如图 7-34 所示。受调速弹簧的拉动及齿杆行程调整螺栓的限制,拉力杠杆的位置保持不动。此时,支承杠杆绕 D 点向逆时针方向转动,带动浮动杠杆绕 B 点作逆时针方向转动,浮动杠杆的上端通过齿杆连接杆推动供油量调节齿杆向供油增加的方向移动。同时,启动弹簧也对浮动杠杆作用一个向左的拉力,使其绕 C 点作逆时针方向的偏转,带动 B 点和 A 点进一步向左移动,结果滑套通过滚轮使飞块收缩至处于向心极限位置为止,从而保证供油量调节齿杆进入启动最大供油量位置,即启动加浓位置。此时的供油量约为全负荷额定供油量的 150%。

(2) 稳定怠速。

柴油机启动后,将控制杠杆拉到怠速位置Ⅱ,如图 7-35 所示,柴油机便进入怠速工况。此时,作用在滑套上的力有三个,即飞块的离心力、怠速弹簧的作用力及启动弹簧的作用力。当飞块离心力与怠速弹簧和启动弹簧的合力相平衡时,滑套便处于某一位置不动,亦即供油量调节齿杆处于某一供油位置不动,柴油机就在某一相应的转速下稳定运转。若柴油机转速降低,飞块离心力减小,在怠速弹簧及启动弹簧的作用下,滑套将向左移动,使导动杠杆绕上端支承点顺时针方向偏转,从而带动浮动杠杆绕 C 点逆时针转动,使供油量调节齿杆向供油量增加的方向移动,使柴油机转速升高。柴油机转速升高时,飞块离心力随之增大,使滑套向右移动,进一步压缩怠速弹簧,同时带动导动杠杆绕其上端支点逆时针方向偏转,从而使浮动杠杆绕 C 点顺时针转动,结果使供油量调节齿杆向供油量减少的方向移动,柴油机转速随之降低,因而起到了稳定怠速的作用。

(3) 正常工作。

柴油机转速在怠速和额定转速之间,此时调速器不起作用,供油量的调节由驾驶人控制。

当柴油机转速超过怠速转速时,怠速弹簧被完全压入拉力杠杆内,滑套直接与拉力杠杆的端面接触,如图 7-36 所示。此时怠速弹簧不起作用。由于拉力杠杆被很强的调速弹簧拉住,当柴油机转速低于额定转速时,作用在滑套上的飞块离心力不能推动拉力杠杆,因而导动杠杆的位置保持不动,即 B 点位置不会移动。若控制杠杆位置一定,则浮动杠杆的位置也固定不动,因而供油调节齿杆的位置保持不动,即供油量不会改变。若此时需要改变供油量,驾驶人需改变控制杠杆的位置才能实现。由此可见,在全部中间转速范围内,调速器不起作用,供油量的调节由人工完成。

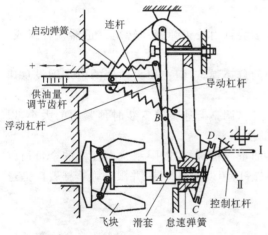

图 7-35 RAD 型两速调速器怠速工作示意图　　图 7-36 RAD 型两速调速器正常工况工作示意图

(4) 限制超速。

如图 7-37 所示,当柴油机转速超过额定转速时,飞块离心力克服调速弹簧的拉力,滑套推动拉力杠杆并带动导动杠杆绕其上支点向右偏转,使 B 点移动到 B′点、D 点移动到 D′点,在拉力杠杆的带动下,支承杠杆绕其中间支点顺时针方向偏转,使 C 点移动到 C′点。而由 B′、C′点决定了浮动杠杆也发生了顺时针方向的偏转,带动供油量调节齿杆向供油量减少的方向移动,从而限制柴油机转速不超过额定的工作转速。利用速度调整螺栓改变调速弹簧的预紧力,就可以调节调速器所能限定的柴油机最高转速。

3. 全速调速器

全速式调速器不仅能保持柴油机的最低稳定转速和限制最高转速,而且能根据负荷的大小，保持和调节柴油机在任一选定的转速下稳定工作。

1) 全速调速器的构造

图 7-38 所示为国产 A 型喷油泵上采用的 RSV 型全速调速器。它与 RAD 型两速调速器基本相同。为了实现在柴油机工作转速内全速调节控制，全速调速器增设了以下结构。

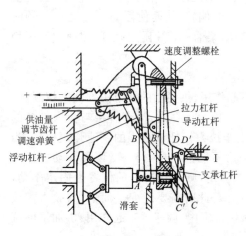

图 7-37 RAD 型两速调速器限制超速工作示意图

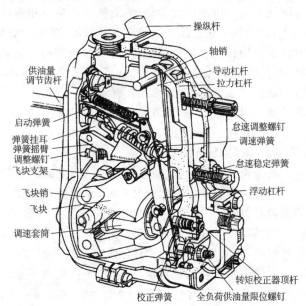

图 7-38 RSV 型全速调速器

（1）在拉力杠杆的下端设转矩校正加浓装置，该装置由校正弹簧和转矩校正器顶杆组成，以便在超负荷时使用。

（2）采用了弹力可调的调速弹簧，而没有专门的怠速弹簧，但在拉力杠杆的中部增设怠速稳定弹簧，使怠速运转平稳。

（3）调速弹簧的弹簧摇臂上装有调整螺钉，它可以调整调速弹簧安装时预紧力的大小，以便保证调速弹簧长期使用过程中高速作用点的准确性。

（4）在拉力杠杆的下端，增设可调的全负荷供油量限位螺钉，以限制拉力杠杆的全负荷位置。在拉力杠杆的上方后面壳体上，装有怠速调整螺钉，用以调整怠速，并限制弹簧摇臂向低速摆动的位置。

2) 全速调速器的工作原理

（1）启动加浓。

RSV 型全速调速器启动工况工作示意图如图 7-39 所示。启动前，启动弹簧的预拉力通过浮动杠杆、导动杠杆和调速套筒作用于飞块，使其处于向心极限位置。

启动时，驾驶人将加速踏板踩到底，使操纵杆接触高速限位螺钉而置于启动加浓位置 A，浮动杠杆把供油量调节齿杆向左推至启动供油位置，使柴油机顺利启动。

（2）怠速工况。

RSV 型全速调速器怠速工况工作示意图如图 7-40 所示。柴油机启动后，驾驶人松开加速踏板，操纵杆转至怠速位置。此时，调速弹簧处于放松状态，飞块的离心力通过调速套筒推动导动杠杆向右偏转，并带动浮动杠杆以下端为支点顺时针方向摆动，克服启动弹簧的弹力，将供油量调节齿杆拉到怠速位置。同时，调速套筒通过校正弹簧使拉力杠杆向右摆动，其背部与怠速稳定弹簧相接触。怠速的稳定平衡作用，由调速弹簧、怠速稳定弹簧和启动弹簧共同来保持。

项目 7 柴油机燃料供给系统的认识与检修

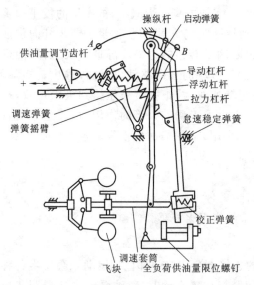 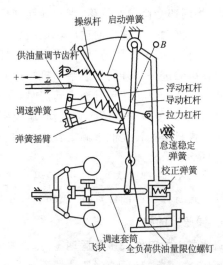

图 7-39　RSV 型全速调速器启动工况工作示意图　　图 7-40　RSV 型全速调速器怠速工况工作示意图

当怠速时转速升高,飞块的离心力加大,则怠速稳定弹簧受到更大的压缩,浮动杠杆带动供油调节齿杆向减少供油的方向移动,限制了柴油机转速上升。若怠速时转速降低,怠速稳定弹簧推动拉力杠杆向左摆动,通过调速套筒、导动杠杆和浮动杠杆使供油量调节齿杆向增加供油的方向移动,使柴油机转速稳定在设定怠速值。

(3) 额定工况。

RSV 型全速调速器额定工况工作示意图如图 7-41 所示。驾驶人将加速踏板踩到底,使操纵杆处于极限位置 A。此时,调速弹簧处于最大拉伸状态,拉力最大。张紧的调速弹簧将拉力杠杆拉靠在全负荷供油量限位螺钉上,并通过调速套筒、导动杠杆和浮动杠杆将供油量调节齿杆推至全负荷供油位置。柴油机在额定工况下工作,此时飞块的离心力与调速弹簧的作用力平衡。当负荷减小、转速升高时,飞块离心力增大,调速套筒推动拉力杠杆向右摆动,同时通过导动杠杆、浮动杠杆使供油量调节齿杆向供油量减少的方向移动,使柴油机转速不再升高,从而限制了柴油机的最高空转转速。

(4) 一般工况。

当驾驶人将操纵杆置于怠速与额定工况之间的任一位置时,调速弹簧的预拉力一定,柴油机便在相应的某一转速下稳定运转。此时,拉力杠杆还没有触及全负荷供油量限位螺钉。当柴油机转速改变时,飞块离心力与调速弹簧作用力的平衡被破坏,调速套筒产生轴向位移,并通过导动杠杆、浮动杠杆带动供油量调节齿杆轴向移动,自动减小或增加供油量,以维持柴油机在给定的某一转速下稳定运转。

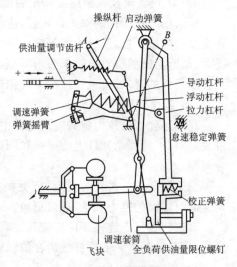

图 7-41　RSV 型全速调速器额定工况工作示意图

(5) 转矩校正工况。

柴油机在额定工况工作时,供油量调节齿杆位于全负荷供油位置,如图 7-41 所示。当外界阻力增加,柴油机转速低于额定转速时,调速弹簧的拉力大于飞块的离心力,所以拉力杠杆接触全负荷供油量限位螺钉,调速器不起作用。此时,由于飞块的离心力减小,被压缩的校正弹簧开始伸张,将调速套筒向左推移,带动导动杠杆和浮动杠杆向左偏摆,将供油量调节齿杆向供油量增加的方向移动。柴油机的输出转矩增加,同时也限制了转速的进一步降低。反之,柴油机转速升高时,校正弹簧被压缩,供油量调节齿杆向供油量减小的方向移动,柴油机输出转矩降低,并限制转矩的进一步升高。当柴油机转速升到额定转速时,校正弹簧被压缩到极限位置,校正作用结束。柴油机转速超过额定转速时,飞块的离心力大于调速弹簧的作用力,调速套筒直接接触拉力杠杆,使拉力杠杆向右摆动,调速器开始起作用,限制柴油机最高转速。由此可见,转速校正装置只是在转速低于额定转速时的一定范围内起作用。

(6) 停油工况。

需要停车时,驾驶人将调速器操纵杆转至最右边的停车位置 B(见图 7-41),拨动供油量调节齿杆使其右移至停油位置,使喷油泵停止供油,柴油机熄火停车。

4. 调速器的检修

调速器中的零件大多是运动零件,这些零件的连接部分或接触部位在运动中会发生各种损伤。例如:在正常情况下,当调速器不起作用,加速踏板位置未动时,喷油泵的供油量调节拉杆或齿杆的自由行程约为 0.5 mm;但零件磨损严重时,它的松旷量可增加几倍,达到 3~4 mm。供油量调节拉杆自由移动量过大,造成供油量在很大的范围内波动,引起发动机严重不稳。另外,当调速器起作用时,必须先消除各传动件之间的间隙,然后才能将运动传给供油量调节拉杆或齿杆,这就使得调速器的灵敏度降低,柴油机的动力性和经济性受到影响。

(1) 调速弹簧的检验。

调速器弹簧出现扭曲、裂纹、弹力减弱及折断等情况,应换成新件。

(2) 飞块支架及铰链连接部位的检修。

对采用飞块结构的双速调速器,应保证飞块、支架及销轴三者的配合间隙。飞块支承孔和飞快推脚磨损严重,使飞块实际摆动中心向内偏移,飞块推脚半径缩短,在发动机转速一定的情况下,调速套筒的位移量较未磨损时小,从而影响调速器的调速特性。若上述三者的配合达不到技术条件的要求,可通过镗削飞块销轴孔,更换加粗的销轴来解决。

(3) 调速套筒的检修。

在调速弹簧为拉力弹簧的调速器中,其调速套筒环槽与浮动杠杆横销的磨损,配合间隙超过规定时,可将浮动杠杆上的横销和调速套筒一起拆下,拆下后转动 90°以后再装复,以减小配合间隙。

调速器套筒的内孔磨损后,应更换新衬套。修理后,调速套筒在轴上应运动自如无卡滞。调速套筒端面的推力轴承,视情更换。

调速器各操纵连接部位应连接可靠,运动灵活,配合间隙符合规定。在操纵臂位置不变动的情况下,供油量调节拉杆或齿杆的轴向位置游动量应为 0.5~1 mm。

(二) VE 泵调速器

1. VE 泵调速器的基本原理

VE 泵调速器为机械离心式,其基本原理如图 7-42 所示。旋转时,飞锤张开推动控制套抵在杠杆的中部,杠杆的上端被弹簧拉着。如果弹簧力小于飞锤的离心力,则杠杆绕支点作顺时针转动,带动控制套左移,供油量减小,柴油机转速下降,飞锤的离心力也变小,直至弹簧力与飞锤的离心力平衡,杠杆、控制套就稳定在某一位置,供油量就稳定在某个量,柴油机就稳定在某一转速。弹簧的参数不同,柴油机得到的稳定转速也就不同,因此,可通过改变弹簧参数来使柴油机稳定在所期望的转速下。

VE 配有全速或两速调速器。两种调速器的主要不同点在于:两速调速器调速弹簧和负荷弹簧安装在弹簧框架内部,而全速调速器的调速弹簧仅是一个可以自由伸缩的单个弹簧。以下介绍 VE 泵全速调速器。

2. VE 泵全速调速器

1) VE 泵全速调速器的构造

VE 泵机械离心式全速调速器的结构如图 7-43 所示。它主要由传动齿轮、飞锤、调速器油套、调速杠杆系统和调速弹簧等组成。张紧杆、支承杆和导杆通过销轴连接组成调速杠杆系统。为完善调速器的工作性能,VE 泵机械离心式全速调速器上还设有增压补偿器和转矩校正装置等附加装置。

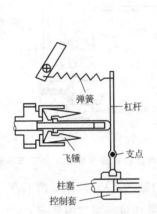

图 7-42 VE 泵调速器基本原理

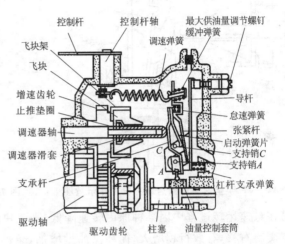

图 7-43 VE 泵机械离心式全速调速器的结构

导杆可绕 C 点转动,通过支持销(即图中支点 A)把张紧杆、支承杆与导杆连在一起,使张紧杆和支承杆绕支持销转动。油量控制套筒上有凹槽,在支承杆的下端固装一个球头销,并嵌入到油量控制套筒的凹槽内。

飞块装在飞块架内,飞块架与增速齿轮固定在一起。柴油机工作时,动力经驱动轴、驱动齿轮和增速齿轮带动飞块架与飞块旋转。靠飞块旋转产生的离心力推动调速器滑套移动,从而通过支承杆下端的球头销拨动油量控制套筒轴向移动,增减循环供油量,以适应柴油机工作的需要。与控制杆固装在一起的控制杆轴的下端,偏心安装一个轴销,调速弹簧左端挂在偏心轴销的连接板上,其右端入带有缓冲弹簧且穿过张紧杆的销轴上。在调速弹簧的弹力作用下,张紧杆绕支点 A 逆时针转动,推动油量控制套筒右移,使循环供油量增加;反之,循环供油量减小。

最大供油量的调节是通过调节最大供油量调节螺钉、导杆和杠杆支承弹簧来完成的。

2) VE 泵全速调速器的工作原理

(1) 启动工况。

VE 泵全速调速泵启动工况工作示意图如图 7-44 所示。柴油机处于静止状态,飞块完全闭合。启动前将控制杆推到全负荷供油位置。此时,调速弹簧被拉伸,从而拉动张紧杆使其绕 A 点逆时针转动,直到其上部碰到限位器,与此同时,支承杆通过其下端的球头销一方面拨动油量控制套筒右移至极限位置(启动加浓位置),另一方面在启动弹簧片的作用下推动调速器滑套至左极限位置。上述过程为启动加浓准备了条件。

(2) 怠速工况。

VE 泵全速调速泵怠速工况工作示意图如图 7-45 所示。柴油机启动后,将控制杆推至怠速供油位置。在此位置,调速弹簧的弹力几乎为零。此时,飞块的离心力推动调速器滑套向右移动,使支承杆绕 A 点顺时针转动,压缩启动弹簧片、怠速弹簧和缓冲弹簧,并使油量控制套筒左移,直到作用在调速器滑套上的飞块的离心力与启动弹簧片、怠速弹簧和缓冲弹簧所形成的弹力相平衡,油量控制套筒便固定在某一位置不动,柴油机就在相应的某一怠速下稳定运转。

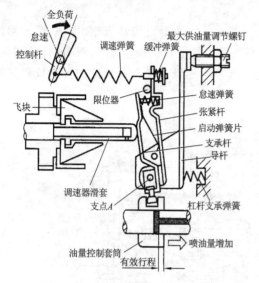 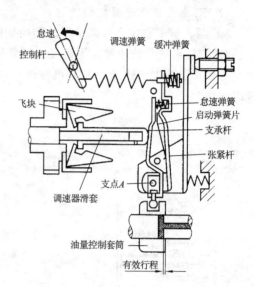

图 7-44 VE 泵全速调速器启动工况工作示意图　　图 7-45 VE 泵全速调速器怠速工况工作示意图

若在怠速运转过程中因某种原因转速降低,则飞块的离心力随之减小,调速器滑套左移,油量控制套筒右移,有效行程增大,循环供油量增加,柴油机转速回升到新的平衡状态。反之,若转速升高,飞块的离心力增大,推动调速器套筒右移,使支承杆和张紧杠杆绕 A 点顺时针转动,则油量控制套筒左移,循环供油量减少,柴油机转速下降。

(3) 全负荷工况。

VE 泵全速调速器全负荷工况工作示意图如图 7-46 所示。当控制杆由怠速供油位置向全负荷供油位置转动时,调速弹簧拉伸,缓冲弹簧、怠速弹簧被压缩,张紧杆的支点 B 压到支承杆上,张紧杆绕 A 点逆时针转动,油量控制套筒右移,循环供油量增大,柴油机转速增高。此时控制杆每一个位置对应调速弹簧一个拉力。柴油机转速升高,飞块的离心力增大,当作用在调速器滑套上的力与调速弹簧拉力平衡时,油量控制滑套就稳定在某一位置上,循环供油量保持一定,柴油机稳定在该对应转速工况,即中间负荷工况。

当控制杆推到全负荷位置时,张紧杆接触到限位器,缓冲弹簧被完全压缩。由于张紧杆和支承杆继续绕 A 点转动,油量控制套筒右移到最大循环供油量位置。当柴油机处于全负荷工况时,作用在调速器滑套上的飞块离心力的分力与调速弹簧的弹力相平衡,柴油机稳定在该工况下运转。若不符合,则可通过调节最大供油量调节螺钉来实现。在全负荷工况下,飞块没有和飞块架接触,仍留有继续张开的余地。

(4) 最高转速工况。

VE 泵全速调速器最高转速工况工作示意图如图 7-47 所示。当控制杆在全负荷供油位置时,随着负荷的减小,柴油机转速上升,使飞块的离心力作用于调速器滑套上的力大于调速弹簧的弹力,张紧杆与支承杆绕 A 点顺时针转动,使循环供油量减小,柴油机转速便稳定在相应的工况下,直到外界负荷为零,通过调节循环供油量,使之保持最高稳定转速。

当柴油机转速超过允许的最高转速时,飞块向外张开并抵靠到飞块架的内表面,此时推动调速器滑套右移,使循环供油量减小,从而控制柴油机最高转速不超过规定数值。

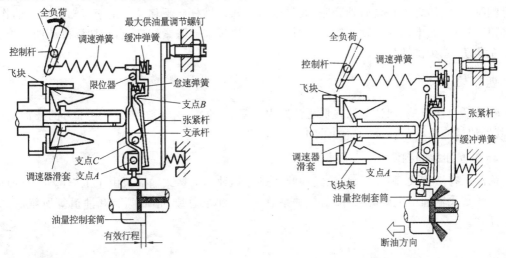

图 7-46 VE泵全速调速器全负荷工况工作示意图   图 7-47 VE泵全速调速器最高转速工况工作示意图

3) VE泵调速器的附加装置

(1) 增压补偿器。

增压补偿器用于增压柴油机的分配式喷油泵,其工作示意图如图7-48所示。补偿器盖和补偿器壳体之间装有膜片,将补偿器分为上、下两个互不相通的空腔。上腔与进气管相通,其压力即为增压压力。下腔经通气孔与大气相通,膜片下方装有膜片弹簧。补偿器阀杆与膜片相连,并随膜片一起作往复运动。

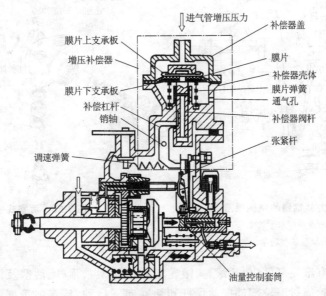

图 7-48 VE泵调速器增压补偿器工作示意图

当进气增压压力增大时,膜片带动补偿器阀杆向下运动,与阀杆锥体相接触的补偿杠杆绕其销轴顺时针转动,经张紧杆带动油量控制套筒向加油方向移动,增加供油量;反之,则减少供油量。

(2) 大气压力补偿器。

大气压力补偿器的作用是,随着大气压力的降低或海拔的升高自动减少供油量,以防止柴油机排黑烟。其结构原理如图7-49所示。它主要由大气压力感知盒和感知盒推杆组成。大气压力感知盒推杆下端与连接销的接触处,是一段上大下小的锥体。当大气压力降低或汽车在高原行驶时,大气压力感知盒向外膨胀,大气压力感知盒推杆向下移动。由于感知盒锥体的作用,连接销向左移动,推动控制臂绕销轴逆时针转动,通过推动张紧杠杆、启动杠杆拨动油量控制套筒向左移动,减少供油量。

四、输油泵

输油泵的作用是,保证柴油在低压油路内循环,并供应足够数量及一定压力的柴油给喷油泵,其输油量应为全负荷最大喷油量的 3～4 倍。

（一）输油泵的构造

输油泵有活塞式、膜片式、齿轮式和叶片式等几种。活塞式输油泵由于工作可靠,目前应用广泛。活塞式输油泵主要有泵体、机械油泵总成、手油泵总成、止回阀类和油道等所组成,如图 7-50 所示。

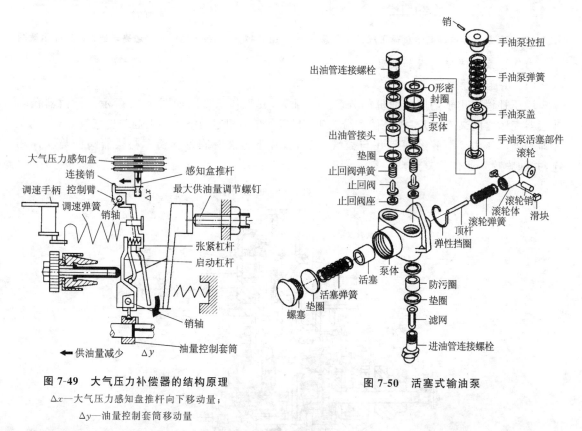

图 7-49 大气压力补偿器的结构原理
Δx—大气压力感知盘推杆向下移动量;
Δy—油量控制套筒移动量

图 7-50 活塞式输油泵

机械油泵总成有滚轮部件（包括滚轮、滚轮轴和滚轮架）、顶杆、活塞及活塞弹簧等,由喷油泵凸轮轴上的偏心轮通过滚轮部件推动顶杆和活塞向下运动,活塞弹簧推动活塞回位,实现活塞的反复运动。在进油和出油侧分别装有止回阀,以控制进油口、出油口和活塞室的开闭。

（二）输油泵的工作原理

输油泵的工作原理如图 7-51 所示。

1. 准备过程

当喷油泵凸轮轴上的偏心轮推动顶杆和活塞下移时,下泵腔中的油压升高,进油阀关闭,出油阀开启,同时上泵腔中容积增大,产生真空度,于是柴油自下泵腔经出油阀流入上泵腔。

2. 进油和压油过程

喷油泵凸轮轴上偏心轮的凸起部分转到上方时,活塞被弹簧推动上移,活塞下方泵腔容积增大,油压降低,产生真空度,使进油阀开启,柴油便从进油管接头经油道吸入活塞下泵腔。与此同时,活塞上方泵腔容积减小,油压增高,出油阀关闭,上泵腔中的柴油从出油管接头上的孔道被压出,流往柴油滤清器。

如此反复,柴油便不断地被送入柴油滤清器,最后被送入喷油泵。

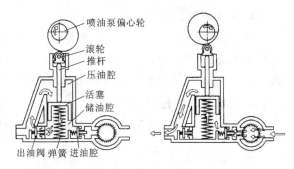

图 7-51　输油泵的工作原理

3. 供油量的自动调节

柴油机负荷减小,输送柴油过剩很多,会使输油泵出油口和上泵腔压力增加,致使在活塞背面的压力增大,当此压力与活塞弹簧弹力相平衡时,活塞便停留在某一位置,不能回到上止点,这样活塞的有效行程减小,输油泵的供油量自动减小,即实现了输油量和输油压力的自动调节。

4. 手油泵

手油泵由手油泵体、活塞、手柄和弹簧等组成,其结构如图 7-52 所示。当柴油机长时间停止工作后,或低压油路中有空气时,可利用手油泵输油或放气。

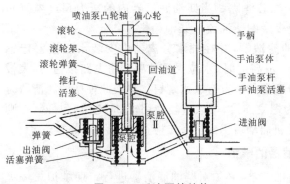

图 7-52　手油泵的结构

使用手油泵手动输油时,应先将柴油滤清器或喷油泵的放气螺钉拧开,再将手油泵的手柄旋开,往复推拉手油泵的活塞。当活塞上行时,将柴油经进油阀吸入手油泵的泵腔;当活塞下行时,进油阀关闭,柴油从手油泵的泵腔经出油阀流出,并充满柴油滤清器和喷油泵低压油路,并将其中的空气驱除干净,从出油口流出的柴油中应没有气泡。手油泵输油排气完成后,应拧紧放气螺钉,旋紧手油泵手柄。

(三) 输油泵的检修

当发现输油泵有故障,就车不能解决时,应拆下检查并维修。

输油泵解体后,检查进、出油阀和阀座的磨损情况。如有破裂或严重磨损时,应予更换;如磨损轻微,可研磨修复。

输油泵活塞与壳体由于磨损出现配合松旷和运动不平稳时,应更换成新泵。

输油泵装复后,要进行性能试验。

1. 密封性试验

试验时,旋紧手油泵手柄,堵住出油口,将输油泵浸没在清洁的柴油中,从进油口通入147~196 kPa 的压缩空气,若输油泵密封性良好,在推杆与泵体的间隙中,只有微小的气泡冒出。气泡的直径超过 1 mm,表明漏气量将超过 30 mL/min,说明输油泵的密封性过差,应更换新泵。

2. 吸油能力的试验

以内径为 48 mm、长为 2 m 的软管为吸油管,在水平高度低于输油泵 1 mm 的柴油箱中,用输油泵供油,能在 30 个活塞行程内出油为合格。

3. 输油量的检验

将输油泵装回喷油泵，输油泵的出口接油管，油管出口插入容量为 500 mL 的量杯中，量杯的位置必须高于输油泵 0.3 m。当喷油泵转速为 1 000 r/min 时，测量 15 s 内流入量杯内的柴油量，并与技术条件规定的流量相比较，判断出油量是否合格。

4. 输油压力的检验

在输油泵出油口接上压力表，在规定的转速条件下，检验输油泵的输油压力是否符合原厂规定。

五、柴油滤清器

柴油在储存、运输过程中，往往会混入一些尘土、水分或其他机械杂质。另外，由于温度变化以及和空气接触，会有少量的石蜡从柴油中析出。因此，在柴油进入喷油泵之前，必须清除其中的杂质，否则会加剧精密偶件的磨损。

柴油滤清器的作用是，清除柴油中的杂质。柴油滤清器有粗、细之分。柴油粗滤器一般安装在输油泵之前，用来清除柴油中颗粒较大的杂质，粗滤器的滤芯中以纸质滤芯应用最为广泛。柴油细滤器一般安装在输油泵之后，用来清除柴油中的微小杂质。

1. 柴油滤清器的构造

柴油滤清器如图 7-53 所示。其结构原理与纸质滤芯可拆式机油粗滤器基本相同，区别主要是，在柴油滤清器盖上设有放气螺钉和溢流阀，放气螺钉用于排除低压油路内的空气。柴油经过柴油滤清器时，水分沉淀在壳体内，杂质被滤芯滤除。当柴油滤清器内的压力超过溢流阀开启压力(0.1～0.15 MPa)时，溢流阀开启，使多余的柴油流回柴油箱。

许多进口柴油机采用带油水分离器的柴油滤清器，并在油水分离器内安装水位报警传感器。浮子随着积水的增多而上浮，当水位达到一定高度时，水位报警传感器将电路接通，仪表板上的报警灯发亮，提示驾驶人及时放水。油水分离器的下方有放水螺钉。更换此种柴油滤清器时要注意，柴油滤清器中的水位报警开关与壳体为螺纹连接，可以重复使用，但应更换密封圈，否则容易造成渗漏。更换柴油滤清器后应放气，发动机启动后仍需进一步检查和排除渗漏故障。

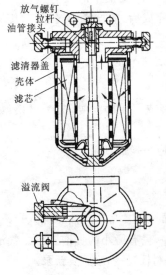

图 7-53 柴油滤清器

2. 柴油滤清器的维护

为保证燃料的清洁，必须对柴油滤清器进行定期维护。一级维护时，除检查柴油滤清器的接头是否有渗漏外，还要认真清洁壳体内、外的油污，并清洁绸布或金属的滤芯。二级维护时，要更换滤芯。

六、柴油机供油正时

柴油机工作时喷油提前角的大小对柴油机工作性能影响很大。喷油提前角过大，喷油时气缸内温度低，混合气形成条件差，备燃(着火延迟)期长，从而将导致柴油机工作粗暴；喷油提前角过小，则补燃期延长，燃烧过程所能达到的最高压力低，热效率显著下降，部分柴油不能燃烧，随废气排出。因此，柴油机必须有最佳喷油提前角。

最佳喷油提前角，即柴油机在转速和供油量(负荷)一定的条件下，能获得最大功率和最小燃料消耗率的喷油提前角。由试验得出，任何一台柴油机，最佳喷油提前角都不是常数，而是随供油量和曲轴转速变化的，且与柴油机结构有关。供油量越大，转速越高，喷油提前角也越大。为使柴油机在其他工况下,也有适宜的喷油提前角,在柴油机喷油泵上均设置了喷油提前角的自动调节器。为消除因喷油泵传动装置相关零件的磨损而引起喷油提前角的变化,以及喷油泵经解体调试后装车,为保证喷油正时,喷油泵还设有喷油正时校正装置。喷油正时的校正与就车调整,是在喷油泵安装到车上后,通过检查、调整和校正喷油正时装置进行的。

喷油提前角的调整是通过调节供油提前角实现的。供油提前角是指喷油泵开始供油至活塞到达上止点之间的曲轴转角。

(一)柱塞式喷油泵供油提前角的自动调节器

供油提前角自动调节器的作用是,在柴油机整个工作转速范围内使喷油泵供油提前角随柴油机的转速升高而自动相应提前,使柴油机始终在最佳或接近最佳喷油定时下工作。供油提前角自动调节器装在喷油泵的驱动轴上。

1. 供油提前角自动调节器的构造

图 7-54 所示为机械离心式供油提前角自动调整器。

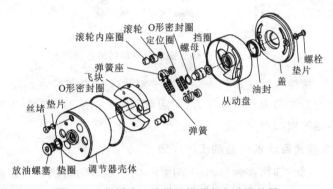

图 7-54 机械离心式供油提前角自动调整器

机械离心式供油提前角自动调节器位于联轴器和喷油泵之间,联轴器的从动部分即为调节装置的驱动部分,调节装置的从动部分即为喷油泵凸轮的驱动部分。

调节器壳体用螺栓与联轴器相连,为主动元件。两个飞块套在调节器壳体端面的两个销钉上,外面还套装两个弹簧座,飞块的另一端各压装一个销钉,每个销钉上各松套着一个滚轮和滚轮内座圈。从动盘与喷油泵凸轮轴相连接。从动盘两臂的弧形侧面与滚轮接触,平侧面则压在两个弹簧上,弹簧的另一端支于弹簧座上。整个调节器是一个密封体,内腔充满机油以润滑。

2. 供油提前角自动调节器的工作原理

供油提前角自动调节器的工作原理如图 7-55 所示。当柴油机转速上升,装在调速器壳体上的飞块的离心力开始克服弹簧的预紧力,使弹簧向外张开;同时,通过飞块上的滚轮推动与从动盘焊成一体的弧形块运动,从而使与从动盘连接的喷油泵凸轮轴沿旋转方向相对于调速器壳

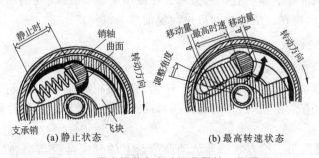

图 7-55 供油提前角自动调节器的工作原理

体转动一个角度,直到弹簧作用在平侧面上的压缩弹力与飞块的离心力相平衡为止,于是从动盘与调节器壳体同步旋转,从而改变了喷油泵供油提前角,转速越高,供油提前角改变量也越大。

(二) VE 泵供油提前角的自动调节器

1. VE 泵供油提前角自动调节器的构造

VE 泵采用液压式供油提前角自动调节器,它安装在 VE 泵下部,由液压缸、活塞、拨销、连接销、弹簧和滚轮座等主要零件组成,其结构如图 7-56 所示。

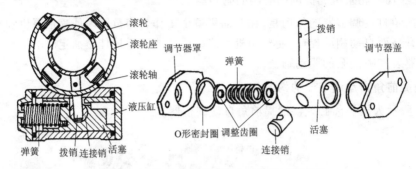

图 7-56 液压式供油提前角自动调节器的结构

活塞通过连接销、拨销与滚轮座相连。活塞左侧液压缸内有弹簧,并与滑片式输油泵进油道相通,因而其作用力为弹簧力和进油压力,而活塞右侧液压缸与泵内腔相通,其作用力为泵内柴油压力,其值随转速的增加而增大。

2. VE 泵供油提前角自动调节器的工作原理

当喷油泵处于静止状态时,在弹簧力的作用下,活塞被推向右侧。当柴油机工作后,泵内柴油压力升高。当活塞两边失去平衡时,活塞开始向左移动,通过连接销、拨销推动滚轮座顺时针转动,即滚轮座相对于平面凸轮转动,迫使平面凸轮提早顶起,供油提前角增大,从而使供油提前。反之,转速降低,滚轮座逆时针方向转动,即滚轮座顺着平面凸轮转动,供油提前角减小,使供油滞后,如图 7-57 所示。

若改变弹簧的预紧力,则可以改变使供油提前角自动调节器起作用的转速。

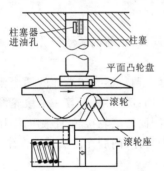

图 7-57 液压式供油提前角自动调节器的工作原理

(三) 喷油泵供油正时的校准

喷油泵的二级维护作业主要是外部的清洁、校准供油正时和向供油提前角自动调节器补给润滑油。

喷油提前角与供油提前角有直接的关系。在使用中,是通过改变供油提前角的大小来改变喷油提前角的。因此,应在二级维护时以供油提前角予以校正。

1. 供油提前角的检查

供油提前角的检查应按以下程序进行。

(1) 确定曲轴的位置。转动曲轴,使飞轮上的供油正时标记与飞轮壳上的标记对正(如 6120Q-1 型柴油机上有上止点前 25°的长刻线),或使曲轴前带轮上的供油提前角标记与正时齿轮壳上的标记对正。

(2) 检查供油提前角。检查联轴器从动凸缘盘上的刻线是否与喷油泵前壳体上的刻线对正(如 6100Q-1 柴油机)。假若没有对正,松开连接主动凸缘盘与中间凸缘盘的螺栓,转动喷油泵凸轮轴使刻线对正,然后拧紧连接螺栓。

供油提前角也可以按下述方法检查。在基本对正曲轴位置后,将一缸分泵的出油阀和出油阀弹簧拆下,装上检查用的出油管。用手油泵泵油,此时,应保证出油管有柴油流出。在出油的同时,顺时针方向转动曲轴,在出油停止的瞬间使曲轴停转,此时飞轮或曲轴带轮的刻度即为一缸供油提前角。如果供油提前角不准,则应进行调整。

2. 供油提前角的调整

喷油泵与发动机的固定方式不同,供油提前角的调整也不同。

(1) 柱塞式喷油泵:泵体不能变动,通过联轴器调整。调整时,改变主动凸缘盘和中间凸缘盘的相对位置,便可改变供油提前角。

(2) 转子式分配泵:用螺栓固定在正时齿轮箱壳体上,通过改变泵的位置来调整供油提前角。螺栓孔为弧形孔,螺栓松开时,分配泵壳体可相对分配泵驱动轴转动一定角度,使供油提前角发生改变。

七、柴油机废气涡轮增压系统

所谓增压,是在增压器中压缩进入发动机进气管前的充量,增加其密度,使进入气缸的实际进气量比自然吸气发动机的进气量多,达到增加发动机功率、改善燃料经济性和排放性能的目的。在增压发动机中,充量将受到两次压缩,一次是在增压器中,一次是在气缸中。

发动机的增压方法有机械增压、气波增压、废气涡轮增压和复合增压。废气涡轮增压(简称为涡轮增压)最早在柴油机上得到应用,目前仍是发动机增压的主要方式。

废气涡轮增压的作用是,利用发动机排气的动力使进气增压,以达到进气充分,使发动机动力提高和减少废气的目的。

废气涡轮增压的特点是:不需要消耗柴油机动力;在柴油机结构(气缸直径、活塞行程和曲轴转速)不变的条件下,可提高功率30%～100%甚至更多;进气压力提高,燃烧压力也相应提高,柴油机工作更柔和、噪声更小,燃烧更充分,从而降低了尾气排放,降低了燃油消耗率;拓宽了柴油机的产品系列,即在相同气缸直径、活塞行程和曲轴转速条件下,柴油机有较宽的功率范围。

1. 废气涡轮增压的构造

废气涡轮增压器的结构如图7-58所示。它主要由装在同一轴上的涡轮和压气机叶轮组成。压气机叶轮叶片为前倾后弯式,以提高压气机效率。涡轮和轴焊接在一起。轴承系统采用全浮式滑动轴承。全浮式滑动轴承采用具有良好储油性能的粉末冶金止推轴承,两端均采用活塞环式密封环。

2. 废气涡轮增压的工作原理

废气涡轮增压系统的工作原理如图7-59所示。废气涡轮增压器实际上就是一个空气压缩机,它利用发动机排出的废气作为动力来推动涡轮室内的涡轮(位于排气道内),涡轮又带动同轴的叶轮(位于进气道内),叶轮压缩由空气滤清器管道送来的新鲜空气,再送入气缸,通过涡轮的废气最后排入大气。当发动机转速加快,废气排出速度与涡轮转速也同步加快,空气压缩程度就得以加大,发动机的进气量就相应地增加,从而提高发动机的输出功率。

3. 中间冷却器

废气涡轮增压按其增压比 π_k(增压后气体压力 P_k 与增压前气体压力 P_0 之比)的大小可分为低增压($\pi_k<1.4$)、中增压($1.4<\pi_k<2$)和高增压($\pi_k>2$)。增压比高,压力升高大,但会使空气的温度随之升高,因而空气的密度增长率受到影响,使发动机功率的提高受到限制,同时,温度升高还会加大柴油机零件的热负荷,加大排气污染。因此,中、高增压比的增压器一般要采用中间冷却器(中冷器)。

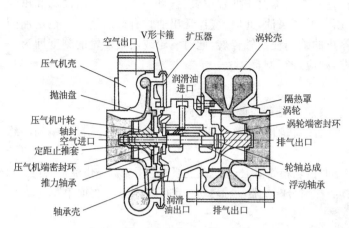

图 7-58 废气涡轮增压器的结构

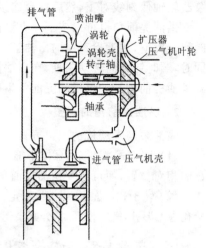

图 7-59 废气涡轮增压系统的工作原理

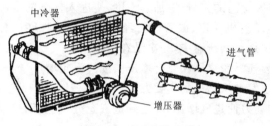

图 7-60 中冷器的布置

柴油机装中冷器后,从增压器压气机出来的空气不直接进入柴油机的进气管,而是通过管子被引至安装在柴油机冷却水散热器前面的中冷器。在这里,对压缩空气进行冷却,使其密度进一步提高,以增加发动机的进气量,有利于提高柴油机的性能。中冷器的布置如图 7-60 所示。

7.2.3 电控柴油机燃料供给系统

柴油机电控技术同汽油机电控技术一样也是在解决能源危机和排放污染两大难题的背景下,在飞速发展的电子控制技术平台上发展起来的。汽油机电控技术的发展和日趋成熟也为柴油机电控技术的发展提供了宝贵经验。尤其是 20 世纪 80 年代以来,以微型计算机为电子控制单元的电子控制技术在柴油机上的应用,形成了现代汽车柴油机电控系统,使柴油机的动力性、经济性、排放污染及噪声等各个方面的指标进一步得到改善,同时也提高了柴油机与汽油机在汽车上应用的竞争优势,柴油机技术进入一个新的发展阶段。

一、电控柴油机喷射系统的分类

柴油机电控技术主要经历了位置控制、时间控制和时间-压力控制方式三个阶段。

1. 位置控制式电控柴油喷射系统

位置控制式电控柴油喷射系统称为第一代电控柴油机喷射系统。其特点是,它是在传统喷油泵、高压油管和喷油器系统上,保留原来机械式喷油泵结构中的供油量调节齿杆、柱塞副和柱塞斜槽等控制油量的机械构件,加装一个电控装置发展而成的。它采用比例电磁阀或步进电动机等执行机构对供油量调节齿杆或油量控制滑套的运动位置以及喷油泵主、从动轴的相互位置进行低频连续调节,以实现对油量和定时的控制。

位置控制式电控柴油喷射系统使控制精度和响应速度得以提高,生产继承性好,安装方便,但由于未变更原有喷油装置,喷油特性保持不变,一般不能对喷油速率和喷油压力进行调控。此外,由于不是对油量和定时进行直接控制,它控制响应慢,也做不到各缸的独立控制。一汽大众生产的捷达 SDI 发动机采用博世轴向压缩式分配泵即为位置控制式。

2. 时间控制式电控柴油喷射系统

时间控制式电控柴油喷射系统称为第二代电控柴油机喷射系统。其特点是，它利用安装在高压油路中的高速、强力电磁溢流阀来直接控制高压油路的通断（电磁溢流阀关闭，执行喷油；电磁溢流阀打开，喷油结束），根据电磁溢流阀通电时间的长短来确定供油量的大小，而根据电磁溢流阀关闭的时刻来控制供油提前角。它还可以通过适时地变更电磁溢流阀升程或改变高压油路中的油压来实现喷油速率和喷油压力的控制。这样传统的喷油泵结构得以简化，强度得以提高，而且传统喷油泵中的供油量调节齿杆、油量控制滑套、柱塞上的斜槽、提前器、齿圈等可全部取消，喷油泵机械系统的结构大为简化，油泵缸体及柱塞副的刚度和承压能力相应加强。但这种柴油喷射系统依旧利用脉动柱塞供油，因此其对转速的依赖性很大。在低速、小负荷时，其喷油压力不高，而且难以实现多次喷射，极不利于降低柴油机的噪声和振动。一汽大众生产的宝来、奥迪 A6TDI 发动机采用的博世泵喷嘴系统即为时间控制式。

3. 时间-压力控制式，即电控共轨式柴油喷射系统

国外 20 世纪 90 年代中期开始应用一种新型柴油机电控喷油技术。它用一个高压油泵在柴油机的驱动下，以一定的速比连续将高压柴油输送到共轨（公共容器）内，高压柴油再由共轨送入各气缸喷油器。高压油泵并不直接控制喷油，而仅仅是向共轨供油以维持所需的共轨压力，并通过连续调节共轨压力来控制喷射压力，采用压力-时间式燃油计量原理，用高速电磁阀控制喷射过程。喷油压力、喷油量及喷油定时由发动机 ECU 灵活控制。这种柴油喷射系统称为第三代电控柴油机喷射系统。这种系统可实现高压喷射（最高为 200 MPa）；喷射压力独立于发动机转速；可实现预喷射；喷油定时和喷油量可自由选定；有良好的喷射特性；结构简单，可靠性好，适应性强。

电控共轨式柴油喷射系统可分为高压共轨式柴油喷射系统和中压共轨式柴油喷射系统。高压共轨式柴油喷射系统中高压油泵直接输出高压柴油到共轨容器，压力可达 120 MPa 以上，因此整个系统从高压输油泵到喷油器均处于高压状态。中压共轨式柴油喷射系统中输油泵输出的柴油是中、低压油，压力为 10～30 MPa。此压力柴油进入共轨，然后进入喷油器后，将类似传统泵喷嘴中的凸轮对喷油器中的活塞上方施压。此活塞通过柱塞压缩下方的柴油，使其成为喷射的高压柴油而通到喷油嘴中，以类似常规喷嘴方式进行喷射，此种系统另有柴油供油及回油油路。此系统又称为液压泵喷嘴系统。因此中压共轨式柴油喷射系统中，高压区域仅局限在喷油器中。目前使用的大多数都是高压共轨式柴油喷射系统，如日本电装公司的 ECD-U2 和德国博世公司均采用的是高压共轨式柴油喷射系统。

二、电控柴油机燃料供给系统的基本组成

电控柴油机燃料供给系统由三大部分组成，即传感器、控制器（发动机 ECU）和执行器。

1. 传感器

传感器用于实时检测柴油机、车辆运行状态及使用者的操作思想、操作量等信息，并送给控制器。基本传感器有发动机转速传感器、齿杆位移传感器、喷油提前角传感器及加速踏板位置传感器等。

2. 控制器

控制器结构示意图如图 7-61 所示。控制器的核心部分是计算机，它负责处理所有信息，执行程序，并将运行结果作为控制指令输出到执行器。此外，计算机还有通信功能，即可和其他的控制系统，如传动装置控制器进行数据传输和交换，同时考虑到其他系统的实时情况，适当修正

燃料供给系统的执行指令,即适当修正喷油量、喷油提前角等。与此同时,计算机还可以向其他控制系统送出必要的信息。

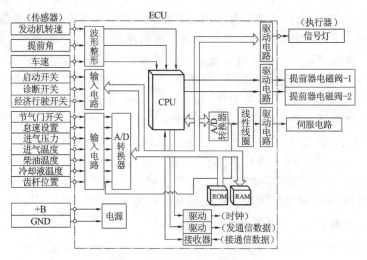

图 7-61　控制器结构示意图

3. 执行器

执行器根据控制器送来的执行指令驱动调节喷油量及喷油正时的相应机构,从而调节柴油机的运行状态。在直列泵系统中,有调节喷油泵的齿杆位移的调速器执行器、调节发动机驱动轴和喷油泵凸轮轴的相位差的提前器执行器。在分配泵系统中,也有一些独特的执行器。

三、位置控制式电控柴油机燃料供给系统

（一）电控直列泵燃料供给系统

1. 电控直列泵燃料供给系统的组成

电控直列泵燃料供给系统如图 7-62 所示。在电控直列泵燃料供给系统中:由调速器执行机构控制供油量调节齿杆的位置,从而控制供油量;由提前器执行机构控制发动机驱动轴和喷油泵凸轮轴间的相位差,从而控制喷油时间。调速器执行机构和提前器执行机构是电控直列泵燃料供给系统中的两个特殊机构。

电控直列泵燃料供给系统属于电控柴油机的早期产品,主要用在载货汽车柴油机上,以改善柴油的燃油经济性与排放性。其方案很多,比较典型的是电控滑套式直列泵燃料供给系统,其组成如图 7-63 所示。

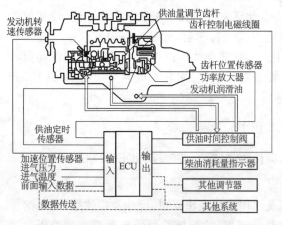

图 7-62　电控直列泵燃料供给系统

这种系统是对传统的机械式喷油泵进行改进而形成的,在喷油泵中增设了控制供油量调节拉杆的电控调速机构,以及控制柱塞套的电控供油正时调节机构。各种传感器将柴油机的运行参数和驾驶人的操作意图传给发动机 ECU,发动机 ECU 根据上述信息进行计算后,控制喷油泵中相关执行机构的工作,使发动机获得最佳的供油正时和供油量。

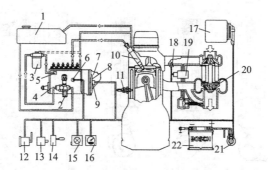

图 7-63　电控滑套式直列泵燃料供给系统的组成

1—柴油箱；2—输油泵；3—柴油滤清器；4—直列式喷油泵（直列泵）；5—电子停油装置；6—燃油温度传感器；7—齿杆位置传感器；8—线性电磁执行机构；9—发动机转速传感器；10—喷油器；11—冷却液温度传感器；12—加速踏板位置传感器；13—离合器、制动和排气制动开关；14—操纵杆；15—警告灯和故障诊断座；16—车速表；17—发动机 ECU；18—进气温度传感器；19—增压压力传感器；20—涡轮增压器；21—开关；22—蓄电池

2. 电控直列泵燃料供给系统主要部件的构造与工作原理

1）电控供油正时调节机构

在机械式喷油泵中，实现供油正时的电控调节有很多种方案。例如：将滚轮挺柱体调节螺钉做成活动可调的形式；用液压机构推动滚轮体横向移动，使其中心线与凸轮中心错位；将柱塞做成上、下两个部分，以油压控制柱塞总长度；将柱塞设计成可上下滑动的等。其中最为成熟、应用最为广泛的是使用滑套式调节机构。

电控直列泵的滑套式电控供油正时调节机构（见图 7-64）由柱塞、滑套、供油量调节齿杆、滑套调节轴和供油正时调节器等组成。滑套 2 和柱塞 4 构成一对精密偶件，滑套 2 位于柱塞的下半部分，在喷油泵的低压油腔内，而柱塞 4 上部又与柱塞套 1 精密配对，构成高压油腔。

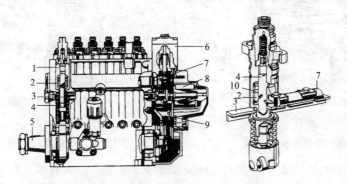

图 7-64　滑套式电控供油正时调节机构

1—柱塞套；2—滑套；3—供油量调节齿杆；4—柱塞；5—喷油泵凸轮轴；6—供油正时调节器；7—滑套调节轴；8—电子调速器；9—齿杆位移传感器；10—回油孔

供油开始前，当柱塞处于下止点时（见图 7-65（a）），柱塞顶部空间通过柱塞上的斜槽和进油孔与进油腔相通，随着柱塞的上升，当滑套下部边缘将柱塞上的进油孔完全遮住以后，柱塞顶部的压力升高，供油开始（见图 7-65（b）），这时的柱塞升程为预行程（h_{ps}）。此后，柱塞继续上升，至柱塞上的斜槽与滑套上的回油孔相通以后，柱塞顶部空间卸压，供油结束（见图 7-65（c）），柱塞在供油其间上升的距离为有效行程 h_e。供油结束后，柱塞继续上升，走完剩余行程 h_1，到达上止点（图 7-65（d）），再随凸轮下降段回到下止点，完成一次供油行程。滑套的运动由供油正时调节器控制，它是一个线性电磁执行器，电磁线圈的磁力使铁芯移动，带动滑套调节轴转动，再拉动滑套作上下移动，从而达到改变柱塞预行程和供油始点的目的。滑套上移，预行程增加，供油推迟；反之，预行程减小，供油提前。

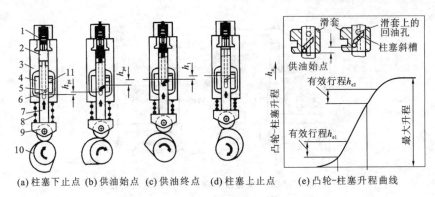

(a) 柱塞下止点 (b) 供油始点 (c) 供油终点 (d) 柱塞上止点 (e) 凸轮-柱塞升程曲线

图 7-65 滑套控制供油正时示意图

1—出油阀；2—柱塞顶部空间；3—柱塞套；4—滑套；5—控制斜槽；6—柱塞上的进油孔；
7—柱塞；8—柱塞弹簧；9—挺柱滚轮；10—凸轮；11—回油孔

2）调速器执行机构

调速器执行机构如图 7-66 所示。电控直列泵燃料供给系统中，调速器执行机构的作用相当于飞块。它用电磁作用力或电磁液压力代替离心力控制齿杆位移。

流经线性螺线管中的电流增加时，则可动铁芯被吸引，并和复位弹簧平衡在某个位置，如图 7-67 所示。供油量调节齿杆和可动铁芯连接在一起，和可动铁芯一起运动，从而改变喷油量。

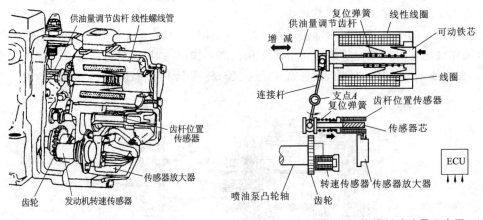

图 7-66 调速器执行机构   图 7-67 调速器执行机构控制喷油量示意图

在调速器执行机构的箱体内，还装有齿杆位移传感器、传感器放大器和发动机转速传感器等。

调速器执行机构通过发动机 ECU 计算出最佳喷油量，用线性螺线管、线性直流电动机等代替传统的杠杆机构，电动地控制供油量调节齿杆的位移。因此，可以根据发动机的运行状态将喷油量控制到最佳。

3）提前器执行机构

提前器执行机构位于发动机驱动轴和凸轮轴之间，用于调节两轴之间的相位，而且由它传递喷油泵的驱动转矩。因此，相位调节需要很大的作用力，大多采用液压方式。

角度提前机构的典型例子是偏心凸轮方式和螺线形花键轴。偏心凸轮方式的实例如图 7-68 所示。

电磁阀由发动机 ECU 控制，控制作用在油压活塞上的油压。油压活塞左右移动使转换机构上下运动，从而改变发动机驱动轴和凸轮轴之间的相位。

相位差的检查方法如图 7-69 所示。

发动机驱动轴和凸轮轴上分别装有转速脉冲发生器（见图 7-69）和转角脉冲发生器（见

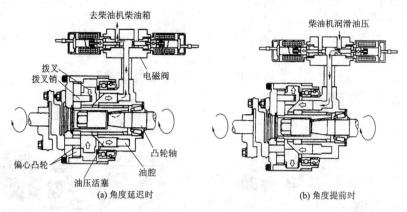

图 7-68 提前器执行机构

图 7-70),对应两个脉冲发生器分别装置了传感器,根据这两个传感器的信号 ne 和 np 可检测出两者的相位差。

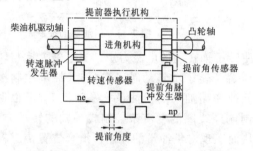

图 7-69 相位差的检查方法

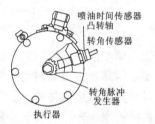

图 7-70 转速脉冲发生器和转角脉冲发生器

(二)电控分配泵燃料供给系统

位置控制式电控分配泵燃料供给系统的基本组成如图 7-71 所示。该系统利用电子调速器通过控制分配泵中的油量控制滑套位置来实现对供油量的控制,利用电磁阀通过控制供油提前角自动调节器中正时活塞两侧的油压(决定正时活塞位置)来实现供油正时控制。

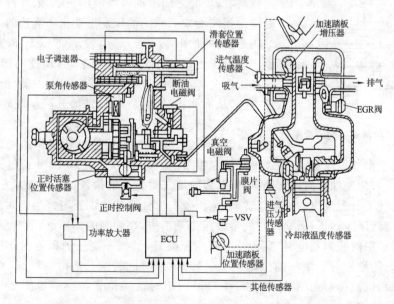

图 7-71 位置控制式电控分配泵燃料供给系统的基本组成

1) 供油量的控制

电子调速器的结构如图 7-72 所示。它由定子、转子、线圈、转子轴和滑套位置传感器等组成,转子轴下端的偏心钢球伸入油量控制滑套的凹槽中。

位置控制式电控分配泵是由发动机 ECU 控制电子调速器来控制滑套的位置,从而实现供油量调节的,如图 7-73 所示。

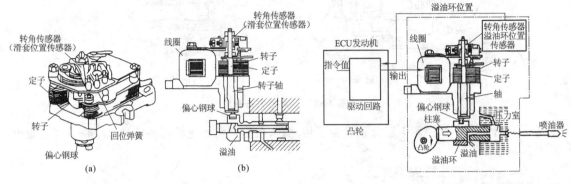

图 7-72　电子调速器的结构　　　　　　　图 7-73　供油量的控制

当给线圈通入的直流电流变化时,就会产生使转子轴转动的电磁力矩。当电磁力矩与转子轴回位弹簧力矩平衡时,转子轴就会固定在某一位置。转子轴转动时,通过伸入油量控制滑套凹槽内的偏心钢球使油量控制滑套轴向移动,从而改变喷油泵的供油量。发动机 ECU 根据发动机的工况计算出目标供油量,通过驱动回路控制流经线圈的电流来控制转子轴的转动方向,通过控制通电占空比来控制转子轴转动的角度,从而实现对供油量的控制。滑套位置传感器安装在转子轴上,发动机 ECU 通过该传感器检测的转子轴位置信号确定油量控制滑套的实际位置,并对油量控制滑套位置(供油量)进行闭环控制,即驱动回路根据发动机 ECU 的指令一边反馈控制执行机构的位置,一边控制输出。

2) 供油正时的控制

对于位置控制式电控分配泵供油正时的控制,通常是通过在原供油提前角自动调节器活塞两侧高、低压腔之间增加一条液压通道,依靠占空比控制的正时控制阀使活塞两侧的油压发生变化来实现的。正时控制阀结构示意图如图 7-74 所示,由发动机 ECU 传来的信号使线圈产生电磁力,从而吸动可动铁芯,可动铁芯带动阀门移动,这样就改变了正时活塞右侧(高压侧)与左侧(低压侧)之间的压力差,从而使正时活塞移动,带动分配泵滚轮架转动,实现供油时刻调整。

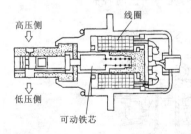

图 7-74　正时控制阀结构示意图

发动机 ECU 主要根据柴油机转速和加速踏板位置传感器信号确定基本供油提前角,再根据冷却液温度传感器等信号进行修正,并通过正时控制阀控制正时活塞左、右两侧油腔内的柴油压力差,以改变正时活塞的位置。正时活塞左右移动时,通过传动销带动转子分配泵内的滚轮架转动,从而改变喷油泵的供油正时。当正时控制阀线圈通电时,高压腔与低压腔连通,活塞两端的柴油压力差消失,在弹簧的作用下,活塞复位,喷油时间推迟。当正时控制阀线圈断电时,高压腔与低压腔断开,活塞在高压油压力的作用下向左移动压缩弹簧,使凸轮盘相对于滚柱的位置产生偏转,供油时间提前。通电时间长,供油提前角减小;通电时间短,供油提前角增大,如图 7-75 所示,正时活塞位置传感器检测出正时活塞的位置,从而进行反馈控制。

四、时间控制式电控柴油机燃料供给系统

时间控制就是用高速电磁阀直接控制高压柴油的喷射。一般情况下：电磁阀关闭，开始喷油；电磁阀打开，喷油结束。喷油始点取决于电磁阀关闭的时刻，喷油量取决于电磁阀关闭持续的时间，因此时间控制式电控柴油机燃料供给系统既可实现喷油量控制，又可实现喷油正时的控制。

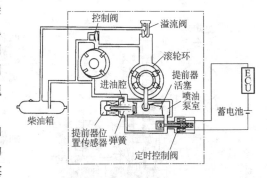

图 7-75　喷油时间的控制

时间控制式电控柴油机燃料供给系统中，喷油泵仍采用传统直列泵、单列泵、分配泵柱塞供油的原理，即通过柴油机曲轴驱动喷油泵凸轮轴使柱塞压缩柴油，从而产生高压脉冲，这一脉冲以压力波的形式传至喷油嘴，并顶开针阀，实现喷油。但传统的喷油泵中，柱塞同时起到建立供油压力与调节供油量的作用，而时间控制式电控柴油机燃料供给系统采用高速电磁阀泄油调节原理，柱塞只承担供油加压的功能，供油量、供油时间则由高速电磁阀单独控制。

1. 电控泵喷嘴燃料供给系统的组成

电控泵喷嘴是将泵油柱塞和喷油嘴（或针阀）合成一体而形成的，它安装在气缸盖上。由于无须高压油管，可消除高压油管中压力波和柴油压缩的影响，高压容积大大减小，喷射压力可以很高（目前压力可达 220 MPa）。

凸轮驱动式电控泵喷嘴燃料供给系统由低压部分、高压部分和电控系统等组成，如图 7-76 所示。

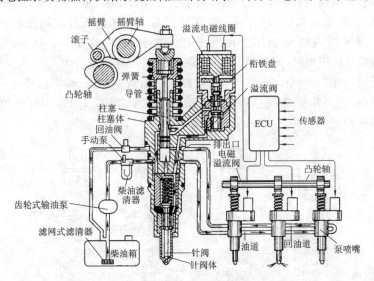

图 7-76　凸轮驱动式电控泵喷嘴燃料供给系统的组成

（1）低压部分是指燃油供给部分。柴油供给部分的任务是，储存所需要的柴油，并在所有工况下以规定的压力向燃料供给系统提供柴油。柴油供给部分主要包括柴油箱、柴油滤清器、输油泵、手动泵和回油阀等。

（2）高压部分是指泵喷嘴。泵喷嘴的功能是，在所有工况下，按发动机 ECU 计算出的时刻，以精确的数量和要求的压力将柴油喷射到发动机气缸内。

（3）电控系统分为三个系统模块，即传感器、发动机 ECU 及执行元件。

2. 泵喷嘴的结构

泵喷嘴由三个部分组成。Bosch公司电控泵喷嘴的结构如图7-77所示。

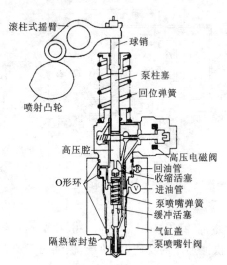

图7-77 Bosch公司电控泵喷嘴的结构

（1）产生高压的主要部件是泵体组件、泵柱塞和回位弹簧。

（2）高压电磁阀（电磁溢流阀）由线圈、电磁阀针阀、衔铁、磁芯和电磁阀弹簧等组成，其任务是控制喷油起始时刻和喷油持续时间。

（3）喷油器将柴油雾化，精确定量柴油并将其分布到燃烧室中。喷油器是利用压紧螺母安装到泵喷嘴体上去的。

3. 泵喷嘴的工作原理

泵喷嘴系统的工作过程可分成四个状态，如图7-78所示。

（1）吸油行程，如图7-78（a）所示。泵柱塞在回位弹簧的作用下往上运动。始终处于过压状态下的柴油从低压部分通过集成于发动机机体中的进油孔和进油管流入电磁阀阀腔。电磁阀是开启着的，柴油通过一个连接孔流入高压腔（又称泵腔）。

（2）预备行程，如图7-78（b）所示。由于驱动凸轮的转动，泵柱塞往下运动。此时，电磁阀是开启着的，柴油由泵柱塞通过回油管压回到低压部分。

（3）输油行程和喷油过程，如图7-78（c）所示。发动机ECU在一个确定的时刻输出指令使电磁阀的线圈通电，将电磁阀针阀吸往阀座，切断了高压腔和低压腔之间的联系。这个时刻称为喷油起始点。高压腔内的柴油压力因为泵柱塞的运动而上升。一旦腔内压力达到大约300 MPa的喷油嘴开启压力时，泵喷嘴针阀升起，柴油喷入燃烧室。

（4）残余行程，如图7-78（d）所示。如果电磁阀线圈断电，电磁阀将在经过一段短暂的滞后时间后开启，高压腔和低压腔之间重新连通，此后压力迅速下降，当压力低于喷油器关闭压力时，喷油器关闭，喷油过程结束。

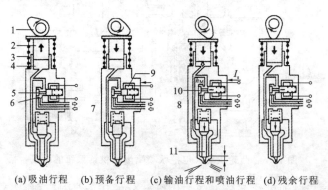

(a) 吸油行程　(b) 预备行程　(c) 输油行程和喷油行程　(d) 残余行程

图7-78 泵喷嘴的工作原理

1—驱动凸轮；2—泵柱塞；3—回位弹簧；4—高压腔；5—电磁阀针阀；6—电磁阀阀腔；7—进油管；
8—回油管；9—线圈；10—电磁阀阀座；11—泵喷嘴针阀；I_s—线圈电流；h_M—泵喷嘴针阀升程

4. 泵喷嘴电控系统的结构

泵喷嘴电控系统由传感器、发动机ECU和执行元件三个部分组成。传感器包括空气流量计、发动机转速传感器、霍尔式传感器、加速踏板位置传感器、强制降挡开关、怠速开关、冷却液温度传感器、进气歧管压力传感器、离合器踏板开关和燃油温度传感器。辅助信号有车速信号、空调信号和巡航开关信号等。执行元件包括喷油器电磁阀、柴油冷却泵（柴油冷却泵继电器）、预热塞（预热塞继电器）、废气再循环电磁阀、增压压力控制电磁阀和进气歧管翻板转换电磁阀等。

五、电控高压共轨式燃料供给系统

1. 电控高压共轨式燃料系统的基本组成

电控高压共轨式燃料系统的基本组成如图 7-79 所示，其组成框图如图 7-80 所示。

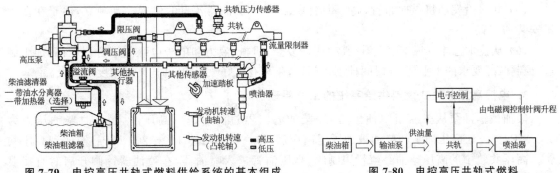

图 7-79 电控高压共轨式燃料供给系统的基本组成

图 7-80 电控高压共轨式燃料供给系统的组成框图

从功能方面分析，电控高压共轨式燃料供给系统可以分成以下两大部分。

1) 电子控制系统

电子控制系统又可以分成三大部分，即传感器、发动机 ECU 和执行器。

电子控制系统的核心是发动机 ECU。发动机 ECU 的输入是安装在车辆和发动机上的各种传感器和开关，发动机 ECU 的输出是送往各个执行机构的电子信息。

发动机 ECU 根据各个传感器的信息进行计算，完成各种处理后，求出最佳喷油时间和最合适的喷油量，并且计算出在什么时刻、在多长的时间范围内向喷油器发出开启电磁阀或关闭电磁阀的指令等，从而精确控制发动机的工作过程。

电子控制系统的框图如图 7-81 所示。

2) 燃油供给系统

燃油供给系统的主要组成部分如图 7-82 所示。由此图可见，燃油供给系统的主要构成是供油泵、共轨和喷油器。

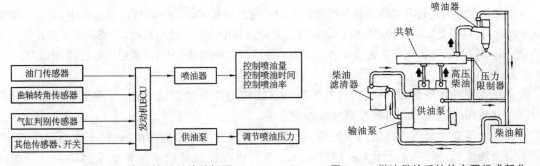

图 7-81 电子控制系统的框图

图 7-82 燃油供给系统的主要组成部分

燃油供给系统的基本工作原理是：供油泵将柴油加压成高压柴油，供入共轨内，共轨实际上是一种柴油分配管。储存在共轨内的柴油在适当的时刻通过喷油器喷入发动机气缸内。电控共轨系统中的喷油器是一种由电磁阀控制的喷油阀,电磁阀的开启和关闭由发动机 ECU 控制。

2. 电控高压共轨式燃料供给系统的特点

(1) 可实现高压喷射,喷射压力比一般喷油泵高出 1 倍,最高达 200 MPa。

(2) 喷油压力独立于发动机转速,可改善发动机低速及低负荷性能。

(3) 具有良好的喷油特性,喷油器电磁阀直接对喷油正时和喷油脉宽进行控制,可优化燃烧过程,使发动机油耗、烟度、噪声及排放等性能指标得到明显改善,并有利于改进发动机转矩特性。

(4) 可实现共轨压力的闭环控制。共轨压力传感器实时反馈共轨中的压力,通过控制调压阀的电流来调整进入共轨的油量和轨道压力,形成独立的共轨压力闭环子系统。

(5) 共轨沿发动机纵向布置,高压供油泵、共轨和喷油器各自的位置相互独立,便于在发动机安装和布置。

(6) 从技术总体实现难度上看,其组成较复杂,机械、液力和电子电磁阀耦合程度高,加工制造、控制匹配要求的水平高,与时间控制式相比,在具有更好性能的同时,开发难度也更大。

3. 电控高压共轨式燃料供给系统的工作原理

柴油被输油泵从柴油箱中抽出后,经柴油滤清器过滤后送入高压油泵,这时柴油压力为 0.2 MPa。进入高压油泵的柴油被加压至高压后(最高压力可达 150~200 MPa)输送到高压共轨。高压共轨中的高压柴油经流量限制阀、高压油管进入喷油器,在喷油器针阀开启时直接喷入燃烧室。高压油泵、喷油器的回油经回油管流回油箱(见图 7-79)。

在电控高压共轨式燃料供给系统中,各种传感器(如曲轴位置传感器、加速踏板位置传感器、凸轮轴位置传感器、各种温度和压力传感器等)将柴油机的实际运行状态转变为电信号输入柴油机 ECU,柴油机 ECU 根据预置的程序进行运算,确定适合于该工况下的最佳喷油量、喷油时刻、喷油速率等参数,再向喷油器发出指令,精确控制喷油过程,以保证柴油机始终处在最佳工作状态,使柴油机的动力性、经济性得到有效的发挥,并且使排放污染降到最低。

此外,柴油机 ECU 还通过压力传感器对高压共轨内的油压进行监测,并通过控制调压阀,使共轨内的油压保持为预定的压力,实现对共轨压力的控制。在电控高压共轨式燃料供给系统中,喷射压力的产生和喷射过程是彼此独立的。共轨的供油方式使得喷油压力与柴油机转速无关,喷油量取决于喷油压力和受发动机 ECU 直接控制的喷油器的喷油时间的长短。

4. 高压电控共轨式燃料供给系统的主要部件及其结构

1) 输油泵

输油泵的作用是,向高压油泵提供充足的柴油。输油泵有两种类型,即电动输油泵和机械驱动的齿轮泵,目前常用的是电动输油泵。

电动输油泵的结构和工作过程与汽油机上的电动汽油泵相似。柴油机启动过程中,电动输油泵就开始运行,且不受发动机转速影响。电动输油泵持续从柴油箱中抽出柴油,经柴油滤清器送往高压油泵。电动输油泵安装在车辆底盘柴油箱与柴油滤清器之间的油管上,也可以安装在柴油箱内。

2) 高压油泵

高压油泵的作用是,向共轨持续提供符合系统压力要求的高压柴油,并在柴油机启动过程中以及共轨压力迅速升高时保证高压柴油的供给。

高压油泵通常采用由凸轮驱动的直列柱塞泵(一般用于大型柴油机)和转子式油泵(一般用于小型柴油机)。图 7-83 所示为一种在 Bosch 公司电控高压共轨式燃料供给系统中使用的转子式高压油泵。柴油是由高压油泵内 3 个相互成 120°径向布置的柱塞压缩而产生的。

柴油由输油泵加压后从柴油箱中吸出,经油水分离器和柴油滤清器过滤后送往高压油泵。高压油泵安全阀上的节流孔可使部分柴油进入高压油泵的润滑和冷却回路中。转子式高压油泵中的3个泵油柱塞在驱动轴上凸轮的驱动下进行往复运动,每个柱塞由弹簧对其施加作用力,目的是减小柱塞的振动,并且使柱塞始终与驱动轴上的偏心凸轮接触。当柱塞向下运动时,为吸油行程,进油阀开启,允许低压柴油进入泵腔。当柱塞经过下止点后上行时,进油阀被关闭,柱塞腔内的柴油被压缩,只要达到共轨压力就立即打开出油阀,被压缩的柴油经油管进入高压共轨。柱塞到达上止点前,一直泵送柴油(供油行程)。达到上止点后,柱塞开始下行,柱塞腔内的柴油压力下降,出油阀关闭。柱塞向下运动时,剩下的柴油降压,当柱塞腔中的柴油压力低于输油泵的供油压力时,进油阀再次被打开,重复进入下一工作循环,转子式高压油泵的工作原理见图7-84所示。

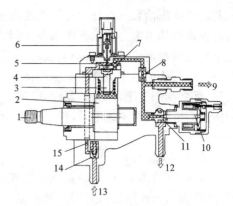

图 7-83 转子式高压油泵
1—驱动轴;2—偏心凸轮;3—带油泵柱塞的泵油元件(3组);
4—高压腔;5—进油阀;6—停油电磁阀;7—出油阀;
8—密封件;9—高压油管接头;10—调压阀;11—球阀;
12—回油口;13—进油口;14—带节流孔的安全阀;
15—通向泵油元件的低压油道

高压油泵的供油量与其转速成正比,而高压油泵的转速取决于柴油机转速,并与柴油机的转速成固定的比例关系。该传动比视发动机不同而有所不同,通常为1:2或2:3,以保证既能满足发动机全负荷时对供油量的需求,又能尽量减少多余的泵油。

由于共轨中的柴油压力与喷油量无关,且喷油正时也不由高压油泵的凸轮来确定,因此高压油泵的压油凸轮可以按照峰值力矩最低、接触应力最小和最耐磨的原则来设计。

上述转子式高压油泵的驱动轴每转1圈有3个供油行程,因此驱动峰值力矩小,驱动装置受载均匀,其驱动力矩仅为同等级分配泵所需驱动力矩的1/9左右。所以电控高压共轨式燃料供给系统对高压油泵的驱动要求比传统的机械式高压油泵要低得多。

由于高压油泵的供油量是按高速全负荷的最大供油量设计的,故柴油机在怠速和部分负荷工况下工作时,会有大量剩余的柴油经调压阀流回柴油箱,它们除了使柴油温度升高以外,还增加了高压油泵消耗的功率,为此在高压油泵的低压进油侧还装有停油电磁阀,它可以根据柴油机ECU的指令,在低速、低负荷时使进油阀处于开启状态,这时柱塞在压油行程中,只能将吸进的柴油再压回低压腔而不建立高压,从而节省了高压油泵所消耗的能量。

3) 调压阀

调压阀的作用是,根据发动机的负荷状况调整和保持共轨中柴油的压力。它可以安装在高压油泵上,也可以安装在共轨上,其结构如图7-85所示。

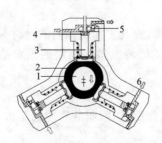

图 7-84 转子式高压油泵的工作原理
1—驱动轴;2—偏心凸轮;
3—带油泵柱塞的泵油元件(3组);
4—进油阀;5—出油阀;6—进油口

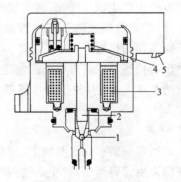

图 7-85 调压阀的结构
1—球阀;2—衔铁销;3—电磁铁;
4—弹簧;5—电气接头

共轨或高压油泵出口处的高压柴油通过进油口作用在调压阀上。发动机工作时,调压阀的球阀在弹簧力和电磁力的双重作用下,压紧在阀座上,将高压腔与回油通道隔绝,电磁铁吸力与流过电磁线圈的电流成正比,而电流大小则由柴油机ECU通过改变脉冲信号的占空比来控制。

当高压系统中的压力高于调压阀弹簧和电磁力的合力时,球阀打开,高压柴油经过旁通油路泄压;反之球阀关闭,压力重新建立,从而达到按柴油机ECU指令调整高压系统油压的目的。在调压阀的电磁线圈不通电时,仍有弹簧力将球阀压紧在阀座上,使高压油路保持10 MPa左右的压力。

4)高压共轨

高压共轨(见图7-86)安装在发动机气缸盖周围,通过高压油管与高压油泵及各缸的喷油器连接,其结构与汽油机上的分配油管相似。高压共轨实质上是一个柴油蓄压器,其作用是存储高压柴油,并使高压油泵的供油和喷油器的喷油所产生的压力波动得到缓冲,以保持油压稳定,并将高压柴油分配给各缸的电控喷油器。由于是各气缸共用,所以它有"共轨"之称。

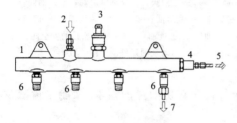

图7-86 高压共轨
1—共轨;2—高压油泵端的进油口;
3—共轨压力传感器;4—调压阀;
5—柴油箱端的出油口;6—流量限制器;
7—喷油器端的油管

高压共轨是一个管状厚壁容器,其形状看似简单,但必须通过对整个高压系统的模拟计算和匹配试验,考虑柴油管道在高压下的膨胀性,来确定其尺寸、壁厚和腔内容积,以保证在喷油器喷油和高压油泵脉动供油时高压共轨内的柴油压力波动尽可能小,同时也要保证柴油机启动时,其内的油压能迅速建立。

在发动机运转中,高压共轨中始终充满了高压柴油,它利用高压共轨较大的容积,来补偿高压油脉动供油和喷油器断续喷油所产生的压力波动。不论供油量和喷油量如何,高压共轨中的压力都应保持恒定,从而确保喷油器打开时喷油压力不变。高压共轨上通常还安装有流量限制器(选装件)、共轨压力传感器和调压阀等部件(由于发动机的安装条件不同,这些部件在共轨上的位置可能有所不同)。

5)共轨压力传感器

共轨压力传感器(见图7-87)的作用是,及时、准确地测出高压共轨中柴油的压力,并转换成电压信号,实时提供给柴油机ECU。共轨压力传感器由传感元件膜片和放大电路组成。传感元件膜片焊接在高压接头上,将进油孔末端封住。共轨中的高压柴油进入共轨压力传感器后,作用在膜片上,使膜片形状发生变化,其上的感应电阻的长度和电阻值也随之变化,并在5 V供电的电阻电桥中产生电压变化,再经过传感器中放大电路的放大,成为变化范围在0.5~4.5 V的电压信号,输送给柴油机ECU。柴油机ECU根据该信号判定共轨中的柴油压力,以此作为控制调压阀工作的依据。

共轨压力传感器应具有很高的响应速度和测量精度,在其工作范围内的允许偏差应小于最大测量值的2%。一旦共轨压力传感器失效,柴油机ECU将以某个固定的预定值来控制调压阀的开度。

6)限压阀

限压阀通常安装在高压共轨上,相当于安全阀。其作用是,限制共轨中的压力,在压力超过最高允许值以后开启泄压,防止系统内部零部件的损坏。

限压阀的结构如图7-88所示,它通过螺纹接头拧在共轨上,另一端与通往柴油箱的回油管连接。在正常工作压力下,弹簧通过活塞将锥形阀门紧压在阀座上,限压阀呈关闭状态。只有当共轨中的柴油压力超过系统最大压力时,活塞才压缩弹簧使阀门开启,使高压柴油从共轨中泄出,从而降低了共轨中的压力。泄出的柴油经回油管流回柴油箱。

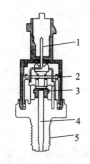

图 7-87 共轨压力传感器

1—线束接头;2—放大电路;3—传感元件膜片;
4—高压接头;5—固定螺纹

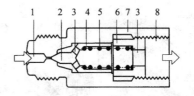

图 7-88 限压阀的结构

1—高压接头;2—锥形阀门;3—通道;4—活塞;
5—压力弹簧;6—限位件;7—阀体;8—回油孔

7) 流量限制器

流量限制器安装在高压共轨的每个出油口上,与喷油器的高压油管连接。其作用是,减小流向喷油器的高压柴油的压力波动,同时在喷油器高压油管中出现过大的流量或持续的泄漏(如喷油器针阀过度磨损、卡死、高压油管破裂等),导致共轨中流出的柴油量超过最大设计流量时,自动将流向该喷油器的柴油管路关闭,起隔离保护作用。

流量限制器的结构如图 7-89 所示。其外壳两端有孔,分别与共轨及喷油器高压油管连接。流量限制器内部有一个活塞,弹簧将此活塞向共轨方向压紧。活塞中部有节流孔,其上的纵向孔连接进油和出油口,其直径在末端是缩小的。这种缩小的作用和节流孔的效果一样。

在正常状态下,当喷油器尚未喷油时,活塞在弹簧的作用下抵靠在流量限制器的共轨端。共轨中的柴油经活塞中部的节流孔进入喷油器高压油管。开始喷油时,喷油器端的柴油压力下降,由于活塞节流孔很小,无法及时向喷油器补偿因喷油而减少的柴油,只能通过活塞向喷油器方向的少量移动来补偿喷油器从共轨中获得的柴油量。

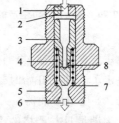

图 7-89 流量限制阀的结构

1—共轨端接头;2—限位件;
3—活塞;4—压力弹簧;
5—外壳;6—喷油器端接头;
7—阀座面;8—节流孔

当喷油过程结束时,处于居中位置的活塞并未关闭出油口。弹簧使它回位到限制器的共轨端,此时柴油通过节流孔向喷油器方向流动。弹簧和节流孔是通过精确设计的,即使处在最大油量(加上安全储备),活塞也能移回流量限制器共轨端位置,并保持在该位置直到下一次喷射开始。

当喷油器一端有少量的泄油时,由于流出的柴油量较多,每次喷油结束时,流量限制器活塞将无法回到自由位置。经过数次喷油后,活塞将移向出油口处的密封座,并保持在这个位置,关闭通向喷油器的进油口,直到发动机熄火。

当喷油器一端的泄油量过大时,由于大量柴油流出共轨,流量限制器活塞被迫离开自由位置,抵靠至出口处的密封座,并保持在这个位置,从而关闭通往喷油器的进油口,阻止燃油进入喷油器。

流量限制器属于选装件,由于结构较复杂,现已大多省略不用。

8) 喷油器

柴油机电控高压共轨式燃料供给系统中所用的喷油器有电磁式和压电式两种。

(1) 电磁式喷油器。

电磁式喷油器应用在第一代和部分第二代高压共轨系统中,它是用高速电磁阀来控制喷油的开始时刻和喷油的持续时间的。图7-90所示为Bosch公司生产的电磁式喷油器。它由孔式喷油嘴、液压伺服系统和电磁阀组件构成。发动机工作时,柴油经高压油管进入喷油器,并经进油节流孔进入控制室。由于此时泄油孔被电磁阀的阀芯关闭,因此作用在柱塞上方的压力大于作用在喷油器针阀承压面上的压力,喷油器针阀处于关闭状态,因而没有柴油喷入燃烧室。

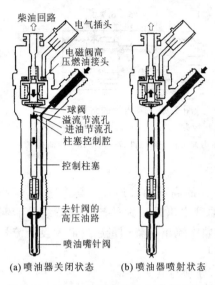

图7-90 Bosch公司生产的电磁式喷油器

当电磁阀通电后,球阀受电磁力的作用离开阀座,柱塞控制腔和柴油回油口连通,高压和低压之间的流通通道打开,柱塞控制腔中的部分高压柴油经过溢流节流孔、球阀进入低压回路。由于进油节流孔和溢流节流孔都很小,因此流体的节流作用导致柱塞控制腔的压力小于来自共轨的高压柴油压力,高压柴油在喷油器针阀承压锥面上的压力使柱塞和针阀抬起,喷油器就开始喷油。电磁阀断电时,球阀再次关闭,高压共轨中的柴油压力又重新作用在控制柱塞的上方,针阀重新关闭。

整个喷射过程简述如下:当电磁阀通电时,针阀抬起,喷射开始;当电磁阀断电时,针阀落座,喷射结束。由于共轨中的压力一直存在,所以任何时刻喷油器都可以在电磁阀的控制下喷油,这是与时间控制式柴油机电控燃料供给系统的喷油电磁阀最不同之处。

由此可见,在时间-压力控制柴油机电控燃料供给系统中,发动机ECU控制供油压力调节阀使喷油器的喷油压差保持不变,再通过控制电磁阀工作实现喷油量和供油正时的控制。电磁阀通电开始时刻决定了喷油的开始时刻,其通电时间决定喷油量。

(2)压电喷油器。

为满足日益严格的排放法规要求,对喷油速率和喷油规律的控制,已成为柴油机电控柴油喷射系统的重要功能之一。目前,在柴油机电控高压共轨式燃料供给系统中,为降低排放污染和噪声,控制喷油速率和喷油规律的主要措施是,实现预喷射、后喷射甚至多次喷射功能。

预喷射是指主喷射前百万分之一秒内向缸内喷射少量柴油。通过对预喷射量的控制来实现对着火延迟期(燃烧过程分着火延迟期、速燃期、缓燃期和补燃期)内混合气形成数量的控制,从而达到防止柴油机工作粗暴、降低噪声的目的。此外,预喷射的柴油喷入气缸后首先着火燃烧,对燃烧室进行预热后再进行主喷射,使主喷射阶段喷入气缸的柴油着火更容易,有利于形成边喷射、边形成混合气、边燃烧的平缓燃烧过程,从而防止柴油机在速燃期气缸内压力的急剧变化,有利于降低噪声。

后喷射是指在膨胀过程中进行的喷射。后喷射的柴油燃烧放出的热量,可提高柴油机在缓燃期和补燃期的温度,从而降低HC和CO的排放量。

多次喷射是指在柴油机的1个工作循环内进行若干次(一般多于3次)喷射,可以根据柴油机工况对喷油速率和喷油规律进行精确控制。

实现预喷射、后喷射甚至多次喷射功能的关键就是,要求电控高压共轨式燃料供给系统的执行元件具有很好的灵敏性(即反应速度),能在很短的时间内完成多次切换。此外,电控高压共轨式燃料供给系统对喷油量的控制应有较高的精度,即要求能控制的最小供油量足够小。

进一步提高喷射压力,提高喷油雾化质量,也是降低排放污染的重要措施。

第一代电控高压共轨式燃料供给系统中最高压力约140 MPa,始终保持很高压力,导致系统密封难度大,柴油温度高,即使是预喷射和后喷射功能(包括主喷射在内3次喷射)也难以实现。第二代电控高压共轨式燃料供给系统中的压力较低,且可根据发动机需求而调节共轨中的压力,利用高速电磁阀的快速开闭可实现预喷射和后喷射功能,但受电磁阀工作特性的限制,也难以实现多次喷射功能。第三代电控高压共轨式燃料供给系统——压电式电控高压共轨式燃料供给系统具有喷射压力高、控制精度高、切换频率高、响应速度快、节能和寿命长等优点,可使喷油速率、喷射规律以及精确度达到最优。

压电式电控高压共轨式燃料供给系统是指采用了压电技术的电控高压共轨式燃料供给系统,主要是控制喷油器的执行元件用压电元件取代了电磁阀。用压电元件作为控制执行元件的喷油器称为压电式喷油器。由于压电元件像一个在电压下立即就能充电的电容器,它在施加电压以后的 0.1 ms 以内就会发生形变,所以压电式电控高压共轨式燃料供给系统的响应速度快。也正是由于压电元件具有快速的响应性,才能实现高频率切换(切换频率为电磁阀的 5 倍)和高精度控制。压电式喷油器每个工作循环喷射次数可达 5 次(电磁阀式喷油器为 3 次),最小喷射间隔时间为 0.1 ms,最小喷射量可控制在 0.5 mm³ 以下。此外,压电式电控高压共轨式燃料供给系统压力从 20～200 MPa 弹性调节,最高喷射压力达到 180 MPa。

新款奥迪 V6 轿车装用的 3.0 LTDI 柴油机采用了 Bosch 司生产的压电式电控高压共轨式燃料供给系统(见图 7-91)。该系统可降低柴油机废气排放 20%,提高功率 5%,降低油耗 3%,降低噪声 3 dB。柴油机工作时,柴油由低压电动柴油泵输送给具有泵油量调节功能的高压油泵,分配单元将进入的柴油分成两路,一路供给泵油元件,另一路用于冷却传动机构和润滑轴承。高压油泵将柴油压缩至最高压力达 160 MPa,并将其输入共轨。安装在共轨上的燃油压力传感器用于柴油压力的闭环控制,而调压阀则用于调节共轨中的油压。

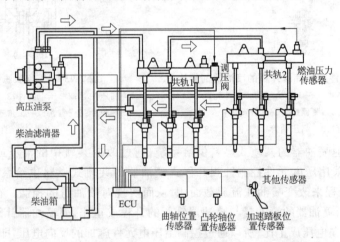

图 7-91 Bosch 公司生产的压电式电控高压共轨柴油供给系统

压电元件具有正向和反向压电效应。当压电元件受到外力作用而变形时,压电元件两端会产生电压,如压电效应式进气歧管绝对压力传感器、爆燃传感器就是利用这一原理来产生信号的;反之,当在压电元件两端施加电压时,压电元件就会发生形变,给压电元件施加正向电压时其体积膨胀,给压电元件施加反向电压时则其体积收缩,压电式喷油器就是利用这一原理来使喷油器控制室油道通断或针阀升程改变,从而实现对喷油量和喷油正时的控制的。此外,利用压电元件快速响应的能力,通过压电元件通、断电多次切换,即可实现多次喷射,满足最佳喷油规律的要求。

① 用压电元件控制油道的喷油器。此类喷油器的结构原理与前述电控高压共轨式燃料供给系统采用电磁阀控制的喷油器基本相同,只是用压电元件取代了电磁阀。Bocsh 公司生产的压电式电控高压共轨燃料供给系统一般采用此类喷油器。

② 用压电元件控制针阀升程的喷油器。此类喷油器在直喷式的汽油机和柴油机上均已得到应用,其结构如图7-92所示。传统的柴油机喷油器,均利用柴油压力作用在针阀中部的承压锥面上,来使针阀开启实现喷油,而用压电元件控制针阀升程的喷油器,则利用压电元件直接控制针阀升程来实现喷油。因此,用压电元件控制针阀升程的喷油器,针阀中部无承压锥面和相应的压力室,又称为无压力室喷油器(VCO喷油器)。VCO喷油器无增压功能,只适用于电控高压共轨式燃料供给系统。

VCO喷油器下部结构如图7-93所示。给压电元件施加正向电压时,压电元件膨胀而使喷油器针阀关闭,喷油器不喷油;给压电元件施加反向电压时,压电元件收缩而使喷油器针阀开启,喷油器开始喷油。为保证喷油器不喷油时,压电元件能将针阀压紧,依靠给压电元件施加正向电压显然会导致电能损耗,所以在喷油器顶部设有差动螺纹,可通过差动螺纹来调整压电元件的刚度(即预压力),而石英测量垫片则用来精确测量差动螺纹的调整量。

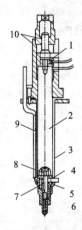

图7-92　用压电元件控制针阀升程的喷油器的结构
1—石英测量垫片;2—压电执行器;3—外壳;
4—密封垫;5—紧固螺套;6—针阀体;
7—压杆;8—压帽;9—高压油管;10—差动螺纹

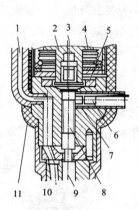

图7-93　VCO喷油器下部结构
1—高压油管;2—压电元件;3—压帽;4—碟形弹簧;
5—膜片;6—磁铁;7—霍尔式针阀位置传感器;
8—压杆;9—针阀;10—针阀体;11—外壳

此外,采用其他喷油器的共轨式燃料供给系统,通过改变共轨中的油压或喷油器喷油时间来控制喷油量,而采用压电元件控制针阀升程式喷油器的共轨式燃料供给系统,则利用压电元件直接控制针阀升程来改变喷油孔流通截面积,从而实现对喷油量的控制。在喷油压力和喷油时间一定的前提下,喷油器的喷油量与喷油器针阀的升程成正比,而喷油器针阀的升程与施加在压电元件两端的反向电压成正比,所以通过控制给压电元件施加的反向电压,即可控制喷油量。

7.3　项目实施

一、柴油机燃料供给系统部件的认识

1. 实训目标
(1) 熟悉柴油机燃料供给系统的组成。
(2) 能识别柴油机燃料供给系统主要部件的名称、作用和连接关系。

2. 实训设备
YC6105QC柴油机台架。

3. 实训步骤

观察柴油机燃料供给系统各部件，认识各部件的名称、作用。

二、柴油机燃料供给系统主要部件的拆装

1. 实训目标

能正确拆装柴油机燃料供给系统主要部件。

2. 实训设备

柱塞泵、喷油器多台，常用和专用工具多套。

3. 实训步骤

1) 喷油泵的拆装

（1）喷油泵的拆卸。

① 先堵住低压油路进出油口和高压油管接头，防止污物进入油路，用柴油、煤油、汽油或中性金属清洗剂清洗泵体外部。旋下调速器底部的放油螺钉，放尽机油。

② 将喷油泵固定在专用拆装架或自制的 T 形架上，拆下输油泵总成、检视窗盖板和油尺等总成附件及泵体底部螺塞。

③ 转动凸轮轴，使 1 缸滚轮体处于上止点，将滚轮体托板（或销钉）插入调整螺钉与锁紧螺母之间（或挺柱体锁孔中），使滚轮体和凸轮轴脱离。

④ 拆下调速器后盖固定螺钉，将调速器后壳后移并倾斜适当角度，拨开连接杆上的锁夹或卡销，使供油量调节齿杆和连接杆脱离。用尖嘴钳取下启动弹簧，取下调速器后壳总成。

⑤ 用专用扳手固定住供油提前角自动调节器，在喷油泵另一端用专用套筒拆下调速器飞块支座固定螺母，用拉器拉下飞块支座总成，用专用套筒拆下提前器固定螺母，用拉器拉下提前器。

⑥ 拆凸轮轴部件：拆下凸轮轴支承轴瓦，用木槌从调速器一端敲击凸轮轴，将轴和轴承一起从泵体前端取下。

⑦ 将泵体检视窗一侧向上放平。从油底塞孔中装入滚轮挺柱须持器，顶起滚轮部件，拔出挺柱托板（或销钉），取出滚轮体总成。按上述方法，依次取出各气缸滚轮体总成。取出柱塞弹簧、弹簧上下座、油量控制套筒，旋出供油量调节齿杆限位螺钉，取出供油量调节齿杆，旋出出油阀压紧座，用专用工具取出油阀偶件及减容器、出油阀弹簧、柱塞偶件，按顺序放在专用架上。

⑧ 观察各组件。

（2）喷油泵的装配。

按拆卸的相反顺序装配喷油泵。

2) 喷油器的拆装

（1）喷油器的拆卸。

① 从发动机上拆下喷油器总成。

② 分解时，先分解喷油器的上部，旋松调压螺钉紧固螺母，取出调压螺钉、调压弹簧和顶杆，将喷油器倒夹在台钳上，旋下针阀体紧固螺母，取下针阀体和针阀。

③ 针阀偶件应成对浸泡在清洁的柴油中。如果针阀和针阀体难以分开，可用钳子垫上橡胶片夹住针阀尾端拉出。

④ 观察针阀偶件组件。

（2）喷油器的装配。

按拆卸的相反顺序装配喷油器。

三、电控高压共轨式燃料供给系统的认识与检测

1. 实训目标

（1）能识别电控高压共轨式燃料供给系统的主要部件。

（2）能使用计算机检测仪检测电控高压共轨式燃料供给系统的数据。

2. 实训设备

电控柴油机车辆（或台架）、计算机检测仪。

3. 实训步骤

（1）电控高压共轨式燃料供给系统的认识。

观察柴油机电控高压共轨式燃料供给系统各部件，认识各部件的名称、作用。

（2）电控高压共轨式燃料供给系统的检测。

使用计算机检测仪读取电控高压共轨式燃料供给系统的发动机转速、进气量、油门开度、柴油压力和喷油时间等主要工作数据。

课 后 自 测

1. 柴油机燃料供给系统由哪些部分组成？各有何功用？
2. 对柴油机燃料供给系统的要求有哪些？
3. 柴油机燃烧室有哪些类型？各有什么特点？
4. 简述喷油器的工作原理。
5. 喷油器的调试项目有哪些？
6. 论述柱塞式喷油泵泵油原理。
7. 叙述柴油机燃料供给系统维护作业的项目及方法。
8. 怎样检查、调整供油提前角？
9. 喷油器和喷油泵磨损逾限有何影响？并叙述其检视方法。
10. 在喷油泵试验台上怎样进行喷油泵的性能试验与调整？
11. 调速器的调试内容有哪些？
12. 简述 VE 泵的工作原理。
13. 简述废气涡轮增压系统的工作原理。
14. 简述柴油机电控燃油技术的特点。
15. 柴油机电控燃油喷射技术的结构形式有哪些？各有什么特点？
16. 简述电控直列泵的滑套式电控供油正时调节机构的组成及工作原理。
17. 简述位置控制式电控分配泵的工作原理。
18. 简述电控泵喷嘴系统的组成。
19. 简述泵喷嘴系统的工作过程。
20. 电控高压共轨式燃料供给系统的特点有哪些？
21. 简述电控共轨式燃料供给系统的工作原理。
22. 电控高压共轨式燃料供给系统中所用的压电喷油器有何特点？

参考文献

[1] 陈文华.汽车发动机构造与维修[M].北京:北京航空航天出版社,2007.
[2] 陈家瑞.汽车构造(上册)[M].3版.北京:机械工业出版社,2009.
[3] 陈家瑞.汽车构造(下册)[M].3版.北京:机械工业出版社,2009.
[4] 仇雅莉.汽车发动机构造与维修[M].3版.北京:机械工业出版社,2016.
[5] 王丽梅.汽车发动机构造与维修[M].北京:中国人民大学出版社,2009.
[6] 张西振,黄艳玲.汽车发动机电控技术[M].3版.北京:机械工业出版社,2017.
[7] 李贵炎.汽车发动机电控系统维修[M].2版.北京:国防工业出版社,2015.
[8] 杨益明.汽车发动机电控系统维修[M].西安:西安电子科技大学出版社,2007.
[9] 王遂双.汽车电子控制系统的原理与检修:电喷发动机部分[M].3版.北京:北京理工大学出版社,2007.
[10] 闵永军,万茂松,周良.汽车故障诊断与维修技术[M].北京:高等教育出版社,2004.
[11] 丰田汽车公司.汽车基本常识与工作原理[M].北京:高等教育出版社,2008.

学 习 工 作 单

◀ 项目1　汽车发动机的总体认识 ▶

一、汽车的认识

（1）在前挡风玻璃下方，找出车辆识别代号，是＿＿＿＿＿＿＿＿＿＿，该车是在＿＿＿＿＿＿年生产的。

（2）在发动机舱盖下或车门立柱或后备厢，找到车辆铭牌，观察该车信息，整车质量为＿＿＿＿＿＿，发动机排量为＿＿＿＿＿＿＿＿。

（3）在发动机气缸体或气缸盖上，找到发动机序号，是＿＿＿＿＿＿＿＿＿＿。

二、汽车发动机的认识

把认识到的发动机各机构、系统部件的名称，填写到下表中。

序号	机构或系统	认识到的部件的名称
1	曲柄连杆机构	
2	配气机构	
3	冷却系统	
4	润滑系统	
5	燃料供给系统	
6	点火系统	
7	启动系统	

◀ 项目2　曲柄连杆机构的认识与检修 ▶

一、发动机的拆装

（1）在下图中用数字标出气缸盖螺栓的拆卸和安装顺序。

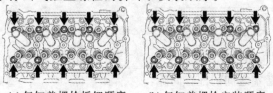

(a) 气缸盖螺栓拆卸顺序　　(b) 气缸盖螺栓安装顺序

(2) 如下图所示,当曲轴的凹槽与正时链条盖上的正时标记"0"对准时,发动机 1 号气缸活塞可能处于_____位置,也可能处于_____位置。

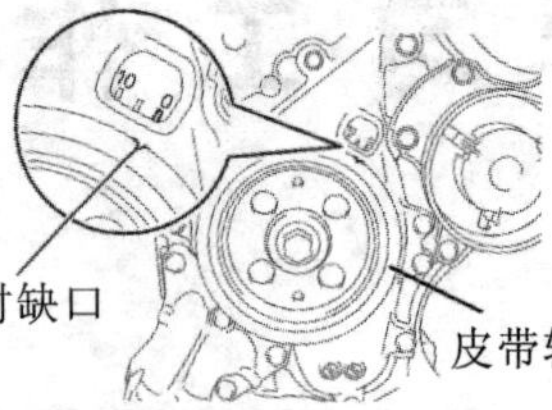

正时缺口　　皮带轮

(3) 发动机侧_____为其前方。活塞顶上标有_____和连杆杆身上标有_____,都是安装朝前的标记。组装活塞连杆时,应将_____放在水中加热。

(4) 该发动机曲轴采用_____进行轴向定位。

(5) 正时链条靠近凸轮轴正时链轮附件的记号是_____颜色,而靠近曲轴正时链轮附近的记号是_____颜色。

(6) 当 1 号气缸活塞处于上止点时,第_____号气缸活塞也处于上止点。

二、机体组的检修

(1) 气缸盖翘曲检测。

将在气缸盖的下侧、排气侧、进气侧测量的平面度数值记录到下表,并给出检测结论。

	气缸盖的下侧	气缸盖的排气侧	气缸盖的进气侧
平面度数值			
结论			

(2) 气缸体翘曲检测。

将气缸体与气缸垫接触面的平面度数值记录到下表,并给出检测结论。

	第 1 次	第 2 次	第 3 次	第 4 次	第 5 次	第 6 次
平面度数值						
结论						

(3) 测量气缸内径。

测量 1 号气缸内径,将数值记录到下表。

测量部位	轴　向	径　向
A		
B		

该气缸最大内径为_____。

三、活塞连杆组的检修

(1) 测量活塞的直径,为_____,结论为_____。

(2) 计算出气缸与活塞之间的配合间隙:

气缸最大直径(上述测得)－活塞直径＝_____－_____＝_____。

结论为_____。

(3) 检查环槽间隙,将数据填到下表中,并给出结论。

环 名 称	环槽间隙	结 论
第一道气环		
第二道气环		
油环		

(4) 检查活塞环端隙,将数据填到下表中,并给出结论。

环 名 称	活塞环端隙	结 论
第一道气环		
第二道气环		
油环		

四、曲轴飞轮组的检修

(1) 检查曲轴的圆跳动,为_____,结论为_____。

(2) 测量曲轴第一道主轴颈和连杆的直径。

① 测量曲轴主轴颈的直径,将数据填到下表中,并给出结论。

测量部位	水 平 方 向	垂 直 方 向
前端		
后端		
结论		

② 测量曲轴连杆轴颈的直径,将数据填到下表中,并给出结论。

测量部位	水 平 方 向	垂 直 方 向
前端		
后端		
结论		

(3) 检查曲轴轴向间隙,为_____,结论为_____。
(4) 检查曲轴径向间隙,为_____,结论为_____。

◀ 项目3 配气机构的认识与检修 ▶

一、气门组的检修

1. 检查进气气门

(1) 测量气门的全长。

测量缸号为_____,将数据填到下表中,并给出结论。

进气门全长/mm	排气门全长/mm	结　论

(2) 测量气门杆直径,将数据填到下表中,并给出结论。

	进气门杆直径/mm		排气门杆直径/mm	
	横　向	纵　向	横　向	纵　向
A 截面				
B 截面				
C 截面				
结论				

2. 检查气门弹簧

(1) 测量某气门弹簧的自由长度,为 ＿＿＿＿＿ mm,结论是 ＿＿＿＿＿。
(2) 测量气门弹簧的偏差,为 ＿＿＿＿＿ mm,结论是 ＿＿＿＿＿。

二、气门传动组的检修

1. 检查凸轮轴轴向间隙

检查凸轮轴轴向间隙,将数据填到下表中,并给出结论。

	进气凸轮轴轴向间隙	排气凸轮轴轴向间隙
测量值/mm		
结论		

2. 检查凸轮轴油隙

检查凸轮轴油隙,将数据填到下表中,并给出结论。

	进气凸轮轴油隙	排气凸轮轴油隙
测量值/mm		
结论		

3. 检查链条分总成

测量 15 个链节的长度,为 ＿＿＿＿＿ mm,结论是 ＿＿＿＿＿。

4. 检查凸轮轴正时链轮总成

将链条绕在凸轮轴正时链轮齿轮上,测得的齿轮直径(带链条)为 ＿＿＿＿＿ mm。

5. 检查凸轮轴

(1) 检查凸轮轴的跳动,将数据填到下表中,并给出结论。

	进气凸轮轴跳动	排气凸轮轴跳动
测量值/mm		
结论		

(2) 检查凸轮顶部高度,将数据填到下表中,并给出结论。

凸轮轴名称	测得凸轮顶部高度/mm	结　　论
1号(进气)凸轮轴		
2号(排气)凸轮轴		

(3) 检查凸轮轴轴颈,将数据填到下表中,并给出结论。

	进气凸轮轴		排气凸轮轴	
	第一道轴颈	其他轴颈(任意)	第一道轴颈	其他轴颈(任意)
测量值/mm				
结论				

◀ 项目4　润滑系统的认识与检修 ▶

一、润滑系统的拆装

画出实训发动机润滑系统油路方框图。

二、机油泵的检修

(1) 测量主动转子和从动转子间的顶部间隙,为_____mm,结论是_____。
(2) 测量2个转子和精密直尺间的间隙,为_____mm,结论是_____。
(3) 测量从动转子和机油泵体间的间隙,为_____mm,结论是_____。

◀ 项目5　冷却系统的认识与检修 ▶

一、冷却系统的认识

画出实训发动机冷却液循环路线方框图。

二、冷却系统主要部件检测

1. 冷却液液位检查

发动机冷却后,检查冷却液液位是否在 FULL 和 LOW 刻度线之间,结论是_____
_____。

2. 冷却液泄漏检查

冷却系统加压至 108 kPa 后,压力降低,检查发动机外部冷却液是否有泄漏痕迹,结论是
_____。

3. 冷却液质量检查

检查散热器盖和散热器注水口周围是否有过多积锈或水垢,冷却液中是否有机油,结论是
_____。

4. 检查节温器

节温器阀开启温度是_____℃,在 95 ℃时阀门升程为_____mm;当节温器处于_____时,阀门全关,结论是_____。

项目6　汽油机燃料供给系统的认识与检修

一、进气系统的认识与检测

实验用车型号为_____,发动机型号为_____。

1. 电控发动机进气系统的认识

将电控发动机进气系统中各元件的名称和作用填入下表。

名　称	作　用

2. 进气系统传感器、执行器的检测

1) 空气流量计的检测

(1) 被检测的空气流量计属于_____类型,查维修手册,画出空气流量计工作电路图,并将该空气流量计接线端子名称及含义填入下表。

电路图:

端　子	含　义

(2) 依据维修手册,完成对该空气流量计的检测,并将检测结果填入下表。

条　件	电源电压	信号电压
打开点火开关,发动机不运作(KOEO)		
发动机怠速		
发动机转速为 2 000 r/min		

(3) 根据检测结果,判断所检测的传感器的好坏。

2) 进气歧管绝对压力传感器的检测

(1) 被检测的进气歧管绝对压力传感器属于_____类型,查维修手册,画出进气歧管绝压力传感器工作电路图,并将该进气歧管绝对压力传感器接线端子名称及含义填入下表。

电路图:

端　子	含　义

(2) 依据维修手册,完成对该进气歧管绝对压力传感器的检测,并将检测结果填入下表中。

条　件	电源电压	信号电压
KOEO		
发动机怠速运转		
节气门全开		

3) 节气门位置传感器的检测

(1) 被检测的节气门位置传感器属于_____类型,查维修手册,画出节气门位置传感器工作电路图,并将该节气门位置传感器接线端子名称及含义填入下表。

电路图：

端　子	含　义

（2）依据维修手册，完成对该节气门位置传感器的检测，并将检测结果填入下表。

节气门开度	电源电压	信号电压	VTA—E2 电阻	VC—E2 电阻
全关				
25%				
50%				
75%				
全开				

（3）根据检测结果，判断所检测的传感器的好坏。

4）进气温度传感器的检测

（1）被检测的进气温度传感器属于_____类型，查维修手册，画出进气温度传感器工作电路图，并将该进气温度传感器接线端子名称及含义填入下表。

电路图：

端　子	含　义

(2) 依据维修手册,完成对该进气温度传感器的检测,并将检测结果填入下表。

温度/℃	10	20	30	40	50	60	70	80
电阻/kΩ								

(3) 根据检测结果,判断所检测的传感器的好坏。

5) 怠速控制阀的检测

(1) 被检测的怠速控制阀属于_____类型,查维修手册,画出怠速控制阀工作电路图,并将该怠速控制阀接线端子名称及含义填入下表。

电路图:

端　子	含　义

(2) 检查怠速控制阀线圈电阻,为_____。
(3) 检查怠速控制阀电源电压,为_____。

二、燃料供给系统的认识与检测

实验用车型号为_____,发动机型号为_____。

1. 电控发动机燃料供给系统的认识

将电控发动机燃料供给系统中各元件的名称和作用填入下表。

名　称	作　用

2. 燃料供给系统主要元件的检测

1) 电动汽油泵的检测

(1) 被检测的电动汽油泵属于_____类型,查维修手册,画出电动汽油泵工作电路图,并将该电动汽油泵接线端子名称及含义填入下表。

电路图：

端　子	含　义

（2）检查电动汽油泵线圈电阻，为_____。
（3）检查电动汽油泵电源电压，为_____。

2）电磁式喷油器及其控制电路的检测

（1）被检测的电磁式喷油器属于_____类型，查维修手册，画出电磁式喷油器工作电路图，并将该电磁式喷油器接线端子名称及含义填入下表。

电路图：

端　子	含　义

（2）检查电磁式喷油器的电阻值，为_____。查维修手册，其标准电阻值为_____。
（3）画出在发动机怠速、3 000 r/min工况下电磁式喷油器的工作信号波形。

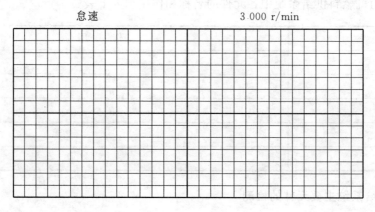

怠速　　　　　　　3 000 r/min

3）燃料供给系统压力的检测
（1）对燃料供给系统卸压。
（2）连接汽车专用燃油压力表。

(3) 对燃料供给系统压力进行检测,并将检测结果填入下表。

检 测 项 目	压力/kPa
静态油压	
怠速油压	
急加速油压	
最大供油油压	
残余压力	

(4) 根据检查结果,判断燃料供给系统故障。

三、排气系统的认识与检测

实验用车型号为_____,发动机型号为_____。

1. 排气系统的认识

将电控发动机排气系统中各元件的名称和作用填入下表中。

名　　称	作　　用

2. 氧传感器的检测

(1) 被检测的氧传感器属于_____类型,查维修手册,画出氧传感器工作电路图,并将该氧传感器接线端子名称及含义填入下表。

电路图:

端　　子	含　　义

(2) 测量氧传感器加热线圈的电阻值,为_____。

(3) 打开点火开关,不启动发动机,测量氧传感器线束侧加热电阻电源端子的电压,为_____。

(4) 发动机运转中,突然踩下加速踏板时,氧传感器反馈信号电压为_____。

(5) 发动机怠速时,拔下进气管上的真空软管,人为形成稀混合气,氧传感器反馈信号电压为_____。

(6) 用示波器检测氧传感器波形,并画出波形图。

(7) 根据检测结果,判断氧传感器的好坏。

四、故障诊断仪的使用

实验用车型号为_____,发动机型号为_____,诊断仪型号为_____。

(1) 连接好诊断仪,记录车辆发动机故障信息。

序号	故障码代号	故障码内容
1		
2		
3		
4		
5		
6		

(2) 启动发动机,待水温正常后,记录以下检测项目的数据。

序号	检测项目	检测数据
1	发动机转速	
2	进气温度	
3	冷却液温度	
4	进气量	
5	喷油器通电时间	
6	节气门开度	
7	氧传感器电压(前)	
8	氧传感器电压(后)	
9	燃油修正(长期)	
10	燃油修正(短期)	

五、发动机电控燃油喷射系统的故障诊断

实验用车型号为_____,发动机型号为_____,诊断仪型号为_____。

序号	操作项目	作业内容记录
1	前期准备	
2	安全检查	
3	故障现象确认	（确认故障症状并记录症状现象）
4	故障分析	（填写可能的故障范围）
5	仪器连接	（不需要填写）
6	故障码检查	
7	基本检查	
8	相关部件及电路检测	
9	故障部位确认和维修建议	
10	修复后检查	
11	现场恢复	

◀ 项目7 柴油机燃料供给系统的认识与检修 ▶

一、柴油机燃料供给系统部件的认识

（1）用方框图画出机械式柴油机燃料供给系统的低压油路路线：

（2）用方框图画出机械式柴油机燃料供给系统的高压油路路线：

二、柴油机燃料供给系统主要部件的拆装

结合下图简述柱塞泵的泵油过程。

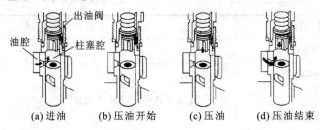

(a) 进油　　(b) 压油开始　　(c) 压油　　(d) 压油结束

三、电控高压共轨式燃料供给系统的认识与检测

（1）列出实训用的电控高压共轨式柴油机燃料供给系统的主要传感器，并说明其作用。

序号	名　称	作　用
1		
2		
3		
4		
5		
6		
7		
8		

（2）列出发动机怠速时，使用电脑诊断仪测试电控高压共轨式柴油机燃料供给系统，将主要数据记录在下表中。

序号	参数名称	数　值	序号	参数名称	数　值
1			9		
2			10		
3			11		
4			12		
5			13		
6			14		
7			15		
8			16		